"十三五"国家重点图书出版规划项目

中国社会科学院创新工程学术出版资助项目

新版《列国志》编辑委员会

主　　任　王伟光

副 主 任　李培林　蔡　昉

委　　员（按姓氏音序排列）

秘 书 长　马　援　谢寿光

列国志

新版

GUIDE TO
THE WORLD
NATIONS

李靖堃　王振华

编著

IRELAND

爱尔兰

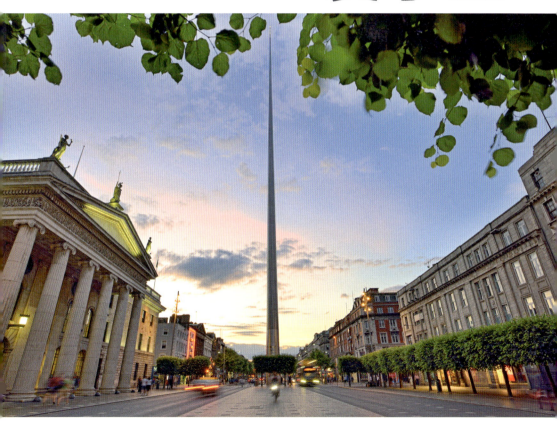

社会科学文献出版社

SOCIAL SCIENCES ACADEMIC PRESS (CHINA)

爱尔兰国旗

爱尔兰国徽

海关大楼

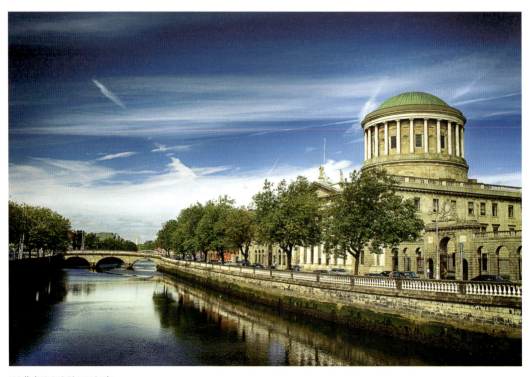

利费伊河畔的四法院

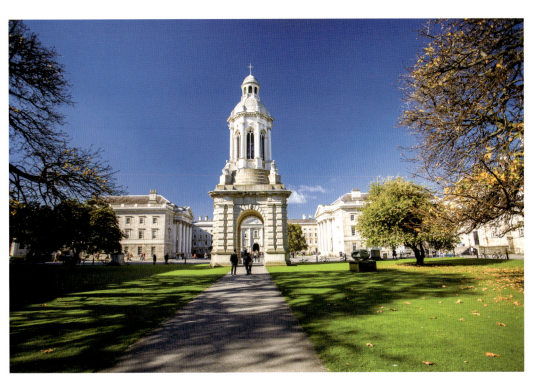

三一学院

现代艺术博物馆

都柏林的圣帕特里克教堂

都柏林的基督新教大教堂

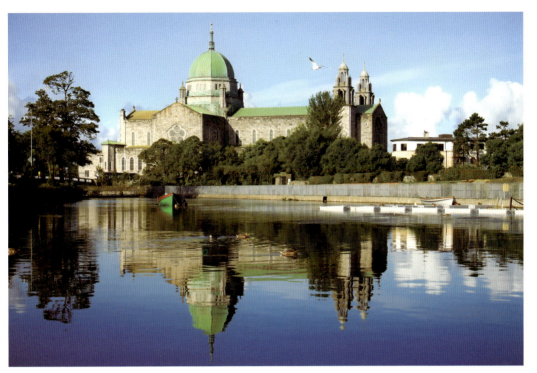

戈尔韦的圣尼古拉斯学院教堂

科克的圣芬巴教堂

马拉海德城堡

约翰王城堡

米曾角，是世界最美的 10 个海蚀崖之一

纽格兰奇墓穴遗址，1993 年被列入世界遗产名录

基拉尼国家公园，维多利亚女王曾在其中的莫科洛斯宅邸居住

巴伦国家公园，以喀斯特地貌著称

出版说明

　　《列国志》编撰出版工作自1999年正式启动，截至目前，已出版144卷，涵盖世界五大洲163个国家和国际组织，成为中国出版史上第一套百科全书式的大型国际知识参考书。该套丛书自出版以来，受到社会各界的广泛好评，被誉为"21世纪的《海国图志》"，中国人了解外部世界的全景式"窗口"。

　　这项凝聚着近千学人、出版人心血与期盼的工程，前后历时十多年，作为此项工作的组织实施者，我们为这皇皇144卷《列国志》的出版深感欣慰。与此同时，我们也深刻认识到当今国际形势风云变幻，国家发展日新月异，人们了解世界各国最新动态的需要也更为迫切。鉴于此，为使《列国志》丛书能够不断补充最新资料，更好地服务于社会各界，我们决定启动新版《列国志》编撰出版工作。

　　与已出版的144卷《列国志》相比，新版《列国志》无论是形式还是内容都有新的调整。国际组织卷次将单独作为一个系列编撰出版，原来合并出版的国家将独立成书，而之前尚未出版的国家都将增补齐全。新版《列国志》的封面设计、版面设计更加新颖，力求带给读者更好的阅读享受。内容上的调整主要体现在数据的更新、最新情况的增补以及章节设置的变化等方面，目的在于进一步加强该套丛书将基础研究和应用对策研究相结合，将基础研究成果应用于实践的特色。例如，增加了各国有关资源开发、环境治理的内容；特设"社会"一章，介绍各国的国民生活情况、社会管理经验以及存在的社会问题，等等；增设"大事纪年"，方便读者在短时间内熟悉各国的发展线索；增设"索引"，便于读者根据人名、地名、关键词查找所需相关信息。

顺应时代发展的要求，新版《列国志》将以纸质书为基础，全面整合国别国际问题研究资源，构建列国志数据库。这是《列国志》在新时期发展的一个重大突破，由此形成的国别国际问题研究与知识服务平台，必将更好地服务于中央和地方政府部门应对日益繁杂的国际事务的决策需要，促进国别国际问题研究领域的学术交流，拓宽中国民众的国际视野。

新版《列国志》的编撰出版工作得到了各方的支持：国家主管部门高度重视，将其列入"'十二五'国家重点图书出版规划项目"；中国社会科学院将其列为创新工程学术出版资助项目，王伟光院长亲自担任编辑委员会主任，指导相关工作的开展；国内各高校和研究机构鼎力相助，国别国际问题研究领域的知名学者相继加入编辑委员会，提供优质的学术指导。相信在各方的通力合作之下，新版《列国志》必将更上一层楼，以崭新的面貌呈现给读者，在中国改革开放的新征程中更好地发挥其作为"知识向导"、"资政参考"和"文化桥梁"的作用！

新版《列国志》编辑委员会
2013 年 9 月

前　言

　　自 1840 年前后中国被迫开关、步入世界以来，对外国舆地政情的了解即应时而起。还在第一次鸦片战争期间，受林则徐之托，1842 年魏源编辑刊刻了近代中国首部介绍当时世界主要国家舆地政情的大型志书《海国图志》。林、魏之目的是为长期生活在闭关锁国之中、对外部世界知之甚少的国人"睁眼看世界"，提供一部基本的参考资料，尤其是让当时中国的各级统治者知道"天朝上国"之外的天地，学习西方的科学技术，"师夷之长技以制夷"。这部著作，在当时乃至其后相当长一段时间内，产生过巨大影响，对国人了解外部世界起到了积极的作用。

　　自那时起中国认识世界、融入世界的步伐就再也没有停止过。中华人民共和国成立以后，尤其是 1978 年改革开放以来，中国更以主动的自信自强的积极姿态，加速融入世界的步伐。与之相适应，不同时期先后出版过相当数量的不同层次的有关国际问题、列国政情、异域风俗等方面的著作，数量之多，可谓汗牛充栋。它们对时人了解外部世界起到了积极的作用。

　　当今世界，资本与现代科技正以前所未有的速度与广度在国际流动和传播，"全球化"浪潮席卷世界各地，极大地影响着世界历史进程，对中国的发展也产生极其深刻的影响。面临不同以往的"大变局"，中国已经并将继续以更开放的姿态、更快的步伐全面步入世界，迎接时代的挑战。不同的是，我们所面临的已不是林则徐、魏源时代要不要"睁眼看世界"、要不要"开放"的问题，而是在新的历史条件下，在新的世界发展大势下，如何更好地步入世界，如何在融入世界的进程中更好地维护民族国家的主权与独立，积极参与国际事务，为维护世界和平，促进世界与人类共同发展做出贡献。这就要求我们对外部世界有比以往更深切、全面的了解，我们只有更全面、更深入地了解世界，才能在更高的层次上融入世界，也才能在融入世界的进程中不迷失方向，保持自我。

与此时代要求相比，已有的种种有关介绍、论述各国史地政情的著述，无论就规模还是内容来看，已远远不能适应我们了解外部世界的要求。人们期盼有更新、更系统、更权威的著作问世。

中国社会科学院作为国家哲学社会科学的最高研究机构和国际问题综合研究中心，有11个专门研究国际问题和外国问题的研究所，学科门类齐全，研究力量雄厚，有能力也有责任担当这一重任。早在20世纪90年代初，中国社会科学院的领导和中国社会科学出版社就提出编撰"简明国际百科全书"的设想。1993年3月11日，时任中国社会科学院院长的胡绳先生在科研局的一份报告上批示："我想，国际片各所可考虑出一套列国志，体例类似几年前出的《简明中国百科全书》，以一国（美、日、英、法等）或几个国家（北欧各国、印支各国）为一册，请考虑可行否。"

中国社会科学院科研局根据胡绳院长的批示，在调查研究的基础上，于1994年2月28日发出《关于编纂〈简明国际百科全书〉和〈列国志〉立项的通报》。《列国志》和《简明国际百科全书》一起被列为中国社会科学院重点项目。按照当时的计划，首先编写《简明国际百科全书》，待这一项目完成后，再着手编写《列国志》。

1998 年，率先完成《简明国际百科全书》有关卷编写任务的研究所开始了《列国志》的编写工作。随后，其他研究所也陆续启动这一项目。为了保证《列国志》这套大型丛书的高质量，科研局和社会科学文献出版社于 1999 年 1 月 27 日召开国际学科片各研究所及世界历史研究所负责人会议，讨论了这套大型丛书的编写大纲及基本要求。根据会议精神，科研局随后印发了《关于〈列国志〉编写工作有关事项的通知》，陆续为启动项目拨付研究经费。

为了加强对《列国志》项目编撰出版工作的组织协调，根据时任中国社会科学院院长的李铁映同志的提议，2002 年 8 月，成立了由分管国际学科片的陈佳贵副院长为主任的《列国志》编辑委员会。编委会成员包括国际片各研究所、科研局、研究生院及社会科学文献出版社等部门的主要领导及有关同志。科研局和社会科学文献出版社组成《列国志》项目工作组，社会科学文献出版社成立了《列国志》工作室。同年，《列国志》项目被批准为中国社会科学院重大课题，新闻出版总署将《列国志》项目列入国家重点图书出版计划。

在《列国志》编辑委员会的领导下，《列国志》各承担单位尤其是各位学者加快了编撰进度。作为一项大型研究项目和大型丛书，编委会对《列国志》提出的基本要求是：资料翔实、准确、最新，文笔流畅，学术性和可读性兼备。《列国志》之所以强调学术性，是因为这套丛书不是一般的"手册""概览"，而是在尽可能吸收前人成果的基础上，体现专家学者们的研究所得和个人见解。正因为如此，《列国志》在强调基本要求的同

3

时，本着文责自负的原则，没有对各卷的具体内容及学术观点强行统一。应当指出，参加这一浩繁工程的，除了中国社会科学院的专业科研人员以外，还有院外的一些在该领域颇有研究的专家学者。

现在凝聚着数百位专家学者心血，共计 141 卷，涵盖了当今世界 151 个国家和地区以及数十个主要国际组织的《列国志》丛书，将陆续出版与广大读者见面。我们希望这样一套大型丛书，能为各级干部了解、认识当代世界各国及主要国际组织的情况，了解世界发展趋势，把握时代发展脉络，提供有益的帮助；希望它能成为我国外交外事工作者、国际经贸企业及日渐增多的广大出国公民和旅游者走向世界的忠实"向导"，引领其步入更广阔的世界；希望它在帮助中国人民认识世界的同时，也能够架起世界各国人民认识中国的一座"桥梁"，一座中国走向世界、世界走向中国的"桥梁"。

《列国志》编辑委员会

2003 年 6 月

前爱尔兰驻华大使序

　　祝贺中国社会科学院建院 30 周年。我非常欢迎作为这一庆典的一部分，中国社会科学院即将出版这部关于爱尔兰的非常有价值的著作。

　　这本书全面描述了爱尔兰的历史、文化、人民、社会、经济与国际关系。我相信，该书将为加深中国对爱尔兰文化、历史与人民的了解做出重要贡献。

　　爱尔兰与中国具有非常友好的政治与外交关系。两国政府的领导人经常会面。中国与爱尔兰的双边关系正通过贸易、商务、教育、文化、旅游以及人员等广泛领域内不断加深的交往、协议和交流得到扩展与深化。

　　因此，我认为本书的出版既有价值又十分及时。

　　我对中国社会科学院完成这一非常有价值的科研项目表示敬意，并相信你们对爱尔兰问题的进一步研究将继续得到发展与繁荣。

　　祝你们取得更大的成功！

爱尔兰驻中华人民共和国大使　戴克澜

北京，2007 年

Foreword

I congratulate the Chinese Academy of Social Sciences, which this year is celebrating the thirtieth anniversary of its establishment. I greatly welcome the fact that, as part of those celebrations, the Chinese Academy of Social Sciences is publishing this very valuable book on Ireland.

The book paints a comprehensive picture of Ireland's history, culture, people, society, economy and international relations. This book will, I believe, make an important contribution to developing greater understanding in China of Ireland's culture, its history and people.

Ireland and China have very friendly political and diplomatic relations. Our Governmental leaders meet each other regularly. The bilateral relationship between China and Ireland is broadening and deepening through intensified contacts, agreements and exchanges in a wide range of areas: trade, commercial, educational, cultural, tourism and human contacts.

I therefore see the publication of this book as both valuable and timely.

I commend the Chinese Academy of Social Sciences for the conclusion of this very worthy project and am sure that further

research into Irish issues will continue to prosper at the Academy.
With best wishes for continued success,

Declan Kelleher

Ambassador of Ireland to

the People's Republic of China

CONTENTS

目 录

CONTENTS
目录

CONTENTS

目 录

CONTENTS
目　录

CONTENTS

目 录

CONTENTS
目 录

CONTENTS

目 录

CONTENTS
目 录

自　序

　　爱尔兰岛位于欧洲西北海岸，由爱尔兰共和国和英国的北爱尔兰两部分组成。全岛总面积约 84421 平方公里。爱尔兰共和国简称"爱尔兰"，国土面积 70282 平方公里。诚然，就国土规模、人口数量（约 476 万人）和经济总量来说，爱尔兰是个小国，但它又是一个颇具特色和影响、引起世人广泛兴趣的国度。

　　爱尔兰具有悠久的历史文化传统，早在 7000 多年前就已有人在这里居住。位于米斯郡的纽格兰奇走廊式墓穴，比埃及金字塔的历史还要悠久。数世纪以来，爱尔兰作为西方世界一个重要的文化艺术中心久负盛名。爱尔兰有 4 位享誉世界的文学大师：叶芝、萧伯纳、贝克特和希尼。他们先后获得诺贝尔文学奖。而詹姆斯·乔伊斯则以其巨著《尤利西斯》开创了西方现代主义先锋小说的先河。爱尔兰在优质教育方面的悠久传统得到了世界公认，它是当今世界上受教育人口比例最高的国家之一，这也是促成其经济迅猛发展的一个重要因素。

　　爱尔兰人酷爱自由，为争取和维护本民族的统一、独立和解放，曾进行过长期顽强的斗争。爱尔兰与英国邻近的特殊地理位置，导致与英国的关系在很大程度上影响了其历史发展进程。公元前 6 世纪，一批又一批凯尔特人抵达爱尔兰，他们虽然没能在政治上统一爱尔兰，却统一了爱尔兰的文化和语言，为这个国家历史文化传统的形成刻下了深深的印记。公元 432 年，圣帕特里克来到爱尔兰传播基督教及罗马文化，对爱尔兰日后的发展造成了深远影响。12 世纪，定居于英格兰和威尔士的诺曼人抵达爱尔兰，破坏了建立一个集中、统一的爱尔兰国家的进程。1541 年英王成为爱尔兰国王，爱尔兰此后便被长期置于英国的影响和统治之下，后来通过 1800 年的《合并法案》被正式并入英国。从此以后，爱尔兰人民为争取民族独立，开始了艰苦卓绝的反抗英国统治的长期斗争。第一次世界大战期间，爱尔兰爆发了反抗英国统治的武装起义，并于 1916 年在都柏林宣布成立共和国。起义虽遭到镇压，但起义的支持者在 1918 年的大选中获得胜利。1921 年底，英国被迫签署《英爱条约》，宣布承认爱尔兰南部 26 郡为"自由邦"。1937 年，爱尔兰宣布"自由邦"为共和国。1949 年英国承认爱尔兰的独立地位，但仍拒绝归还北部 6 郡。在其后的近 50 年间，南北两部分的爱尔兰人，特别是北爱人民为实现整个爱尔兰民族的统一付出了巨大努力，甚至是鲜血和生命的代价。1998 年 4 月 10 日，英爱两国政府和北爱相关各方签署了《贝尔法斯特协议》，在实现和平的道路上迈出了具有实质意义的一步。自此之后，冲突和暴力逐渐平息，南北双方的合作成为爱尔兰和北爱尔兰之间关系的主旋律。

爱尔兰不仅拥有古老悠久的历史文明，而且也是一个富有朝气和创造精神的国度。爱尔兰作为传统的农牧业国家，素有"欧洲农村"之称。20 世纪 20 年代"爱尔兰自由邦"建立之时只有少量工业。20 世纪前半期，与其他欧洲国家相比，爱尔兰的经济始终处于落后状态。这一状况加剧了国家和人民的危机感，人们要求放弃贸易保护主义，改行以发展贸易、吸引投资为主导的开放政策。国家设立了出口署和工业发展局，提出了一系列旨在激励工业发展、扩大出口的措施。从 20 世纪 50 年代末到 70 年代初，爱尔兰先后实施了两个经济发展计划，成效显著。1965 年英爱自由贸易协议的签订和 1973 年爱尔兰加入欧洲共同体，对促进爱尔兰经济的对外开放与快速发展发挥了重要作用。20 世纪 90 年代以后，爱尔兰经济持续快速增长。根据经济合作与发展组织（以下简称"经合组织"）的统计，在欧盟 15 国中①，以购买力平价计算，1987 年，爱尔兰的人均国内生产总值只略高于希腊和葡萄牙，仅相当于英国的 63%；到

---

① 指的是 2004 年欧盟东扩之前的 15 个成员国。尽管欧盟 1993 年才正式成立，但很多统计数据习惯将这 15 个成员国称为"欧盟 15 国"（EU-15）。下同。

1996 年，爱尔兰人均国内生产总值已经超过英国。1997～2001 年爱尔兰的年均经济增长率高达 9.2%，成为欧盟和经合组织中发展最快的国家。2003 年，爱尔兰人均国内生产总值高达欧盟国家平均水平的 136%。爱尔兰被誉为"欧洲小虎"（或"凯尔特虎"），成功实现了由农牧经济向知识经济的过渡。但是，始于 2008 年的全球金融危机导致爱尔兰经济于 2008～2009 年陷入衰退，这也凸显了其经济模式中存在的某些缺陷，特别是过度依赖对外贸易和投资造成的一系列问题。不过，从 2010 年开始，爱尔兰经济缓慢复苏，并于 2013 年底退出欧盟和国际货币基金组织的救助机制，成为欧洲 5 个重债国中最早走出债务危机的国家，这再次表明爱尔兰经济有着强大的恢复能力。

爱尔兰经济社会的成功转型，表明它具有很强的适应力和创新能力。如前所述，20 世纪后半期，爱尔兰适时放弃贸易保护主义政策，发展以吸引外资和出口为导向的外向型经济，与世界经济实现了深度一体化。它不仅实现了从农牧业向工业化国家的转变，而且还抓住世界经济全球化和知识经济时代带来的契机，成功完成了向以高科技为中心的新经济的转型。在社会政策方面，爱尔兰政府提出并长期保持的"社会伙伴关系"，对解决经济发展中遇到的难题发挥了重要作用，这不能不说是爱尔兰在解决社会问题方面的一种创新。尽管由于金融危机的爆发，"社会伙伴关系"陷入停滞，但我们并不能因此否认这一模式对爱尔兰的经济发展和社会稳定所发挥的积极作用。与此同时，爱尔兰农业现代化的道路也颇有特色，它走的是一条科技引领农业发展的道路。爱尔兰的经济现代化并没有以牺牲农业为代价，它避免了许多国家在经济发展中曾经出现过的破坏生态、污染环境和土地过度开发等方面的问题。爱尔兰生态环境总体上保持良好，清洁的空气和青山绿水吸引着成千上万的游客。所有这些，都值得包括中国在内的发展中国家认真研究与借鉴。

本书是由中国社会科学院组织编写的新版列国志丛书中的一卷。总体上说，相较于对其他一些欧洲大国的研究，我国学者对爱尔兰的研究基础十分薄弱，甚至可以说是刚刚起步。现有的一些研究多集中于对爱尔兰文学、历史和地理的介绍等方面，且多为译著，有关爱尔兰经济成就和中爱关系的评介文章虽然也可以在报刊和互联网上查到一些，但中国学者自己撰写的学术研究类文章和专著并不多见，特别是很少看到对爱尔兰政治体制、社会制度，以及外交政策等问题的系统、全面的介绍、评述和分析。我们希望通过编撰这本《爱尔兰》，尝试性地做一些基础性的研究工作，并希望能够由此引发中国学者对爱尔兰研究的兴趣。由于我们掌握的材料有限，缺点和错误肯定不少，敬请各位读者和诸位同仁批评指正。另外，需要说明的是，由于新版列国志丛书的体例所限，本书无法用注释的形式一一注明所引用的文献，只有尽量在书后的"主要参考文献"中列明我们所参阅和引用的一些著作和文献，但仍难免会有遗漏和缺失。在此，作者不仅要向所有从事爱尔兰研究的国内外学者表示感谢，更要向其著述未被列明的作者表示诚挚的谢意和歉意。

本书第一版完稿于 2006 年年底，于 2007 年出版；第二版由王振华和李靖堃负责修订，于 2012 年 5 月问世，迄今已有 5 年。这次是对本书的第三次修订。此次修订除了必要的文字修改和内容调整之外，重点是进行数据更新，补充记述爱尔兰在相关领域发生的一些重大事件或重大变化，特别是 2008～2009 年全球金融危机对爱尔兰经济所产生的冲击和影响、爱尔兰近年的政局变化及政策调整，以及北爱和平进程近年来的发展情况等。另外，本书还增加了"社会"（第六章）一章。最后还需要说明的一点是，本书的原作者之一王振华研究员由于身体原因未能参与第三版的修订，此次修订工作由中国社会科学院欧洲研究所李靖堃研究员一人承担，特此向王振华老师以及曾经参与本书第一版部分工作的陈志瑞老师表示感谢。

李靖堃

2017 年 3 月

第一章

概　览

第一节　国土与人口

一　国家名称及其由来

爱尔兰宪法第 4 条规定：国家的名称是"Éire"，对应的英文名称为"Ireland"。目前我们还不是很清楚"Éire"这个词的词源变化情况。对此有许多不同的说法，但目前尚无公认的统一观点。不过毫无疑问，这是一个相当古老的名称。在大约公元前 5 世纪撰写的古希腊地理著述中，它第一次以"Ierne"的形式出现；在托勒密的地图（公元前 150 年）中，又被冠以"Iouernia"；这一称谓的拉丁语写法为"Iuverna"。后来，恺撒的著作中又称其为"Hibernia"，这也是该词最早的标准拉丁文写法。而"Ériu"或"Éire"一词的古爱尔兰语形式在早期的爱尔兰文学中就已通用。现代英语单词"Ireland"是将盖尔语的"Éire"与日耳曼语的"land"这两个词结合而成的。在神话中，"Ériu"是爱尔兰的三位女神之一，另两位女神是"Banba"和"Folda"。在后来的爱尔兰语和英语文学中，也曾出现过将爱尔兰比作一位女英雄的思想。

二　地理位置

爱尔兰共和国（The Republic of Ireland）位于欧洲西部大西洋上的爱尔兰岛中南部，北部、西部和南部三面濒临大西洋。爱尔兰岛位于北纬51°30′~北纬55°30′、西经5°30′~西经10°30′之间。莎士比亚在《约翰王》中曾将英格兰说成是"西方最远的尽头"。但事实上,与英格兰相比,爱尔兰岛才真正是"西方最远的尽头"。

爱尔兰岛是不列颠群岛中面积较大的岛屿之一,也是欧洲第三大岛,总面积为84421平方公里,其中爱尔兰共和国面积为70282平方公里(2013年数据),约占该岛面积的5/6,其余部分为北爱尔兰。爱尔兰岛南北最长处为486公里,东西最宽处为275公里,整个海岸线长达3172公里,其中,爱尔兰共和国的海岸线总长为1448公里。

爱尔兰海位于爱尔兰岛东侧,将爱尔兰岛与大不列颠岛分割开来。爱尔兰海最窄处仅为17.6公里,最宽处为192公里,水深可达200米。爱尔兰东北部与北爱尔兰相连,英国是爱尔兰唯一的陆上邻国,两国边界线长360公里。

三　地貌特征

从面积上看,爱尔兰岛并不算大,但地貌特征十分丰富,这是由复杂的地质演变造成的。在爱尔兰岛的山岭、谷地和海岸一带,主要有两条构造线:一条是较古老的加里东褶皱带,位于该岛东部和北部,为东北-西南走向;另外一条是位于岛屿南部、呈东西走向的山脉,属于海西褶皱带。这两条构造线形成了爱尔兰岛自然地貌的基本轮廓。第三纪阿尔卑斯造山运动将爱尔兰岛与大不列颠岛一分为二,而第四纪冰川运动则使爱尔兰岛的地貌更加多样。爱尔兰岛至少经历过两次大规模冰川作用。时至今日,爱尔兰岛各地仍遗留着被冰川打磨过的岩石、高山湖泊、冰川河谷和冰河时期留下来的沙砾泥土,这些无一不"见证"了当时的冰川作用。

爱尔兰岛的中央是巨大的石灰石低地,在海岸附近则为高地和数条山脉。在东北部的大片地区,分布着由玄武岩组成的高地,安特里姆玄武岩高原俯视着贝尔法斯特湾和北海海峡,莫尔恩山和卡林福德山分别耸立于海湾两侧,伦斯特山脉的东北部直抵都柏林湾;南部的山脉由古老的红砂岩组成,狭长的阿摩力克山脉从东南部的沃特福德悬崖海滨,延伸到西南部班特里溺谷的两侧,由石灰石构成的河谷间隔其中;西部和西北部的戈尔韦、梅奥和多尼戈尔以及东海岸的道恩郡和威克洛郡的山脉则主要由花岗岩组成。位于西南端凯里山的卡朗图厄尔峰（Carrauntoohil）海拔 1038 米，为全国最高峰；东部威克洛山的最高峰为 926 米。爱尔兰岛周边既有耸立的悬崖，也有一些地势较低的海岸。一些狭长的小海湾通到山岭和低地，山、海、半岛和近海岛屿相互映衬，海岸风光格外美丽。

爱尔兰地势南北高中间低。中部为波状起伏的开阔平原，面积占全国总面积的一半以上，海拔一般在 60～120 米，并有许多 200～300 米的低矮丘陵和小山点缀其间。中央平原遍布冰川时期留下的泥沙沉积物，形成了大片沼泽地和无数湖泊。中部低地是爱尔兰的"心脏地带"，几千年来，沿着谷地和低地走廊修建了许多便于往来的通道，可由中部低地通向爱尔兰的各个海岸。

爱尔兰河网稠密，水量充沛，河流多流经沼泽或湖泊后入海，沿途多急流瀑布，这正是爱尔兰景色引人入胜的重要原因之一。横贯中部低地的河流流速缓慢，有些地段遍布沼泽和湿地。大多数河流在中部低地的河道为多年的老河道，而这些河流在近海处则变为"幼年河"。香农河（River Shannon）是爱尔兰最长的河流，发源于西北部斯莱格湾附近的高原，先自北向南而后又折向西南蜿蜒而下，在最终到达入海口之前，它缓慢地流经中部地区的广大低地，接纳了流速同样缓慢的诸多支流，形成宽广的流域，然后注入德格湖，于利默里克形成激流注入大海。香农河全长 386 公里，绝大多数河段水流缓慢，落差不大；但在最后从德格湖到利默里克的 25 公里流程中，水位陡降，落差在 30 米以上。这样的水位落差，有利于建设大型水力发电站。香农河是爱尔兰的一条重要河流。爱尔兰岛的其他主要河流还有东部的斯拉尼河、利费伊河和博因河，东南部的诺尔河、巴罗河和舒尔河，西部的科里布河，东北部的班恩河和拉甘河，以及西北部在伦敦德里入海的福伊尔河等。

由于第四纪冰川的作用，爱尔兰中部地区的湖泊和沼泽多如繁星，风景秀丽。著名的湖泊有科里布湖、艾伦湖、里湖、科恩湖、马斯克湖、德格湖等。其中最大的是科里布湖，面积为 168 平方公里。

爱尔兰海岸线很长，有众多海湾、岬角、海崖和沙丘。滨海山地由于久经侵蚀，山体十分破碎，常常被宽阔的山谷分割，有利于内地与沿海之间的交通。爱尔兰的海岸以沉降型为主，大西洋沿岸尤为典型，形成了许多狭长的半岛和曲折深邃的港湾。在西部和西南部，多尼戈尔、梅奥、凯里诸山的余脉山崖直逼大海，峭壁高达数百米，其间还有深邃宽广的海湾。这里水光山色，海天辽阔，风景秀丽，成为旅游胜地。位于西南角的班特里湾是典型的溺谷（湖谷海岸），湖谷口因有沙嘴横阻，入海通道十分狭窄。班特里湾长约32公里，宽5~8公里，为西欧主要的深水港湾之一，湾内的惠迪岛可泊巨型油轮。爱尔兰东海岸较为平直，天然良港较少，但因为距英国和欧洲大陆较近，故在进出口贸易中占有十分重要的地位。爱尔兰岛的主要海湾还有都柏林湾、贝尔法斯特湾、香农湾和福伊尔湾；岬角有布雷角、威克洛角、米曾角、阿克洛角和卡奥尔角。这些海岸的地貌形态呈现出了多样化的地质构造，它们在爱尔兰的发展进程中拥有可观的地缘、经济、生态和景观价值。

四　气候

爱尔兰的气候属温带海洋性气候。受墨西哥湾暖流和盛行于大西洋的西南风的影响，爱尔兰全国的气候四季变化不大。最冷的月份是1月和2月，日平均气温为4℃~7℃；7月和8月温度最高，日平均气温为14℃~16℃。低于-10℃或高于30℃的极端气温都极少出现。爱尔兰全岛夏无酷热，冬无严寒，再加上爱尔兰岛各个地方离海岸的距离都比较近（最远处也只有113公里），因此各地温差不大。

5月和6月是阳光最明媚的两个月份，这两个月日照时间最长，每天平均有5~7个小时。爱尔兰雨水充足，全国大约4/5的地区年降雨量为750~1500毫米，其中低洼地区年降雨量大多为800~1200毫米，东部地区平均降雨量为750毫米，西部地区为1500毫米。但在一些山地，年降雨量可能超过2000毫米。爱尔兰全年降雨分布比较均匀，大约有60%的降雨量集中在8月到次年1月。爱尔兰雨天很多，东南部地区每年约有175天有降雨，西海岸则多达200~250天。因此，洪涝灾害曾是爱尔兰面临的一个比较严峻的问题，许多河谷都曾经发生过严重的洪水泛滥，所幸经多年治理，洪水威胁已基本排除。但降雨频繁仍常常给农业生产造成危害。例如，在雨量偏多的一些年份，不得不将收获期从 9 月推迟至 10 月，从而给农业造成一定损失。同时，降雨量以及自然排水条件也会影响农民对田地的使用安排，土豆、燕麦和牧草比小麦、大麦更能经受水涝灾害，因此一般仅在东部各郡排水良好的土地上种植小麦和大麦，其他地区则多种植土豆、燕麦和牧草等。

爱尔兰主要以西风为主，但也有例外。严重的暴风会影响航运，也不利于植被的生长。爱尔兰西海岸树木非常稀少，西风的侵袭被认为是造成这种状况的直接原因。在地势平坦的地方或缓坡地带，通常会形成泥炭沼，而在较陡的坡地和其他一些自然排水条件良好的地区则多生长石南属灌木。以海生植物或盐生植物为主的植被分布在海拔 30 米以上的地区，但在海拔 90 米以上的地区就很难再看到它们的踪迹，那里只有生长着石南属植物的荒野泽地。在西北部多尼戈尔郡的金克拉萨角，盐生植物同高山植物和其他各种具有泥炭地区特征的一些植物竞相生长，构成了一种奇异的植物群落。

总之，爱尔兰的气候可以用"温和、湿润、易变"六个字来概括，较少有严寒、长期霜冻和酷暑等异常天气。在通常情况下，季节与季节之间的过渡并不明显，且常年多雨。相较于农耕，爱尔兰的气候更适宜种植草场和牧场。在南部和西部，几乎全年都可以在田野里放养牲畜；而在东部和北部，天然牧场每年可维持十个月之久。但种植农作物则需视多种条件而定，不仅要精耕细作，还要靠天公作美，因此爱尔兰人常说要"颗粒还仓"。

五 人 口

早在石器时代，爱尔兰就已有居民。5000 多年来，不断有人穿越欧洲大陆向西迁徙，并在爱尔兰定居下来。每个新的移民群体——凯尔特人、维京人、诺曼人和英格兰人——都在当今爱尔兰的人口构成中占有一定比例。但爱尔兰岛直到 1821 年才进行了第一次人口普查，因此没有在那之前的具体人口数据。1821 年爱尔兰岛共有人口 680.2 万。1841 年，全岛人口达到了 817.5 万，而构成现今爱尔兰共和国的 26 个郡的人口总数超过了 650 万。1846～1847 年的大饥荒导致大批爱尔兰人被饿死，并引发了大规模人口外移，致使爱尔兰人口到 1851 年锐减至 510 万左右。由于没有确切的统计数据，因此无法准确获知究竟有多少人在大饥荒期间离开爱尔兰向外移民。但仅 1851 年一年，美国就接收了 96.2 万名爱尔兰移民，英国接收了 72.7 万人，加拿大接收了 22.7 万人。到 1861 年，这一数据已分别跃升至 161.1 万人、80.06 万人和 28.6 万人。大饥荒所带来的人口外流规模之大由此可见一斑。到 1861 年，爱尔兰的人口总数只有 280 万，是有人口统计记录以来的最低值。

此种人口外移趋势在 19 世纪下半期一直有增无减。1901～1926 年，爱尔兰人口数量继续下降，但其速度比以前有所减缓。1926～1951 年，爱尔兰人口曾经稳定保持在 290 万人左右，原因主要在于人口的自然增长超过了向外移民的人口数量。不过到 20 世纪 50 年代，爱尔兰人再次大量外移，平均每年减少约 1.4 万人，到 1961 年人口再次降至 280 万人。此后爱尔兰人口稳步增长，其间仅在 1986～1991 年（爱尔兰每 5 年进行一次人口普查）略有下降。从 1991 年开始，爱尔兰人口重新呈现增长趋势。2002～2006 年爱尔兰人口实现了创纪录的增长，年均增长率为 2% 左右，即每年增加 8.1 万人，其原因在于外来移民大量流入爱尔兰（年均 4.8 万人），超过了人口自然增长的数量（年均 3.3 万人）。2006～2011 年，爱尔兰人口增长速度有所减缓，主要原因在于进入爱尔兰的净移民数量大大减少（年均 2.5 万人），但人口自然增长数量达到了年均 4.5 万人，是爱尔兰共和国成立以来人口自然增长数量最多的一个时段。2011～2016 年，爱尔兰人口增长速度进一步下降，年均增长率仅为 0.7%，其中，进入爱尔兰的净移民数量大幅度减少。2016 年，爱尔兰共有人口 475.7976 万人，比 2011 年增加了 3.7%。

19 世纪以来，随着城镇化和现代化的发展，爱尔兰的人口分布，特别是农村人口与城镇人口的分布情况发生了巨大变化。1841 年，仅有 1/5 的人口住在城镇；到 1980 年，城市人口占到了总人口的 57.8%，农村人口占 42.2%。此后，城镇化趋势继续发展，但速度有所减缓。截至 2016

年 4 月，爱尔兰 62.7% 的人口居住在 1000 人以上的城镇。爱尔兰全国人口密度约为 70 人/平方公里（2016 年）。但各地差别很大，东南部人口密度最高，西部居民则较为稀少。近年来，爱尔兰人口越来越集中在一些大城市，如都柏林人口密度为 4526 人/平方公里，科克为 3090 人/平方公里，利默里克为 2012 人/平方公里，而在罗斯康芒郡（Roscommon）、梅奥郡（Mayo）和利特里姆郡（Leitrim）等地，人口密度还不到 30 人/平方公里。

从年龄结构来看，尽管近年来爱尔兰也出现了人口老龄化趋势，但与其他西方国家相比，爱尔兰的人口构成还是比较"年轻"的：2014 年，爱尔兰人平均年龄为 36.8 岁（2008 年时为 35.5 岁）。1977 年的年龄构成状况是：15 岁以下人口占 31.2%，15 ～ 29 岁占 23.7%，30 ～ 44 岁占 15.4%，45 ～ 59 岁占 14.4%，60 ～ 74 岁占 11.3%，74 岁以上占 4.0%。2014 年的人口构成状况为：15 岁以下人口占 22%，15 ～ 29 岁占 18%，30 ～ 44 岁占 24%，45 ～ 59 岁占 19%，60 ～ 74 岁占 12%，74 岁以上占 5%。其中，65 岁以上的老年人在 1977 ～ 2006 年几乎增加了 1/3。而 2008 ～ 2014 年，除 15 ～ 29 岁年龄段的人口以外，其他年龄段的人口都有所增长。其中，65 岁以上的老年人增加了 21.3%。

1980 年，爱尔兰新出生人口曾经达到过 74064 人的峰值，当年人口出生率为 21.8‰，死亡率为 9.8‰，自然增长率为 12.2‰。此后新出生人口数量逐年减少，1993 ～ 1995 年的三年间每年新出生人口不到 5 万人。但从 1996 年开始，新出生人口数量又呈上升趋势，2009 年达到创纪录的 75554 人，此后又开始下降。2014 年新出生人口 67462 人，人口出生率为 14.6‰；当年死亡人数为 29095 人，死亡率为 6.3‰。随着医疗条件不断好转，多年来，爱尔兰人口预期寿命也在逐年增加：1960 年的国民预期寿命为 69.69 岁，其中女性 71.57 岁，男性 67.90 岁；2013 年，国民预期寿命为 81.1 岁，其中，女性 83.1 岁，男性 79 岁。

爱尔兰的民族构成相对单一，爱尔兰人占绝对多数，他们是凯尔特人、北欧人、诺曼人、英格兰人和苏格兰人等民族融合的后裔。但爱尔兰的民族构成近年来也在日趋多样化。在爱尔兰的常住居民中，拥有爱尔兰国籍的居民占 87% 左右；在非爱尔兰籍的居民中，来自欧盟成员国的居民占到了 71% 左右（占爱尔兰居民总数的 8.5%）。非爱尔兰籍居民来自 188 个国家，其中 82% 的人来自波兰、英国、立陶宛、尼日利亚、拉脱维亚、美国、中国、德国、菲律宾和法国等 10 个国家。其中，波兰人有 12 万，英国人有 11 万，立陶宛人有将近 3.7 万，拉脱维亚人有 2 万多。2006～2011 年，波兰移民的数量增加最多，接下来是来自拉脱维亚、立陶宛、罗马尼亚、巴西和印度等 5 个国家的移民。从增长幅度来看，罗马尼亚移民的增幅最大，五年间增加了 124.8%。

近年来，爱尔兰人的家庭与婚姻状况也在朝着与其他西方国家趋同的方向发展。首先，家庭规模越来越小。1961 年，平均每个家庭有 4 人，2011 年下降为仅有 2.7 人。其次，婚姻状况也发生了变化，特别是在以下两个方面：一是结婚越来越晚，2014 年，男性和女性的平均结婚年龄分别为 35 岁和 33 岁，是有记录以来的最晚结婚年龄；二是离婚人数大幅增加，2002～2011 年，离婚人数增加了 231%，从 3.51 万人上升到 11.62 万人（若与 1991 年相比则增加了 1338.1%）。这一状况与 1997 年《离婚法》的生效有很大关系。此前，爱尔兰法律禁止离婚，经夫妻双方同意后可以分居，但绝对不允许再婚。这就造成爱尔兰人对婚姻的态度十分慎重，但一个不利后果是结婚率低，晚婚现象普遍。1997 年，离婚和再婚均在爱尔兰实现了合法化。

2011 年 1 月 1 日，爱尔兰《民事伴侣关系与同居伴侣某些权利与义务法》（The Civil Partnership and Certain Rights and Obligations of Cohabitants Act）生效，赋予同性伴侣一定的法律权利。2015 年 5 月 22 日，爱尔兰就同性婚姻合法化举行公投，62% 的公民投了赞成票。爱尔兰成为首个通过公投赋予同性婚姻合法地位的国家，也是欧盟第 13 个给予同性婚姻合法地位的国家。

六　语言

根据宪法规定，爱尔兰有两种官方语言：爱尔兰语为第一官方语言；同时承认英语为第二官方语言。

（一）爱尔兰语

一种独特的语言是一个民族自主性的标志之一，在许多爱尔兰人的心目中，英语在过去是与民族压迫连在一起的。此外，语言的多样性本身也是传统和文化多样性的一个重要方面。基于这些考虑，保护和发展爱尔兰语一直是爱尔兰历届政府的政策重点，如鼓励在日常交往中使用爱尔兰语，在中小学开设爱尔兰语课程，并规定从事某些职业者（尤其是法律和学校教育）必须通晓爱尔兰语等。

爱尔兰语是凯尔特语的一种，属于凯尔特语族的戈伊迪利语支，是印欧语系"大家庭"中的一个成员。从公元前 2000 年末到公元前 4 世纪，凯尔特语被引入爱尔兰，并开始逐渐演化。目前已知最早的爱尔兰语的原形主要散见于公元四五世纪以来的欧甘文字（Ogham）石刻上。这些石刻上只有一些人名，因此保存在欧甘文字中的语言信息十分零散，但已足以显示它比古爱尔兰语还要古老的多。公元 6 世纪以后，古爱尔兰语作为爱尔兰当地语言成为凯尔特语最早的一个变种，也是阿尔卑斯山以北欧洲地区最早出现的一种土著语言，其书面文字至今仍广泛留存。

古爱尔兰语是爱尔兰"黄金时代"的语言，一般认为这一阶段为公元 700～850 年。古爱尔兰语后来演化为中古爱尔兰语，即维京人后期和后维京人时期的语言。与古爱尔兰语相比，中古爱尔兰语以名词和动词的变音转调和代词体系的简化为特征。古斯堪的纳维亚人进入爱尔兰（公元 9 世纪）之后，一直到盎格鲁－诺曼人入侵爱尔兰（公元 1169 年）期间，爱尔兰进入了一个语言多样化的时期，但爱尔兰语仍在该岛居民中占支配地位，说其他语言的社会群体被逐渐同化。到公元 13 世纪，早期现代爱尔兰语，或者说古典爱尔兰语已经开始出现。此时出现了盖尔语的复兴，古爱尔兰人、古斯堪的纳维亚人、诺曼人和古英格兰人大多被同化为说爱尔兰语的群体。到 16 世纪初，几乎所有人都说爱尔兰语。爱尔兰语作为整个盖尔语世界——包括爱尔兰、苏格兰和曼恩岛——的一种书面语言的情况一直持续到 17 世纪。此后，由于古老的学堂和知识阶层的影响逐渐消退，爱尔兰语书面语言越来越向地方化发展。

16 世纪后期和 17 世纪，随着英格兰人对爱尔兰实行殖民统治，爱尔兰语作为该岛居民主要语言的地位不断受到威胁。英格兰都铎王朝和斯图亚特王朝开始占领爱尔兰，并建立了种植园（1534～1610年）；克伦威尔执政时期开始向爱尔兰大规模移民（1654年）；1689～1691年爆发了威廉战争，随后开始实施刑法（1695年），这对爱尔兰语构成了毁灭性的打击，当地爱尔兰人的文化机构也被摧毁殆尽。随着英国殖民者逐渐统治了爱尔兰，英语也成了爱尔兰政府和公共机构的唯一语言。在一些主要城镇，英语被指定为市政管理和法律事务的正式交往用语。但与此同时，爱尔兰语作为绝大部分农村人口以及下层阶级的语言得以承续下来。

从18世纪中期开始，由于刑法有所松动，本土爱尔兰人的经济和社会活动范围不断扩大，一部分爱尔兰人变得富裕起来，为跻身"上流社会"，他们转而追捧流行的中产阶级时尚，开始使用英语。这样一来，爱尔兰语便愈发成为"贫困"和"下层社会"的代名词。这种趋势在1800年的《合并法案》通过后仍有增无减。19世纪中叶"大饥荒"导致的向外移民潮，又进一步削弱了爱尔兰语的地位。1835年，说爱尔兰语的人还有400万左右；但"大饥荒"之后，说爱尔兰语的人则大规模减少。在1851年的第一次人口普查中，说爱尔兰语的仅有150万人；到了1891年，这一数字骤降至68万人。特别是10岁以下的人口中说爱尔兰语者还不到3.5%。

但与此同时，从18世纪末开始，盎格鲁－爱尔兰的统治者对爱尔兰语言及文学萌生了学术兴趣，而且，随着爱尔兰语的衰落，这种学术兴趣变得愈益明显，并激发了对保护爱尔兰语言的关切，越来越多的人认为现代爱尔兰语仍然是最适当的文字表达形式。这样一来，整个19世纪便出现了爱尔兰语的复兴。1893年，盖尔语联盟（Conradh na Gaeilge）成立，它以扶持爱尔兰语言及其文学艺术为宗旨，包括爱尔兰舞蹈和独特的游戏，例如投掷和盖尔足球。尽管如此，作为一种日常交往语言，爱尔兰语的应用仍然日渐衰微。到20世纪初期，爱尔兰语只在沿西海岸的一些地方得以保存，这些地方被统称为"盖尔塔赫特"（Gaeltacht）。1922年爱尔兰自由邦成立之后，爱尔兰语得到了进一步的保护和应用，特别是在文学作品中。但是，由于多年来作家们表达当代习语的方式五花八门，书面语言一度相当多样化，因此有必要重新确定语言规范。1945 年爱尔兰政府公布了一套新的拼音规则，并于 1947 年进行修订；1953 年又公布了一套新的语法规则，于 1958 年进行修订。后来，这些规范都被爱尔兰政府编入 1978 年出版的《爱尔兰语－英语辞典》，爱尔兰语的使用有了统一规范。

1956 年，爱尔兰政府对"盖尔塔赫特"进行了重新规定，该地区特指绝大部分居民讲爱尔兰语的地方，特别是西部一些地区，如科克、多尼戈尔、梅奥、戈尔韦和凯里等郡。不过即使在这些地区，说爱尔兰语的人口在总人口中所占比例也在不断减少：2011 年，说爱尔兰语的人所占比例为 68.5%（2006 年时为 70.8%），其中只有 24% 的人日常也说爱尔兰语。由于各种原因，这些地区有越来越多的人转而说英语，特别是后来在这里定居的人。从全国范围来看，在 3 岁以上的爱尔兰人口中，每天在日常生活中说爱尔兰语的爱尔兰人仅为 1%，即 4.6 万人左右；对爱尔兰语有基本认知的人口占到了 1/3 左右，但其中有 45 万人仅在教育系统内部说爱尔兰语。

爱尔兰历届政府采取了各种措施维持和促进爱尔兰语的推广和使用。2003 年，爱尔兰政府颁布了《官方语言法》（Official Language Act），以促进公共机构使用爱尔兰语为大众提供服务，并根据该法成立了语言委员会。2006 年，爱尔兰政府公布了一项为期 20 年的战略，鼓励在各个领域使用爱尔兰语，目标是使爱尔兰语的应用达到与英语同样普遍的程度。该战略于 2010 年 12 月启动。在公立小学和中学，爱尔兰语是必修课。近年来，用爱尔兰语教学的中小学数量增加很快：1972 年，在"盖尔塔赫特"以外的地区，仅有 11 所小学和 5 所中学用爱尔兰语教学；到 2015 年，已有 180 所小学和 41 所中学用爱尔兰语教学。此外，爱尔兰还开办了各种爱尔兰语暑期班。爱尔兰所有的高校都开设了爱尔兰语言课，有些大学还设有爱尔兰语系。

"艺术、遗产、地区、乡村和爱尔兰语事务部"负责促进和推广爱尔兰语的使用，同时负责促进盖尔塔赫特地区的文化、社会和经济福利。教育和技能部下设专门负责爱尔兰语教学的部门。此外，爱尔兰政府还通过各种媒体促进爱尔兰语的应用和传播：国家盖尔语广播电台（Raidió na Gaeltacht）是最主要的爱尔兰语广播电台，此外还有一些用爱尔兰语播音的社区广播电台，每周至少播出一次爱尔兰语节目；TG4 是一家用爱尔兰语播放节目的全国性电视台，其播放的节目范围广泛，包括戏剧、音乐、旅行节目、纪录片等，每周观众人数在 16 万左右，Cúla4 是其下属的儿童频道，绝大部分节目用爱尔兰语播出。在报刊方面，2008 年以前，爱尔兰有一种用爱尔兰语出版的日报（Lá Nua）；2013 年前，有两种用爱尔兰语出版的周报（Foinse 和 Gaelscéal），但这两种报纸均已停刊，由一家在线报纸（Tuairisc. ie）取代；《爱尔兰时报》每天也有两版用爱尔兰语印行。此外，爱尔兰还有几家用爱尔兰语出版的期刊，包括 Feasta、Comhar（文学类杂志）和 Nós（文化与生活类杂志）。一些私人团体和组织也在努力促进爱尔兰语的推广和使用。

（二）爱尔兰英语

1169 年，盎格鲁－诺曼贵族在爱尔兰登陆，之后逐渐确立了统治地位。虽然这些贵族说的是形形色色的法语，但随后而来的庞大的扈从和商人群体却讲英语。当时，英语主要是都柏林附近地区的流行语言，在爱尔兰的绝大部分地区人们还是说爱尔兰语。13～16 世纪，说爱尔兰语的社会群体甚至同化了其他群体。16 世纪初，在爱尔兰出生、只说英语的人数量还非常少。但从 16 世纪开始，英格兰加紧了对爱尔兰的征服和殖民化进程，自此，英语在爱尔兰的应用越来越普遍，并逐渐成为相当一部分人的第一语言。到 19 世纪中期，英语已经成为爱尔兰的主要语言。从此，英语在爱尔兰流行开来，即使是那些将英语作为第二语言的土生土长、说爱尔兰语的人多数也能流利地说英语。

爱尔兰英语经过多年发展演变之后，也像美国英语一样，具有了很多不同于英国英语的独特性，而这种独特性绝大多数来自爱尔兰语的影响。特别是在很多乡村地区流行的爱尔兰英语中，这种影响更为明显。使用英语的第一代爱尔兰人，其词汇、语法和惯用语以及发音都受到了爱尔兰语的影响。他们的发音后来被 J. M. 辛格（1871～1909 年）、道格拉斯·海德（1860～1949 年）及其同时代的其他作家作为书面用语的基础。但这种发音只是一种过渡形态，其独有特征后来几乎完全消失了。今天的爱尔兰英语更多的是不列颠英语的一个变种，二者的书面语相差不大，只是在个别词汇的拼写方面略有差异，但前者与后者还是有一些比较明显的差别，特别是前者还保留着一些古英语的元素。两者最大的差别是在口语发音方面，爱尔兰英语儿音较重，说话时音调习惯性上扬，频率较快，而且某些发音也与不列颠英语有差别。

（三）其他语言

在爱尔兰3岁以上的人口中，还有12%的人母语为英语和爱尔兰语之外的其他语言。其中，讲波兰语的人最多，占这部分人口的22.9%；其次是法语，占11.2%；接下来是立陶宛语、德语、俄语、西班牙语、罗马尼亚语、汉语、拉脱维亚语和葡萄牙语。

七 行政区划

1921年以来，爱尔兰的行政区划经过了几次改革，其中力度最大的一次是2012～2014年的改革，在此次改革中，地方政府的数量从114个减少到了31个，并且取消了所有的镇议会。在此次改革之后，爱尔兰的地方行政机构由两个层级构成，第一个层级是26个郡和5个郡级市，第二个层级是郡和郡级市下属的"市政区"（municipal districts）。这一行政区划自2014年6月1日起生效。目前，爱尔兰的26个郡分别为：卡洛（Carlow）、卡文（Cavan）、克莱尔（Clare）、科克（Cork）、多尼戈尔（Donegal）、南都柏林（South Dublin）、芬戈尔（Fingal）、戈尔韦（Galway）、凯里（Kerry）、基尔代尔（Kildare）、基尔肯尼（Kilkenny）、莱伊什（Laois）、利特里姆（Leitrim）、朗福德（Longford）、劳斯（Louth）、梅奥（Mayo）、米斯（Meath）、莫纳亨（Monaghan）、奥法莱（Offaly）、邓拉里－兰斯顿（Dún Laoghaire-Rathdown）、罗斯康芒（Roscommon）、斯莱戈（Sligo）、蒂珀雷里（Tipperary）、韦斯特米斯（Westmeath）、韦克斯福德（Wexford）和威克洛（Wicklow）。5个郡级市为都柏林、科克、利默里克、沃特福德和戈尔韦，其中，利默里克和沃特福德为郡市合一（City and County Council）的建制。

八 国旗、国徽、国歌

爱尔兰国旗为长方形,长与宽的比例为2:1。旗面从左到右由绿色、白色和橙色三个面积相等的垂直长方形组成。绿色代表信仰天主教的人口,橙色代表新教派,白色则代表希望,寓意天主教徒和新教徒之间永久休战,团结友爱。这面旗子最早是在1848年,由同情爱尔兰革命的一些法国女性赠送给民族运动组织"青年爱尔兰"的领导者之一托马斯·弗朗西斯·米格尔(Thomas Francis Meagher)的礼物。在1916的"复活节起义"中,这面旗子被首次悬挂于都柏林邮政总局的大楼上,从此就被视为爱尔兰的国旗,并在1919~1921年的爱尔兰独立战争中使用,在1937年宪法中被正式定为爱尔兰国旗。

爱尔兰国徽为蓝色盾徽,盾面上绘有金黄色的竖琴。底色为蓝色,象征着大海和天空,竖琴则是爱尔兰人民喜爱的"天使之琴"。

爱尔兰国歌为《士兵之歌》,写作于1907年,由三个诗节和一个副歌构成,词作者为皮达尔·科尔尼(Peadar Kearney),他与帕特里克·希尼(Patrick Heeney)共同谱曲。1912年,这首歌被登载于《爱尔兰自由报》,其副歌于1926年被正式定为爱尔兰国歌。歌词如下:"让我们来唱个士兵之歌,大家欢乐地应和,星星在我们头上闪烁,当我们围着营火。等待着明天去作战,大家心里焦急不安,就在静静的黑夜里,我们高唱士兵之歌。我们士兵把生命献给爱尔兰,有些人来自海的那一边。誓必获自由,我们祖先的土地,不能庇护暴君和奴隶。今晚我们为了爱尔兰,不管它是福还是祸;大炮怒吼,子弹呼啸,我们高唱士兵之歌。"

第二节 宗教、民俗与节庆

一 宗教

爱尔兰宪法保证所有公民的良心自由和自由表达与实践宗教信仰的自由。在爱尔兰共和国,大多数人信奉罗马天主教。同时,其他许多宗教传统也得到了充分体现并受到尊重。最近几十年来，爱尔兰的宗教、社会及政治兼容性得到了普遍提高。

与其他一些国家不同，爱尔兰的每次人口普查都包含居民的宗教信仰情况。除极少数人以外，绝大多数被调查者并不讳言自己的宗教信仰。自1861年首次人口普查以来，天主教在爱尔兰一直占有绝对优势，信仰天主教的居民曾在20世纪50年代达到过95%左右的峰值，但那之后所占比例有所下降，特别是1991年之后降到了90%以下，2011年仅为84%。当然，天主教仍在爱尔兰占有绝对优势地位。同时，新教徒所占比例也呈现出下降趋势：1991年为10%，此后不断减少，2011年时仅为6.3%。与此相反的一个趋势是，其他教派以及不信仰任何宗教的居民所占比例不断增加：1991年，信仰其他教派的居民仅占1%，到2011年上升到了1.9%；而不信仰任何宗教的居民则增加到了5.9%。此外还有1.6%的人没有说明自己的宗教信仰。

（一）罗马天主教

爱尔兰岛的罗马天主教会分为四个大主教区：北爱尔兰的阿马（Archdiocese of Armagh）、爱尔兰共和国的都柏林、卡舍尔和图厄姆，分辖爱尔兰北部、东部、南部和西部。每个大主教区包括多个主教教区，爱尔兰全岛总共有27个主教教区。阿马的大主教为全爱尔兰岛首席主教。12世纪以来，现行的教区结构基本未变，但这与现代爱尔兰的行政区划并不一致。爱尔兰全岛大约有4000名牧师服务于1329个牧区，约有2万名神职人员分属牧师、修士和修女等不同的教会等级序列。天主教会积极参与教育和医疗卫生服务。起初，教会只向穷人提供相关服务，后来服务对象被大大扩展。此外，教会也开始越来越多地与国家机构进行合作。爱尔兰天主教会还派传教士前往非洲、亚洲、中南美洲和大洋洲的不同国家和地区开展工作。2011年，爱尔兰全岛共有460万天主教徒，其中爱尔兰共和国有386万，大约60%的天主教徒经常去教堂。

（二）爱尔兰教会

爱尔兰教会属新教，是一种主教制教会，也是全世界安立甘教会中的一个自主教会，其根源可上溯至基督教最初传入爱尔兰的时期。爱尔兰教会涵盖北爱尔兰和爱尔兰共和国，在爱尔兰全岛共有教徒 39 万人，其中爱尔兰共和国有 13 万人，占爱尔兰公民总数的 2.85%。爱尔兰教会由 12 个教区组成。阿马的大主教是全爱尔兰岛的首席主教，另一个大主教职位设在都柏林。其内部设有三级圣职——主教、牧师和执事。该教会是一个代表制教会，由每个教区选出出席教会大会的代表。其主要立法权力由教会大会掌握，由大主教、主教、216 名教士代表和 432 名世俗代表组成。教士代表和世俗代表每 3 年选举一次。各个教区通常每年也为选举教区代表举行教区大会。值得注意的是，爱尔兰教会既有新教徒，又有天主教徒。因此，将其教徒简单地说成是"非天主教徒"是不正确的。而且，新教徒和天主教徒并不是对立的。简要地说，接受教皇即罗马主教的普遍管辖权的天主教徒，通常被称为罗马天主教徒，但还有些天主教徒并不接受教皇的管辖权或罗马天主教会的某些教义，这些人就被称为新教徒或"归正宗天主教徒"（Reformed Catholics），其中就包含爱尔兰教会和其他安立甘教会的成员。爱尔兰教会与天主教会一样积极参与教育和社会服务。

（三）长老会

长老会是具有宗教改革传统的新教教会，是世界新教教会联盟的成员。新教传统上非常强调《圣经》的权威，"长老"一词点明了强调成员个人和共同责任的教会管理形式。每个圣会选出的长老负责其信徒的精神幸福。爱尔兰全岛共有 562 个圣会，划归 21 个被称为"区会"的地区组织。牧师和长老在区会和 5 个地区教会会议上代表他们所在的圣会。这些牧师和长老每年都要参加作为教会最高决策机构的大会，决定教会的政策，并对教会的管理负责。主持大会的首脑为爱尔兰长老会的首席代表，任期仅 1 年。各种常设委员会和理事会负责一些特定领域的具体工作。20 世纪 50 年代以来，爱尔兰长老会开始任命女性担任牧师。长老会在爱尔兰岛大约有 29 万名信徒，其中爱尔兰共和国约有 2 万人，他们人数虽少，但作用不可小视。

（四）循道宗

爱尔兰的循道宗起源于约翰·卫斯理牧师的传教，这位安立甘教会的福音传道者在 18 世纪曾经先后 21 次造访爱尔兰。爱尔兰循道宗是一个自主团体，有自己的主席和书记，但与世界循道宗保持着密切联系。它的228个地方教会组成76个牧师巡回布道区，轮流在全爱尔兰的8个教区布道。爱尔兰全岛的循道宗教徒共有约5.75万人，其中爱尔兰共和国约有1万人。爱尔兰的循道宗主要通过在大城市开展布道活动，广泛参与社会工作，使更多社会群体受益，特别是为老年人和穷人提供一些帮助。该教会也参与各个层级的教育工作。

二　民俗与节庆

在长期的历史进程中，爱尔兰人民不仅为了民族和国家的独立与发展进行了坚忍不拔、艰苦卓绝的斗争，而且还不断积累并丰富着本民族的精神财富和文化宝库，形成并发展了具有浓郁地方与民族特色的民风民俗和节日庆典。

爱尔兰以神话传说闻名，同时也有许多与基督教传统有关的传说。凯尔特人相信，人死后会继续活在自己的墓室里，而且还有其他人与其共同生活。有很多故事讲的是人死后被带到仙女居住的山寨围垣。还有传说认为某个特别女妖的哀号预示着死亡。爱尔兰也曾有很多与死亡和葬礼有关的信仰和习俗。"唤醒"死者是一种重要的社会仪式，包括祈祷、吟唱、讲故事和玩游戏，目的是歌颂逝去的人。

爱尔兰的本地节日，如圣·布里吉特节（Imbolc，2月1日）、五月节（Bealtain，5月1日）、卢纳撒节（Lughnasa，8月1日）和万圣节（Samhain，11月1日），都有其自身特殊的娱乐形式，并且保留了早期仪式的一些痕迹。在基督教节日中，如圣诞节（12月25日）、复活节（3月或4月）、圣约翰之夜（6月23日）和圣马丁节（11月11日），则集中体现了爱尔兰的大多数传统习俗。一些由传统衍生而来的节庆都具有宗教色彩，但同时，随着国家和社会的进步它们又被赋予鲜活的时代感。这其中最重要的首推圣帕特里克节，即爱尔兰的国庆节。

圣帕特里克（St. Patrick）是爱尔兰的守护神。相传他生于公元4世纪的威尔士，父亲是教堂执事，是一位有身份的人。16岁那年，帕特里克被诱拐到爱尔兰卖身为奴。他在斯雷米什山做了6年的牧羊人，直到一天晚上一位天使来到他的梦中，告诉他有一艘小船正等着他。听从这个梦境的召唤，他从山里走出，奔走 200 公里之后乘船而去。他先到了英国，而后又到了法国，在马茂泰尔修道院做了 20 年的修道士。然后他又在梦中受到神灵的召唤，要他返回曾经奴役他的爱尔兰，"再一次走入我们中间"，不过这次是要他回去传教，征服那里的人们，并使他们皈依基督教。据传，公元 432 年，在前往爱尔兰执行其神圣使命之前，帕特里克奉召来到罗马，教皇切莱斯廷委任他为主教。而后，帕特里克和他的 24 位追随者抵达爱尔兰。帕特里克面陈爱尔兰国王莱里。他从地上捡起一枝三叶草，试着向"德鲁伊特"（古凯尔特人中有学识的人，担任祭司、教师、法官，或者巫师、占卜者等）和国王解释，三叶草的三片叶子就像上帝的三个化身——圣父、圣子和圣灵，这被称为"三位一体"。莱里被深深打动，便选择皈依基督教，同时他赋予帕特里克在爱尔兰全境传播基督教的自由。

从帕特里克撰写的《忏悔录》中，后人多少可以了解到他的一些生平事迹。传统上，人们一般认为公元 432～461 年的这段时间是他在爱尔兰传教的时期。在此期间，他的传教活动从爱尔兰的北半部扩展到了南方，除了阿马的主教教区，他还在卡舍尔设立了教区。帕特里克认为，他的传教任务主要是精神上的，即为上帝争取灵魂。在帕特里克到爱尔兰之前，爱尔兰各地已经散布着一些基督教团体，但是，由于他个人的推动，爱尔兰全国最终都改信基督教。从《忏悔录》以及当时教会的情况看来，帕特里克是一位典型的罗马教会基督徒，他采用当时流行的拉丁圣餐仪式向圣徒做祷告，施行洗礼并恪守天主教教义，并尊奉罗马教皇为最高权威。

当时，基督教教义逐渐为势力较弱小的部族和被压迫人民所接受，但却遭到了国王、盖尔贵族阶层以及德鲁伊特和"菲利"（包括诗人和先知，是爱尔兰民族的传说、史诗、法律、家谱及历史的保存者和传承者）的抵制。因此，有人认为所谓帕特里克与国王莱里的会晤或许只是一种传说，因为莱里至死都没有信奉基督教，他只不过是没有反对基督教传入爱尔兰。直到公元 490 年，才在卡舍尔出现了第一个信奉基督教的国王奥恩格斯。不过，基督教在传入爱尔兰的过程中的确没有遇到激烈反对。

流传至今的许多有关圣帕特里克的传说，反映了基督教信仰和其他异教崇拜之间的较量和斗争。不过这些神奇的故事似乎也同帕特里克本人的布道活动与使命相符。比如，在《忏悔录》中，他将爱尔兰"异教"所崇拜的偶像与基督教的真正信仰加以对照，批评了对太阳神力的信仰，称"它的辉煌不会持久，崇拜它的人将会受到惩罚，并坚信对基督的崇拜，真正的太阳永远不会消亡，信奉上帝的人也不会灭亡"。在另一则故事中，圣者用火的验证给一个异教祭司显示了基督教的超然能力。故事中，帕特里克的一个仆人未受到异教邪火一丝一毫的损伤，而他的对手却被基督之火完全吞噬了。

有关帕特里克的早期传记文学中最吸引人的故事，讲的是帕特里克在爱尔兰点燃了第一把复活节之火。故事相当富有戏剧性。故事说的是莱里国王有一个习惯，即在一个特定夜晚在塔拉的皇家中心点燃复活节之火，其他任何人不得先于他点火。帕特里克来到了附近的斯拉尼山，并点燃了复活节之火。国王莱里看到之后大为震怒，下令将冒犯者带来见他。于是帕特里克作为一个伟大的基督英雄来到了塔拉，而国王及皇家卫队的所有人员都被他的神力吓得惊慌失措。

在另外一些传说故事中，帕特里克被描述为一个新的摩西式人物，战胜了爱尔兰的权贵们。就像摩西用魔棍一点，水便从岩石中涌出一样，帕特里克也被描写成在不同的地方挖掘圣井，以满足改变信仰时施行的浸礼所需。还有一些传说将帕特里克视为爱尔兰的特别保护者，在痛苦悲惨的年代给爱尔兰人民以慰藉。

一般认为，帕特里克卒于公元 463～493 年的某个 3 月 17 日，但对于他的墓地则说法不一。其中一种最具说服力的说法是他的墓地应该在道恩大教堂（Down Cathedral），那里有一块大石板上刻有"帕特里克"的字样。

不论爱尔兰历史上流传的这些传说故事有多大程度的真实性，但可以肯定的是，帕特里克作为爱尔兰第一个伟大的传教使徒，给这个"异教岛国"带来了基督教信仰和教会制度，并使爱尔兰迎来了拉丁文明和罗马文化。这种文明和文化并未因罗马帝国的衰亡而泯灭，而是随着岁月的流逝和荡涤，融汇到爱尔兰人民的生活和精神之中。由此，纪念并颂扬圣帕特里克在爱尔兰早已成为一种悠久而重要的习俗。公元8世纪时，将帕特里克尊奉为爱尔兰圣者的这一趋势已很明显。古书《阿马书》（*The Book of Armagh*）中有一条注释，指示爱尔兰的所有修道院和教堂通过"在仲春三天三夜的庆祝"来纪念圣者。爱尔兰人崇敬圣帕特里克，有至今仍广为流传的如下颂词为证："愿上帝、玛丽和帕特里克保佑你！"可见，圣帕特里克作为爱尔兰的保护神具有极为重要的象征意义。

1995年11月，爱尔兰政府决定将帕特里克逝世的日子定为圣帕特里克节，并以此作为爱尔兰的国庆日。爱尔兰政府通过如下简短说明赋予了该节日深厚的时代内涵：

——创设一个堪与世界上所有盛大节日媲美的国庆节；

——为世世代代的爱尔兰人民（以及那些有时希望他们是爱尔兰人的人们）提供机会和动力参与到富于想象力的、多姿多彩的庆祝活动之中；

——在临近新千年之际，在国际上将爱尔兰塑造成为一个有着广泛吸引力、富于创造性的、专业的和先进的国家。

可见，爱尔兰政府创设圣帕特里克节的宗旨是将其发展为一个重要的国际性节日，用以展示爱尔兰人民的才智和成就，以此增强爱尔兰人民的自豪感，同时也为不同年龄和社会背景的人提供一个展示多种技艺的场所。第一届圣帕特里克节于1996年3月17日举行，持续了一天一夜。1997年，爱尔兰政府将节日的庆祝时间延长为3天。此后，它又逐渐延长为4天、5天和7天。在爱尔兰本土，每年都有超过100万人（包括游客）欢度这一节日。此外，由于爱尔兰裔移民遍及英国、欧洲大陆、澳大利亚和北美等世界其他地区和国家，在某种意义上，圣帕特里克节已经发展成为一个世界性节日。每年3月17日，在世界各地，特别是北爱尔兰、美国、加拿大、新西兰、阿根廷等地均举行圣帕特里克节的庆典活动。

第三节 特色资源

一 土壤、植被与生物资源

爱尔兰岛上有 2/3 的土地是经过改良的农用地，其余 1/3 的土地大部分是粗劣牧地、树林或林场。在无人居住区，有 1/3 到 1/2 的土地是泥炭沼。由于爱尔兰雨量充沛，大量湿气穿过土壤，将可溶解的物质沉积到土壤下面，或者积聚起来停留在土壤表层附近，直到被地面的流水或人工排灌冲走。如果土壤的母质是可以渗透的，就会形成灰壤或棕壤，而如果是黏土或淤泥，就会产生潜育土。灰壤多见于爱尔兰的中部低地，以及各种冰川湖的三角洲地区；棕壤则分布于爱尔兰岛东北部的道恩、阿马、蒂龙、德里和东部的威克洛郡等地，借助石灰和其他肥料并进行精耕细作，经改良后可种植农作物；潜育土的分布极广，中部低地的大部分地区以及从多尼戈尔湾到香农河口湾的鼓丘冰碛地带都有潜育土，形成了许多青草茂盛的牧场，但这些牧场的草质并不高；泥炭土则广泛分布于低地地区，在排水受到限制且气候比较温暖干燥的条件下就会产生沼泽，但只要排灌充分，即可成为生长土豆、燕麦和青草的良田。

最后一次冰川期将爱尔兰岛与欧洲大陆一分为二，造成爱尔兰岛上的动植物种群比欧洲其他地方要少得多；与此同时，在爱尔兰的某些地区，又生长着一些欧洲其他地方比较少见的物种。克莱尔郡的巴伦（Burren）有一个石炭纪遗留下来的石灰石地区，生长着从最后一次冰川期留存下来的北极高寒物种。

爱尔兰的许多地方都曾经被原始森林覆盖。但是目前，除了在未曾开辟为牧场或耕地的山谷陡坡，或者在一些人迹罕至的岛屿还有天然林地之外，大多数地方的原始森林已经被破坏殆尽。但在凯里郡的基拉尼林区还生长着大片古老的天然林，其中以冬青、栎树和桦树居多，橡树杂陈其间。而在石灰石地区，则可见到桦树、榛树和紫杉林。森林中长满了地衣、青苔、叶苔和蕨类植物。自 18 世纪，特别是最近半个多世纪以来，经过长期植树造林，爱尔兰林地面积大幅增加，并从岛外引进了许多优良树种，如山毛榉和悬铃木以及云杉、冷杉、落叶松一类的针叶树。

爱尔兰沼泽的分布十分广泛，广大沿河地区，如很多适宜夏季放牧的低地牧场都是天然沼泽。在灌溉条件不佳的中部地区，常常可以见到泥炭沼泽，其范围从两公顷到几平方公里大小不等；而在降雨丰沛的西部地区，山地沼泽也很常见。爱尔兰岛面积最大的一块沼泽地位于北爱尔兰境内的内伊湖周围。在各鼓丘之间的小块地区以及由于排水不畅而形成的无数小湖和池塘的周围也会出现沼泽。除沼泽以外，其他一些重要的湿地还包括泻湖、消失的湖泊、河湾和潮湿低洼地带的草地，这些草地是香农河、布罗斯纳河和苏克河沿岸的冲积平原。沼泽地的植物群包括多种多样的沼泽苔藓，还有石南属植物和苔草。科克郡的格伦加里夫和凯里郡的基拉尼由于气候温和湿润，生长着很多种植物，其中苔藓和地衣植物非常丰富，此外还有一些生长在大洋深处甚至是热带的植物种类。

总的说来，爱尔兰岛的土地中草原占绝对优势，全岛到处长满了青草，且四季常青，树木葱郁，所以爱尔兰岛有"绿岛""绿宝石岛""翡翠岛国"之美称。

爱尔兰的河流和湖泊中鱼类众多。鲑鱼、鳟鱼、嘉鱼、白鲑和鳗鱼是爱尔兰岛的本土鱼类，而其他鱼类如梭子鱼、石斑鱼、斜齿鳊和虹鳟等则是从岛外引进的。

爱尔兰岛上还有大量海鸟种群和迁徙水禽，总共有大约380种野生鸟类，其中135种在岛上进行繁殖。春天和秋天，大量候鸟来到爱尔兰，冬天也有很多鸟类从格陵兰岛和冰岛飞到爱尔兰过冬。世界上3/4的格陵兰白天鹅在爱尔兰过冬。为此，爱尔兰在韦克斯福德郡设立了重要的国际性鸟类保护区。除此之外，还有相当多的鸟类从南方经过爱尔兰前往更远的北方筑巢。大多数野生动物都受1976年《野生动植物保护法》的保护。除此之外，依据欧共体1979年4月发布的指令，爱尔兰还设立了3个特殊的鸟类保护区。有一些鸟类属珍稀品种，其中包括灰背隼、游隼、长脚秧鸡和红嘴山鸦等。

爱尔兰岛的哺乳动物与在气候条件同样温和的欧洲其他地区发现的种

类差别不大。在爱尔兰岛上发现的 31 种哺乳动物中，爱尔兰白鼬和爱尔兰野兔是本土品种中最引人关注的。其他哺乳动物包括红鹿、狐狸、獾、野兔、水獭、灰海豹、普通海豹、红松鼠、刺猬和许多鲸目动物。两栖动物的种类不多，只有青蛙、蟾蜍和水螈。爱尔兰没有蛇，唯一的爬行动物是普通蜥蜴。

爱尔兰艺术、遗产、地区、乡村和爱尔兰语事务部负责动植物保护工作。大多数野生动物和野生植物品种都受到了保护，其主要措施是创建法定自然保护区。爱尔兰岛总共有 77 个自然保护区、5 个野生动物收容所和诸多特殊的野生鸟类保护区域。爱尔兰艺术、遗产、地区、乡村和爱尔兰语事务部下属的遗产局负责开发和管理国家公园和自然保护区。爱尔兰有 6 个国家公园，分别坐落在凯里郡的基拉尼、多尼戈尔郡的格林威、戈尔韦郡的科尼玛拉、克莱尔郡和戈尔韦郡的石灰石地区、威克洛郡的威克洛山脉以及梅奥郡，后者主要由大西洋沿岸的沼泽组成。国家森林公园对公众开放。爱尔兰共和国共有 11 个大型森林公园和 180 多个舒适宜人的小型林地，进入林区的公众一般只限于步行。

二 旅游资源

爱尔兰虽然面积不大，但有着丰富的旅游资源。爱尔兰不仅有秀丽的自然风光，未遭破坏的湖泊、河流和海岸线，而且有诸多历史遗迹，包括史前墓穴、中世纪城堡、教堂和其他一些历史性建筑，如闻名于世的 18 世纪乔治式建筑。

爱尔兰使用格林尼治时间，采用夏令时期间（4~9 月），与中国的时差为 7 个小时；其他时间的时差则为 8 个小时。

爱尔兰的著名城市有都柏林、科克、沃特福德、戈尔韦和利默里克，最令人叹为观止的旅游景点有莫赫悬崖和纽格兰奇墓穴。下面对这些城市和景点分别做一简要介绍。

1. 都柏林

都柏林是爱尔兰首都，全国政治、经济和文化中心。它是一座多元化的国际大都市，同时又具有古老的历史传承。最初都柏林只是一个港口，后来逐渐发展为城市。9 世纪，维京人入侵爱尔兰，在这里建起了城池；英格兰人入侵爱尔兰后，便一直将其作为爱尔兰的首府。由于爱尔兰岛曾先后被不同的民族"光顾"，因而留下了诸多传统文化遗迹。中世纪建筑、乔治时代的建筑和现代建筑相互辉映，见证着这座港口城市的辉煌和繁荣。在都柏林，从城堡、博物馆以及艺术画廊，再到洋溢着爱尔兰风情的圣殿酒吧区，处处令人流连忘返。

都柏林是欧洲最古老的城市之一，人们在这里可以领略爱尔兰从古至今一脉相承的文化底蕴。都柏林有无数中世纪的文化遗产。坐落在利费伊河南岸的都柏林城堡是城中最著名的古建筑群；建于 1760 年的宗谱事务所位于古堡正面，该建筑群还包括圆形钟楼和宗谱纹章博物馆；基督新教大教堂的历史可以追溯至 11 世纪，是都柏林最古老的教堂之一，集哥特式和罗马式建筑风格为一体，当时的加冕仪式即在此举行；伦斯特宫建于 1745 年，现在是爱尔兰议会大厦。此外还有圣帕特里克大教堂，该教堂位于利费伊河南岸西侧，也值得参观。

都柏林城堡（Dublin Castle）是都柏林市内最古老的建筑之一，始建于 1204～1224 年。"都柏林"的原意是城堡边的"黑水池塘"，都柏林城因此得名。在建成之初，都柏林城堡堪称欧洲最宏伟的城堡之一。它呈长方形，四角由 4 座陪衬城堡组成，是中世纪都柏林的"城中之城"。古城堡的大部分在 1684 年的一场大火中遭到破坏，仅有一座陪衬城堡得以完整保存。城堡内现有的古建筑大部分建于 18 世纪。历史上，这里曾是英国统治爱尔兰的权力机构所在地，装修华贵考究的圣帕特里克厅（宴会厅）、大会客厅、王座厅等一度是英王派驻爱尔兰的代表——爱尔兰总督的主要活动场所。在爱尔兰人民争取独立的武装斗争中，都柏林城堡是历次起义的首要军事打击目标，也是爱尔兰人民心目中民族独立的象征。爱尔兰自由邦成立后，英国将其归还给爱尔兰。现在都柏林城堡是爱尔兰举办最重要的国事活动的场所，总统就职典礼、欢迎外国元首或政府首脑的国宴等均在此举行。城堡对公众开放，每年前来参观的游客达 12 万人次。

凤凰公园（Phoenix Park）位于都柏林市区西北部，占地 1752 英亩，是欧洲最壮美的城市公园之一。它原是奥蒙德公爵于 1663 年修建的鹿苑，虽历经几个世纪的变迁，但至今仍保持着 17 世纪的风貌。位于凤凰公园西北角的爱尔兰国宾馆法摩莱宫（Farmleigh House），是一幢维多利亚式建筑。1873 年，吉尼斯家族第四代传人艾维伯爵一世爱德华·墨西尔购买了这座建筑，此后它成为吉尼斯家族的主要居所。1999 年爱尔兰政府将其收购后进行了内部改造，现在凤凰公园主要用于接待来访国宾及举行重大宴会和重要会议，也适时向公众开放。凤凰公园的标志性建筑之一是亚瑟·威尔斯利（Arthur Wellesley）将军的纪念碑，他曾率领英国军队在滑铁卢战役中击败拿破仑，被授予"惠灵顿公爵"头衔。

都柏林还有多座著名的博物馆。爱尔兰国家博物馆系根据 1877 年《都柏林科学和艺术博物馆法》设立，建成于 1890 年。目前爱尔兰国家博物馆共有 4 个分馆分布于都柏林市区，包括爱尔兰古代馆、艺术馆、工业馆和自然历史馆，其原址专门辟为历史博物馆。博物馆的藏品分为六大部分：史前爱尔兰、青铜时代的金器、凯尔特珍宝、爱尔兰维京时代、通向独立之路以及古埃及文物。现代艺术博物馆原为爱尔兰荣军院，建于 1684 年，1984 年爱尔兰政府拨款对大楼进行修缮，将其改建为爱尔兰现代艺术博物馆，1991 年 5 月正式对外开放。其建筑风格仿效法国巴黎的荣军院，是都柏林最早的公共建筑之一。博物馆收藏着 20 世纪以来爱尔兰和世界其他国家的大量现代艺术品，每年在此举办多场专题展览、现场音乐会和戏剧表演等。

都柏林的其他景点还包括：国家美术馆，收藏有大量古代文物和欧洲各流派画家的作品；建成于 1818 年的爱尔兰邮政总局，堪称 19 世纪初期爱尔兰建筑艺术的代表，1916 年"复活节起义"的总部就设在这里。邮政总局原有建筑在战争中遭到破坏，于 1929 年予以修复，每逢爱尔兰国庆日，人们都要在这里举行盛大的庆祝活动。都柏林还有著名的三一学院，该学院创建于 1591 年，图书馆收藏有古代和中世纪的一些手稿和早期出版的书籍，其中以插图精美的 8 世纪福音书《凯尔经》（*The Book of Kells*）最为珍贵。

都柏林有着深厚的历史文化积淀，同时也是一座充满现代气息的大都市。利费伊河北岸的欧康奈大街宽约 50 米，是都柏林最繁华的街道；格拉福顿大街也是都柏林著名的购物街之一，其中最有名的是布朗·汤姆斯（Brown Thomas）购物中心。在都柏林，人们还可以品尝令人回味无穷的美食，可以到酒吧放松，可以静静地听音乐，也可以参加各种充满挑战的体育活动。

2. 科克

科克位于爱尔兰西南部，是科克郡的首府、著名的港口城市，是欧洲最佳天然港湾之一，也是世界上船舶停泊最频繁的港口之一。科克是仅次于都柏林的爱尔兰第二大城市，2005年曾入选"欧洲文化首都"。

科克是一座历史名城，极具历史和考古价值。7世纪初，科克还只是一个以圣芬巴教堂（St. Fin Barre's Cathedral）为中心建立的定居点。1029年，科克被北欧人占领，后来丹麦人在这里建起了贸易中心。1172年，英格兰国王亨利二世正式将此地命名为科克。1769年，这里建起了大型贸易市场，此后城市规模不断扩大，并逐步发展成为南部的商业、文化和政治中心。

科克市区有许多保存完好的古代建筑，其中最古老的中世纪建筑是建于14世纪的红色寺院（Red Abbey）。圣芬巴教堂始建于公元650年，后来于1878年重建。而科克最著名的建筑是位于城市北部的圣安妮教堂。该教堂始建于1772年，是一座方形钟塔，顶端竖立的鲑鱼状风标是当地居民熟悉的城市标志。科克市政厅是爱尔兰最高的建筑物，用石灰石建造，建于20世纪30年代，由英国政府出资建造，以此作为与爱尔兰和解的象征。

科克港是世界上最大的天然良港之一，也是横渡大西洋的航运中心。18世纪末至19世纪初，几乎所有前往美国的远洋客轮都要在这里停留。因此，科克在爱尔兰的移民迁徙过程中扮演了重要角色，当时有超过300万移民经由这里去往美国。科克附近的科夫港是泰坦尼克号驶向纽约之前停靠的最后一个港口。

科克是爱尔兰西南部最具吸引力的旅游度假胜地之一。距科克市不远的布拉尼（Blarney）城堡有一块著名的石头，据说吻过这块石头的人会变得能言善辩。

3. 沃特福德

沃特福德是爱尔兰东南部的最大城市，也是该地区的一座历史名城、爱尔兰最古老的城市之一。沃特福德始建于公元 850 年，914 年维京海盗到达这里，将其建成了一座繁华的贸易中转站。13 世纪初，英格兰国王约翰重新修缮了城墙，使其成为当时爱尔兰最强大的城市和最重要的贸易中心之一，也是重要性仅次于都柏林的诺曼式城镇。沃特福德有爱尔兰最古老的民间建筑，也有维京时期最古老的纪念碑，还有建于 1266 年的修道院。另外，它那壮丽宽阔的大桥和长达 1 英里的码头也值得一看。最不能错过的是沃特福德的水晶制造厂，事实上，"沃特福德"（Waterford）就是水晶的意思。其中最著名的沃特福德水晶工厂最早由乔治和威廉两兄弟于 1783 年创立，至今依然声名远播，在世界市场上占有重要地位。沃特福德设有珍宝博物馆，珍藏着用最新工艺制作的稀有而精美的艺术品，人们还可以在这里亲眼观看水晶制品的制作过程。

4. 戈尔韦

戈尔韦位于爱尔兰西海岸，是爱尔兰第四大城市。戈尔韦原本只是个小渔村，1232 年被英格兰人占领，他们在这里修建了围墙，将其建成当时一座重要的港口城镇。戈尔韦风景优美，湖泊、河流、桥梁以及中世纪风格的建筑交相辉映，曾被著名诗人叶芝称为"西部的威尼斯"。戈尔韦被称为爱尔兰的"文化心脏"，每年都要举办各种艺术节、赛马节和无数的庆典活动。2007 年，戈尔韦被命名为世界六大"最性感城市"之一。戈尔韦拥有始建于 1270 年的古城墙遗址，但目前保存完好的只剩下"西班牙拱门"。始建于 1320 年的圣尼古拉斯学院教堂（Collegiate Church of St. Nicholas）是戈尔韦市最重要的古迹，也是爱尔兰仍在使用的规模最大的中世纪教堂。传说 1477 年哥伦布前往美洲之前曾在这里祈祷。

戈尔韦是公认的最具有爱尔兰特色的城市，是体验爱尔兰语言、传统文化和艺术的不二选择。戈尔韦有大约 10% 的人日常说爱尔兰语，这一比例远高出全国的平均比例。戈尔韦有专门用爱尔兰语表演的戏剧（爱尔兰语国家剧院就在戈尔韦），以及用爱尔兰语制作的广播和电视节目（爱尔兰语电视台 TG4 的一些部门设在这里）。设在戈尔韦的爱尔兰国立大学专门负责大学层级的爱尔兰语教学。

从戈尔韦乘船经过 3 个小时航行，就到达了大西洋上的阿伦群岛。由于地处偏远的大海，未经时代的洗礼，阿伦群岛仍保留着传统的文化与生活方式。来到这里，仿佛看到了人类的童年。伊尼什莫尔岛是该群岛上最大的一个岛，面积 31 平方公里。岛上有史前的邓安格斯要塞，坐落在 90 米高的悬崖顶上，由 3 个半圆状的灰色石墙构成。在这里，古老的盖尔语仍被普遍使用，小酒馆里吟唱着该岛古老的传说和往事。

5. 利默里克

利默里克是爱尔兰第三大城市，也是爱尔兰西部的重要港口、西海岸最大城市，位于香农河入海口。利默里克 9 世纪时曾被维京海盗占领，后来被博鲁国王率领的凯尔特人收复。利默里克市曾经被分成两部分，英国人生活在艾比河以北，爱尔兰人生活在艾比河以南，因此该市南北两部分的建筑风格有所不同。艾北河以北地区保存了许多古迹，其中最著名的建筑是迄今已有 800 年历史的约翰王城堡（King John's Castle），始建于 1200～1212 年，是当时英格兰统治下爱尔兰最西部的城堡。圣玛利亚教堂建于 1172 年，是利默里克最古老的建筑，罗马风格的大门和高大的侧墙至今保存完好。亨特博物馆是一家私人博物馆，馆内藏有 2000 多件艺术珍品，包括毕加索等人的作品，另外，它收藏的青铜时代文物的数量仅次于爱尔兰国家博物馆。

6. 莫赫悬崖（Cliffs of Moher）

莫赫悬崖位于爱尔兰中西部边缘，是欧洲最高的悬崖，也是爱尔兰最著名的旅游景点之一。莫赫悬崖面对浩瀚无际的大西洋，以奇险闻名。莫赫悬崖最高处距海面 213 米，沿着西海岸蜿蜒长达 8000 米。莫赫悬崖由地壳运动和大西洋的惊涛骇浪经无数年的冲击而成，是大自然鬼斧神工的杰作。莫赫悬崖地形怪异，面向大海的一面如刀削斧劈一样平整，岩层如同书页一般层叠排列，仿佛一部厚重的"天书"。莫赫悬崖也是爱尔兰最重要的海鸟栖息地，每年有超过 3 万只海鸟在这里繁殖后代。奥布瑞恩塔耸立在莫赫悬崖靠近最高点的岬角之上，是悬崖的最佳观景点，该塔于 1835 年修建，其名字来源于修建者农场主奥布瑞恩。电影《哈利波特：

混血王子的背叛》曾在这里取景。

7. 纽格兰奇墓穴遗址（Newgrange Passage Tomb）

纽格兰奇墓穴位于爱尔兰东部，距都柏林45公里左右。它是古凯尔特人的墓地，建于距今5000多年前的新石器时代，比英国巨石阵和埃及金字塔的历史还要悠久。墓穴占地面积超过1英亩，于1993年被列入世界文化遗产名录，每年吸引游客20万人左右。该墓穴是爱尔兰最重要的史前遗迹之一，反映了新石器时代的经济、社会和宗教状况，被认为是欧洲发现的同类墓穴中水准最高、构思最奇特的一个。该墓穴于1699年被首次打开，但直到1962年才进行了第一次科学发掘，此后考古学家不断对该墓穴进行考察，但仍有许多谜团至今没有解开。该墓穴的最神秘之处是，墓穴石室的地面、墓穴的入口处与正东方远处的山顶这三者正好处在同一水平面上。在墓穴入口上方有一个敞开的长方形小视窗，每年12月19～23日的早晨，特别是冬至日，阳光正好能够穿过通道照射到墓室最里面的石块上，带给终年黑暗的石室短暂的光明。这片光明仅能持续17分钟左右，在一年的其他时间，墓室始终是一片黑暗。显然，墓穴的地点是根据天文现象确定的，但学者至今仍然不知道古人是如何计算并设计出此种结构的。正是由于这一奇观，想在冬至的清晨进入墓室的游客人数众多，游客需要提前填写申请表，然后由抽签决定哪些人能进入墓室，每年能有此运气的人只有100人左右。事实上，纽格兰奇墓穴的建造本身也是个奇迹：虽然整个墓穴完全由石头堆砌而成，没有使用任何黏合技术，但历经5000年的风雨依然安然无恙。至于当时的凯尔特人为什么要建造这座巨大的墓穴，科学家至今仍无定论。

第二章

历　史

第一节　古代史

一　史前史

爱尔兰岛很早就已有人定居。在公元前 7000 年左右的中石器时代，最早的居民从不列颠通过狭长的海峡来到爱尔兰，他们主要以捕猎为生。

公元前 3000 年左右，新石器时代的殖民者来到爱尔兰。他们主要以耕种土地为生，同时也饲养牲畜。如今，在利默里克郡的古尔湖周围可以看到许多被发掘出的遗迹——房屋、陶器和用具等，其中有一些就陈列在围绕着湖岸发掘点修建的民俗公园里。新石器时代的殖民者大多自给自足，但有时也就斧头等制品和工具进行有限的交易。这一时期的许多宗教建筑至今保存完好，其中给人印象最深刻的是位于米斯郡纽格兰奇的巨大墓穴群。

约在公元前 2000 年，一些采矿者和金矿工人来到爱尔兰。他们发现了金属矿床，并很快制造出青铜器和黄金器物。目前考古学家发现了很多青铜器时代的手工艺品，有斧头、陶器和珠宝等。大约公元前 1200 年，又有一批人来到爱尔兰，他们能够制造种类繁多的武器和手工艺品。当时这些人住在一种叫作"克朗诺格"（Crannog）的人工岛上，这种岛建在湖中央，周边以栅栏围护。

二　盖尔族爱尔兰国家的兴起

凯尔特人对爱尔兰的影响巨大。约公元前 6 世纪，最早一批凯尔特人从中欧渡海侵入爱尔兰。这些人身材魁梧，头发金黄，讲的语言接近拉丁语，属于印欧语系的一支。随后，其他凯尔特人纷纷涌入爱尔兰，这一趋势持续到公元元年前后。他们身材高大，使用铁制兵器，因此在与使用青铜器的土著人作战时占尽优势。不久，凯尔特人就统治了爱尔兰，并征服了爱尔兰的早期定居者。公元前 2 世纪左右，拉特内（La Tène）文明①中的凯尔特文化开始进入爱尔兰。

凯尔特人自称盖尔人，他们将自己的国家叫做"艾雷"（Ériu），即我们惯称的"艾林"（Éire），也就是"爱尔兰"一词的拉丁语名称"海伯尼亚"（Hibernia）。直到公元 800 年左右，凯尔特人在爱尔兰还只占一小部分，但他们能力很强，逐渐将自己的王国统治、语言和法律强加给爱尔兰全境。但事实上，凯尔特人统治下的爱尔兰只是在文化和语言上保持了一致，在政治上并不统一。凯尔特人的宗教起源于凯尔特族的德洛伊教，其间掺杂着更为古老的异教成分。凯尔特语最早的书面形式是欧甘文，这是一种以拉丁字母为基础的古老文字，仅用来刻写墓碑上的铭文或木桩上的短文，应用范围极其狭窄。凯尔特人早已拥有自己的文化，来到爱尔兰后，他们逐渐将当地古老种族的传说、音乐和技艺与自己的文化融合在一起。在他们中间还产生了一个特殊团体，即备受尊崇和敬畏的知识阶层"菲利"。在基督教传入爱尔兰之后，这个阶层表面上改信基督教，但事实上，直到 1603 年盖尔制度衰亡，他们仍坚持使用古爱尔兰语书写，而且坚定支持古盖尔社会秩序。

凯尔特人统治时期，爱尔兰已开始实行君主制。当时爱尔兰全境被分成五大王国，即厄尔斯特、康诺赫特、蒙斯特、南伦斯特和北伦斯特，构成了"五王统治"。这五个大王分别统领着数量不等的国王，而这些国王

---

① 拉特内文明以瑞士的一处凯尔特遗址命名，起源并兴盛于铁器时代末期（公元前 450 年到公元 1 世纪左右）。

又各自统治着数个微型王国，即所谓的"图阿思"（Tuath）。爱尔兰当时共有大约 150 个"图阿思"。五大王中权势最为显赫者被诸王拥戴为"最高国王"，最高国王可不定期召集"诸王会议"，并在塔尔顿等中心地区举行全国性竞技大会，但最高国王对其他几大王国并不具有强制力和约束力。而且，当时的国家也未统一。与此同时，政治局势脆弱多变，权力重心在最强大的几个竞争者之间不断易手。

有关这一时期的历史事实往往与传说掺杂在一起。由于当时的文字记录有限，因此有时也很难分清哪些是史实，哪些是传说。《夺牛长征记》（也译为《牛袭库利》）是爱尔兰最古老的一部民族史诗，其中讲述了康诺赫特女王媚妩与厄尔斯特国王康科巴及其驻扎在阿尔马附近山堡的"红枝英雄"作战的故事。史诗中一共出现了五个王国，但并没有提到最高国王。康诺赫特的称谓源于"康族"。康族是爱尔兰第一支最高国王的王系，其统治延续到公元 1022 年，一直是爱尔兰民族统一的象征。其间，在公元 380～405 年行使统治权、史称"九祖王"之一的尼尔是康族最伟大的统治者。尼尔有许多儿子，其中 4 个征服了米斯，4 个征服了厄尔斯特，并各自为王。在 11 世纪初以前的 600 多年里，爱尔兰的大多数国王都是尼尔和这 8 个儿子的后裔，故尼尔和他的 8 个儿子被称为"九祖王"。尼尔时代是爱尔兰统一、罗马不列颠复兴和基督教初次传入爱尔兰的时代。公元 5～6 世纪，盖尔人的势力还扩展到了大不列颠岛的西部和北部，给苏格兰打上了永不磨灭的烙印。

凯尔特统治时期的爱尔兰已出现了简单的农业经济，但没有钱币，交换单位是公牛。人们在农庄居住，当时还没有城镇。社会被划分为不同的阶级，并由《布雷亨法规》（The Brehon Law）予以明确规定。《布雷亨法规》是在作为政治单位概念的"图阿思"和作为社会单位概念的"芬尼"（Fine）基础上制定的一部法典。

三　早期基督教时期

公元 5 世纪，基督教传入爱尔兰。一般认为，这与圣帕特里克的传教活动是分不开的，尽管在他到来之前爱尔兰已经有了一些基督教徒。关于帕特里克的生平和事迹，本书第一章已有阐述。帕特里克被高卢教会委任为主教，并于公元432年前往爱尔兰传教，他为此付出了毕生精力。

帕特里克的布道活动集中在厄尔斯特东北部。他采用当时流行的拉丁圣餐仪式，向圣徒做祷告、施行洗礼，并要求信徒恪守天主教教义。帕特里克尊奉罗马教皇为宗教最高权威。444年，厄尔斯特的一位国王赠给他一块位于阿马郡的教堂用地，这里后来成了爱尔兰基督教的中心。随后，帕特里克的一些助手也从高卢和不列颠来到爱尔兰，并被分别委任为各大教区的主教，共同襄助帕特里克的传教事业。到帕特里克去世时，他已为爱尔兰基督教奠定了牢固的基础。帕特里克被公认为爱尔兰宗教史上的第一个伟大人物，是"爱尔兰的布教使徒"，给这个"异教"岛国带来了基督教的信仰和教会制度，并使爱尔兰迎来了拉丁文明和罗马文化。爱尔兰以前并无书面文学，自帕特里克来到之后，爱尔兰才成为学者和诗人辈出的国家，他们既使用高深的拉丁语，也使用本地的盖尔语进行写作。

早期爱尔兰基督教的发展，主要表现为修道院制度的普遍建立及其在爱尔兰社会发挥的重要作用。爱尔兰当时分成许多个部族小国，既没有通衢要道、通都大邑，也没有强有力的中央集权，因此帕特里克原本计划在爱尔兰建立由主教管辖教会的设想并未实现，相反，一种具有强烈地域和民族特性的寺院性教会却在不经意间自然形成并壮大起来。修道院制度很符合爱尔兰的国情，12世纪以前，它一直是爱尔兰教会的显著特征。随着基督教的传播，在由某些地方首领捐赠给圣徒的土地上，陆续出现了许多修道院。修道院长的地位逐渐超过了主教。第一任修道院长的亲族一般具有继承修道院长职位的权利。修道院制度的影响十分强大，公元500年之后，帕特里克本人所在的主教辖区也很快出现了修道院，阿马成了一个既有修道院长，又有主教的教区。后来罗马教皇也承认这些大修道院的院长为爱尔兰教会的首脑。

公元600年左右，爱尔兰相继出现了克朗纳德、克朗马克诺斯、克朗弗特、利斯莫尔、德里和基尔台等诸多大修道院，它们对当时和后来爱尔兰的社会和文化生活产生了深远影响。在这些大修道院及其附属院落，不仅生活恬静，而且宗教、学术和教育事业都很发达，因而修道院同时也成为了当地的学校和图书馆。同时，由于这些修道院庄严圣洁、安全宁静，它们也逐渐成为爱尔兰的工艺美术中心。在修道院制度的保护和促进下，对拉丁语以及《圣经》和天主教神学的研究工作也得以开展，例如，克朗纳德修道院后来成了拉丁语研究和教学的中心之一。拉丁文字得到广泛传播之后，"菲利"便开始用拉丁字母来拼写盖尔语。而由圣基文（St. Kevin）创建的格兰达洛修道院（Glendalough）和圣希阿朗（St. Ciaran）创建的克朗马克诺斯（Clonmacnoise）修道院等则成为著名的文化和学术中心，它们制作的用黄金装饰的手稿不仅冠绝一时，而且也是爱尔兰修道院制度的荣耀。

　　6 世纪以后，爱尔兰正是通过修道院制度才对英国和欧洲大陆的基督教传播产生了重要影响。爱尔兰的僧侣最初是作为朝圣者前往欧洲大陆，并在整个大陆传播福音，建立新的宗教团体。不同于欧洲其他大多数地方，爱尔兰没有受到过蛮族的入侵，因此，当基督教文明在其他地方几近灭绝时，爱尔兰则一度成为基督教文明的"福地"，爱尔兰僧侣在欧洲发挥了巨大作用。他们或成为地方教会的组织者，或成为宫廷学校的教师，或成为云游学者，或成为传教者。一些著名的爱尔兰传教士对欧洲大陆一些基督教中心的建立做出了不可磨灭的贡献，其中包括在法国佩龙讷传教的圣甫尔塞、在德国维尔茨堡传教的圣基里安、在奥地利萨尔茨堡传教的圣弗吉尔，以及在意大利博比奥传教的圣科伦巴纳斯。这些僧侣中最著名的一位是哲学家和神学家约翰内斯·司各特·爱留根纳（Johannes Scotus Eriugena）。"约翰内斯·司各特·爱留根纳"意即爱尔兰人约翰，"爱留根纳"就是在爱尔兰出生的意思。他大约在公元 845 年出游法国，在西法兰克国王"秃头"查理创办的宫廷学校中担任首席教授达 25 年之久。他被誉为"当时爱尔兰赐予欧洲的最伟大的学者"。他既是文艺复兴时期的杰出学者、学识渊博的拉丁语作家，同时也是一位大胆的探索者和新柏拉图学派的信徒，以关于自由意志和原罪的学说著称。

　　爱尔兰传教士将基督教带给了欧洲大陆的"异教徒"，在那里建立了各个学术中心，并为公元 9 世纪法国加洛林文艺复兴时期的知识繁荣开辟了道路。爱尔兰教士在海外取得成功的同时，也为爱尔兰国内创造了丰富的文化成就。公元 6 ~ 9 世纪被称为爱尔兰历史上的"黄金时代",精美的圣餐杯、主教牧杖和珠宝饰品,以及装饰精美的文牍和手稿是当时的代表性艺术珍品。

第二节 中世纪及现代早期

一 中世纪时期

(一) 维京人的侵扰

公元 800 年左右,爱尔兰开始受到维京人 (Vikings) 的影响。流行的民间传说往往称维京人为"强盗",他们的确曾对爱尔兰大肆劫掠,但同时也为中世纪爱尔兰的商业发展贡献良多。

修道院作为人口和财富的主要中心,是维京人劫掠的主要目标。对修道院的劫掠持续了将近两个世纪(公元 9 ~ 10 世纪)。修道院的很多书籍和贵重物品被掠夺,另外还有许多被焚毁。维京人的劫掠,再加上爱尔兰人自己的破坏,导致爱尔兰的修道院传统从此衰落。

但维京人的影响也不全是破坏性的,他们建立了当今爱尔兰的大部分主要城市,如都柏林、科克、利默里克和沃特福德。维京人还是出色的商人,他们将爱尔兰的制品销往欧洲各地,并在一些主要城市积聚了相当可观的经济实力,特别是在都柏林。

尽管从总体上看,由于爱尔兰政治上不统一,因此难以反抗维京人的掠夺和殖民。然而,在爱尔兰北部,伊·尼尔王族力量强大,并成功阻止了维京人。

到 10 世纪末,爱尔兰南部的蒙斯特出现了一个新王朝,在君主布赖恩·博鲁的统治下,该王朝的力量逐渐发展到可与伊·尼尔王族相匹敌。布赖恩·博鲁于公元 999 年打败维京人;1002 年,他被拥戴为整个爱尔兰的最高国王。1004 年,布赖恩以最高国王的头衔巡视各地,并声称要建立整个盖尔族的君主统治。为了使自己的统治神圣化,他承认阿马主教是爱尔兰教会的最高权威。然而,维京人仍不时卷入爱尔兰诸王的争斗之中。他们支持伦斯特反抗布赖恩，于是布赖恩先出兵围困都柏林，而后于1014 年 4 月与维京人和伦斯特的联军在都柏林和托耳卡河之间的高地上展开会战，史称克隆塔尔弗战役。虽然布赖恩在这次战役中不幸身亡，但维京人和伦斯特的联军也被击溃，此后维京人退出了爱尔兰的历史舞台。

11 ~ 12 世纪是爱尔兰的文艺复兴时期，文化活动和艺术空前繁荣。特别是在布赖恩统治时期，基督教得到了恢复，爱尔兰产生了新的可与先前"黄金时代"比肩的文学、艺术和文化。这一时期还进行了宗教改革，爱尔兰教会与罗马天主教得到进一步融合。在宗教改革运动中发挥关键作用的两个代表性人物是阿马的圣玛拉基和都柏林的圣劳伦斯·奥图尔。在政治领域，1014 ~ 1169 年，蒙斯特、厄尔斯特、康诺赫特和伦斯特的国王都曾试图仿效布赖恩·博鲁，以期确立自己作为全爱尔兰国王的地位，因而出现了所谓的"诸王对峙"，即各个王国竞相争霸的纷乱局面。但在该阶段，爱尔兰总的发展趋势是朝着欧洲大陆模式的强有力的中央集权君主制发展。

（二）诺曼人的入侵与英国殖民统治的开始

1167 ~ 1169 年，诺曼人入侵爱尔兰，打断了爱尔兰向中央集权君主制发展的趋势。第一批诺曼人在伦斯特国王德莫特·麦克默查德的邀请下从南威尔士进入爱尔兰。德莫特是希望借助诺曼盟军的力量，实现其成为全爱尔兰国王的野心。但事与愿违。德莫特虽然一度恢复了整个伦斯特王国的统治，但最终结果却是"引狼入室"，都柏林就此被置于英格兰政权的庇护之下。1171 年 10 月 17 日，诺曼人的最高君主、英格兰国王亨利二世带领一支 4000 人的军队在沃特福德登陆，迫使爱尔兰诸王向其效忠。此举得到了当时的罗马教皇阿德里安的许可，亨利二世获封爱尔兰国王（大领主）。随后，伦斯特、米斯、蒙斯特和厄尔斯特等地也相继被英王征服。到 1180 年前后，爱尔兰原有的本土王朝基本瓦解，圣劳伦斯·奥图尔去世则标志着本地教会的终结。英格兰在随后的几个世纪主导了爱尔兰的历史。

诺曼人很快控制了爱尔兰 3/4 的土地。但经过一段时间以后，诺曼人逐渐被当地人同化，甚至比本土爱尔兰人更为"爱尔兰化"。但在政治上，英国政府试图将英格兰的一整套法律、制度和习俗惯例等"移植"到爱尔兰，以加强对后者的控制和整合。1177 年，在牛津召开的咨议会上，亨利二世封自己的儿子约翰为"爱尔兰的主人"，从那时起直到 1540年，英国国王一直兼领着爱尔兰大领主的头衔。1199 年，约翰继承英国王位，从此爱尔兰大领主和英国国王这两个头衔便合二为一。约翰深知君主统治与贵族阶层是天然"仇敌"，为了压制爱尔兰的封建阶级，抬升国王的权力，他扶植了一批权力有限的新贵族，试图用他们来对付原来的旧贵族，并通过偏袒爱尔兰首领的做法，来对抗诺曼征服者。他设立皇家政府，铸造货币，建造都柏林城堡；借助"英格兰法律"保护殖民地的利益，都柏林的皇家法院被规定为全爱尔兰的最高法院，英格兰在刑事案件和土地案件审理过程中采用的陪审团巡回裁判制也被应用于爱尔兰。约翰还将爱尔兰划分为不同的郡，设置郡长，并建立郡级法庭。在宗教改革方面，约翰将盎格鲁－诺曼主教制引入爱尔兰教会，由王公和主教统治着广大的主教辖区。他们既有封建领地，又有封建特权，为政府效劳，是议会中的贵族。此外设有专门法庭处理宗教和其他案件。英裔爱尔兰人享有与英国人同等的权利和自由，这些权利和自由作为"爱尔兰的法律和惯例"被固定下来。1228 年，爱尔兰各郡受命宣布了"约翰敕书"，规定爱尔兰必须实施英国的法律和惯例。

到 13 世纪，即亨利三世统治时期（1216～1272 年），爱尔兰逐渐形成了与英格兰相同类型的议会、法律和行政管理制度。都柏林城堡设立了自己的国库、大法官、财政大臣、负责实施习惯法和陪审团制的巡回裁判官。最高法官既是权力最高的司法官，又是行政长官，还兼任爱尔兰军队的统帅。他有权任命低级官员，重要大臣则由国王亲自委任。对最高法官的判决如有不服，可向英格兰提起上诉。英格兰议会可以通过颁发敕令的方式，为爱尔兰立法。1316 年，英王开始正式任命派驻爱尔兰的总督，全权代行国王在爱尔兰的统治。这一职位一直延续到 1922 年。

（三）盖尔爱尔兰人的反抗

尽管英格兰国王确立了对爱尔兰的统治，但本土爱尔兰人（即盖尔爱尔兰人）从未停止过以各种方式和手段抵制和反抗英国人的殖民征服和统治。1315 年，苏格兰国王罗伯特的兄弟爱德华·布鲁斯领导的反抗英格兰人的斗争以失败告终，这也是爱尔兰人最后一次试图通过武力推翻诺曼人的统治。从此，在漫长的中世纪时期，爱尔兰事实上呈现出三种力量之间的角力，即尚未被征服的盖尔地区、封建特许区和由郡长管辖的"英国人的土地"。都柏林政府只对"英国人的土地"有控制权。这段时期的一些重要历史事件实质上反映的也正是不断整合和凝聚的本土力量与英王统治力量之间的斗争和力量消长。

1317 年，爱尔兰的本土首领们在唐纳尔·奥尼尔的领导下，联名向迁居法国阿维尼翁的教皇约翰二十二世呈递了一份秕政谏疏，抗议英国人的压迫。他们指责殖民者经常暴虐地对待本地人民，掠夺他们的土地，奴役他们，"使自古以来的自由世家沦为奴隶"。在殖民地以外的地方，爱尔兰人则试图重建王权。一部分盖尔爱尔兰人的首领们联合起来，经过数以百计的小规模战斗，一度恢复了以前的大部分领地，并成为英国人所称的"氏族的首脑"和"国家的领主"。本土爱尔兰人以及日渐本土化的英裔爱尔兰人的抗争，导致英王的统治不断受到削弱和威胁。15 世纪后半期和 16 世纪上半叶，甚至爱尔兰的英国人也明确提出了地方自治要求。

为了扭转这种不利形势，1366 年，时任爱尔兰总督的克拉伦斯伯爵莱昂内尔召集基尔肯尼议会，制定了 35 项严厉的法令，其中包括：英国人不得收养爱尔兰人的子女；不得同爱尔兰人通婚，也不得与爱尔兰人互结教亲；不得借助《布雷亨法规》或"边境法律"打官司；不得款待爱尔兰的云游弹唱者、诗人或说书人，否则严惩不贷；不论平时或战时，英国人均不得向爱尔兰人出售马匹或甲胄；与英国人住在一起的爱尔兰人必须用英国姓氏来命名他们的纹章旗帜、商场店铺以及地方街道；他们必须讲英语，沿用英国人的习俗，采用英国人的骑射方式；等等。这些法令的目的实质上是为了维持和推进爱尔兰的英格兰化，但却恰恰说明英王对爱尔兰的统治陷入了危机。基尔肯尼法令推行了两个多世纪。1495 年，波伊宁兹议会重新厘定了这些惩治条例，但不得不废弃其中的两条禁令，即禁止使用爱尔兰语和禁止采用爱尔兰骑马方式。为了维持英国人的殖民统治，英王还于 1367 年颁布了第一道《在外地主法令》，责令凡是在爱尔兰拥有土地的人必须回到爱尔兰居住，或者在下一年的复活节之前派人去保卫这些土地，否则就将被剥夺在爱尔兰的领地。

为了使爱尔兰广大领地沦落到"完全的、绝对的屈从地位"，1495年，英王亨利七世统治下的波伊宁兹议会重申了英王对爱尔兰的绝对统治，规定凡适用于英格兰的法律全部自动适用于爱尔兰，爱尔兰议会只有在事先征得英格兰议会同意的情况下才能立法，从而将爱尔兰议会完全置于英王及其政府的掌控之下。

然而，到 15 世纪末，由于爱尔兰人的不断抗争，以及一些主要的诺曼家族不断被盖尔化，英格兰人在爱尔兰的统治区域被大大缩减，仅剩下都柏林周围的一片区域。

二　盖尔族爱尔兰的衰亡

（一）都铎王朝的统治

16 世纪，英国都铎王朝的诸位君主开始了重新征服爱尔兰的进程。英国进行宗教改革之后，为了防止教皇利用爱尔兰向英格兰发起攻击，防止教皇攫取爱尔兰的王冠，1541 年 6 月，亨利八世宣布自己为爱尔兰国王。他是第一个宣称自己为爱尔兰国王的英国君主，但这样一来，爱尔兰的归属问题就变得更加复杂化了。都铎王朝从英国向爱尔兰移入了新的定居者，并发起了镇压盖尔爱尔兰人和不忠于国王的盎格鲁－诺曼人大领主的一系列军事攻势。1560 年，由英国政府操控的爱尔兰议会通过了《王权至高法案》和《信仰划一法》，英国国王（当时是女王伊丽莎白一世）成为爱尔兰教会的世俗最高统治者，而所有接受任命的普通教士都必须使用《英国国教新祈祷书》，法令还硬性规定教徒每个星期天都要到国教教堂做礼拜，缺席一次罚款 1 先令。这样，英国式的国教就在爱尔兰建立起来，而大多数爱尔兰人原本信奉的效忠于教皇的旧教被废止，对天主教徒的排斥和迫害也由此开始变本加厉。1601 年，伊丽莎白一世的军队在金赛尔战役中打败了奥尼尔领导的爱尔兰军队，1603 年奥尼尔与英国政府签署停火协议。这标志着一种新的政治秩序的开端。本土盖尔爱尔兰人的政治制度被推翻，整个爱尔兰都由强大的英国中央政府进行统一管理。

　　金赛尔战役之后，爱尔兰进入了一个新的历史阶段。但是，英国政府强制用英国国教取代爱尔兰教会的做法激起了普遍不满，为此，盖尔人和最早移民到爱尔兰的老一代英国人在历史上第一次联合起来。这样，在爱尔兰就出现了一个新的民族，该民族在宗教信仰方面属于天主教，但在种族方面是英国人和盖尔人的混合体。随着时间的推移，这一新的民族也在不断分化，其上层阶级愈来愈广泛地使用英语，而在爱尔兰生活的普通英国人和盖尔爱尔兰人民也越来越融合为一体，并最终成为今天爱尔兰人的祖先。与此同时，在政治制度方面，爱尔兰也在英国的统治下逐渐成为一个统一王国。全国有史以来第一次实行了郡制，英国的郡长制，巡回陪审官制、陪审团制以及其他各种形式的法律，土地租佃制和地方行政机构已在全国形成。在这个过程中，爱尔兰历史上曾经实行过的氏族首领制、氏族首领继承制、继承人财产均分制以及农奴制等，也就是爱尔兰原来通行的整套《布雷亨法规》，均已被废除。在宗教方面，爱尔兰人受到的不公正待遇主要包括王权至高宣誓以及不服从国教就要被罚款这两个方面。城市的市长、国家官吏和其他一些人员都必须履行王权至高宣誓，否则就要被罚款，或者被革职。

　　在爱尔兰被最终征服的过程中，伯爵们的"出奔"是重要性仅次于1603年签署停火协议的第二件大事。所谓"出奔"是指，英国国王任命的新官吏和主教们不断压制盖尔族的显贵，再加上过去的仇敌也对他们不断施加压力，最终导致以蒂龙伯爵奥尼尔为首的北方厄尔斯特省近百名贵族决定一起乘船离开爱尔兰，流亡罗马。随着英国在爱尔兰的殖民进程不断加深，这类流亡者的数量也日益增多。他们的"出奔"意味着长期统治爱尔兰的古老爱尔兰世族已经消亡，同时也为英王及其殖民者攫取爱尔兰土地去除了最后的障碍。1609年5月，英王发布"殖民地条例"，将爱尔兰总共50万英亩良田全部向殖民者开放。英格兰和苏格兰的"承租者"被邀请到爱尔兰，他们向英王租佃这些土地，只需缴纳租金，不必负担兵役，但承租者必须是"英格兰人或低地苏格兰人"，而且必须是"文职人员、笃信宗教"。除这些"承租者"之外，还有一类人也可以向英王租种土地，这类人被称为"服役者"，他们一般是苏格兰人，但租佃条件要比"承租者"差一些。所有这些人都要履行王权至高宣誓，承认英王是教会的首脑。他们可以雇用爱尔兰人耕种土地，但不得将其转让给爱尔兰人。实行"殖民地条例"之后，尽管一些爱尔兰地主仍然保有少量地产，本地自由农也有很多人得到了赐地，但所占比例不大，最好的土地都落入了殖民者手中。与此同时，英国国教也获得了诸多资源和利益，从而扩展了势力范围。随着时间的推移，在爱尔兰各地都建立了殖民地，特别是厄尔斯特殖民地的势力不断壮大，其居民最后几乎全部由新教徒组成。

从1610年到查理一世统治初期，各殖民地扶植了一批忠于英王的居民，由这些人担任陪审员和其他官职，负责选举议会成员，支持国教，推广英国的语言、租地方式和农业等，并改进工商业和城市管理，以增加国王的岁入。一句话，就是要使爱尔兰"英国化"，但此举也成为仇恨和种种误解、冲突的根源，带来了深远的经济和社会后果。

（二）英国资产阶级革命期间的爱尔兰

在英国统治爱尔兰期间，爱尔兰人遭受了种种苦难和不公正待遇，包括被没收土地、剥夺天主教徒担任公职的权利和公民权利等。爱尔兰人采取了多种方式向英国统治者提出抗议，但都没有奏效。因此，在英国资产阶级革命期间，爱尔兰也趁机武装反抗英国殖民者的专横统治。1641年10月23日，罗里·奥莫尔等率众攻占都柏林城堡，起义爆发。随后，厄尔斯特和伦斯特等地的许多爱尔兰民众也纷纷揭竿而起。共有上万名英国殖民者丧生。英国长期议会遂决定筹款镇压爱尔兰起义。1642年4月，由芒罗将军率领的一支苏格兰军队在英格兰议会和苏格兰议会的双重派遣下，在厄尔斯特贝尔法斯特湾的卡里克弗格斯登陆，厄尔斯特的苏格兰人纷纷响应。与此同时，随着英国内战形势的发展，爱尔兰的各派力量也分化为阵线分明的不同派别。1642年8月，爱尔兰再次召开议会，但此时的爱尔兰议会已全部由新教徒组成，天主教徒被完全排除在外。因此，爱尔兰反抗英国殖民者的战争也成了天主教徒和新教徒之间的战争，或者说是老一代爱尔兰人和后来移民到爱尔兰的英国人之间的战争。被逐出议会的天主教徒成立了一个执委会，而后又于1642年10月成立了一个设有最高委员会和两院制议会的基尔肯尼天主教联盟。他们的最终目标是获得宗教自由，成立由天主教徒担任官员的政府，收回"因宗教缘故"而被没收的土地，在帝国范围内获得贸易自由权，废除波伊宁兹法律，爱尔兰议会实现独立自主。但不久之后，该联盟就出现了分裂：在没收土地和殖民过程中受害最深的爱尔兰人希望重新获得土地所有权，并保留古老的盖尔语言和盖尔传统；最早移民到爱尔兰的老一代英国人支持英国王朝；而另外一些人（特别是教士）则希望建立一个完全的天主教政府和天主教国家。

在英国资产阶级革命期间，爱尔兰不可避免地卷入了英国国王和议会之间的内战。此前，查理一世曾要求爱尔兰出兵帮助他打仗，并以宽容对待天主教徒、召集爱尔兰地方议会作为交换条件。查理一世被处死后，爱尔兰公开支持他的儿子查理二世。1648 年爱尔兰卷入王党叛乱，新教徒和天主教徒都站在英格兰的对立面。1649 年，爱尔兰尊奉查理二世为新国王，与英格兰公开对立，但此举更坚定了在英国资产阶级革命中获胜的英格兰清教徒再次征服爱尔兰的决心。不久，英国议会派遣奥里弗·克伦威尔率领议会军征讨爱尔兰，残酷镇压爱尔兰各地的抵抗者。1649 年 8 月 15 日，克伦威尔以"英格兰议会派往爱尔兰的总督和统帅"的身份进入都柏林。1652 年，爱尔兰人最终停止了抵抗活动。为进一步巩固局势，消除"隐患"，克伦威尔将 3 万余名爱尔兰士兵解除武装，并遣送到法国和西班牙，另外还将几千名平民押解到西印度群岛，使得这些人实际上沦为奴隶。在此期间，战争导致爱尔兰人口锐减，只剩下 50 万人左右。

在克伦威尔统治下，英格兰清教徒再度对爱尔兰实行了殖民掠夺。1652 年 8 月，英国议会颁布了《爱尔兰处理法案》，即通常所称的克伦威尔"组织法令"（亦称"殖民法案"）。根据该法令，"爱尔兰天主教徒"（也包括许多信奉旧教的英国殖民者）按照"罪孽"的轻重被分成几个等级；大赦财产不满 10 英镑的穷苦大众；没收 9 个郡的土地，借以解决克伦威尔军队的军饷问题，并满足冒险家们根据 1642 年"冒险家法令"提出的土地要求。根据 1653 年 9 月最终通过的"满足法案"，爱尔兰被分成两部分，除将克莱尔郡和康诺赫特省留给爱尔兰的绅士和地主之外，其他所有省和郡的土地全部被没收，以满足冒险家和官兵对土地的要求，并补足军队所欠军饷。为此，许多上层阶级的爱尔兰人被迫迁移到香农河西岸。此次大规模没收土地，并将以前的地主"放逐"到相对贫瘠的地区，确保了财产和政治权力转移到新殖民者手中。但是，作为一项殖民计划，该"组织法令"并不成功，因为大批英格兰士兵将自己的爱尔兰土地债券低价卖给了军官和投机家，之后就返回了英格兰。当然，最终仍有成千上万的普通英格兰士兵在爱尔兰定居下来，他们及其家人在爱尔兰的人口构成中，特别是在新教徒中，所占比例相当可观。这样，再加上许多早就已经在爱尔兰定居的冒险家和大批军官，后来在爱尔兰出现了一个新的地主阶级，而信奉天主教的爱尔兰地主则受到削弱，成为少数派。1653 年，护国政府宣布爱尔兰为英国领土的一部分，爱尔兰人（克伦威尔的追随者）在英国议会取得了 30 个议席，并获得了同大不列颠及其殖民地进行自由贸易的权利。尽管在克伦威尔去世、斯图亚特王朝复辟后，爱尔兰天主教徒的处境有所改善，其地产也得到了一定的恢复，但信奉新教的英国国教徒始终占有大部分土地，并且控制着议会、政府、城镇和贸易。

1685 年，英国天主教国王詹姆斯二世继位，他的亲天主教立场曾经在短时间内在一定程度上改变了爱尔兰的局势。但是，他的立场在英国、苏格兰和厄尔斯特的苏格兰人中都不受欢迎。他的专制统治和信教自由法令也引起了辉格党人和托利党人的普遍不满。但由于担心人民革命运动再次兴起，这两个政党都不敢起来推翻詹姆斯的政权，而决定待他死后（当时詹姆斯年老无嗣），让他信奉新教的女儿玛丽及其丈夫、荷兰执政者奥伦治的威廉继承英国王位。1688 年，詹姆斯二世的儿子出生，议会于是决定推翻他的统治，迎立玛丽和威廉。1689 年 2 月，英国各选区推派的代表召开会议宣布詹姆斯二世"自行退位"，立威廉（史称威廉三世）和玛丽为国王和女王，实行"共同统治"。这次行动在英国历史上被称为不流血的"光荣革命"。而在奥伦治的威廉与詹姆斯二世争夺王位的过程中，爱尔兰除厄尔斯特以外的所有地区都支持詹姆斯二世。1690 年，威廉在博因河击败詹姆斯二世。威廉的胜利使爱尔兰天主教徒的政治地位一落千丈，与之相应，清教徒再次在爱尔兰的政治生活中居于主导地位。

帕特里克·萨斯菲尔德（詹姆斯二世的军队总司令）等许多天主教的领袖人物因此流亡海外，在大陆军队中服务。博因河战役是爱尔兰历史上改变爱尔兰命运的重大事件之一。老一代诺曼贵族和凯尔特贵族的历史，以及他们对爱尔兰民族的领导地位，自此宣告结束。在随后的近两个世纪中，新教和英国国教在爱尔兰社会、宗教和政治领域的统治地位得到了巩固，仅存的盖尔传统、文化和语言遭到了致命打击。

第三节　18 世纪的爱尔兰

一　英国殖民统治的加强

整个 18 世纪，英国担心爱尔兰有可能集结武力，支持某个斯图亚特王族的后裔重新夺取英国王位，因此始终将爱尔兰视为威胁。为此，英国政府在爱尔兰实施了严厉的惩治法典，先后颁布一系列法令，对爱尔兰天主教徒的信仰自由与经济、政治和社会生活加以严格限制：如 1703 年通过了驱逐天主教主教、教团僧侣和副主教的法令；1704 年通过的《反对天主教势力壮大法令》，规定曾经属于或可能属于新教徒的地产，均不得转让给天主教徒。天主教徒只能相互之间继承土地，不得购买土地，也不得采用抵押方式出租土地，租种新教徒土地的期限不得超过 31 年，而且在租期内还必须交纳年产值的 2/3 作为租金。另外，《加维尔肯德法令》还规定，在天主教徒地主死后，其产业应由儿子们均分，除非其长子在一年之内或者在成年之后遵奉英国国教，才可按照英格兰通行的《长子继承权法》，由长子继承全部地产。此举的目的在于迫使一些天主教徒改信新教，或者通过平均分配地产的方法，将天主教徒拥有的地产分割为面积很小的零散土地，以削弱天主教贵族阶级的力量。此举使得一些天主教贵族很快沦为破落的自由农阶级；而有些人为了完整地保住自己的地产，便违心遵奉国教，或者是在继承地产时，违心地去做一次新教礼拜，以满足法律的要求。这项惩治法典的其他内容还包括：天主教徒不得在政府机关、市政团体或军队任职，也不得参加选举，除非他们公开声明反对天主教教义。1708 年通过的另一项法令规定，天主教徒只能出任小陪审团成员，而不得在大陪审团任职，同时将严厉惩处那些继续担任律师的天主教徒。1710 年的一项法令规定，凡捕获一名天主教主教，赏金 50 英镑；捕获一名托钵僧或未经登记的神父可得赏金 20 英镑。该法令同时规定，除亚麻纺织工业外，其他行业的天主教徒雇主雇用的学徒数量均不得超过两名。1727 年的一项法令最终剥夺了天主教徒在郡和自治市选举议员的资格。这套惩治法典推行了 100 多年，直到 1829 年才被废除。

长老会信徒也同样受到了种种宗教和政治限制，只是程度相对轻一些。长老会信徒大多数是农民、纺织工人和实业家，很少有地主和统治阶级。他们可自由购置、继承和使用土地，也可自由经商和进行职业选择。他们在郡和市镇均享有选举权，尤其是在北方，他们的经济实力逐渐得到壮大。但他们的宗教信仰并没有得到法律的正式承认，此外他们还必须向国教教士缴纳什一税。1704 年的《反对天主教势力壮大法令》要求公职人员必须按照英国国教的规定宣誓，方能获得法定资格，因此，包括长老会教徒在内的所有反对国教的新教徒都被剥夺了在政府各部门和市政团体任职的权利。与此同时，他们也失去了议员资格，并丧失了对贝尔法斯特等北方自治城市的控制权。在这种情况下，长老会教徒不得不与天主教徒联合起来，共同抵制国教势力的统治。此时，对天主教徒和非国教的新教徒的宗教、政治和经济压迫已接近顶峰。

二　美国独立战争对爱尔兰的影响

从 18 世纪中期开始，爱尔兰天主教徒的地位逐渐得到改善。1750 年左右，为防御法军入侵，英国政府在爱尔兰组织了多个有武装的志愿团，允许天主教徒在军队担任低级官职。1771 年通过的"沼泽地法令"允许天主教徒租种不超过 50 英亩的"瘦田"（即较贫瘠的田地），租期最长 61 年，前 7 年不必缴纳租税。这种让步虽然仍很有限，但毕竟打破了长期以来不允许当地人民自由耕种土地的不合理规定。从 1778 年开始，针对天主教徒的惩治法典逐渐取消。英国首相诺思勋爵还做出了一些有利于爱尔兰贸易的让步：修改航海法令，爱尔兰建造的船舶被允许参与航海；资助

爱尔兰发展水产业；改善并使贸易自由化。此外，英国议会还颁布了
《加德纳宽容法案》，根据该法案，天主教徒虽然仍无法自由拥有土地，
但只要履行忠诚宣誓，即可获得无限期的土地租种权，并有权按照与新教
徒一样的条件继承土地。《加维尔肯德法令》就此废止。1780 年，强加于
国教反对派的宣誓条款被取消，这是英国统治者做出的巨大让步。1782
年通过了第二个《加德纳宽容法案》，规定凡是在 1778 年已经履行忠诚
宣誓的天主教徒，均有权按照与新教徒相同的条件自由购买、持有或遗赠
土地和租种权。许多其他法令，如禁止教团僧侣居住法令、禁止携带武器
法令、神父登记法令、剥夺教育权法令等，也都被废除。

　　在此期间，美国独立战争对爱尔兰的政治、经济乃至其他各方面都产
生了积极且重要的影响。受美国独立战争的鼓舞，爱尔兰各阶级的仁人志
士要求在爱尔兰实行自治。爱尔兰议会出现了一个以亨利·格拉顿
（Henry Grattan）为代表的反对党。他们以"爱国党"自居，由爱尔兰辉
格党人组成，与英格兰辉格党改革派政见一致。尽管"爱国党"成员在
政治观点方面存在分歧，但已形成一套完整的纲领，这套纲领也是"爱
国党"能够团结一致的基础。但是，其纲领仍有很大的局限性，其目标
仅仅在于：利用定期修订的惩治叛乱法案，将军队置于爱尔兰的管辖之
下，并效仿英格兰在爱尔兰建立"名副其实的议会"，并颁布"自由宪
法"；实施永久性的人身保护法，确定法官的地位；肃清使议会蒙羞的营
私舞弊和贪污贿赂等行为。他们还从爱尔兰的立场和利益出发，呼吁结束
爱尔兰在商业上隶属于英格兰的局面，结束长久以来英国人垄断国教和政
府职位的传统。他们的努力取得了突破性成果。1782 年 5 月，以前附属
于英国议会的爱尔兰议会被赋予独立地位，亨利七世时期制定的法律被取
消，爱尔兰可以自行召开议会，自行立法，但都柏林政府官员仍然由英国
国王任命。这样，爱尔兰实际上成了一个与英国共有君主的分立王国。爱
尔兰同时还仿照英格兰的做法，确立了法官的独立地位和薪金制度。"爱
国党"的胜利使格拉顿声名鹊起，这届议会也被称为"格拉顿议会"。诚
如格拉顿所言："爱尔兰现在已经成为一个国家了，我为她已经取得国家
的资格而欢呼！"

自 1782 年开始，爱尔兰进入了繁荣发展时期。爱尔兰议会拥有自主立法权，对经济繁荣起到了重要的促进作用。岁入不断增加，而且由爱尔兰议会自由支配，可用于促进工商业、奖励农业团体和其他社团、资助开发大运河系统等公用事业，或者继续建设都柏林等城市。尽管爱尔兰工业的发展面临来自已经得到高度发展并受到政府政策更多保护的大不列颠工业的激烈竞争，但受益于一整套奖励制度和优惠关税的保护，其工业体系最终得以建立。1784 年的《福斯特谷物法》规定：当谷物价格稳定在 30 先令一桶（大琵琶桶）的合理价格时，就提高进口税，以保护国内谷物的生产和价格；在谷物价格低于 27 先令一桶时，则采用奖励办法增加出口。该法令的实施使爱尔兰的谷物种植面积大大增加，提高了谷物产量，提供了更多就业机会，增加了工人的工资，为爱尔兰农业的发展奠定了良好基础。

然而，经济上的繁荣并未带来政治上的完全自由，爱尔兰的天主教徒仍未获得彻底解放。以格拉顿和埃德蒙·伯克等人为首的自由派人士强烈要求获得完全的政治自由，但以约翰·菲茨吉本（1789 年被任命为大法官）为首的都柏林统治集团的大部分成员则持反对立场。他们认为，维持英国与爱尔兰的关系和对爱尔兰的控制是重中之重，同时认为必须不惜一切代价维护新教宪法。而且，他们认为，只有实现英爱合并，英国才能保住在爱尔兰的统治地位。随着法国大革命时代的到来，这两种对立政治主张的冲突很快就变得尖锐起来。

三　法国大革命时期的爱尔兰

1789 年的法国大革命及其平等和自由思想对爱尔兰产生了重大影响。政治自由和政治改革原则在北方的长老会教徒中迅速传播，并且得到了下层民众的热烈响应。这一时期改革运动的主要代表人物有纳帕·坦迪、奥博德·沃尔夫·汤恩和爱德华·菲茨杰拉德勋爵。1791 年 10 月，"爱尔兰人联合会"成立，总部设在贝尔法斯特，其成员主要是来自北方的长老会教徒，他们要求进行激进的政治改革，废除一切人为的宗教差别，联合全体爱尔兰人民反对英国的强权势力，为爱尔兰人民在全国性议会中争取真正的代表权。为了争取南方天主教徒的支持，他们还提出赋予天主教徒同样的政治权利，特别是选举资格。此时，爱尔兰南方又发生了佃户攻击地主的事件。于是，英国首相小皮特下决心采取措施平息局面。1793年，英国政府颁布了一项天主教徒宽容法案，赋予了天主教徒选举权。虽然天主教徒仍没有被选举权，但这毕竟已经是实质性的进步了，天主教徒的处境得到了一定的改善。同时，英国政府还实施了其他一些力度不太大的改革措施。然而，此时法国革命形势急转直下，1793年法国国王被送上断头台，法国向英国宣战。此后21年间，对法国作战成为英国政府的主要任务。与此同时，法国大革命在英国和爱尔兰的统治阶级内部引起了恐慌，他们变得更加保守，害怕变革，因而导致政治、法律、宗教以及改善穷人生活状况等领域的各项改革均被搁置或遭到抵制。在这一意义上，英国与法国之间的战争确实改变了爱尔兰的政治前景，直接导致英国在爱尔兰实施了严酷的高压政治和军事镇压。1796年初颁布的《惩治叛乱法令》授权总督宣布紧急状态并实行戒严，强迫人民交出武器，并授权地方长官逮捕可疑分子，将其遣送到舰队去服役。同年11月，整个爱尔兰岛停止实施人身保护法。英国政府的上述强硬措施加剧了紧张的对抗形势。1798年5月，爱尔兰人联合会奋起反抗，在米斯、伦斯特和厄尔斯特等许多地方举行起义，他们希望将天主教徒、清教徒及长老会教徒联合起来，在法军的援助下解放爱尔兰。但由于起义组织不力，法国援军又未及时赶到，起义很快就被镇压。

1798年起义失败后，英国皮特政府决定通过立法将英国和爱尔兰合并，以期一劳永逸地解决爱尔兰问题。1799年，皮特提出了一项合并法案，但未获得爱尔兰议会批准。1800年他再次提出合并法案。为使法案获得通过，他一方面用封官许愿、收买贿赂的办法控制新教徒，另一方面又向天主教徒承诺赋予他们被选举权。同年6月，"爱尔兰合并法"在缺乏代表性的爱尔兰议会获得通过，随后议会自行投票解散，改由爱尔兰的32名贵族和100名平民参加英国议会。这样，爱尔兰王国不复存在，英爱两国的政治联合正式采用了"大不列颠和爱尔兰联合王国"这一名称，英国国旗也由原来的"杰克联合旗"加上爱尔兰的"圣帕特里克旗"演变成为沿用至今的"米字旗"。英爱合并巩固了英国对爱尔兰的统治，但多数爱尔兰人并不认可这种强制性的合并。占人口大多数的天主教徒仍然没有获得完全的公民权，他们仍受歧视性法律的限制；爱尔兰农民大多耕种英国籍地主的土地；经济剥削和政治压迫交织在一起；宗教分歧使双方的差异更加明显。天主教徒的彻底解放，以至"爱尔兰问题"的彻底解决，仍需经过很长时间才能最终实现。

第四节　为争取民族独立而斗争

一　19世纪前半期的民族独立斗争

从1801年开始，爱尔兰没有了自己的议会，来自爱尔兰清教徒统治阶层的议员在伦敦威斯敏斯特议会中也只占少数。尽管当时英国政府对爱尔兰实行高压统治，但并不能阻止爱尔兰人民的各种反抗和斗争。1815年英法战争结束后，小麦价格暴跌，很多农民放弃耕种，转而从事畜牧业。地主驱逐欠缴地租的佃户，导致本来就很庞大的失业农民队伍迅速扩大，拒交什一税、地租和反抗其他种种压迫的农民斗争层出不穷，武装暴动也时有发生。然而，英国议会仍不愿对爱尔兰的天主教徒做出重大让步。

（一）"爱尔兰天主教协会"

1823年，丹尼尔·奥康奈尔（Daniel O'Connell）等人发起成立了"爱尔兰天主教协会"，要求给予天主教徒以完全自由。该组织迅速发展成为群众性的政治运动。奥康奈尔是一位才能出众的律师，善于组织群众大会和政党集会，主张采取请愿与通信联系等方式，运用宪法允许的合法途径去争取解放。"爱尔兰天主教协会"在爱尔兰全境拥有大批支持者，这场运动很快就像燎原之火一样蔓延开来。这种形势迫使英国议会于1829年4月通过了"天主教解放法令"，解除了对天主教徒的全部限制。

英国当时也正在经历"改革时代"，1832年通过的《议会改革法》使英国和爱尔兰进入到了一个不断变革和向民主化发展的新时期。适用于爱尔兰的《议会改革法》规定：凡每年有 10 英镑以上纯收入的城市居民、10 英镑以上纯收入的自由农和 20 英镑以上纯收入的土地承租者，都享有议员选举权。1838 年颁布了一项相当宽容的什一税法令，将什一税并入地租，从而解除了这项长期存在的对爱尔兰人的压榨措施。同年，《济贫法》的实施使得爱尔兰有史以来第一次建立了救济贫民的法律制度，英国刚刚建立的贫民救济院制度也被"移植"到了爱尔兰。1840 年的《市政改革法令》废除了原先那套腐败的市镇统治机构，建立起由普选产生的统一机构。但奥康奈尔并不满足于这些进步，他认为，爱尔兰与英国的合并法才是对爱尔兰的最大束缚。他寻求废除 1800 年的合并法案，恢复爱尔兰议会。为此，他建立了"取消合并协会"，主要通过群众集会开展活动。但英国政府禁止其开展此类活动，在 1843 年都柏林的一次集会遭到禁止后，"取消合并"运动宣告结束。

（二）青年爱尔兰运动

19 世纪 40 年代，青年爱尔兰运动开始形成。1842 年，《民族报》诞生，为这家报纸撰稿和支持这家报纸的青年人被称为"青年爱尔兰党"。他们的领导人多数是深受"爱尔兰人联合会"影响的新教徒，其中最有影响的是托马斯·戴维斯。青年爱尔兰党人深受浪漫、自由的民族主义时代精神的影响和激励，他们从远古的爱尔兰历史以及盖尔族和诺曼族的历史中汲取灵感，认为爱尔兰民族应包容所有在爱尔兰生活的人，而不论其宗教信仰或祖籍来源如何。他们的最高纲领即为国家独立，其极端派主张武装反抗。青年爱尔兰党人于 1848 年谋划的一次起义以失败告终，但其思想强有力地影响了后来的几代爱尔兰人。就在此时，爱尔兰发生了大饥荒。

（三）大饥荒

从 18 世纪中叶起，随着与美国贸易的突飞猛进，爱尔兰农业得以迅速发展。这一时期，英国由于经济飞速发展而成为粮食进口国，随之而来的小麦价格上扬推动了爱尔兰的粮食生产，也促进了马铃薯的种植。1789～1815 年的法国大革命和拿破仑战争使物价进一步提高，更加刺激了农业生产的发展，爱尔兰的耕地面积大大扩展，甚至延伸到了西部贫瘠的丘陵山地。

但随着 1815 年拿破仑战争的结束，爱尔兰经济繁荣也告一段落，农业陷入危机，给其经济带来了灾难性影响。战争时期，为了向军队供应粮食，农业耕种面积大幅增加，而且马铃薯作为主食的地位越来越重要。马铃薯配以乳制品、蔬菜或鱼，成为爱尔兰一种较为普遍的膳食搭配。对于下层民众来说，马铃薯几乎是唯一的食物来源；而有产阶级对马铃薯的消费也比英国多得多。战争结束后，需求减少导致粮价暴跌，很多农田被改造成为牧场，农民大量失业。而这一时期爱尔兰的人口却在迅速增加，1841 年达到 800 万人左右，其中 2/3 依靠农业为生。更严峻的是，有多达 150 万农业工人除了种植马铃薯以外没有其他任何收入来源，另有 300 万左右小农业主也主要靠马铃薯维持生计。在这种脆弱的农业经济中，1845 年，马铃薯的生产遭遇了一次空前的枯萎病侵袭，从而在爱尔兰引发了一场极为严重的生态、经济和社会灾难。

马铃薯枯萎病又称马铃薯霜霉病，它是由一种叫作马铃薯晚疫病菌的真菌引起的。这种真菌在温暖潮湿的环境中发育，靠风或水携带孢子进行繁殖。它首先攻击马铃薯的叶和茎，然后再攻击地下的块根。1845 年夏天，多雨阴霾的天气有利于这种真菌以空前的速度滋生。爱尔兰成为欧洲受害最严重的地区。当年 8 月，马铃薯收获了第一季，且收成非常好。9 月初病害才首次显现，因此受到影响的是 10 ~ 11 月这一主要收获季。东部较为富庶的地区遭受的打击最为严重，病害由此向西部蔓延开来。最后一次收成中，有大约 1/3 的马铃薯腐烂了。更让人意想不到的是，在地窖里存放的马铃薯外表看上去完好无损，但内里已经腐烂。饥荒的幽灵逐渐"原形毕露"。1845 年 10 月 25 日，一份名为《观众》的报刊这样写道："爱尔兰正在遭受史书上记载过的或发生在遥远国度，而在我们国家这个时期几乎从未见过的威胁——饥荒。一株株幼苗还没等到收获就腐烂了，家家户户眼看着一年的储备丧失殆尽。"

1845 年至 1846 年上半年，由于国家迅速采取了干预措施，再加上各种例行赈济，饿死的人并不多。最坏的情况发生在 1846 年下半年，马铃薯的匮乏程度甚至超过了最悲观的预测。9 月，有 3/4 左右的马铃薯被病害侵袭，损失高达 80% ~ 90%。这就意味着爱尔兰有将近 300 万 ~ 400 万人的生存受到了严峻威胁，生活在社会最底层的人更是朝不保夕。枯萎病加上严酷的气候，导致 1846 ~ 1848 年马铃薯连续三年歉收，造成了史无前例的"大饥荒"。饥荒导致的营养不良为各种疾病的滋生和蔓延创造了条件，仅斑疹伤寒等"饥荒热病"（famine fevers）就波及 150 万之众，至少造成 25 万人死亡。而麻疹、腹泻和结核病等疾病致死的比例更高。相关研究表明，在饥荒中死亡的爱尔兰人有 110 万。

尽管英国和爱尔兰政府采取了兴建市政工程、一再修订《济贫法》以扩大救济范围、发动私人捐赠等多项政策措施，但由于当时爱尔兰物质基础薄弱，社会动员力量不足，这些赈济减灾的应急之举仍杯水车薪。到 1851 年，由于饥饿、疾病和向外移民等原因，爱尔兰的人口至少减少了 200 万人。饥荒也暴露和加剧了爱尔兰经济、政治中的一些痼疾，激化了阶级和社会矛盾。由于地主和中小农场主无力或不愿负担济贫税或降低地租，他们从 1847 年开始大规模驱逐佃农，1849 ~ 1854 年有将近 5 万个家庭（约 25 万人）流离失所，因而也催生了广大农民要求减租、抗税乃至武力反抗的斗争，推动了土地改革运动的进一步发展和民族主义的复苏。

大饥荒造成的另外一个后果是爱尔兰人大规模向海外移民。为了逃难，大批移民背井离乡，穿越大西洋，前往美国和加拿大谋生，也有少部分人移居英国和澳大利亚等地。这是 19 世纪规模最大的人口流动之一。大饥荒甚至给爱尔兰的语言——盖尔语造成重创，加剧了它的衰落：1845 年还有 400 多万爱尔兰人讲盖尔语，而到 1851 年这一数字就减少了一半。与此相应，西部地区（即所谓的盖尔族地区）的民风民俗以及民间文化传统也大为改变。总之，大饥荒对爱尔兰的经济、政治、社会和文化传统均造成了复杂而深远的影响。

二 19 世纪后半期与 20 世纪初期的民族独立斗争

（一）土地改革与地方自治运动

19 世纪后半期的爱尔兰民族解放运动以争取民族独立和土地改革为主要目的。1850 年"租佃者权利同盟"成立，其目标是为租佃者争取公平的地租，保障租佃者不被随意驱逐。虽然该同盟在 1852 年大选中取得 50 个议席，但与其预期目标相比尚有差距。随后几年间，爱尔兰农民暴动此起彼伏。1858 年，"爱尔兰共和兄弟会"在纽约成立，其成员包括数千名参加过美国南北战争的爱尔兰移民，他们发誓要为爱尔兰的独立而战斗。"爱尔兰共和兄弟会"又被称为"芬尼社"（The Fenians），该名称来自爱尔兰传说中著名的"民团"及其统帅芬·麦库阿耳。芬尼社创始人詹姆斯·史蒂文斯参加了 1848 年起义，是青年爱尔兰党人的幸存者之一。除了史蒂文斯，其主要领导人还有约翰·奥利里等人。芬尼社是一个秘密团体，它认为爱尔兰无法通过和平的宪政方式获得独立，主张用暴力推翻英国的统治，认为国家独立高于一切。芬尼社曾从美国向英国的殖民地加拿大发起过几次进攻，但都没有成功；1867 年，芬尼社在英国发动起义，也很快失败；它还在澳大利亚预谋行刺维多利亚女王的次子，也没能成功。芬尼社虽屡战屡败，但它为爱尔兰独立而奋斗的理想和不怕流血牺牲的壮烈行动，在爱尔兰的民族解放运动中产生了持久影响，也对英国社会形成了强烈震撼，使爱尔兰问题最终被提上政治议程。

首次将爱尔兰问题作为重大政治问题提上议程的是英国自由党领袖格拉斯顿。他认识到，英国自由党可以利用爱尔兰问题提高自己的地位，因此借机提出对英国的爱尔兰政策进行改革。这一立场得到了多数自由党人的支持。1868 年，自由党在英国大选中获胜，格拉斯顿第一次组阁。第二年，英国议会颁布法律，取消英国国教在爱尔兰作为国教的特殊地位，使其与天主教和其他宗教处于同等地位。接着，格拉斯顿又试图解决爱尔兰的土地问题。1870 年他制定了一项土地法案，禁止地主（多数是信仰新教的英格兰移民）在不对佃户（多数是信仰天主教的爱尔兰农民）进行赔偿的情况下将其赶出土地。但这项法案的实际效果并不明显，因为地主可以通过提高地租的手段迫使佃户主动退佃，因而事实上并没有触动地主的权利。由于这一缘故，再加上连年歉收，土地问题仍未得到解决。但随后，一场轰轰烈烈的土地改革运动逐渐酝酿成熟，并且推动了爱尔兰自治运动的发展。

1870 年，艾萨克·巴特（Isaac Butt）发起了争取地方自治的宪政运动。在他的领导下，1873 年成立了"爱尔兰自治会"。巴特是一名新教徒律师，长期为芬尼党人出庭辩护，并逐渐形成了爱尔兰自治思想。"爱尔兰自治会"不像芬尼社那样要求爱尔兰完全摆脱英国的统治，而只要求自治，主张让爱尔兰人管理自己的内部事务，贸易、陆海两军、对外政策以及一切帝国大事，则仍由威斯敏斯特行使最高控制权。1874 年议会大选，"爱尔兰自治会"在爱尔兰的总共 100 个席位中获得 58 席，1880 年大选时增至 60 席。但是，由于爱尔兰的议席在英国议会议席总数中所占比例很小，爱尔兰的要求很难受到重视。不久，查尔斯·斯图亚特·帕内尔（Charles Steward Parnell）接任自治会领袖。帕内尔是英格兰人后裔，有丰厚的地产，是新教徒。但他痛恨英国的统治，尤其是英国对爱尔兰的合并，因此投身爱尔兰解放运动，并将恢复爱尔兰在法律上的独立地位作为首要目标。他还将土地问题与政治运动结合起来，认为必须废除旧式的地主制度，爱尔兰的农民应该耕者有其田。他对巴特的策略不以为然，认为它太温和，解决不了问题。

1879 年，在迈克尔·达维特（Michael Davitt）的领导下建立了全国土地联盟。该联盟的目标是为佃农争取基本权利——公平的地租、自由买卖和确定土地所有权。它号召农民开展斗争，对爱尔兰地主实行抵制。抵制运动最早出现在厄恩勋爵的地产上。1880 年，租种这块地产的一个农民被无端解佃，土地联盟于是号召对该地产的总管博伊科特上尉实行封锁，导致他既无法购买商品，也无法向外出售产品。最终他不得不离开爱尔兰，到其他国家去谋生。帕内尔抓住这一时机，呼吁爱尔兰农民保卫自己的利益，对所有任意解佃或随意提高租金的地主实行抵制。"抵制"（boycott）这个词，就是从博伊科特的姓氏转化而来的。一时间，爱尔兰掀起了轰轰烈烈的反解佃、反高昂租金的运动，广大农民积极投入斗争，仅在 1880 年就发生了 2590 起农民暴动。租佃者阶级出身的达维特还教导人们要将土地斗争与民族斗争相结合，因此，爱尔兰自治运动也得到了农民的普遍支持。

爱尔兰全国性的土地改革运动迫使英国政府通过了一系列土地法案。1880 年，格拉斯顿第二次组阁，他将解决爱尔兰问题作为政府的首要任务。1881年，格拉斯顿政府通过了新的爱尔兰土地法，对租佃者做出让步，接受1850年租佃者权利大会的倡议，确定了"3F"原则，即固定租佃期、公平租金、允许佃户自由出售租地权。这些原则基本上满足了土地联盟的要求。但爱尔兰农民要求成为"土地的主人"，因此仍未停止开展斗争。格拉斯顿迁怒于帕内尔，遂将其逮捕，但仍无法使局势得到平定。1882年，格拉斯顿只得与被关押在狱中的帕内尔谈判，并最终达成非正式协议，此协议以监狱名字命名，史称"基尔梅内姆条约"。根据该条约，英国政府同意进一步修订土地法，帕内尔则答应出面平息局势。恰在此时，都柏林发生了"凤凰公园暗杀事件"，一个名为"决胜者"的组织刺杀了新上任的爱尔兰事务大臣卡文迪什勋爵及其副手。但格拉斯顿仍履行诺言，将帕内尔释放，而帕内尔出狱后也未食言，奔走劝说爱尔兰农民保持克制。1885年保守党上台执政，制定了第三个爱尔兰土地法，规定由政府出资，一次性从地主手中赎回土地，由佃户取得所有权，佃户则分期归还政府款项，归还期可长达几十年。到1909年，大约有一半土地转归佃户所有，爱尔兰农民对政府与地主的不满和仇视情绪在很大程度上得到缓解，爱尔兰成了一个自耕农占大多数的国家。简言之，爱尔兰人的斗争最终导致旧的土地制度被废除，土地所有权也转归耕种者。

但爱尔兰人的不满情绪依然存在，他们强烈要求实行自治。帕内尔也乘机以农民运动为基础推动地方自治运动。此后，自治运动一时风起云涌，除了东厄尔斯特，在整个爱尔兰都成立了要求地方自治的组织。1885年英国大选出现了微妙的局面，自由党获胜，比保守党多出86席，而帕内尔领导的爱尔兰自治党恰好也得到86个议席，这样，如果他们站在保守党一边，自由党的多数地位就会丧失。自治党获得了讨价还价的筹码，谁赞成他们的主张，他们就可以与哪个党联合执政。为应对此种局面，格拉斯顿决定支持爱尔兰自治，认为这不仅是维护帝国统一的唯一出路，也是自由党上台执政的唯一办法。1886年，格拉斯顿第三次组阁，立即提出"爱尔兰自治法"。根据该法案，爱尔兰将成立自己的议会，负责处理自己的事务。爱尔兰自治政府对爱尔兰议会负责，是爱尔兰真正的行政机构。英国政府只控制爱尔兰的外交、军事、铸币等事务，但如果爱尔兰议会的法律与英国法律相抵触，那么英王有权否决爱尔兰法律。根据这种安排，爱尔兰将在实际上获得与英国海外自治领同等的地位，其民族权利也将最终得到承认。然而，保守党反对爱尔兰自治，自由党内部也发生了分裂，以约瑟夫·张伯伦为首的激进派与保守党一起投票反对自治法，该法案被否决，格拉斯顿被迫下台。在 1886 年夏季举行的重新大选中，自由党惨败。此后，英国自由党与爱尔兰自治党结成统一战线，继续争取爱尔兰自治。张伯伦领导的"自由党联合派"则坚决维护英国对爱尔兰的统治，并坚定推行帝国扩张政策。

1891 年，帕内尔去世，地方自治运动的动力也随之减弱。但在此期间，爱尔兰逐渐兴起了文化民族主义运动。盖尔体育协会于 1884 年成立，旨在促进全国性体育运动。1893 年由海德（Douglas Hyde）和麦克尼尔（Eoin MacNeill）成立的盖尔语联盟则试图在全国范围内复兴爱尔兰的语言和文化。与此同时，从南非归来的新闻记者阿瑟·格里菲斯（Arthur Griffith）创办了《爱尔兰联合会报》（后来改名为《新芬报》），号召爱尔兰议员回国工作，并试图通过抵制英国货的方式复兴爱尔兰工业。1905～1908 年，他发起成立了"新芬党"（Sinn Féin，意为"我们自己"）。新芬党主张爱尔兰议员退出威斯敏斯特，建立一个独立的议会。新芬党与爱尔兰共和兄弟会联系密切。1913 年，都柏林的劳工纠纷导致了另一个团体"爱尔兰公民军"的产生，它以社会主义为纲领，同时也支持爱尔兰自治。

在此期间，主张自治的力量大多数集中在爱尔兰南部。而在北爱尔兰（即厄尔斯特），占多数的新教徒不愿接受自治。他们担心自治会使天主教徒占据优势，确立天主教的统治，从而给新教徒带来威胁。在反对地方自治运动的组织中，"奥伦治党"的力量最为强大。每年的 7 月 12 日，即博因河战役胜利纪念日，是奥伦治党人一年一度的盛大庆祝日，他们在贝尔法斯特、德里以及厄尔斯特省的多个其他城市举行庆祝活动。贝尔法斯特市是奥伦治党的坚强堡垒，厄尔斯特省的统治阶级、贝尔法斯特市的工人阶级和北部大部分新教徒农民均被团结在奥伦治党周围，而且它还与合并派及英国统治阶级结成了政治联盟。

1892 年，格拉斯顿第四次组阁，再次提出爱尔兰自治问题。自治法案在下院获得通过，但遭上院否决。1894 年，格拉斯顿又一次提出自治法案，但再次遭遇同样的命运。1910 年，自治党在大选中再次获得与 1885 年大选中相同的平衡地位。在这种情况下，自由党再次将自治问题提上日程，并于 1912 年向议会提交了一份地方自治法案。"自治法"此次终于获得议会通过，并于 1914 年生效。然而，在厄尔斯特，抵制自治法案的力量仍很强大，由爱德华·卡森爵士领导并组建的厄尔斯特志愿兵尤其反对地方自治。针对这种情况，都柏林也组建了一支爱尔兰志愿兵，主要由爱尔兰共和兄弟会的成员担任领导人。爱尔兰局势恶化，南北双方紧张对峙，对立的武装团体之间剑拔弩张。恰在此时第一次世界大战爆发，自治法暂缓实施，才侥幸避免了一场内战。

（二）第一次世界大战与民族独立斗争的高涨

第一次世界大战期间，爱尔兰议会党团领袖约翰·雷德蒙鼓励爱尔兰人加入英国军队，希望这样做能够让英国继续支持地方自治。但英国政府在一战期间对新教徒和天主教徒的待遇严重不公，致使爱尔兰人提出了更高的目标，他们不再接受自治，而是要求独立。事情的起因是，当时爱尔兰新教徒和天主教徒都加入英国军队，在同一面旗帜下并肩作战。但新教徒可以组成独立的厄尔斯特师，天主教徒却被分散到不同的团队，受到英国战友的监视，使其自尊心受到极大伤害。此外，英国政府在事先未与爱尔兰协商的情况下，宣布推行征兵制，虽然这一政策最终未能实施，但却导致多数爱尔兰人的反感情绪，认为此举意味着英国仍将爱尔兰视为殖民地，而不是平等伙伴。

1916 年复活节，爱尔兰共和兄弟会在都柏林策划发起了一场反对英国统治的起义，试图以此唤醒爱尔兰人民，争取爱尔兰独立。帕特里克·皮尔斯领导的爱尔兰义勇军和詹姆斯·康诺利领导的爱尔兰公民军共同宣布成立爱尔兰共和国。但起义仅坚持了 4 天即被英国军队镇压。更有甚者，英国政府不顾爱尔兰人的请愿，甚至不顾国际社会的呼声，将多数被捕的起义领袖处死。英国政府的行为坚定了爱尔兰人争取独立的决心，此次起义也成为爱尔兰民族主义的象征，被处死的起义者也被尊为民族英雄。1918 年，在一战结束后举行的议会选举中，主张武装独立的新芬党以很大的比例击败爱尔兰议会党，表明民意发生了重大改变。新芬党的议员在都柏林组成了首届国民大会（或称独立议会，Dáil），新芬党领袖埃蒙·德·瓦勒拉（Eamon de Valera）是复活节起义中唯一幸存的领导人，他带领爱尔兰走上了争取独立的道路。英国政府试图消灭新芬党，这直接导致了 1919～1921 年的爱尔兰独立战争。

1919 年，南部天主教徒组建了"爱尔兰共和军"，开始进行暴力活动。在随后一年多的时间，英国军人不断受到袭击，100 多人死亡，200 多人受伤。爱尔兰的武装力量由迈克尔·科林斯领导。经过两年多的游击战争，英爱双方同意停战。1921 年 12 月，英国政府被迫与爱尔兰达成协议，签订《英爱条约》（1922 年生效），承认爱尔兰南部的 26 个郡独立，称"爱尔兰自由邦"。北部厄尔斯特的 6 个郡则继续留在联合王国，英国的国名也因此更改为"大不列颠和北爱尔兰联合王国"。爱尔兰就此分裂。

三　为争取民族完全独立与统一而斗争

爱尔兰自由邦成立后，第一届政府由"爱尔兰人党"（Cumann na nGaedheal）即后来的统一党（Fine Gael）领袖威廉·T. 科斯格雷夫（William T. Cosgrave）领导。埃蒙·德·瓦勒拉和他的战友不愿接受这一安排，他们要求完全的独立，于是继续开展暴力活动，因而与爱尔兰自治政府发生冲突，内战爆发。残酷的内战夺去了许多参加过独立斗争的民族英雄的生命，其中包括迈克尔·科林斯和卡泰尔·布鲁阿。1923 年，双方谈判停战。到 20 世纪 20 年代中叶，要求完全独立的一派改变斗争策略，成立了反对党共和党（Fianna Fáil），并在 1932 年的大选中获胜，瓦勒拉任总理。

从 20 世纪 30 年代到 70 年代，由瓦勒拉创立的共和党主导着爱尔兰政坛。这一时期，爱尔兰经历了政治、社会、经济和文化生活的巨大变化。1937 年的新宪法进一步削弱了英爱之间的宪政联系。经过与英国的重新谈判，爱尔兰自由邦获得了更完整的国家地位，改称"爱尔兰国"，但继续留在英联邦。1948 年通过的《爱尔兰共和国法令》，宣布爱尔兰脱离英联邦，正式割断了与英国之间仅存的宪政联系。1949 年爱尔兰更名为"爱尔兰共和国"，成为一个完全独立的国家。1955 年爱尔兰加入联合国，1973 年加入欧洲共同体。

第五节　重要历史人物简介

约翰内斯·司各特·爱留根纳（**Johannes Scotus Eriugena，815 – 877**）　爱尔兰著名神学家、新柏拉图主义哲学家和诗人。他在大约公元 845 年出游法国，在西法兰克国王查理创办的宫廷学校中担任首席教授达 25 年之久。在此期间，他对基督教在欧洲大陆的传播做出了重要贡献。他还是文艺复兴时期的杰出学者和学识渊博的拉丁语作家，同时也是一位大胆的探索者和新柏拉图学派的信徒，以关于自由意志和原罪的学说著称。其最著名的作品为《自然的分野》（*The Division of Nature*），被誉为"古代哲学的最高成就"。

丹尼尔·奥康奈尔（**Daniel O'Connell，1775 – 1847**）　19 世纪前期爱尔兰民族解放运动的主要代表、天主教解放运动的领袖。他原本是一位律师，于 1797 年参加了以争取自治为目的的秘密组织"爱尔兰人联合会"。1801 年，他创建了"天主教委员会"，旨在为天主教徒争取解放。1823 年，他与同伴共同发起成立了"爱尔兰天主教协会"，主张通过请愿与通信联系等方式，运用宪法允许的合法途径去争取天主教徒的自由。"爱尔兰天主教协会"很快得到各界的广泛支持，规模迅速扩大，成为爱尔兰历史上第一个群众性民族主义组织。迫于奥康奈尔等人的压力，英国议会于 1829 年 4 月通过《天主教解放法令》，数百万天主教徒获得了平等的公民权利，奥康奈尔本人也因此赢得"解放者"的美誉。为纪念这位民族英雄，爱尔兰 1992 年发行的面值 20 爱镑的纸币正面印上了奥康奈尔的头像，这也是欧元发行之前爱尔兰发行的最后一套纸币。

托马斯·戴维斯（**Thomas Davis，1814 – 1845**）　作家、"青年爱尔兰党"的创始人之一。他是新教徒，但深受"爱尔兰人联合会"的影响，推崇自由的民族主义。他与其他人一起创建了《民族报》，并为该报撰写了多篇旨在激发爱尔兰民族主义的文章。"青年爱尔兰党"的最高纲领为实现爱尔兰的国家独立，其中的极端派主张武装反抗。"青年爱尔兰党"与戴维斯本人的民族主义思想影响和激励了后来的几代爱尔兰人。1945年，在戴维斯逝世100周年之际，爱尔兰举办了为期一周的纪念活动。1966年，戴维斯的塑像在都柏林落成，时任爱尔兰总统埃蒙·德·瓦勒拉参加了落成仪式。此外，还有一些街道、港口、中学以他的名字命名。

艾萨克·巴特（Isaac Butt, 1813 – 1879） 曾是新教徒律师，但长期为芬尼党人出庭辩护，在此过程中逐渐形成了要求爱尔兰自治的思想。他是多个民族主义组织的创始人和领导人，其中包括1836年成立的"爱尔兰都市保守社团"、1870年成立的"自治政府联合会"和1873年创立的"爱尔兰自治会"。其中，"爱尔兰自治会"影响最大，但其政治主张并不要求爱尔兰彻底摆脱英国的统治，而只是要求实现自治，让爱尔兰人管理自己的事务，因此反对奥康奈尔要求废除英爱合并条约的主张。后来，查尔斯·斯图亚特·帕内尔（Charles Steward Parnell）接任"爱尔兰自治会"领袖一职，他的主张较巴特更为激进，认为应将恢复爱尔兰的独立地位作为首要目标。之后，艾萨克·巴特的影响力被不断削弱。

阿瑟·格里菲斯（Arthur Griffith, 1872 – 1922） 原为新闻记者，从南非归来后创办了《爱尔兰联合会报》（后改名为《新芬报》），号召爱尔兰议员回国工作，并试图通过抵制英国货等方式复兴爱尔兰工业。1905 ~ 1908年，他发起成立了新芬党（Sinn Féin，意为"我们自己"），主张爱尔兰议员退出威斯敏斯特，建立一个独立的议会；反对英爱合并条约，主张爱尔兰完全独立。新芬党与爱尔兰共和兄弟会关系密切。1918年，新芬党在一战后的首次议会选举中大获全胜，并在都柏林组建了首届国民大会。1921年，格里菲斯担任爱尔兰代表团团长，负责与英国就英爱条约进行谈判。1922年1 ~ 8月，格里菲斯曾任爱尔兰议会下院议长。新芬党至今在爱尔兰政坛仍具有重要影响力。

威廉·T. 科斯格雷夫（William T. Cosgrave, 1880 – 1965） 统一党创始人，也是爱尔兰第一任总理。早年曾是新芬党成员，但由于支持

1921 年《英爱条约》而与埃蒙·德·瓦勒拉分道扬镳。1922 年 8～12月，科斯格雷夫担任爱尔兰自由邦临时政府主席；1922 年 12 月，爱尔兰自由邦正式成立后，一直到 1932 年，他担任爱尔兰自由邦执行委员会主席达 10 年之久。尽管当时还没有"总理"这一正式称谓（1937 年才正式创立了这一名称），但不可否认，他是爱尔兰独立后由民众选出的第一任政府首脑，因此也被公认为爱尔兰第一任总理。尽管对科斯格雷夫的评价褒贬不一，但客观地说，他对爱尔兰的经济和社会发展做出了重要贡献，其政策以鼓励产业发展、维护社会公正、权力下放等原则为基础。在经济政策方面，科斯格雷夫主张按照计划促进爱尔兰的经济发展，同时也要保持经济开放。

埃蒙·德·瓦勒拉（Eamon de Valera，1882－1975）　20 世纪爱尔兰卓越的政治家，在爱尔兰政坛有举足轻重的影响。瓦勒拉早年曾担任新芬党领袖，是 1916 年复活节起义和 1919～1921 年反英独立斗争的领导人之一，此外还是 1922～1923 年爱尔兰内战中反对派的领导人。在爱尔兰自由邦成立后，瓦勒拉于 1926 年创立共和党，并在 1932 年大选中获胜，出任爱尔兰自由邦总理。自此，一直到 20 世纪 70 年代，瓦勒拉领导的共和党主导着爱尔兰政坛。爱尔兰共和国成立后，瓦勒拉于 1937～1948 年担任爱尔兰共和国第一任总理，其间领导爱尔兰制定了新宪法，并实现了爱尔兰的完全独立。此后，他还在 1951～1954 年和 1957～1959 年两度担任总理，并在 1959～1973 年担任总统。

第三章

政　治

第一节　宪法

爱尔兰实行议会民主制，其法律基础是 1937 年宪法（以及后来的修订条文）、普通法和议会通过的法律。具有直接适用性的欧洲联盟法在爱尔兰具有法律效力。

一　宪法发展史

爱尔兰的基本法是 1937 年经全民公投通过的爱尔兰宪法，其前身是爱尔兰第一个议会通过的 1919 年宪法和爱尔兰自由邦制定的 1922 年宪法。1919～1921 年"英爱战争"结束后签订的和约规定，爱尔兰自由邦须在一年内制定宪法，且须为英国政府接受。新宪法很快草拟完成，于 1922 年 6 月 15 日公布，同年 10 月 25 日获众议院批准，英国政府也在规定时间内接受了这一宪法。这是爱尔兰的第一部宪法。爱尔兰自由邦宪法承认英王在爱尔兰享有最高王权，并同意英王依据爱尔兰政府的建议，派遣一位总督作为其代表常驻爱尔兰。该宪法还规定，国会由两院组成，分别是总统任命的参议院和由人民选举的众议院。行政权则委托总统和行政会议执行；总统和行政会议的成员由众议院多数党的议员出任。1932 年之后，在反对《英爱条约》的共和党执政期间，爱尔兰众议院通过立法，逐步切断了自由邦和英国之间的大部分法律联系。爱尔兰之所以能够成功做到这一点，在很大程度上得益于英国议会 1931 年通过的《威斯敏斯特法案》。该法案承认，英国的自治领作为独立国家有权修改自己的宪法。德·瓦勒拉说服爱尔兰议会于1933年通过有关法律，取消了政府官员和众议院议员必须向英王宣誓的规定，并废止了英国枢密院司法委员会作为爱尔兰法院上诉法庭的法律规定。他还利用1936年英王爱德华八世逊位引起的英联邦宪法危机，推动全面修改爱尔兰自由邦宪法，并于1937年草拟了新宪法。

二 现行宪法

爱尔兰的现行宪法于1937年6月14日经议会通过，同年12月29日生效。宪法明确规定，政府的一切立法、行政和司法权力都来自人民。宪法也规定了行政机构的形式，确定了总统、议会两院和政府的职权范围，以及法院的权力与体系结构和法官的任命程序。宪法规定了总统的选举方法，确定了总统与议会两院及政府之间的相互关系。宪法还包括一系列社会政策的指导原则，作为议会制定法律时的指导方针。

宪法确定了公民的基本权利，主要涵盖五个方面，即个人权利、家庭、教育、私人财产和宗教。下面简要介绍一下这五个方面的内容。

个人权利：宪法宣布所有公民在法律面前一律平等，保证捍卫和维护公民的个人权利。宪法规定，除非根据法律，否则个人自由不可剥夺；除非依据法律，否则公民的住处不能受到侵犯；个人拥有表达信仰和意见的自由、参加非武装性质的和平集会的权利，以及组织社团的权利。除宪法规定的内容之外，最高法院还确认了个人的其他一些权利，如旅行和结婚的权利、提出诉讼的权利等，这些也均得到宪法保护。

家庭：国家保证保护基于婚姻的家庭，以及现行的婚姻制度。宪法还特别强调女性在家庭和整个国家中的地位，强调国家应努力保证母亲不会由于经济原因而被迫从事劳动，以至忽略了其在家庭中的义务。

教育：国家承认家庭在教育子女方面的首要作用，并且在适当考虑父母权利的情况下，提供免费初级教育，并对开办私人教育提供帮助和补贴。

私人财产：宪法保障私人财产的所有权，但这一权利的行使须遵从社会公正原则。同时规定，只有在公共福祉处于紧急状态时，才可对私人财产权的行使施加一定限制。

宗教：宪法保障公民的良心自由和宗教信仰的自由表白与实践，这项自由只受公共秩序和道德的限制。

爱尔兰公民，以及在某些情况下的其他国家公民，有权向上诉法院提起上诉，以保护其宪法权利免受侵犯。如果某项立法影响或者可能影响到个人，他们也可以请求法院就立法是否符合宪法做出判决。而且，总统在签署一项法案以前，也可以将其提交最高法院，就其是否符合宪法做出裁决。

只有议会法案才可以修改宪法。修宪法案在议会上下两院通过后，还必须经由全民公投通过。自 1937 年爱尔兰宪法颁布以来，截至 2016 年底，共提出过 35 项宪法修正案，其中有 6 项由于被全民公投或参议院否决未能生效，这 6 项修正案涉及未出生婴儿的权利、法官的职位与行为问题和堕胎问题等。在已生效的宪法修正案中，有很多项与欧洲共同体（欧洲联盟）有关：1972 年 6 月的修正案，允许爱尔兰加入欧洲共同体；1987 年 6 月的修正案，允许批准《单一欧洲法令》；1992 年 7 月的修正案，允许批准《马斯特里赫特条约》，并允许爱尔兰加入欧洲联盟；1998 年 6 月的修正案，允许批准《阿姆斯特丹条约》；2002 年 11 月的修正案，允许批准《尼斯条约》；2009 年 10 月的修正案，允许批准《里斯本条约》；2012 年 6 月的修正案，允许批准《经济货币联盟稳定、协调与治理条约》。除上述与欧洲共同体（欧洲联盟）有关的事项外，下列一些宪法修正案涉的事项也很重要。例如，将参加议会选举、总统选举以及全民公投的法定最低年龄从 21 岁下调为 18 岁；取消宪法中原来规定的天主教的特殊地位；承认未出生婴儿的生命权，同时规定要恰当考虑母亲的同等生命权；给予某些不具有爱尔兰国籍的人在议会选举中的选举权；允许批准有关北爱问题的《英爱协议》（《贝尔法斯特协议》）；对于地方政府的作用给予宪法承认，并规定地方议会选举至少每 5 年举行一次；关于其父母不具有爱尔兰国籍的人的爱尔兰公民地位问题的处理；等等。

这里需要就 1998 年 6 月通过的涉及爱尔兰主权和领土范围界定问题

的宪法修正案做一些特别说明。1937 年宪法曾明文规定，爱尔兰国土"包括爱尔兰全岛在内"。但 1998 年 5 月 22 日举行的全民公决同意批准《贝尔法斯特协议》，并决定对宪法第 2 条和第 3 条有关爱尔兰共和国领土范围的界定进行修改。1999 年 12 月，爱尔兰政府发表正式声明，该修正案正式生效，修订后的宪法不再包含规定北爱尔兰属于爱尔兰共和国行使领土主权范围的条款，而是提出只有通过和平、民主的方式，且在大多数人民同意的情况下才能实现爱尔兰的统一。英爱之间持续达 70 多年之久的关于北爱尔兰主权归属问题的争端至此终于告一段落。

第二节　总统与议会

一　总统

宪法规定，总统为国家元首，由选民直接选举产生，任期 7 年，可连任一次。总统候选人必须是年满 35 周岁的爱尔兰公民，并须由至少 20 名议员或者至少 4 个郡/郡级市的议会提名。此外，即将届满的现任总统也可提名自己做候选人，条件是其任期不得超过两届。若只有 1 名总统候选人，则其无须经过选举就可直接当选。有资格参加议会选举投票的公民，均可参加总统选举的投票。

总统作为国家的象征，系军队统帅，有权召集和解散议会，但没有实质性的行政权力。总统通常根据政府的建议行事，但并不完全是一个只具有礼仪性质功能的国家元首。总统拥有以下一些职权：根据宪法，总统是宪法实际上的监护人；法律生效之前，须经总统签署；总统有权根据众议院的提名任命总理，并根据总理的提议，在经众议院同意后任命政府成员；根据总理提议，总统可接受政府辞职或者终止某个政府成员的任命；所有军官都由总统任命；在总理提议的情况下，总统可召集或解散众议院。

除上述职权外，根据宪法，总统还拥有一些可自由行使的权力，特别是在确定一项法案是否合宪方面。这项权力主要通过以下两种程序行使。

第一种程序是，在行使此项权力之前，总统可向咨询性机构国务委员会（Council of State）进行咨询。国务委员会的构成和功能仿效英国王室的枢密院，由三部分人员组成：现任检察总长、总理和副总理、议会两院议长、大法官、上诉法院和高等法院院长，数目不定的前任高级官员，以及由总统自主任命的 7 名成员。总统在与国务委员会进行协商后，可将任何法案提交最高法院，以判断其是否包含与宪法抵触的内容。第二种程序如下。如果大多数参议院议员以及不少于 1/3 的众议院议员认为，某项法案包含对国家意义十分重大的内容，应由人民的意志做出决断，并因此呼吁总统在举行全民公投之前不要签署该法案，那么，总统在与国务委员会协商之后，可以接受议员的请求。在这种情况下，只有当议案获得全民公投通过，或者在解散议会并得到新一届议会批准之后，总统方可签署相关法案。

除作为"宪法的监护人"这一职能外，爱尔兰总统还拥有另外一项可以自行决定行使的权力：总统有权在总理得不到众议院多数支持的情况下，自行决定是否同意总理提出的解散众议院的建议。但总统也受到诸多限制，例如，在任期内未经政府同意不得离开本国，议会任何一院都有权对总统提出弹劾案等。

现任总统迈克尔·希金斯（Michael D. Higgins）于 2011 年 10 月当选，是 1937 年以来爱尔兰共和国的第 9 位总统。此前出任爱尔兰总统的还有：道格拉斯·海德博士（Dr. Douglas Hyde，1938 – 1945）、肖恩·奥西莱（Seán T. Ó Ceallaigh，1945 – 1959）、埃蒙·德·瓦勒拉（Eamon de Valera，1959 – 1973）、厄尔斯金·柴尔德斯（Erskine Childers，1973 – 1974）、塞尔巴勒·奥达赖（Cearbhall Ó Dálaigh，1974 – 1976）、帕特里克·希勒里博士（Dr. Patrick Hillery，1976 – 1990）、玛丽·鲁宾逊（Mary Robinson，1990 – 1997）和玛丽·麦卡利斯（Mary McAleese，1997 – 2011）。

爱尔兰不设副总统。如果总统在任职期间去世、伤残、出国、被解除职务或未能履行宪法赋予的职责，则可以根据宪法成立一个委员会来行使总统职权。该委员会包括大法官、众议院议长和参议院议长。

二 议会

根据爱尔兰宪法的规定，议会是唯一的立法权力机关，拥有专属立法权。宪法第 15 条规定，爱尔兰议会由总统和众议院、参议院三部分组成（但总统不得担任议员，若在当选之前是议员，则当选后必须辞去议员职务）。政府的政策制定和实施须接受议会两院的审查与监督。但政府在法律上只对众议院负责，制定法律的至高权力属于众议院，也只有众议院才有权通过与财政或税收有关的立法。

（一）众议院

众议院（Dáil Éireann）也称下院。凡年满 21 周岁的爱尔兰公民，以及在爱尔兰常住的英国公民均有资格当选为众议院议员。众议院议员由全体选民按照比例代表制选出，任期 5 年。选举必须在众议院解散后的 30 天之内举行。在两次大选期间，如发生议席空缺的情况，则举行递补选举。

依照宪法规定，议会两院至少每 12 年应根据人口分布的变化情况，对选区进行重新划分或修正，每隔一段时期也应依照法律对议员的数量予以重新确定，但每个选区选出的议员总数不得少于 3 名。同时，法律规定，众议院议员的数量应与居民数量成比例，即每 3 万名居民中选出的议员不得少于 1 名，而且每 2 万名居民中选出的议员也不得多于 1 名。另外，全国各个选区的居民数量与当选议员的比例应尽可能保持一致。2013 年以前，爱尔兰众议院有议员 166 名。2013 年《选举法》生效后，众议院议员人数减少为 158 名，同时也对选区进行了重新划分。2016 年，全国划分为 40 个选区，其中 11 个选区每个选出 5 名议员，另有 15 个选区每个选 4 名，剩下的 14 个选区每个选 3 名。众议院议长自动连任，除非他自己主动提出不再担任众议院议员。

20 世纪 90 年代初期以来，还没有任何一个政党能够在众议院选举中获得过半数以上的席位，因此爱尔兰一直是由两党或多党联合执政。2016 年 2 月举行了第 32 届众议院选举，其中，统一党获得 50 个席位，共和党获得 44 个席位，新芬党获得 23 个席位，独立派人士获得 19 个席位，其他政党共获得 22 个席位。经过艰苦的组阁谈判，统一党最终与独立派人士组成了少数派政府（即第 30 届政府），恩达·肯尼再次当选为总理，他也是统一党首位实现连任的总理。

2017 年 5 月，爱尔兰总理肯尼宣布辞职。6 月 14 日，众议院选举统一党领袖利奥·瓦拉德卡（Leo Varadkar）为新一任总理。瓦拉德卡出生于 1979 年，是爱尔兰共和国有史以来最年轻的一位总理，也是第一位来自少数族裔（印度移民后裔）的总理。

（二）参议院

参议院（Seanad Éireann）也称上院，共有 60 名议员，其中 11 名由总理直接提名，43 名从文化和教育小组、农业和渔业小组、劳工小组、工商业小组以及公共管理和社会服务小组这 5 个候选人小组中选出。每个候选人小组的成员均具有与该小组代表的利益相应的知识和实践经验。每个小组选出的参议员最多不超过 11 个，最低不少于 5 个。剩下的 6 名议员由爱尔兰大学和都柏林大学选出，每个大学选举 3 名议员。参议院每年至少召开一次会议，议员任期不得超过 7 年。

几十年来，爱尔兰一直有各种要求改革甚至废除参议院的呼声，例如2009 年，统一党领袖肯尼曾提出废除参议院，在 2011 年大选期间，工党和新芬党也均在竞选纲领中提出废除参议院。2011 年，统一党与工党组成执政联盟之后提出了一项宏伟的宪法改革计划，其中包括废除参议院，但该动议在 2013 年 10 月的全民公投中被否决。

（三）立法程序

宪法规定，除财政法案以外，众议院和参议院均可首先提出立法动议，但须送交另一议院通过，同时须考虑另一议院提出的修改意见。但一般情况下，对于众议院提出和通过的法案，参议院仅能予以推迟通过：参议院有 90 天的考虑期限；假如在 90 天内参议院没有提出新的立法，则法案送交总统签署，再经过 180 天期满后便可生效成为法律。财政法案只能由众议院提出，一旦获得众议院通过，即送交参议院，后者可在 21 天内提出建议，但众议院可以接受也可以不接受此类建议。当然，参议院也可在 21 天内不做任何答复。在上述两种情况下，在众议院通过财政法案 21

天后，该法案均被视为已在两院通过。

当然，这并不等于说参议院只有形式上的权力。相反，它在某些领域对众议院发挥着互补的职能与作用，例如解除总统或法官的职权、宣布和终止国家紧急状态、动议除财政法案之外的其他法案、法令文书的废止等。而且，参议院在某些领域还拥有一些独特的职能。例如，在得到参议院多数议员（以及不少于1/3的众议院议员）同意后，吁请总统拒绝签署某项法案，直至就该事项提交全民公投；政府在将一项法案提交总统后，如果要求总统尽早签署该法案（宪法规定的期限为5日之内），也需要得到参议院同意；如果某项私议案的核心内容是为了促进某些个人或某个地方的特殊兴趣或利益，则只能在参议院提出。此类法案在参议院通过后应提交众议院，在获得众议院通过后，再提请总统签署。由众议院多数表决通过的法案，若涉及修正宪法的内容，在经参议院通过后还必须举行全民公投，经多数公民同意之后方可通过；而不涉及修宪问题的法案则无须经由全民公投，但若参议院多数议员和众议院1/3以上的议员共同联名向总统提出要求，则可举行全民公投。最高法院有权就法律是否与宪法一致做出判决。

（四）议会委员会

议会两院的很多活动都是通过议会委员会进行的。每个议院都有权依据其议事规则设立以解决某类特定问题为目标的委员会。众议院设立的委员会负责对一系列范围广泛的立法、社会、经济与财政事务提出建议。另外，它们还负责审议进入委员会阶段的立法议案，并负责审查政府支出（特别是政府各部及其他机构提出的经费支出方案）。目前，爱尔兰参众两院均设有两种类型的委员会，一类是常设委员会（Standing Committee），另一类是特别委员会（Select Committee）。

第32届众议院设有3个常设委员会，即"公共账目委员会"（就审计长对各部门经费使用情况所做报告进行审查并提交报告）、"程序与特权委员会"（负责与议事规则和议员特权有关的事宜）和"众议院议员利益委员会"（负责监督议员的行为）。另一类是特别委员会，分别为通信、自然资源和渔业委员会（下设通信、能源和自然资源次级委员会与农业、

食品和海洋次级委员会），环境、交通、文化与盖尔塔赫特事务委员会
（下设交通、旅游与体育次级委员会，艺术、遗产与盖尔塔赫特事务次级
委员会，环境、社区与地方政府次级委员会），欧洲联盟事务委员会，外
交与贸易委员会，财政、公共支出与改革委员会（下设财政次级委员会
和公共支出与改革次级委员会），卫生与儿童委员会（下设儿童与青年事
务次级委员会和卫生次级委员会），实施《复活节协议》委员会，调查、
监管与请愿委员会，就业、教育与社会保护委员会（下设就业、企业与
创新次级委员会，教育与技能次级委员会，社会保护次级委员会），司
法、防务与平等委员会。

上述委员会主要有以下权力：

- 委派人员、分发文件和记录；
- 接受利益相关的党派或团体提交的仲裁协议书和举行听证会；
- 为起草新的立法和立法修订提出建议；
- 印刷和出版相关证据、相关文件和备忘录；
- 要求有关政府部长出席讨论当前政策；
- 要求有关政府部长出席讨论立法提案；
- 要求国家资助团体的主要官员出席委员会会议（取决于一定的限

制条件）。

爱尔兰参议院也设有 3 个常设委员会，分别是选任委员会（Committee
of Selection）、程序与特权委员会（Committee on Procedure and Privileges）
以及参议院议员利益委员会（Committee on Members' Interests）。但参议院只
设有一个专门委员会，即公共咨询委员会（Committee of Public Consultation）。

此外，参众两院还共同设立联合委员会，由参众两院的议员组成，共
同对特定的议会工作进行协商。联合委员会可以从利益集团获取证据，会
见证人，或者邀请政府官员参与某些特定问题的讨论，在必要情况下，相
关政府部长也是联合委员会的当然成员。另外，在"外交事务联合委员
会"和"欧洲事务联合委员会"举行会议时，爱尔兰的欧洲议会议员
（包括北爱尔兰的欧洲议会议员）与参加欧洲委员会（Council of Europe）
议会大会的爱尔兰代表团成员也可出席并参加讨论，但无表决权。依据类

似条件，联合委员会还可邀请其他成员国的欧洲议会议员出席会议。

两院联合委员会负责审议政府特定部门的某些行为规范，主要包括：①相关部门对公共事务的管理及其隶属机构执行政府政策的情况；②政府部长对相关政策的执行情况；③相关部门提交议会审议的战略声明；④相关部门的下属机构提交的年度报告和账目等。

上述绝大多数委员会的会议都公开举行，其议事程序也大多在电视上进行直播。媒体代表与公众也可以参加此类公开会议。

三 投票程序

在爱尔兰，下列五种情况需要采用直接投票机制：总统选举、众议院议员选举、全民公投、欧洲议会议员选举、地方议会选举。

凡年满18周岁的爱尔兰公民均可参加上述投票，在爱尔兰常住的英国公民可以参加众议院、欧洲议会和地方议会选举的投票。欧盟其他成员国的公民可以参加欧洲议会和地方议会选举的投票。所有居民不论其公民身份，均可参加地方议会选举的投票。选举的计票方式采用比例代表制，在有 2 个以上议员的选区实行单一选票可转让投票（PR－STV）方式。

众议院的选举采取无记名投票方式。邮寄投票仅限于在海外服役的军人、警察和民事工作人员及其配偶，残疾人与因工作岗位原因无法前往当地投票站投票的选民，以及某些全日制学生也可以申请邮寄投票。

所谓"单一选票可转让投票制"的实际运作比较复杂，大体程序如下：选举人在选票上其首选候选人（A）的姓名旁边填写数字1；在想要选择的第二位候选人（B）的姓名旁边填写数字2；以此类推。这样一来，选举人就等于是在告诉计票官："我希望选 A，但如果该候选人不需要我的选票或者没有机会当选，请把我的选票转投给 B；如果 B 不需要我的选票或者没有机会当选，请把我的选票再转投给 C。"在计算选票时，首先根据选举人的第一选择对选票进行分类。全部有效选票都要统计在内，然后再计算出候选人当选所需的配额。配额即为候选人当选所需的最低票数。配额根据下列公式计算得出：全部有效选票／（席位数目＋1）＋1。

按照该公式，假设有 40000 张有效选票，并从中产生 4 个席位，那么当选配额就是 8001 票。如果在第一轮计票中，没有任何一名候选人达到配额，那么得票最少的候选人就被去除，其选票被转让给作为第二选择的候选人。如果一名候选人所得选票超过当选所需的配额，他/她就直接当选，而多余选票也根据选民的选择转让给下一个候选人。以此类推。

参议院选举在众议院解散之后的 90 天内举行。与众议院议员不同，参议院议员并非由直接选举产生，而是如前所述，由一种混合制选举方式产生，即部分参议员（11 名）由总理任命，部分参议员（49 名）经由选举产生，且选举方式有两种：其中 6 名由都柏林大学和爱尔兰大学选出，其选举人为从这两所大学毕业的所有爱尔兰公民（不包括取得名誉学位的爱尔兰公民）；另外 43 名分成 5 个小组，选举人由新当选的 166 名众议院议员、即将离任的 60 名参议院议员以及从各县或县郡委员会中选出的 883 名代表组成，5 个小组都单独举行选举。尽管根据宪法，凡具备当选众议院议员资格的爱尔兰公民（年满 21 周岁、符合法律规定的条件）即具备了当选参议院议员的资格，但在实际上这要受到一定限制，尤其是须具有与 5 个候选人小组相对应的知识和实践经验。

第三节　中央政府

一　中央政府的构成

国家的行政权力由政府或其他公共机构依据政府的授权行使。政府由大选中获得半数以上议席的政党或几个政党联合组成（但在特殊情况下也可组成少数政府，如 2016 年开始执政的联合政府）。政府作为一个整体，集体向众议院负责。爱尔兰宪法规定，政府（内阁）由 7~15 位成员组成，总理、副总理和财政部长应由众议院议员担任。其他政府成员可以分别来自参众两院，但来自参议院的成员不得超过 2 人。

总理由总统根据众议院的提名任命。如果政府不再得到众议院多数的支持，总理必须提出辞职，或向总统建议解散众议院，重新举行大选。但总统也可以拒绝解散议会，在这种情况下，总理必须辞职。宪法规定设副总理一职，由总理任命。副总理在总理患病或死亡时，可代行总理职务。总统根据总理的提名任命政府其他成员，但须得到众议院同意。总理将政府各部交由政府各位成员负责。通常情况下，每位政府成员负责领导一个部；但在特殊情况下，一位部长也可以负责多个部。此外，根据1977年的《部长与秘书法》（Ministers and Secretaries Act），自1978年起创设国务部长（Ministers of State）一职，取代以前的议会秘书。国务部长由总理提名、内阁任命，其职责是为政府部长在议会和政府中的工作提供帮助。国务部长的数量最初仅为10名，后逐渐增至20名。2009年4月，为应对金融危机，减少公共开支，时任总理科恩要求20名国务部长全部辞职，后重新任命了15名国务部长。由第32届议会批准成立的联合政府由统一党与独立派人士组成，2016年5月6日正式开始工作。统一党领袖恩达·肯尼（Enda Kenny）连任政府总理（兼任国防部长）。肯尼于2017年5月辞职，利奥·瓦拉德卡继任总理，并改组内阁，弗兰西斯·菲茨杰拉德（Frances Ftizgerald）任副总理兼就业、企业和创新部部长。本届联合政府共有15位政府成员、18位国务部长。

总检察长不是政府成员，但可以政府法律顾问的身份出席内阁会议（无投票权），其任期通常与政府任期相同。

二 中央行政机构

爱尔兰现行中央行政体系的法律基础为1924年通过的《部长与秘书法》（及其11次修正案）与1947年的《公共服务管理法》。这些法律文本对政府不同部门和办公机构的职能做出了具体规定。

爱尔兰第30届政府于2016年5月开始正式运作，总共拥有16个部，每个部由一位部长领导，负责履行各个政府部门的职能，而各部的日常管理和执行职能则由秘书长行使，秘书长是由政府任命的终身公务员。

（一）政府各部

如同其他绝大多数国家一样，除总理府、财政部、外交部和国防部等几个部门之外，爱尔兰其他各部的具体设置及其主管的事务，随着时间的变化和政府的更新调整在不断进行重组，机构名称也时有变更。截至2016 年底，爱尔兰政府主要有以下 16 个部级机构（以爱尔兰政府网站上的顺序为准）。

农业、食品和海洋部：为农业、渔业、林业和食品部门提供范围广泛的服务，包括提供政策建议，制定和实施有利于农业、食品工业、渔业、林业与农村环境的政策，对食品安全进行监控，通过立法对农业、渔业及食品工业进行管理，监控动植物健康与动物福利，对农业、渔业、食品部门及林业提供直接支持，等等。此外，它还负责实施欧盟的共同农业政策，并代表爱尔兰与其他国家就与农业有关的事项进行谈判。

艺术、遗产、地区、乡村和爱尔兰语事务部：负责监督对爱尔兰遗产和文化资产的保护和展示，以保护爱尔兰的遗产和文化，促进爱尔兰语的使用，并支持爱尔兰岛的可持续发展，同时开发文化旅游。该部下设艺术、遗产、爱尔兰语事务、乡村及社团事务共 5 个部门。该部还对一些国家文化和艺术机构提供资助，例如国家博物馆、国家图书馆、爱尔兰国家美术馆、国家档案馆、国家音乐厅和爱尔兰现代艺术博物馆等。此外，它还与北爱尔兰的文化、艺术和娱乐部共同资助根据《英爱协定》成立的 2 个跨境机构。

儿童和青年事务部：由统一党和工党联合政府于 2011 年 7 月创立，在统一党和独立派联合政府中得以保留。该部负责实施和推动与儿童、青年人以及家庭事务相关的一系列政策与服务事项，而这些事项原本分散在不同的政府部门。儿童和青年事务部除直接提供范围广泛的相关服务之外，还负责协调不同部门的相关政策与服务，特别是在儿童福利与儿童保护、家庭支持、收养、入学、青年人的就业以及减少青年犯罪等领域。该部下设儿童与家庭署（2014 年 1 月成立）、爱尔兰收养机构（2010 年 11 月成立），以及儿童监察办公室等。

通信、气候变化和环境部：负责通信、广播、气候变化和能源等领域的事务，同时负责自然资源的管理、保护和开发。该部的宗旨是管理爱尔兰的能源供应、自然资源、通信、广播及邮政服务。

国防部：其使命是负责国家的安全和稳定，它负责包括空军、海军、陆军以及民防力量在内的招募、组织、规制和管理工作，以确保国家经济发展所需的安全环境。它还负责对军队的养老金进行管理，同时，它还在民事防务方面负有广泛责任，爱尔兰红十字会也归国防部管辖。"9·11"事件发生后，为应对紧急事件，爱尔兰政府在国防部成立了"紧急规划办公室"，以有效应对来自国际恐怖主义的威胁。

教育和技能部：负责管理、监督和资助初级、中级和三级（高等）教育以及各种培训，并负责运行为各级学校设立的国家考试体系。

财政部：负责管理国家的公共财政，并行使监督职责；负责筹措和提供与国家需要有关的经费；控制公共开支，制订社会和经济计划；负责协调和改善公共服务体系中的人事和管理职能；负责财政专员办公室、公共设施工程办公室等其他中央政府部门的管理。

外交贸易部：主要职能是促进和保护爱尔兰在海外的利益。它也为政府的对外关系出谋划策，充当与外国政府和官方机构进行官方联系的渠道。该部负责向其他国家和国际组织派遣外交人员，并负责执行爱尔兰对发展中国家的对外援助项目。

卫生部：其宗旨是通过对医疗卫生和个人社会服务制定规划和进行管理，实现公民健康和社会收益，使资源投入得到最大限度的回报，以促进和维护人民的健康和幸福。该部还负责对卫生局、私人医院和一系列专门机构进行监督。

住房、规划、社区和地方政府部：其宗旨是实现水资源、自然遗产、建筑遗产与规划、住房、地方政府等领域的可持续发展。其主要任务是有效保护自然遗产与生物多样性，有效维护建筑遗产，保护与改善水资源与饮用水质量，确保地区与社区的规划和建设有助于可持续的和均衡的发展，确保优质住房，推动社区及社区部门和志愿者部门的发展等。该部还负责为地方政府提出立法和政策框架，并向地方政府提供财政资助。

就业、企业和创新部：其宗旨是推动实现优质和具有可持续性的全面就业；支持创设具有竞争力的企业基础；促进低税环境的形成，以激励就业与企业发展；推动形成公平和有竞争力的市场。该部下设6个部门，分别负责的领域为：创新与投资，本土企业发展，劳工事务，商业、消费者及竞争事务，欧盟事务、贸易政策及安全和医疗政策事务，以及战略政策。该部也负责对一些受国家赞助的机构进行管理，如爱尔兰工业发展局（IDA Ireland）、香农开发局（Shannon Development）、爱尔兰企业局（Enterprise Ireland）、卫生安全署（Health and Safety Authority）和爱尔兰国家标准署（NSAI）等。

司法和平等部：其职责十分广泛，包括负责国家的内部安全，为法院、监狱事务和警察提供支持等。它负责促进社会平等；在民法和刑法两方面，负责制定法律改革措施；负责民事和刑事案件以及土地所有权的注册；受理非爱尔兰国民的入境、居住、公民权、避难申请等事宜；对诸如书刊检查、资料保护和刑事损害赔偿等其他一系列事务提供法律援助。

公共支出和改革部：成立于 2011 年，即统一党和工党联合政府执政之后。其宗旨在于：第一，减少公共支出，使其更具可持续性；第二，改革并改善公共服务。该部主要接管了原来由财政部管辖的两部分工作：一是公共支出部门的工作，即制定和评估中短期公共支出目标；二是组织、管理与培训部门的工作，即对公务员体系的管理与发展负有全面责任，并负责监督公共部门的改革。

社会保护部：负责管理社会保险和国家社会保障体系框架内的社会援助项目。该部主要执行以下功能：向政府提交建议，并制定适当的社会保护与社会融入政策；设计、发展并实施有效的、具有成本效益的收入支持政策，提供就业服务以及其他相关服务；与政府其他部门一起提供无缝对接服务。自 2011 年起，该部又承担了原来由其他一些部负责的《冗员与破产支付项目》框架下的赔偿申诉程序、卫生服务机构的社区福利服务和就业服务等事项。

总理府：主要职能包括为政府提供秘书服务；与总统和议会进行联络；辅助总理行使其宪法和法律职能；负责管理和执行所有未移交给其他政府部门的公共服务，同时也负责监管公共档案和国家文件。总理府主要分为四个部门，分别负责经济与国际事务、英爱关系及北爱尔兰事务、社会政策及公共服务改革，以及欧洲联盟事务。总理府还负责对国家经济和社会委员会、政府信息署以及中央统计办公室进行管理。

交通、旅游和体育部：该部是原来的交通部和旅游、艺术与体育部合并而成的。该部负责制定和实施公路、铁路、航空、水运等领域的整体交通政策，以及与文化、艺术、体育及旅游有关的政策。

（二）其他政府机构

除上述中央各部之外，爱尔兰还有其他一些部门也属于中央政府机构之列。例如财政专员办公室，负责税收管理和征税；公共设施工程办公室，负责为政府部门、警察局和其他办公机构、小学校等提供场所，并代表国家承接民用工程项目。其他国家服务部门还包括政府储备局、中央统计局、评估和测绘办公室、国家实验室、总审计长办公室、总检察长办公室、地方任命委员会和政府信息署等。

爱尔兰设有专门的查弊官员，即"监察专员"（the Ombudsman），负责受理公众提起的关于受到公共机构不公平待遇的投诉，以及对公共机构未能提供便利服务或信息等问题进行调查。自 2013 年 5 月 1 日起，共有包括中央政府部门、地方政府、卫生医疗、邮政服务系统，以及一些半政府性质的机构在内的 180 个公共机构及其官员的活动被纳入监察专员的调查权限。监察专员由总统根据政府的建议任命，独立完成其任务和职责。监察专员公署拥有自己的调查团队，有权独立决定其活动程序。

根据 1997 年的《信息自由法》（2014 年修订），爱尔兰还设有信息专员（Information Commissioner）一职。信息专员办公室的职权包括以下方面：根据《信息自由法》的要求评估公共部门的政策，并做出具有约束力的决定；对《信息自由法》的运行情况进行评估，以确保公共部门的行为与该法的规定相符；鼓励公共部门在《信息自由法》规定的最低要求以外自愿公开其活动信息，以便在公共机构形成一种开放态度；对《信息自由法》的实际实施情况发表评估报告。信息专员有权独立于政府自主决定其活动程序。信息专员可以要求任何其认为与所调查案件有关的个人提供相关信息；可以进入公共机构的任何办公场所，并要求该场所的任何人向其提供可以复制并可在合理期限内予以保留的文件；任何阻止信息专员执行调查任务的人均被视为触犯法律，可被施以罚款或不超过 6 个月的监禁。

根据 1988 年的《数据保护法》（以及 2003 年的《数据保护修订法》），爱尔兰还设有数据保护专员（Data Protection Commissioner）一职。《数据保护法》的目的是保护与个人有关的相关资料信息，并且规定，个人有权控制对与自己有关的数据的使用。数据保护专员的职责为，负责捍卫个人保护自己相关资料的权利，同时对能够获得这些个人数据的机构进行监督。该专员由政府任命，但有权独立行使调查等职权，并有权采取任何必要措施。任何认为自己的权利受到侵犯的个人均可向该专员投诉。

公职机构道德规范委员会（The Standards in Public Office Commission），根据 2001 年的《公职机构道德规范法》，于当年 12 月成立。该委员会由 6 名成员组成，其主席由高等法院的前任法官担任。该委员会负责监督公职人员、受雇于某些公共机构指定职位的特别顾问和人员等遵守《公职机构道德规范法》的规定，并对违反相关规定的人员进行调查。另外，在利益公开与遵守税务申报要求、公开政治捐赠与选举支出、公开政党获得的国家资助的开支情况，以及游说集团的注册等问题上，该委员会也负有监督职责。

（三）国家赞助的机构

爱尔兰大约有 120 家由国家赞助的机构。简单地说，由国家赞助的机构指的就是国有企业，即国家占有全部或大部分股份的企业。这类企业一般由政府的某个部直接负责。但事实上绝大多数此类机构也并非普通意义上的"企业"，而是大多具有管理职能。

此类机构大体上可以分为商业、发展促进、医疗保健、文化、管制和咨询等几大类。就商业性质的机构而言，从前这些机构大部分属于国家垄断性质，也不受公司法的约束。但随着私有化进程的加快，以及实施欧盟共同市场法律的需要，目前几乎所有国家赞助的机构均与其他私营企业一样处于完全平等竞争的地位。发展促进机构主要是为企业家、农场主和刚起步的企业提供一系列技术和支持性服务。医疗保健机构，包括某些医院，主要是为从事公共事务和医疗保健服务的专业人员和国民直接提供服务，并从事相关研究。文化机构的宗旨是促进全国的文化活动。管制机构通常行使以前由中央政府承担的部分功能，例如医药专业人员的登记和电信运营商的开业等事宜。咨询机构一般是为政府的决策出谋划策。

在政府制定的一般性政策指导方针和成文法的限定范围内，此类国家赞助的机构拥有很大程度的自主权。尽管通常情况下是由政府或某个部的部长任命这些机构的董事会或理事会成员，但后者在日常事务中并不受政府部门的具体指导。爱尔兰的国家赞助机构分为以下两类。

法定公司 这类公司根据特定的成文法成立，由国家赞助，在法律上为非营利性机构，且不一定拥有正式股东。其董事会或理事会由政府任命。此类公司主要有：爱尔兰交通运输公司（Córas Iompair Éireann，CIÉ），负责公有道路和铁路交通系统的运营；电力供应委员会（Electricity Supply Board），在 2000 年 2 月电力生产和供应市场放开竞争之前，它垄断了全部电力的生产和供应，之后则按照市场原则与其他电力供应公司平等竞争，目前国家占有其 95% 的股份；爱尔兰广播与电视公司（RTÉ）负责全国的电视和广播网络服务；爱尔兰语电视管理公司成立于 2007 年，负责两个爱尔兰语频道 TG4 和 Cula 4 的播出；爱尔兰食品委员会负责在海外推广和销售爱尔兰食品；志愿医疗保险委员会（Voluntary Health Insurance Board）是爱尔兰最大的医疗保险公司，其成员由卫生部任命；爱尔兰赛马委员会成立于 2001 年，负责整个爱尔兰岛的赛马运动，其宗旨是将爱尔兰"发展成为世界赛马运动的中心"。

政府作为主要或唯一股东的公司 这类公司尽管其主要股东或唯一股东为政府，但受爱尔兰公司注册办公室的管辖，其性质相当于公有有限公司或私营有限公司，且与其他公司一样受《公司法》的约束。这些公司包括以下几类。

农业、食品和海洋部负责管辖的公司有：林业局（Coillte Teoranta），负责林业部门的管理和商业营销；赛犬委员会（Bord nag Con, the Irish Greyhound Board），负责赛犬运动的管理和推广；以及国家种马培育公司（Irish National Stud）。

通信、气候变化和环境部负责管辖的公司有：邮局，负责全国的邮政事务；爱尔兰燃气局（Ervia），其前身为爱尔兰燃气委员会（Bord Gáis），自 2014 年起改为现名称，其燃气能源部分的业务出售给了一家私营公司，此后也不再向消费者直接供应燃气，目前其事务范围主要包括管道天然气的输送、供水服务和直驳光纤服务；泥煤署（Bord na Móna），负责发展和推销爱尔兰的泥炭资源；爱尔兰电网公司（EriGrid plc），负责爱尔兰的电力传输。

交通、旅游和体育部管辖的公司有：都柏林空港公司（Dublin Airport Authority），负责管理都柏林和科克的国际机场以及下属的一些企业，如国际空港公司（Aer Rianta International）、香农空港公司（Shannon Airport Authority）、科克空港公司、都柏林港口公司、科克港口公司、戈尔韦港口公司、沃特福德港口公司等。

上述公司还分别设有一些分公司，如爱尔兰交通公司下设爱尔兰铁路运输公司（Iarnród Éireann），负责经营全国铁路系统的客运和货运，包括都柏林地区高速运输（DART）网络；都柏林汽车运输公司（Bus Átha Cliath），在大都柏林地区经营城市公共汽车服务；爱尔兰汽车运输公司（Bus Éireann），负责经营都柏林以外的公共汽车运输网络。

除此之外，爱尔兰还成立了多个发展促进机构，以推动爱尔兰各个经济领域的发展，其中包括爱尔兰工业发展和科技政策咨询与合作管理委员会（Forfás，2014 年 8 月解散，其功能合并到就业、企业和创新部）、爱尔兰企业局（Enterprise Ireland）、爱尔兰工业发展局（IDA Ireland）、爱尔兰旅游局（Fáilte Ireland）、爱尔兰海产局（Bord Iascaigh Mhara，BIM）、香农发展局（Shannon Development）和爱尔兰语地区局（Udaras na Gaeltachta）等机构。其中，爱尔兰工业发展和科技政策咨询与合作管理委员会负责促进工业和技术的发展；爱尔兰企业局负责促进爱尔兰本地公司（特别是从事制造业和国际贸易服务的公司）的出口业务，并致力于拓展海外出口市场；爱尔兰工业发展局负责吸引制造业和国际服务部门的海外投资，鼓励在爱尔兰的外国公司扩大产业规模；爱尔兰旅游局负责发展爱尔兰的旅游业及旅游产品的市场营销；爱尔兰海产局负责爱尔兰的海洋渔业与水产养殖业的持续发展以及沿海经济的多样化；香农发展局负责香农河流域的旅游业、制造业和贸易的整合与发展（2014 年 11 月，香农发展局被重组，成为香农集团公司的一个组成部分，并更名为"香农商业企业有限公司"〔Shannon Commercial Enterprise Ltd.〕);爱尔兰语地区局则负责爱尔兰语地区的经济发展。

与其他许多西方国家一样,爱尔兰近年来也加快了私有化进程。诸如爱尔兰奶业公司、爱尔兰糖业公司、爱尔兰钢铁公司、爱尔兰人寿保险公司、爱尔兰电信公司等都已经实现了私有化。

三 文官制度

爱尔兰的文官制度仿照英国设立,与文官的考试、任命、升迁、职责等相关的制度均与英国有很多类似的地方。例如,文官(也称公务员或文职人员)独立行使职责,不得卷入政党政治,所有中、高级公务员均被严格禁止参与政党政治活动;文官的录用须经过独立的"文官委员会"举行的公开竞争考试;工作人员划分成若干不同的级别(包括中级管理层);文官由拥有不同职能的诸多种类公务人员组成;等等。

广义上说,爱尔兰的文官按职责可划分为四类:行政人员,负责拟订政策;专业人员,负责提供专门知识和技能;执行人员,负责执行政府决策;办事员,负责办理一般性的普通事务。

近年来,特别是2008年发生金融危机之后,为减少开支,政府不断采取措施裁减公务员的数量。截至2016年底,爱尔兰共有公务员3.99万人。尽管教师、警察、地方政府职员以及医疗卫生等部门雇员的薪酬通过政府各部门予以支付,但他们不属于文官系列,仅属于广义上的公共服务部门的公务人员。在爱尔兰,公务员仅指在中央政府部门工作以及在为政府提供咨询和建议的某些国家机构任职的人员。

2014年10月,爱尔兰政府发布了一份题为"公务员革新计划"(The Civil Service Renewal Plan)的公务员制度改革规划。该规划是政府公共部门改革计划的一部分,目的是在未来3年内,通过25项实际行动,使爱尔兰的文官系统更加专业、透明、公开和负责任。其主要措施包括成立"公务员责任委员会"和"公务员管理委员会"等机构,以加强对公务员的监督、制定普遍治理标准、加强战略规划、加强跨部门协调等。

第四节 地方政府

近年来，爱尔兰地方政府体制经历了多次更新与改革。21 世纪以来推行的一些改革措施集中体现在 2001 年生效的《地方政府法》和 2014 年生效的《地方政府改革法》这两项法律之中。2014 年的改革力度很大，地方政府的数量从 114 个减少到了 31 个，并且取消了所有的镇议会。自 2014 年 6 月 1 日起，爱尔兰的地方行政机构由两个层级构成，第一个层级是 26 个郡和 5 个郡级市，第二个层级是郡和郡级市下属的"市政区"，共 95 个。此次改革的目的是加强地方政府的职能并使之实现现代化，其核心是提高公共服务的质量和效益。改革的两项关键目标是加强经选举产生的地方议会议员的作用，并鼓励地方政府与地方社区增进联系。

住房、规划、社区和地方政府部负责监督地方政府体系的运行，并负责实施与地方政府的结构、职能、人力资源及财政有关的政策。

一 地方政府的职责及产生办法

1999 年 6 月，爱尔兰举行全民公投，有史以来首次赋予地方政府以宪法认可，并且规定至少每 5 年举行一次地方议会选举。这一规定经由第 20 项宪法修正案被纳入宪法。爱尔兰地方议会议员经全体选民按照比例代表制选举产生，地方议会也是除众议院和总统之外唯一经直接选举产生的机构。因此，地方议会具有完全的代表性。年满 18 周岁的本国公民及其他常住居民都拥有选举权与被选举权。按照人口比例不等，郡议会议员一般为 20 ~ 48 人，郡级市议会议员一般为 15 ~ 52 人。

地方政府成员由两部分组成。一部分由选举产生（即地方议会议员），他们没有薪酬，只领取差旅费和生活津贴。另一部分则为全职管理人员。地方议会议员主要是在举行会议期间（类似于国家议会的"会期"）行使其职权，称为"保留职权"，主要涉及政策和原则性事务，包括对地方政府财政事务的监控、制定发展规划和地方法规等。他们还有权监督和检查管理人员的活动，在某些情况下还有权向其发出指令。每个郡、市都设有 1 名全职主管人员，即"管理人"，亦即首席行政官员，由"公共任命办公室"（Public Appointment Service）任命，既向中央政府负责，也向地方议会负责。该管理人还负责管理本辖区内其他地方机构的事务。所有不属于"保留职权"的职责，都自动归管理人执行，称为"行政职能"。这主要涉及地方政府的日常管理，包括就业、制定契约、管理地方政府财产、征税和收取租金以及日常行政事务等。管理人还有责任向地方议会议员提供咨询，并协助后者履行职责。

地方政府提供的服务可分为 8 大类：住房建设，道路交通和安全，自来水和排水系统，发展激励与监督，环境保护，文化娱乐，农业、教育、卫生和福利，以及其他各种服务。

二 地方财政

2008 年金融危机爆发之后，为减少开支，爱尔兰地方政府的支出也被相应缩减。2007 年，爱尔兰地方政府财政支出大约为 100 亿欧元，此后逐年减少，到 2016 年，爱尔兰地方政府的各项支出仅为 59.86 亿欧元，约占政府总支出（即中央政府和地方政府支出总和）的 8%。

在地方政府的支出中，76% 为经常项目支出，另外 24% 为资本项目支出。这两类支出的用途和来源均不同。经常项目支出指的是维持地方政府的日常运转所需的支出，包括员工的薪酬、住房维修、养老金、污水处理场的运营成本等。这部分开支的来源有多种，包括中央政府拨款与补贴、地方政府就所提供的商品和服务征收的各项费用（包括商业用水费、房租、垃圾处理费、停车费等）、地方税、地方政府基金（该基金根据 1998 年《地方政府法》设立，其经费来源主要是汽车税和财政拨款。该基金用以资助地方政府的日常活动，以及建设非国家级公路等）等。自 2014 年起，地方政府有权征收房产税。资本项目支出包括房屋建设、公路建设、水利与排水设施建设，以及图书馆和游泳池等公共设施的建设。这部分支出的绝大部分来自国家拨款，其余部分来自发展税、借款、地方政府的自有财源以及房地产销售所得。地方政府办公场所等项目几乎完全由地方政府的自有财源和借款予以支付。

第五节　政党与利益集团

一　政党制度的形成与发展

爱尔兰的政党政治起源于英国统治后期爱尔兰人民争取民族独立的斗争。1921 年《英爱条约》签订后，爱尔兰的主要政治力量分裂为条约的拥护者和反对者两派，这两派之间后来爆发了内战。内战结束后，这两个对立的派别逐渐发展成为爱尔兰的两大主要政党，即共和党（Fianna Fáil）和统一党（Fine Gael）。20 世纪 20 ~ 30 年代，爱尔兰由支持《英爱条约》的一派，即统一党的前身"爱尔兰人党"执掌国家政权。1932 ~ 1973 年，爱尔兰政坛为反对该条约的共和党所左右（其间在野时间仅为 6 年）。此后一直到 20 世纪 80 年代末，基本上是由这两大政党或单独，或与其他小党组成联合政府轮流执政。1987 ~ 1989 年执政的共和党政府是爱尔兰最后一届单一政党政府。随着爱尔兰两大主要政党的支持率持续下降，小党的重要性日益增加，从 1989 年起，爱尔兰进入了联合政府时代。此后，迄今为止的每届政府均由两党或多党联合组成。每次大选后，欲参加联合组阁的党派都要就未来政府的计划和政策，进行艰难和反复的磋商与讨价还价。2016 年 5 月成立的新一届政府，是由统一党与独立派人士联合组成的少数派政府（即二者在众议院的议席数不到一半）。

二　主要政党

共和党，1926 年成立，最早为反对 1921 年《英爱条约》的派别。1926 年 3 月，新芬党召开特别会议，讨论该党的未来。由于未能就是否抵制本届议会达成一致，德·瓦勒拉辞去新芬党领袖职务，于当年 5 月成立了共和党。该党在 1932 年大选中获胜后，成为爱尔兰最大的政党。该党从成立至 2011 年 3 月的近 85 年时间内，有 2/3 的时间参加执政，并曾多次单独执政。2016 年底，该党有党员 2 万人左右。曾先后出任共和党领袖的有：德·瓦勒拉、肖恩·勒马斯（Seán Lemass，1959 – 1966）、杰克·林奇（Jack Lynch，1966－1979）、查尔斯·豪伊（Charles Haughey，1979－1992）、阿尔伯特·雷诺（Albert Reynolds，1992－1994）、伯蒂·埃亨（Bertie Ahern，1994－2008）、布赖恩·科恩（Brian Cowen，2008－2011）和米歇尔·马丁（Micheál Martin，2011 年上任）。从政策纲领上看，共和党是一个全民政党，其主要成就包括：巩固爱尔兰的独立；颁布1937 年爱尔兰宪法；在二战中维持爱尔兰的中立；二战后努力建设国内工业基础，重新分配农村土地，引入和扩大住房及社会救助项目，引入免费中学教育；谈判加入欧共体和欧洲单一货币；开放爱尔兰的贸易和投资，吸引高技术产业和金融服务业进入爱尔兰；与英国政府和北爱尔兰主要政党签订《北爱和平协议》等。共和党社会基础广泛，没有过于强烈的政治理念；传统上对经济议题奉行中左路线，主张减税，增加就业；对外主张实行中立政策；对社会议题比较保守。该党有较强的民族主义色彩，长期以来一直谋求实现爱尔兰民族统一。由于受国际金融危机的冲击，共和党在 2011 年 2 月提前举行的大选中惨败，在众议院仅获得 20 个议席，不仅丧失了执政地位，而且由爱尔兰传统的第一大党跌落为统一党和工党之后的第三大党。在 2016 年的大选中，共和党获得了 44 个议席，但仍落后于统一党。

统一党，1933 年 9 月成立，由数党合并而成，合并中占主导地位的是"爱尔兰人党"。"爱尔兰人党"成立于 1923 年，致力于维持爱尔兰自由邦政府，主张在《英爱条约》基础上建立和发展新的民族国家。该党从爱尔兰自由邦建立起一直执政到 1932 年。统一党继承了"爱尔兰人党"的理念，即发展一种广泛、多元的爱尔兰民族主义意识。统一党的政策以鼓励产业发展、维护社会公正和权力下放等原则为基础。该党的一个核心理念是调和爱尔兰岛人民的不同利益，并坚持以和平手段实现这一目标。它赞成按照计划方式促进爱尔兰的经济发展，与此同时保持经济开放；认为只有通过鼓励私有企业和个人努力，同时结合国家直接介入某些领域的途径，才能实现经济发展目标。统一党自正式成立以来，一直是爱尔兰的第二大党。但在 2011 年 2 月举行的大选中，统一党在众议院获得76 个议席，成为爱尔兰第一大党。在 2016 年的大选中，统一党在众议院获得 50 个议席，与独立派人士组成了少数派政府联合执政。2016 年，该党约有党员 2.5 万人，主要代表富裕农民、中产阶层和工商业资本集团的利益。作为一个具有基督教民主传统的中右政党，统一党的社会政策观念较为温和，经济政策偏向保守，在欧洲一体化问题上它持联邦主义立场。20 世纪 70 年代以来，该党的政治理念逐步向中间化倾向发展。现任领袖为总理利奥·瓦拉德卡。

工党（The Labour Party），1912 年成立，党员约 7000 人，大多数为工会会员和天主教民族主义者。该党原为工会代表大会的政治机构，1930 年底从工会代表大会分离出来，成为一个独立的组织。1998 年 12 月，工党与民主左派党合并组建为一个新的"左翼力量"组织，政治上进一步向中间靠拢。工党秉持的理念是社会民主主义的四项基本原则，即自由、平等、社区与民主。在 2011 年 2 月举行的大选中，工党获得 37 个议席，比上一届几乎增加了一倍之多，也是工党自成立以来在大选中表现最好的一次。工党也因此得以与共和党组成联合政府。但在 2016 年 2 月的大选中，工党仅获得 7 个议席。在 2014 年 7 月的党内选举中，琼·伯顿（Joan Burton）以 78% 的得票率当选为工党领袖，她也是工党有史以来的第一位女性领袖，但在 2016 年大选后辞职。现任领袖为布兰登·霍林（Brendan Howlin）。

进步民主党（The Progressive Democrats），1985 年 12 月 21 日成立，党员约 1 万人，在中产阶层、知识分子和青年人中曾拥有较多的支持者。该党深受 20 世纪 80 年代初期英国撒切尔政府及美国里根政府自由经济政策的影响，支持削减公共开支和减税，主张实行私有化，严格控制社会福利。进步民主党 1987 年第一次参加大选就表现不俗，一举获得了众议院的 14 个席位，超过工党，成为第三大党。尽管该党在此后的选举中再未获得过 10 个以上众议院议席，但它曾先后于 1989～1992 年和 1997～2009 年与共和党组成联合政府，在爱尔兰的政治、经济生活中发挥了超出其政党规模的影响。2007 年的大选对进步民主党是一次灾难性打击，该党在众议院仅获得 2 个席位，包括党的领袖麦克·麦克道威尔（Michael McDowell）等人在内的领导人均落选。2009 年 11 月 20 日，该党正式解散。

民主左派党（The Democratic Left Party），是 1992 年 2 月从工党分裂出来的一个小党，成员不足千人。1994 年共和党与工党联合政府下台后，该党曾与统一党和工党组成联合政府。1998 年 12 月，民主左派党重新并入工党，组建为一个新的"左翼力量"组织。

新芬党（Sinn Féin），1905 年成立，1926 年大部分党员脱党。1970 年，该党分裂为"正式"和"临时"两派。"临时"派后来发展成为现在的新芬党，"正式"派则于 1977 年另组"新芬工人党"。新芬党所属的军事组织"爱尔兰共和军"因长期进行恐怖活动而被宣布为非法组织。在 1997 年大选中，新芬党赢得 50 年来在参议院的第一个席位，2002 年获得众议院 5 个席位。新芬党长期以来以统一爱尔兰全岛为宗旨。但是，该党的政治影响主要集中在爱尔兰岛北部，它也是北爱尔兰四党联合自治政府的成员之一。不过，近年来，特别是金融危机爆发以来，新芬党在爱尔兰共和国的政治影响显著增长，它在 2011 年 2 月的爱尔兰大选中获得 14 个议席，是上届的 3 倍还多；在 2016 年的大选中获得 23 个议席。新芬党领袖为格里·亚当斯（Gerry Adams）。

绿党（The Green Party），成立于 1981 年，以"和平、民主、保护环境和自然资源、社会公正"为其理念。除传统的"绿色"问题外，绿党的主要政策立场包括：反对更紧密的欧洲一体化；反对爱尔兰参加欧洲安全机构；呼吁进一步限制自由贸易和私有企业。在爱尔兰 1992 年就《马斯特里赫特条约》举行的全民公投中，以及后来对《阿姆斯特丹条约》的讨论中，该党均持反对立场。绿党 1989 年第一次进入众议院；在 2002 年的大选中获得 6 个众议院席位。在 2007 年的大选中，绿党再次在众议院得到 6 个议席，并与共和党和进步民主党组成三党联合政府，这也是绿党第一次进入政府。但它在 2011 年的大选中仅得到 1 个席位，在 2016 年的大选中获得 2 个席位。

社会主义党（Socialist Party），成立于 1996 年，由工党中的一部分成员组成，在爱尔兰全岛开展活动。该党宣称自己代表普通工人、失业者和年轻人，并坚守詹姆斯·拉金（James Larkin）和詹姆斯·康诺利（James Connolly）的传统。该党在 2002～2007 年的第 29 届众议院拥有 1 个席位，在 2011 年 2 月的大选中获得 2 个议席，在 2016 年的大选中赢得 3 个议席。2014 年，社会主义党将注册名称更改为"反对征收水税——社会主义党"。此前，其部分成员曾因参与 2003 年的反垃圾税游行和 2011 年的反房产税和水税游行而被捕。

三　利益集团

作为公民社会与政府机构之间的联系渠道，利益集团（或称压力集团）发挥着重要作用。它们与政党不同，不像政党那样以谋求政治统治地位为目的，而是试图通过影响政治决策进程为自己所代表的特定群体或地区谋取利益。在爱尔兰，利益集团的活动在政府的政策制定与执行过程中有着重要影响，特别是一些成员众多的组织，往往能够起到举足轻重的作用。这样的组织有工会、农民协会、工商业组织等代表特定行业的团体，诸如爱尔兰医疗保健组织与爱尔兰会计师学会等专业团体，以及一些以特定宗旨或观点为组织特征的团体。

爱尔兰的三大部门联合组织——爱尔兰工会大会（Irish Congress of Trade Unions，ICTU）、爱尔兰工商业与雇主联盟（Irish Business and Employers Confederation，IBEC）和爱尔兰农民协会（Irish Farmers' Association，IFA），是爱尔兰"三方协议"的支柱和主要参与者。从 20 世纪 80 年代起，爱尔兰就形成了由政府出面组织工、农、资三方参与，就公共政策进行协商的传统（即"社会伙伴关系协议"），它对"凯尔特虎"的经济腾飞发挥了重要作用。这同爱尔兰三大组织成员众多、在社会上拥有重大影响密切相关。

爱尔兰工会大会成立于 1959 年，由原来的"爱尔兰工会大会"（Irish Trade Union Congress，1894 年成立）和"爱尔兰联合会"（The Congress of Irish Unions，成立于 1945 年）合并而成。爱尔兰工会大会的活动范围涵盖整个爱尔兰岛，在爱尔兰全岛拥有 77.8 万名会员（2013 年），其中爱尔兰共和国有 56.6 万名，下属 48 个工会组织。其宗旨为致力于实现全体劳动者和全体公民的团结、公平与平等。它是欧洲工会联盟（ETUC）的成员，也是国际工会联盟（ITUC）的成员。与大多数西欧国家的趋势相同，近年来爱尔兰工会成员所占比例也在不断减少：1980 年，爱尔兰工会大会的成员占爱尔兰雇员总数的比例在 55% 左右，而到了 2013 年，这一占比仅为 35% 左右。爱尔兰工会大会的最高领导机构为会员代表大会，每 2 年召开一次会议；其日常管理机构为执行委员会和由秘书长领导的秘书处。

爱尔兰工商业与雇主联盟是爱尔兰工商业与雇主的"庇护伞"，共拥有 60 多个商业协会作为其会员机构。它致力于为雇主提供服务，并为工商业界的利益向政府进行游说。它于 1993 年由爱尔兰工业联盟（Confederation of Irish Industry，CII）和爱尔兰雇主联盟（Federation of Irish Employers，FIE）合并而成。爱尔兰工业联盟成立于 1932 年，而爱尔兰雇主联盟成立于 1942 年，很多声名显赫的商界人士均为其会员。2016 年，爱尔兰工商业与雇主联盟一共拥有 7500 个会员公司。爱尔兰工商业与雇主联盟下属 40 多家工商业联合会，如爱尔兰金融服务联合会、食品与饮料行业联合会、软件行业联合会、医疗服务联合会、化学药品联合会、零售业联合会、小企业联合会等。

爱尔兰农民协会成立于 1955 年，其前身为"全国农民联合会"（National Farmers' Association），是代表农业与食品部门企业的组织，对农业与食品产业有关政策的制定和实施具有重要影响。2006 年初，该协会对其结构和程序进行了大规模改革，以适应新形势的发展，并更好地为会员服务。该协会共有 12 个地区办事机构，在郡市级共有 946 个分支机构，在布鲁塞尔还设有 1 个办事处。该协会拥有会员 8.5 万人。

在以特定的宗旨或观点为组织特征的压力集团中，规模最大的当属"绝对禁酒倡导者协会"（Pioneer Total Abstinence Association），该协会成立于 1898 年，以宣传禁酒、禁毒为宗旨，同时鼓励人们信仰基督，以抵制酒的诱惑。此外它还通过组织诸多艺术和体育竞赛活动，以减少酒对人们的吸引力。20 世纪 90 年代，该协会声称拥有 20 万~25 万名成人会员，另外还有众多的青少年支持者。但近年来，两方面的原因导致该协会会员人数大幅减少，一是忠诚的基督教信徒人数总体上呈下降趋势，另外一个原因是近年来该协会的财务状况每况愈下，它在 2011 年 4 月甚至曾经在网站上发出过请求提供资助的呼吁。

在爱尔兰，天主教会是享有独特地位的利益集团。当然，严格说来，在爱尔兰，天主教已不再拥有特殊法律地位，其"特殊地位"条款已在1972年被废除，天主教在法律上已不再是"国教"，爱尔兰人也非必须是虔诚的天主教信徒。但是，由于历史传统的关系，宗教对于爱尔兰的影响仍然很大，特别是在教育领域。例如，截至2015年底，爱尔兰仍有约97%的国立小学校由天主教会负责管理，而且，爱尔兰法律允许教会学校在招收学生时将宗教信仰作为主要考虑因素，从而在事实上对非天主教家庭的儿童造成了歧视。这一点招致了许多质疑。例如，联合国儿童权利委员会就曾经就此问题向爱尔兰儿童和青年事务部部长詹姆斯·雷利提出过质疑。

随着时代的发展，各种以促进妇女事业、保护自然资源、关心弱势群体权益等为宗旨的社会团体得到了蓬勃发展。另外，爱尔兰还有20多个爱尔兰语言协会，其宗旨在于促进爱尔兰语的使用。

第六节　司法制度

一　法律与司法体系

爱尔兰的法律体系由宪法、成文法和普通法构成。1937年宪法是爱尔兰的基本法。爱尔兰的法律体系为普通法系，在很大程度上沿袭了英国的习惯法，但与英国不同的是，爱尔兰拥有成文宪法，因此，其普通法须经后续立法和1937年宪法确认或修订。1921年以前英国议会通过的某些成文法至今在爱尔兰仍具有法律效力，除非爱尔兰议会宣布废除这些法律，或者发现它们与宪法不符。

爱尔兰拥有独立的司法体系。按照宪法，司法权由依据法律设立的法院公开行使。爱尔兰司法机构作为宪法的保护人，对行政机构的权力构成了一种重要的制约力量。有效实施司法审查权，是法院的一项意义重大的功能。最高法院可以根据法定程序，在相关法律生效之前或之后宣布其违宪，从而实际上赋予最高法院以一种准立法性质的功能。法官由总统根据政府推荐任命，终身任职。他们均是法律界的资深从业人员，在履行职责时恪守独立原则。如法官本人行为不当或工作无能，需由参众两院一致通过决议，方可被解职。

二 法院设置

爱尔兰的法院系统由地区法院、巡回法院、高等法院、上诉法院和最高法院五级构成。高等法院和最高法院除作为下级法院的上诉法院之外，还有权通过司法审查，对法律以及其他国家机构的行为是否与宪法相符做出判决。除非有特殊情况，各级法院的审理均应公开进行。

地区法院（District Courts），是行使即决裁判权的基础法院。爱尔兰全国被划分为 23 个地区法院辖区，都柏林单独设有市政区法院。地区法院共有 64 名法官（包括法院院长）。地区法院可以在没有陪审团列席的情况下，由至少 1 名地区法官主持开庭。地区法院主要对较轻微的刑事犯罪行使审理权，有权判处最多不超过 12 个月的监禁。地区法院还负责审理涉案金额较小的民事纠纷，有权判处 1.5 万欧元以内的案件，以及审查酒类出售许可证和发放彩票销售许可证。自 2001 年起，在审理涉及 18 岁以下罪犯的案件时，地区法院则行使"少年法院"（Children Court）的功能。

巡回法院（Circuit Courts），负责审理比较严重的案件。全国共划分为 8 个巡回法院辖区，分别为都柏林区、科克区、北部巡回法院区、中部巡回法院区、东部巡回法院区、西南部巡回法院区、东南部巡回法院区和西部巡回法院区。巡回法院设有 1 名院长和 37 名普通法官。巡回法院负责审理除强奸、叛国、走私、谋杀和团伙犯罪之外的所有刑事案件。在民事案件方面，巡回法院的民事审判权限为不超过 7.5 万欧元的案件（若涉及人身伤害赔偿则为不超过 6 万欧元；若涉及房地产，则其市场价值应不低于 300 万欧元）。当然，如果双方当事人同意，则其审判权不受上述限制。巡回法院还可以行使地区法院上诉法院的职能。巡回法院开庭审理刑事案件时，须由 1 名法官主持，由 12 名普通公民组成的陪审团列席

（涉及恐怖主义的案件不需要陪审团）。其他案件的审理，只要由 1 名法官主持即可。

高等法院，负责审理最严重和最重要的刑事案件和民事案件，并审理下级法院的上诉案件。它所审理的民事案件一般为当事人要求的损害赔偿超过 7.5 万欧元（若涉及人身伤害赔偿则为超过 6 万欧元）的案件，但根据宪法的规定，它有权对所有类型的民事案件进行审理，而无论其赔偿金额多少。它还有权对下级法院的判决进行司法审查，同时也有权对政府的法令以及其他公共机构的法令是否符合宪法做出解释。在审理刑事案件时，高等法院被称为"中央刑事法院"（Central Criminal Court），需有陪审团出席。高等法院最多可有 37 名法官（包括院长），此外，巡回法院院长与最高法院大法官也是高等法院的当然成员。一般案件的审理只需由 1 名法官出庭即可，高等法院院长也可以指令由 3 名法官审理某些特定案件。高等法院的常驻地在都柏林，但它每年在科克和戈尔韦开庭 4 次，在利默里克开庭 3 次，在沃特福德、斯利戈和敦多克（Dundalk）开庭 2 次，在基尔肯尼和埃尼斯（Ennis）开庭 1 次，审理初审案件。同时，在审理上诉案件时，它也在除都柏林以外的其他多个城市每年开庭 2 次。2004 年，在高等法院内部专门成立了商业法院，负责处理商业纠纷。

根据《上诉法院法》，2014 年 10 月 28 日正式成立了上诉法院，取代了原来的刑事上诉法院和军事法院上诉法院，其主要功能是负责审理高等法院和巡回法院的上诉案件。只有涉及重大公共利益或具有重大司法意义的案件才能向最高法院提起上诉。上诉法院设有院长 1 名，此外最多可任命 9 名法官。大法官和高等法院院长也是上诉法院的法官。一般情况下，需由 3 名法官组成法庭才可审理相关案件，但有些案件只需院长或其任命的 1 名法官单独审理即可。

最高法院，主要负责行使两项职能，即宪法法院和终审上诉法院（Court of Final Appeal），它是与宪法有关的所有事项以及所有民事事项的终审法院，但在一般情况下它只受理针对法律问题的上诉。在上诉法院成立后，对于来自上诉法院的上诉案件，它也拥有有限的司法管辖权，前提是案件所涉及的法律问题已被证实对公众具有特别重要的意义，而且符合公众的利益。最高法院就宪法和法律的解释做出的判决具有终审性质。根据爱尔兰宪法第26条，如果总统在签署某项法案前对其合宪性有疑问，他（她）应将该事宜提交最高法院。如果最高法院判定法案与宪法不符，则总统不得签署或颁布该法案。除院长以外，最高法院还有9名法官，其院长被称为大法官。上诉案件一般由5名法官组成法庭进行审理，大法官也可以决定在特殊情况下由3名法官组成法庭审理案件。但在审理涉及议会法令是否合宪的案件时，则要求至少有5名法官出庭。另外，在裁定总统是否永久性地失去总统资格时，也需要至少有5名法官出庭。

特别刑事法院（Special Criminal Court）成立于1972年，其主要职能是审理普通法院不足以有效行使司法权、保护公共秩序与和平的案件，主要是涉及枪支、武器、爆炸物、叛国罪等危险性极大的案件，这些案件的类别由特定法律予以明确规定，但若检察官认定某些案件应由特别刑事法院审理，则也可由其颁发特别命令，将此类案件从普通法院移交特别刑事法院。特别刑事法院由分别从高等法院、巡回法院和地区法院选拔的3名法官共同主持庭审。特别刑事法院不设陪审团，但在其他几乎所有方面，该院的司法程序与通常的刑事审判完全相同。

三　检察官与律师

在爱尔兰，绝大多数刑事诉讼以及与选举和全民公投有关的诉状均由检察官（Director of Public Prosecutions，DPP）以国家的名义行使。检察官办公室（或称公诉人办公室）是根据1974年《罪行起诉法令》（The Prosecution of Offence Act）设立的。该法令规定，将从前由总检察长履行的与刑事犯罪以及选举、全民公投等有关的全部职责均转交给检察官。检察官虽是国家官员，但独立行使职责，且不向政府机构提供法律咨询。总检察长（Attorney General）则担当政府法律顾问的角色，也是国家的首席法律官员。

律师在爱尔兰社会中发挥着重要作用。律师一般分为初级律师（solicitors）与高级律师（barristers）两类。尽管1971年的《法院法》明确规定，初级律师可出席所有类型法院的庭审，有在各类法庭"被倾听意见"的权利，但事实上，初级律师往往只是为地区法院撰写讼状和向巡回法院提出上诉，而很少在更高级别的法院出庭。其绝大多数工作是在法院之外从事土地所有权转让、遗产管理以及建立有限责任公司等法律事务咨询。1852 年成立的爱尔兰法律协会（The Law Society of Ireland）是初级律师的行业管理机构，拥有会员 1.2 万人。在高级别的法院，案件一般只能由高级律师处理，并出任资深辩护律师。他们在大多数案件中都聘用初级律师为其整理资料，并提供相关建议。律师同业公会（The Bar Council）是爱尔兰高级律师的行业管理机构。

1996 年 7 月，爱尔兰政府任命了 3 名初级律师担任巡回法院法官，这是爱尔兰共和国成立以来第一次任命律师担任法官。2002 年的《法院与法院官员法》规定，从事律师职业超过 12 年的初级律师或高级律师有资格担任高级法院或最高法院法官。该法案生效不久，麦克·皮尔特（Michael Peart）被任命为高等法院法官，成为第一位获此职位的执业律师。

在刑事案件与部分民事案件中，律师可以根据法院的意见向当事人提供法律援助。

第四章

经　济

第一节　概况

一　1922 年以来的经济发展简况

（一）由农牧经济向知识经济的演化过程

爱尔兰作为传统的农牧业国家，素有"欧洲农村"之称。1922 年"爱尔兰自由邦"政府成立时，农业在经济中占有绝对主导地位，当时仅有少量工厂和企业，且大部分为传统工业部门——食品、饮料和纺织等，而且产品几乎全部在国内市场销售。为鼓励发展工业，爱尔兰政府曾实施过选择性的保护政策。1932 年，爱尔兰政府放弃自由贸易政策，进一步扩大对本国工业的保护，试图通过关税、配额、贷款和优惠等手段促进民族工业的发展。同时，爱尔兰政府开始对大量企业实行国有化和国家垄断。20 世纪 30 年代末，爱尔兰拒绝继续向英国交纳年金，英国遂对爱尔兰出产的牛肉征收关税，爱尔兰则报复性地对英国的消费品征收关税，史称"经济战争"，直到 1938 年才告结束。与英国之间的这场经济纠纷对爱尔兰经济造成了不小的影响。尽管后来爱尔兰的工业得到了一定程度的发展，但成效并不明显，农业依旧在国民经济中占主导。20 世纪 60 年代初，爱尔兰从事农业生产的人口比例仍占 36%；直至 60 年代末，爱尔兰半数以上的出口产品仍为农产品，出口赚取的外汇大部分用来购买重型机械、汽车、石化产品和动力燃料等。

20 世纪前半期，与其他欧洲国家相比，爱尔兰经济处于相对落后状态。在贸易保护主义政策影响下，工业停滞不前，由于过度依赖国内市场，增加就业的机会也十分有限。20 世纪 50 年代，爱尔兰经济年均增长率只有 2%，远低于欧洲的平均水平。这一状况加剧了爱尔兰人的危机感，要求放弃贸易保护主义的呼声日益高涨。从这时起，爱尔兰政府开始推行以发展贸易、吸引投资为主导的开放政策。为了促进出口和工业发展，爱尔兰政府成立了出口署和工业发展局，推出了一系列旨在激励工业发展和扩大工业品出口的措施，如在不发达地区建立工业园区、帮助本土产业发展和鼓励外资公司创建新兴工业等。1958～1963 年和 1964～1970 年，爱尔兰先后实施了两项经济发展计划，成效显著，20 世纪 60 年代的年均增长率达到 4.2%，接近西欧国家的平均水平。尽管 20 世纪 70 年代爱尔兰受到国际石油危机和全球经济动荡的影响，但其经济增长仍保持较快速度。特别是 1965 年英爱自由贸易协定的签订和 1973 年爱尔兰加入欧洲共同体，对促进爱尔兰经济的对外开放与快速发展起到了重要作用。此外，从 70 年代初期开始，工业发展局积极采取措施，鼓励以出口为导向的工业部门发展，从事电子、工程和制药等行业的外资企业纷纷在爱尔兰建厂，对经济开放和出口的迅速增长起到了促进作用。1973 年，爱尔兰商品和服务出口占国内生产总值的比例仅为 37%，到 1983 年这一比例就达到了 56%。

但到 20 世纪 80 年代中期，爱尔兰经济发展遇到了许多困难：增长乏力，导致通货膨胀、失业率上升，以及国家债务居高不下，致使大量爱尔兰人向外移民，当时的爱尔兰甚至被称为"欧洲病夫"。为解决这些问题，1987 年，爱尔兰政府、雇主组织和工会三方之间达成了一项协议，名为"国家复兴计划"。该计划的重点是强调财政和金融稳定，实施经济改革、税收改革和福利改革，以及推行以共识为基础的适度薪酬和部门发展方针。这项计划对 20 世纪 90 年代以后的经济复兴和快速发展起到了重要的推动作用。此后，上述三方伙伴每三年重新谈判一次，以达成新的协议（见第六章）。历次协议的内容除了薪酬问题以外，还涉及税收、福利等问题，不仅有利于促进经济增长，而且有利于社会稳定。

得益于上述诸多举措，20 世纪 90 年代以后，尤其是 1993 年以后，爱尔兰经济迅速好转，经济增长速度呈直线上升趋势，远远超过欧盟其他国家。在欧盟 15 国中，1987 年，以购买力平价计算，爱尔兰人均国内生产总值只略高于希腊和葡萄牙，仅相当于英国的 63%。但是，到 1996 年，爱尔兰人均国内生产总值已经超过英国，接近欧盟的平均水平。在 1997～2001 年的 4 年间，爱尔兰经济年均增长率高达 9.2%，成为欧盟和经济合作与发展组织（OECD，以下简称"经合组织"）成员国中发展最快的国家。作为一个小国，从经济总量来看，爱尔兰与世界经济大国相比微不足道。但从人均国内生产总值来看，爱尔兰位居世界前列。2003 年，爱尔兰人均国内生产总值已达到欧盟国家平均水平的 136%。2005 年，爱尔兰人均国内生产总值为 4.69 万美元，超过美国、英国、法国和德国等国家。而且，仅在 1996～2005 年的 10 年内，爱尔兰的人均净资产就从 4.6 万欧元增加到了 14.8 万欧元，超过美国，成为仅次于日本的第二个富裕民族。爱尔兰成功实现了由农牧经济向知识经济的过渡，被誉为"凯尔特虎"，并在 1984～2007 年保持了长达 24 年的增长趋势。2008 年，爱尔兰人均国内生产总值（以购买力平价计算）在欧盟 27 个成员国中排名第三位，仅次于卢森堡和奥地利，且超过欧盟平均水平 45% 之多；在经合组织国家中排名第五位。1970～2008 年，去除价格上涨因素，爱尔兰的国民生产总值增加了 5 倍以上。

但是，爱尔兰经济中有一个很大的缺陷，即对国外直接投资的依赖度过高。在所有欧盟国家中，爱尔兰是除卢森堡以外国内生产总值和国民生产总值之间的差距超过 10% 的唯一国家。例如，2013 年，爱尔兰的国民生产总值仅为国内生产总值的 85%，其原因就在于爱尔兰的外资企业在国民经济中占很大比重。这样一来，如果用国民收入（GNI）作为衡量指标的话，爱尔兰的经济增长速度就没有那么快了（1970～2008 年，其国民收入增长了 4 倍左右），2008 年其人均国民收入也仅超出欧盟 27 国平均水平的 25% 左右，在经合组织国家中排名第十位。正是这一缺陷，使它成为最早受到 2008 年金融危机和债务危机冲击的欧洲国家之一。

（二）爱尔兰成功实现经济转型的原因

爱尔兰之所以能够在短短几十年间实现"经济奇迹"，并被视为落后经济向先进经济转变的典型，主要有以下几点原因。

第一，加入欧共体/欧洲联盟，受益于欧洲单一市场的各项政策，并且从欧共体/欧盟获得了大量资金转移。20 世纪 70 年代后期到 90 年代初，仅从欧盟农业基金获得的补贴数额就相当于爱尔兰国内生产总值的4%～7%。欧盟共同农业政策保证了农产品以较高价格出售，从而有利于爱尔兰的农业发展。除农业部门以外，爱尔兰其他经济部门也从欧盟各项基金中受益匪浅，特别是其相对贫困的地区。爱尔兰经济与社会研究所的研究表明，仅在 1989～1999 年，爱尔兰从欧盟结构基金（欧洲地区发展基金和欧洲社会基金）得到的资助就使其国民生产总值增长了 2% 左右；2000～2006 年从结构基金中获得的资助使爱尔兰国民生产总值增加了0.7%。随着爱尔兰经济状况的改善，欧盟对爱尔兰的资助也在相应减少，但 2007～2013 年仍达到 7.5 亿欧元。

第二，推行适合本国国情的经济社会政策。其中包括审慎的财政与货币政策，个人所得税率相对较高而公司税率相对较低（标准税率为12.5%）的税收政策，普遍福利原则和管理严格的工业战略，以及政府、工会和资方以社会契约形式联合签署的收入协定（"社会伙伴"）等。这些政策共同营造了一种良好的社会经济环境。其中最后一点成为爱尔兰社会稳定和经济持续增长的重要保障。若没有政府与社会相关各方签署的这些契约，工资的增长可能失控，经济增长也会受到通货膨胀的干扰。

第三，爱尔兰经济开放程度很高，已全面融入全球贸易体系。2010年，爱尔兰进出口总额占 GDP 的比例已经达到了 197%。在全球化程度方面，自 21 世纪以来，爱尔兰的全球化指数（globalization index）长期名列前茅；2011 年甚至超过新加坡，成为全球化指数最高的国家；此后，在2012～2015 年期间一直在前两名徘徊。在国际商会（the International Chamber of Commerce）发布的"开放市场指数"中，爱尔兰在 75 个国家中排名第 8 位，在欧洲排名第 5 位（2013 年）。对外开放和大力吸引外资对国家经济的快速发展起到了重要的促进作用。相对于爱尔兰本身的经济规模而言，其吸引的外国直接投资水平处于全球最高之列。凭借其高素质的劳动队伍、一流的基础设施、优惠的税收政策和良好的服务，爱尔兰已经成为引进外资最多的欧洲国家之一。在外资公司的推动下，爱尔兰固定资本投资总量增长迅速，就固定资本形成占 GDP 的比例而言，1997 年以来，爱尔兰的固定资本投资率远远超过欧盟的平均水平。2006 年，爱尔兰的固定资本形成占 GDP 的比例为 26.3%，而欧盟的平均水平仅为 20.7%。2003～2008 年，建筑、机械设备部门的固定资本形成实际增长了 13%，2008 年达到了 394.74 亿欧元。爱尔兰政府还注重吸引国际性银行和其他金融机构，花旗银行、美林公司等 400 多家金融机构已在都柏林落户。

第四，爱尔兰政府对教育的大量投入，使劳动者的素质和技能得到明显改善与提高，从而为经济发展创造了有利条件。爱尔兰政府在制订长远规划时认识到，爱尔兰作为一个小岛国，要想在世界上具有竞争力，只有走"科教兴国"这条路，特别是大力培养高素质科技人才。从 20 世纪 70 年代起，爱尔兰政府大幅度增加教育经费，扩大高校招生规模，国家公共教育开支在国民收入中所占的比例居西方国家第二位。1996 年爱尔兰实现了免费高等教育，并成为世界上 15～29 岁年龄段人口中在校就读率和人均受教育水平最高的国家之一。爱尔兰拥有众多世界一流的软件设计开发专家、电子工程师和集成电路设计人才，这为国家的经济腾飞奠定了坚实基础。

第五，爱尔兰是欧盟成员国，也是唯一讲英语的欧元区国家，这样的优势吸引着大量国外企业在爱尔兰投资，并以此作为进入更广大的欧盟市场的"跳板"。

（三）当前经济状况与特点

1. 经济概况

如前所述，2008 年以前，爱尔兰是西方发达国家中经济运行状况最好的国家之一，也是世界上最富裕的国家（按人均国内生产总值计算）之一。而且，从经济增长率、通货膨胀率和失业率等诸多指标来看，爱尔兰已逐渐形成了可持续发展的社会经济机制。但是，受全球金融危机的影响，爱尔兰经济于 2008 年进入衰退，全年实际国内生产总值下降了 3.5%，其中第四季度同比降幅高达 8%，爱尔兰成为最早陷入衰退的欧元区国家，其家庭债务与可支配收入的比例一度高达 190%，是所有发达国家中比例最高的，也因此抑制了私人消费，导致内需持续疲软，经济持续衰退。

2009 年爱尔兰经济形势进一步恶化，全年实际国内生产总值降幅高达 7.1%，而且涉及所有生产部门。2010 年，爱尔兰经济连续第三年出现衰退，全年国内生产总值减少 1%。在 2008~2010 年的三年间，爱尔兰实际 GDP 累计下降 12.6%，GNP 累计下降 17%。与此同时，爱尔兰面临着十分严峻的公共财政状况。政府为救助本国五大银行耗资 500 亿欧元，2010 年爱尔兰财政赤字骤升至国内生产总值的 32%，公共债务超过千亿欧元。爱尔兰的主权债务问题成为国内外关注的焦点之一。2010 年底，由于希腊主权债务危机的冲击和影响，外界对爱尔兰偿债能力的担忧剧增，欧盟成员国财长会议于当年 11 月通过了总额为 850 亿欧元的爱尔兰救助方案，其中 500 亿欧元用于政府开支，350 亿欧元用于救助银行。爱尔兰成为第二个因主权债务危机接受外界救助的欧元区国家。

为此，爱尔兰政府采取了多项严格的减债和紧缩政策，同时采取了诸多措施刺激经济增长。在出口驱动下，从 2013 年开始，爱尔兰经济缓慢复苏。2013 年底，爱尔兰政府宣布，本国经济衰退状态已经结束，拟彻底退出国际救助计划，也不会申请"预防性信贷额度"。爱尔兰成为欧洲五个重债国中第一个退出救助计划的国家，也是第一个走出经济危机的国家。截至 2016 年底，爱尔兰已连续四年实现经济增长，2014 年的 GDP 增长率达到 8.5%，成为当年经济增长最快的欧盟国家，而 2015 年的 GDP 增长率甚至高达 26.3%。与此同时，其他各项指标也逐步恢复正常。2014 年底，财政赤字已下降到 GDP 的 3.1%，政府债务下降到 GDP 的 109%，失业率也已从 2012 年 2 月高达 15% 的峰值下降到了 10.6%。2014 年 10 月，德国财政部长朔伊布勒（Wolfgang Schäuble）甚至说，他对爱尔兰退出救助后的经济恢复感到"嫉妒"，并认为爱尔兰为欧元的稳定做出了重要贡献。为此，爱尔兰政府公布的 2015 年预算首次包括了减税和增加支出（额度总计为 10 亿欧元）等内容，这也是七年以来爱尔兰的首份扩张性预算。2015 ～ 2016 年，爱尔兰政府财政状况继续好转：到 2016 年底，财政赤字仅为 GDP 的 0.6%，政府债务为 GDP 的 75.4%。

根据国际货币基金组织的数据，截至 2016 年底，爱尔兰名义国内生产总值为 2936 亿美元，已经超过了金融危机爆发之前的水平，在世界上排名第 40 位；人均国内生产总值 62562 美元，在世界上排名第 4 位。

但总体来看，爱尔兰"出口 + 外来直接投资"驱动型的经济模式由于对外依赖性很高，因此极易受到国际形势的影响，特别是整个欧元区经济复苏情况的影响。而且，这也导致以国内生产总值作为衡量指标并不能准确反映其经济发展状况。

2. 经济特点

爱尔兰经济有一些令人瞩目的特点，正是这些特点决定了爱尔兰经济发展的轨迹。

第一，外来投资对爱尔兰的经济发展具有关键性意义。截至 2013 年底，爱尔兰有 1200 多家外资公司，其中 1/3 以上来自美国，德国和英国的公司合起来也占 1/3 左右。这些公司不仅为爱尔兰提供了 17.4 万个就业岗位（占全部就业岗位的 10% 左右）、约 30% 的国内生产总值和约 40% 的出口额，而且与本土工业有机结合在一起，使科技知识与技能在更广泛的领域内扩散传播，有助于生产力的提高，从而推动整个国家对外贸易的快速发展，为爱尔兰经济的整体增长做出了重要贡献。但这也有不利的地方。由于外资公司控制着大多数以出口为导向的高赢利制造业企业，其大部分赢利每年作为红利被转移至国外，所以爱尔兰的国内生产总值与国民生产总值之间常常出现巨大差距。另外，这种状况也导致爱尔兰对外资的依赖程度过高，很容易受到外来因素的影响。

第二，爱尔兰是一个迅速发展的知识经济型国家。信息技术、生命科学和医药等高新技术产业部门在国民经济中占有重要地位，教育与培训是知识经济的重要组成部分，教育、研究与开发创新经费在公共开支中占有较高比例，对于生产力的提高具有重要的意义与影响。

第三，爱尔兰是一个全球化程度很高的经济体。爱尔兰开放的经济与世界经济实现了深度一体化。以贸易、投资、信用度和旅游的重要性等指标来衡量，爱尔兰是世界上全球化程度最高的经济体之一。不过如前所述，这再次表明爱尔兰对外界的依赖程度很高，其经济具有一定的脆弱性。正如爱尔兰银行负责经济政策的董事长助理米歇尔·凯西斯曾经指出的："全球化对于爱尔兰这样经济开放的国家是一把双刃剑，在全球经济形势较好时，爱尔兰的表现就更出色；而在全球经济不景气时，爱尔兰受到的影响也就更严重。"

二　国家经济发展政策与规划

为推动经济的发展，爱尔兰政府先后制定和实施了多项国家经济发展政策与规划，同时还通过社会伙伴关系协议，维持经济社会的稳定。

（一）社会伙伴关系协议

20 世纪 80 年代中期，爱尔兰经济面临诸多困难，失业率曾高达 17%，各种劳资纠纷导致罢工游行等社会不稳定现象屡屡发生。1987 年，政府与雇主协会（主要是爱尔兰工商业与雇主联盟和建筑产业联合会）及雇员工会达成三方协议，对工资调整幅度、税收政策、社会福利等相关政策的总体原则和指导方针做出规定。而此前仅在地方层面达成过此类协议，尚无全国性协议出台。该协议为期 3 年。协议的执行情况表明，协议体现了政府、工会、企业界及其他社会伙伴之间在经济政策上达成的"社会共识"，有效减少了劳资纠纷，增强了整体竞争力，为经济健康发展营造了一种良好、稳定的社会环境。此后，政府与雇主和雇员组织这三方每 3 年谈判一次，并重新达成新的协议。在 1987 年签署第一项协议之后，爱尔兰三方"社会伙伴"又相继签署并实施了六项社会伙伴关系协议。1997 年之后，一些志愿组织和社区组织也参加对总体政策方针的讨论，但不参加与工资调整有关的讨论。2006 年 6 月签署了第七个社会伙伴关系协议，题为"走向 2016 年"。与此前六项协议不同的是，该协议为期 10 年。其核心内容仍然是规定与总体工资调整幅度等事项相关的原则。该协议规定，工资调整分为两个阶段。第一个阶段从 2006 年 6 月到

2008 年初，在这段时间，工资总体上涨幅度为 10.4%，同时在此基础上再对那些每周收入不足 400 欧元的工人的工资进行微调。而在第二个阶段的 21 个月之内，工资上涨幅度不得超过 6% 的上限，这一规定被称为"过渡薪酬协议"。对于每小时报酬低于 11 欧元的工人，该协议规定其报酬可再上调 0.5%。此外，该协议还就加强对雇员的保护、改善社会福利以及其他一些服务做出了承诺。

到金融危机爆发时，社会伙伴关系协议在爱尔兰成功运行了 20 多年，对于维持社会稳定发挥了至关重要的作用。它将整体工资上涨幅度纳入可调控的框架范围内，有助于抑制通货膨胀，减少不稳定因素，为增强爱尔兰经济的整体竞争力和保持社会稳定发挥了重要作用。但是，金融危机导致爱尔兰经济形势低迷，致使维持了多年的"社会伙伴关系"面临严峻考验。2009 年 2 月初，由于财政赤字高企，爱尔兰政府拟大幅削减公共开支，虽经与工会多次谈判，但仍未能得到后者对预算削减计划的支持。在这种情况下，科恩政府在谈判结束之后几个小时宣布了多项被工会拒绝的计划，其中包括向公共部门的员工征收 5% 的养老金税。随后，爱尔兰全国总工会于 2 月 21 日组织了 12 万人在首都都柏林举行游行示威活动，这也是自 1980 年以来都柏林发生的最大规模的游行。2009 年 9 月，爱尔兰政府与雇主协会和工会就修改"过渡薪酬协议"展开的谈判再次失败；2009 年底，政府在预算中拟削减公务员 5%～8% 的工资，遭到爱尔兰工会联盟公务员委员会的反对。雪上加霜的是，由于未能与工会联盟就中止薪酬协议达成一致，爱尔兰工商业与雇主联盟正式退出"过渡协议"，并且指出："我们现在即将进入企业谈判阶段。"这导致 2006 年签署的第七个社会伙伴关系协议无法继续执行。由此可见，要在促进经济增长、保持社会和谐与保障各方利益这三者之间实现平衡绝非易事，在经济不景气的情况下更是如此。

为此，爱尔兰政府提出通过"社会对话"的形式达成新的协议，以取代社会伙伴关系协议。2010 年 3 月，在"社会对话"框架下，爱尔兰工会联盟公务员委员会与政府通过谈判，达成了一项为期 3 年的工资冻结协议。但与从前的"社会伙伴关系协议"不同，私营部门的雇主组织并未参加此类谈判，这也宣告了"社会伙伴关系协议"的终结。

（二）2007～2013 年国家发展计划与 2014～2020 年国家改革计划

为保持经济的持续发展，爱尔兰从 1989 年起实施了一系列"国家发展计划"，这对爱尔兰经济的迅速腾飞发挥了重要的指导和促进作用。1989～2013 年，爱尔兰共实施了四项国家发展计划，每个计划为期 7 年，主要目的是规划爱尔兰的发展方向和宏观蓝图，并用国家财政拨款的方式支持重点领域的快速健康发展。

爱尔兰实施的最后一项国家发展计划是"2007～2013 年国家发展计划"，题为"推动爱尔兰转型——为所有人创造更美好的生活"（Transforming Ireland：a Better Life for All）。该计划预算总额为 1837 亿欧元，是爱尔兰有史以来预算额最多的一个发展计划，其中大部分资金由国家财政提供，仅有 30 亿欧元由欧盟提供。该计划以经济可持续发展、更大程度的社会包容和地区平衡发展为主要目标，提出了爱尔兰在这 7 年内的四个战略性框架，并将国家重点战略投资项目划分为五个优先投资领域，为爱尔兰社会和经济发展指明了方向。

该计划提出了"四个战略性框架"。第一，各地区平衡协调发展。该计划旨在通过支持各地区的社会和经济发展，充分发挥各地区的发展潜力，最终实现各地区间的协调、统一和互利发展，这是整体战略计划的核心。第二，积极发展农村经济。爱尔兰目前仍有 40% 的人口居住在农村，农村经济的发展对国家整体经济和社会的可持续发展意义十分重大。该框架关注农村发展面临的各种挑战，计划通过投资和各种扶持措施推动农村经济和社会的可持续发展。第三，加强爱尔兰岛南北两部分的合作。南北爱尔兰边界的存在使爱尔兰岛的天然市场被人为分割，边境地区经济往来和发展规模经济的机会也相应减少。该计划注重寻找南北爱尔兰之间的各种合作机会，包括基础设施建设、科技和创新、贸易、旅游和投资等领域，目的在于利用规模发展效应，实现互利共赢发展。第四，倡导环境资源的可持续发展。该计划通过对公共交通、环境服务、气候变化和可再生能源等领域的投资，加强对环境的保护。

该计划提出了"五个优先投资领域"。第一，经济基础建设领域计划投资 547 亿欧元。拟实现的主要目标包括：2010 年完成都柏林和贝尔法斯特、科克、戈尔韦、利默里克、沃特福德等城市间的主要道路建设；加强从北部莱特肯尼经过斯莱戈、戈尔韦、利默里克、科克至沃特福德的环大西洋公路建设；提高大都柏林地区的铁路运营能力；提高其他地区的铁路服务，包括在科克和戈尔韦之间新开通往返列车服务；加强南北之间和东西之间新建和在建的电网建设；2010 年可再生能源发电达到发电总量的 15%。第二，企业、科学与创新领域计划投资 200 亿欧元。主要目标包括：提高研发数量和质量，注重使科研成果转换成商业产品并带来经济效益；对有潜力的创业企业和成长企业进行投资；发展旅游业，使赴爱尔兰旅游的人数在 2012 年达到 1000 万人次；对农业进行投资以帮助农民提高生产效率，推动环境友好型农业的发展，提高农产品的国际竞争力。第三，人力资本领域计划投资 258 亿欧元。主要目标包括：继续培训劳动力，提高就业前景；注重快速发展地区的新学校建设，包括与地方合作建校；为学校提供综合的信息通信技术条件；进一步提高全国，尤其是贫困地区接受高等教育的人数；在战略创新基金的支持下完成高等教育领域的现代化改革项目。第四，社会基础建设领域计划投资 336 亿欧元。主要目标包括：新建 6 万套社会住房和 4 万套经济适用房；组建 500 个初级护理健康小组；在全国范围内新建和扩建体育设施；加强全国范围内的艺术和文化投资，包括新建一个国家音乐厅和国家剧院。第五，社会包容领域计划投资 496 亿欧元。主要目标包括：新建 5 万个儿童护理站；贫困地区小学学业存在严重问题的学生比例减半；为促进移民的融合增加 550 个语言教师；资助老年人独立生活，如果他们无法自理，则协助提供家庭护理。

2014 年，在欧盟"2020 战略"框架下，爱尔兰提出了 2014～2020 年"国家改革计划"（National Reform Programme），以实现欧盟"2020 战略"提出的目标。该计划提出的五个优先战略领域分别是就业、研发、气候变化与能源、教育和应对贫困。该计划也是爱尔兰为了在退出欧盟救助机制之后实现经济可持续发展而采取的一项应对战略。此外，该计划的宗旨还包括通过减少贫困和不平等现象，实现社会更大程度的公平，同时实现经济增长、社会聚合与环境的可持续性。该计划也是爱尔兰政府为完全加入欧盟的"欧洲学期"计划而提交的首份完整、全面的国家改革计划。为此，该改革计划优先资助以下四个方面：促进就业与经济增长；应对失业与社会排斥；推动研发与信息技术（ICT）投资，增强企业竞争力；促进环境友好型以及资源效率型经济的发展。

（三）科技与创新战略

为促进国家从农业经济向知识经济发展，爱尔兰政府高度重视科技与创新发展，并将其视为经济增长和社会进步的关键要素。为此，爱尔兰政府不仅制定了针对特定部门的科技创新战略，而且还于2006年6月颁布了2006～2013年"科技与创新战略"，这是爱尔兰政府第一次制定适用于所有政府部门的统一科技与创新战略。2006～2013年，爱尔兰政府拨款38亿欧元用于促进科技研究，另外还投入6.4亿欧元加强高等院校在科研方面的基础设施建设，投入3.4亿欧元用于促进企业科研，投入9亿欧元用来帮助将科研成果转化为商业产品等。该战略还致力于提高学生对科研的兴趣，增强科研人员对政府建立知识经济的信心。

2015年，爱尔兰政府公布了"2020创新战略"（Innovation 2020），目的如下：将爱尔兰建成全球创新领导者，致力于增加公共和私营部门对研发的投资；加强研究与创新对企业的影响；确保教育能够驱动创新，同时致力于将研究与创新活动聚焦于社会和经济发展。爱尔兰政府为实现该计划专门成立了"科学、技术与创新部际委员会"（Interdepartmental Committee for Science，Technology and Innovation），以便对政府各个部门的科技政策予以统筹和协调。

三 产业结构与布局变化

爱尔兰曾是一个落后的农业国家。20世纪30年代，农业在爱尔兰国民生产总值中占53%，工业只占15%，服务业占32%。到60年代，爱尔兰从事农业生产的人口比例还有36%。

1921年爱尔兰独立时只有少量工业，且集中在都柏林和几个主要港口城市。二战结束后，为促进工业发展，改变国家相对落后的状态，政府着手推行以发展贸易、吸引外资为导向的开放政策。在鼓励外资公司在爱尔兰"落地"的同时，政府还努力推动本土工业的发展。政府对愿意在欠发达地区投资办厂的公司提供各种优惠政策。进入 20 世纪 60 年代，特别是加入欧共体之后，爱尔兰作为制造业基地的吸引力大大增加，但与此同时，这也对原有工业提出了新的挑战。在制造业就业结构的演变过程中，最明显的特征是冶金和工程部门的就业大幅上升，从 1958 年的 2.11 万人上升至 1998 年的 10.2 万人。同一时期，制衣、制鞋和纺织业部门的就业则出现了大幅下降。

早在 20 世纪 60 年代，爱尔兰就开始大规模吸引外来投资。世界上第一个出口免税区于 1960 年在爱尔兰香农机场附近设立。70 年代，爱尔兰采取了一种更加聚焦的吸引外资方式，将重点放在制造精密和高附加值产品的部门，以及一些增长潜力极高的关键部门，包括化工和制药、电子工业，以及后来逐渐发展起来的国际贸易服务业。爱尔兰吸引了欧洲制造业全部外来投资的 10% 还多，其中美资项目超过了 20%。80 年代初，爱尔兰已有外资企业 800 多家，集中于化工、制药、电子设备制造等资本密集部门，投资方主要来自美国、英国、德国、荷兰及日本等国。

与此同时，随着工业生产与服务业的发展，爱尔兰的产业结构和就业结构也在发生巨大变化。以前，化学、纺织、金属加工、玻璃、水泥等工业部门发展迅速。近年来，电子、信息技术、化工、生物制药、精密医疗器械等新兴技术密集型部门已逐步取代纺织、成衣等传统工业部门，成为爱尔兰工业的支柱。无论是从在整个国民经济中所占比重还是从在全部就业人口中所占比重来看，总的趋势是，服务业所占比重不断上升，工业部门经过一段时间的稳步增长之后基本保持稳定，而农业所占比重则呈持续下降趋势。1949 年农业人口占全部就业人口的比例高达 43%，1999 年下降到仅占 8.7%，而到 2015 年，农、林、渔业的就业人口只占全部就业人口的 5.8%。1949 年工业（包括建筑业）部门约占全部就业人口的 21%，1999 年这一比例为 29%，2015 年则下降为 19.4%。而服务业则呈持续上升趋势，尤其是 20 世纪末以来，服务业就业增长速度十分显著，

2000～2005 年间增长了 21%，服务业就业人口占整个就业人口的比例从 1997 年的 62% 上升至 2008 年的 69.6%，到 2015 年增加至 74.8%。但从在国民经济中所占比重来看，到 20 世纪末，爱尔兰服务业产出占国内生产总值的比重与其他发达工业国家相比还是比较低的，1998 年为 54.1%。进入 21 世纪之后与其他发达国家的差距逐渐缩小，2006 年这一比例达到了 58% 左右，2016 年底为 63.1%。工业在国内生产总值中所占比重自 20 世纪 90 年代以来大体上保持在 40% 左右，比其他发达国家都要高，尽管 20 世纪末以来占比有所下降，到 2016 年底仍占到了 35% 左右。而农业所占份额也呈不断下降趋势，到 2016 年底仅占 1.9%。

就企业结构而言，爱尔兰独立以后，经济即以国有企业为主，且涵盖领域十分广泛，包括电力设备，海运和铁路、公路运输，农产品加工，纺织，煤炭，钢铁，水泥和工业用酒精等。1980 年，爱尔兰国有企业雇员超过 9 万人，占就业总人口的 8% 以上。不过，20 世纪 80 年代以后，爱尔兰逐渐开始了私有化进程。其中，1990～2000 年这十年是私有化力度较大的时期，包括钢铁与电信在内的诸多经济部门均实行了私有化。国有企业就业人口也随之减少了 2/3 左右，仅占就业总人口的 2.7%（2012 年）。2010 年爱尔兰接受金融救助计划的条件之一就是将某些非战略性的能源部门国有化。但是，从总体上看，与其他发达国家相比，爱尔兰企业的国有化程度还是比较高的，诸如能源、交通（特别是公共汽车）、公共事业（如供水）和广播电视等部门大多数还掌握在政府手中。但是，对国有企业（特别是在能源领域）并没有特别的优惠政策，它们与私营企业在市场上平等竞争。

爱尔兰经济对外开放后，大量外资企业来爱尔兰投资设厂。与外资企业相比，本土企业数量众多，且多为技术相对落后的劳动密集型企业；而外资企业则多为现代化程度和生产率较高的资本密集型企业。爱尔兰政府的初衷是希望通过外资企业带动本地企业的发展，近年来，爱尔兰本土公司也的确在高技术行业扮演着越来越重要的角色。但是，传统的本土制造业部门情况不容乐观。一些高度依赖爱尔兰国内市场和英国市场的劳动密集型工业部门，如纺织、成衣、制鞋等行业在廉价进口产品的冲击下，增

长速度十分缓慢，甚至出现了停滞或衰落状况。这一趋势与其他西方发达
国家是相同的。

四　公共财政与货币政策

公共财政与货币政策是国家宏观经济调控的一种重要手段，但若运
用不当，则会给国家的经济发展带来不利影响，甚至造成严重后果。例
如，20 世纪 70 年代末到 90 年代初，爱尔兰曾试行过一段时间的扩张性
财政政策，给国家的发展带来了灾难性的后果。1978～1987 年，政府
财政赤字一度失控，政府债务占国民收入的比重从 65% 上升至 136%。
在此之后，爱尔兰政府不得不调整财政政策，重点转向以供给为导向，
大力吸引私人企业和出口导向型跨国公司在爱尔兰投资，以恢复和保持
宏观经济稳定。

1989 年以后，爱尔兰政府的宏观财政政策以减少债务、将年度财政
赤字保持在国内生产总值的 3% 以下为目标（这也是《马斯特里赫特条
约》为欧盟国家规定的标准）。为此，政府采取了以紧缩公共开支为主
的政策导向。1989 年以后的一段时期，爱尔兰经济稳定增长，并且实施
了有效的税收政策，使得政府债务自 1993 年以后一直保持下降趋势，从
1993 年相当于国内生产总值的 94.5% 下降至 1998 年的 56%，2004 年更
降至 30%，到 2007 年仅为不足 25%。此外，从 1997 年开始，爱尔兰政
府实现了财政盈余，达到国内生产总值的 0.9%，成为实现财政盈余的
少数几个欧盟国家之一，2000 年的财政盈余更升至国内生产总值的
4.6%。公共财政状况的明显好转，赋予政府运用财政杠杆调节经济以
更多的自由。但是，由于全球金融危机的影响，从 2008 年开始，爱尔兰
保持了 10 年（1997～2007 年，其中，2002 年曾出现 0.4% 的赤字）的
财政盈余状况被逆转，当年政府预算赤字占 GDP 的比例达到了 6.9%，
2009 年这一比例超过 14%，是欧盟成员国中最高的，也是欧元区国家中
最高的。2010 年，爱尔兰财政赤字骤升至国内生产总值的 32%。原因在
于，一方面，爱尔兰政府收入绝大部分来源于税收（占政府收入的 97%
以上），经济形势恶化，企业利润大幅减少，导致税收减少，直接造成

了政府收入的下降；而另一方面，政府的公共开支连年呈大幅上升趋势。这两个因素加在一起，导致爱尔兰公共财政状况恶化。随着经济形势的好转，加上爱尔兰政府从2008年开始实行紧缩政策，采取了一系列措施削减公共开支，扩大税收来源，维持银行系统稳定，刺激重要产业发展，自2010年起，政府赤字持续减少，到2016年底下降为国内生产总值的0.6%。

与经济形势的恶化相应，爱尔兰的政府债务也从2008年开始一路攀升：2008年为国内生产总值的44%；到2013年底，达到最高点的119.5%，实际债务总额为1608亿欧元。针对这种情况，爱尔兰政府在2013年底公布的中期经济计划中，设计了到2020年的后危机时期经济发展"路线图"，其核心是实现预算收支平衡和降低失业率。2014年后爱尔兰的政府债务开始下降，但当年仍高达国内生产总值的105.2%。尽管到2016年底政府债务占国内生产总值的比例下降为75.4%，但由于国内生产总值增加，其实际债务总额反倒上升为1755亿欧元。因此，爱尔兰政府面临的形势依然很严峻。

在货币政策方面，在爱尔兰加入欧元区之前，货币政策由爱尔兰中央银行负责制定。爱尔兰中央银行成立于1943年，取代了1927～1942年间作为国家货币发行机构的货币委员会。1999年，爱尔兰成为欧洲经济与货币联盟的成员国，自此其货币政策由欧洲中央银行（ECB）决定，爱尔兰中央银行成为欧洲中央银行体系（ESCB）的一员，负责执行欧洲央行体系的货币政策，爱尔兰中央银行行长也成为欧洲中央银行理事会的成员之一。欧洲中央银行体系规定的维持价格稳定的法定目标被写入了爱尔兰法律，成为爱尔兰中央银行的首要目标。欧洲央行确定的价格稳定目标为，欧元区内每年消费物价上涨的幅度不得超过2%。

鉴于爱尔兰广义上的货币总量占欧元区货币总供应量的比重不及2%，其状况的好坏对欧洲央行货币政策的形成影响不大。相反，欧元区实行"对所有国家同等适用"的货币政策，使得爱尔兰失去了根据本国经济形势适时调整货币政策的权力，在有些情况下会带来不利影响。这一点在2000年已得到凸显。当时爱尔兰经济出现过热情况，但却难以依据本国的实际情况实施有效的货币紧缩政策。爱尔兰经济规模小，开放程度高，这意味着国际物价特别是汇率的压力会对其消费物价产生强烈影响。20世纪90年代后期，国际环境宽松，爱镑坚挺，爱尔兰享有一段较长的物价稳定期。1995~1999年期间，尽管国内需求旺盛，消费物价上涨的平均指数却仍维持在1.9%的较低水平。但2000年，由于欧元疲软的影响，爱尔兰的通货膨胀率急剧上升。国内物价上涨，以及间接税和政府控制交易的增加，也是导致通货膨胀的重要因素。2000~2002年间爱尔兰的平均通胀率超过5%。此后由于欧元走强和国内需求压力减弱，通胀率在2003年降至3.5%，2004年为2.2%。2005年欧元继续坚挺，抵消了爱尔兰的国内物价压力与较高国际油价造成的影响，其通胀率大体保持在2004年的水平。但是，从2006年开始，个人消费持续增长，工资水平也不断增加，再加上住房市场不断升温，且能源价格上涨迅速，致使爱尔兰通货膨胀严重，2006~2008年三年的通货膨胀率分别达到了4%、4.7%和4.1%。不过，从2008年年中开始，受全球经济下滑的影响，石油价格和消费品价格均有所下降，再加上抵押利率降低，因此，爱尔兰通胀压力有所缓解。随着国际金融危机的加深，2009年1月，通货膨胀率自1960年第二季度以来首次出现负增长，2009年全年下降了4.5%。其中，降幅最大的为住房、水、电、天然气和其他燃料以及服装等。2010年通货膨胀率仍为负增长，至2011年缓慢上升，2012年达到1.9%，但此后又开始大幅下降，2015年再次出现负增长，为-0.3%，2016年为0。过低的通货膨胀率也不利于刚刚复苏的经济形势。

除稳定物价之外，爱尔兰中央银行的其他主要目标还包括：维持金融体系稳定，促进收支结算系统的有效运作，并负责监管爱尔兰的绝大多数金融机构，包括商业银行、建筑协会以及各类非银行类金融公司、交易所和某些投资项目。爱尔兰中央银行每年向财政部长报告活动情况，经由主计长和总审计长审核的爱尔兰中央银行年度会计报表也要公开发表。在必要的情况下，爱尔兰中央银行行长还要向议会两院联合委员会报告有关情况。爱尔兰中央银行的年度报告、季度公报和月度统计是爱尔兰金融和财政统计数据的一个主要来源。

第二节 农业

一 农业现代化道路和发展战略

与许多国家一样，爱尔兰也经历了从农业国向工业国的转变，但爱尔兰经济的高速发展并没有以牺牲农业为代价，农业及以农业为依托的食品加工业依然在其经济中起着重要作用。特别是食品加工业，它是爱尔兰最大的本土产业，直接提供 5 万多个就业岗位和 20 万个间接就业岗位（食品加工及辅助服务业）。全国共有将近 700 家本土公司从事食品加工（包括饮料）。今天，爱尔兰发达的现代生物科学技术给其农业和食品加工业注入了新的活力，它正在以"绿色爱尔兰"的形象在国际市场上进行有力竞争。

爱尔兰农业如今已经实现了现代化。在加入欧共体之初，国家经济以农业为主，出口贸易的 60% 是农产品。加入欧共体需要开放市场，而首当其冲的就是农业。以科技引领农业发展，是爱尔兰解决这一问题的重要途径之一。早在 1958 年提出第一个经济发展计划时，爱尔兰政府就已将农业作为优先投资的领域。1959 ~ 1972 年，爱尔兰政府陆续建起了牛奶场研究中心，以及牲畜养殖、耕地使用、经济与乡村社会福利、园艺开发等一大批研究中心或研究所。加入欧共体后，爱尔兰政府更强调全面发展科学和技能的重要性，特别注重培养高素质的科技人员，并在科技领域加强国际合作。例如，牛肉生产是爱尔兰最重要的农业产业，其生产企业的发展模式就是依据国家牛肉研究中心的研究成果建立起来的。大规模的牛肉生产系统也是依据其对市场适应性及生物技术与经济效益的评估结果设立并运营的。此外，从 20 世纪 70 年代初起，爱尔兰政府大规模增加教育投资，加强与农业生产有关的技术培训。1975 年，爱尔兰建立了培训年轻农场主的农业学院，与地方培训中心这两套系统同时运作，以适应不同人群的需要。1980 年，建立了半官方性质的国家咨询与培训机构（ACOT），统一管理农业学院的培训，并增加了农业咨询服务。

1981 年，ACOT 专家组对农业培训政策进行了总体评估，明确肯定了农业培训对农业发展的价值。此后，农业证书培训成为面向刚刚进入农业相关产业人员的专门培训项目。迄今已有 1 万多名年轻人完成了相关培训，其中 72% 是全日制农场工作人员，其余绝大部分也都在农业相关行业就业。目前，农业证书已由农业职业证书取代，后者更强调商业开发、管理技巧以及奶制品、谷物生产方面的新技术等因素。正是由于建立了上述与农业生产紧密结合的研究、咨询和培训系统，爱尔兰的农业发展从一开始就获得了强有力的科学指导，避免了许多国家经济发展过程中出现的破坏生态、污染环境、土地过度开发等问题。在科学的发展观念指导下，爱尔兰农业得到了快速、健康的发展。爱尔兰人口总数不到 500 万，但它今天不仅是软件出口大国、生物制药出口大国，也是食品和饮料出口大国，爱尔兰的奶制品及配料、牛肉及猪肉、奶油甜露酒与极品黑啤酒等都在国际上享有很高的声誉。2015 年，爱尔兰农业食品和饮料出口总额为108 亿欧元，其中奶制品占 30%。在农业与农村政策方面，爱尔兰政府一方面在国际市场上打造绿色食品的品牌，另一方面则利用环境优势，发展乡土田园风光旅游。爱尔兰前总理埃亨曾说过，旅游已在广大乡村成为超过农业的第一大产业。

为保持农业的可持续发展和向现代化转型，爱尔兰政府制定了多项农业和农村发展战略。特别是在欧盟共同农业政策框架下，爱尔兰先后制订了四个 "农村发展计划"（Rural Development Programme），每个计划的执行期为 6 年。2007~2013 年农村发展计划提出的三个重点目标是：提高竞争力，通过土地管理保护环境，改善乡村人口的生活质量。该计划到2013 年底共支出 42.5 亿欧元，用于农业和农村发展。2014~2020 年农村发展计划的预算金额为 40 亿欧元，其中 21.9 亿欧元由欧盟予以资助，主要用于增强农业食品部门的竞争力，同时提高对自然资源的可持续管理。此外，爱尔兰政府还颁布了 "食品收获 2020 战略" 与 "农业食品 2025战略" 等。"食品收获 2020 战略" 提出了 "智慧绿色增长" 目标，明确指出了这一重要本土产业的未来发展方向。其设定的三个主要目标为：与2008 年相比，初级农业产品的价值增加 36%，从目前的 45 亿欧元增加到

61 亿欧元；出口达到 120 亿欧元，比现在的 82 亿欧元增加 46%；增加值增长 40%。该项目还设立了执行委员会，以监督、追溯和评估这些目标的执行情况。

爱尔兰政府十分重视研发在农业发展中的作用，农业部设有三个主要科研资助项目，分别涵盖农业、食品和林业。这些项目分别为科研激励基金（Research Stimulus Fund）、食品机构研究措施（Food Institutional Research Measure）与竞争性林业发展研究项目（Programme for Competitive Forest Research for Development），其目的在于通过科研，提高农业部门的竞争力、可持续性、弹性、创造性和安全性。这些措施有力地推动了爱尔兰农业的创新性和竞争力。爱尔兰都柏林大学 2014 年的一项研究表明，在创新性方面，爱尔兰农业食品部门在欧盟成员国排第五位。

二 农牧业

（一）概况

爱尔兰气候温和，雨量充足，土地肥沃，为农业生产提供了理想的条件。尽管过去几十年来在向工业化和知识经济转型的过程中，农业产值在国内生产总值中的比重不断下降，就业人数也呈不断减少趋势，但农业仍是爱尔兰经济的重要组成部分。2014 年，整个农业与食品部门的产值（以生产成本计算的增加值）为 129 亿欧元，占国内生产总值的 7.6%。其中，农业、林业和渔业等初级产品的产值为 42.25 亿欧元，食品与饮料部门的产值为 77.30 亿欧元，木材加工部门的产值为 9.45 亿欧元。从就业情况来看，2015 年底，农业与食品部门的就业人口约 16.6 万人，占总就业人口的 8.4%。其中，农业、林业和渔业部门为 11 万人，食品部门为 4.6 万人，饮料业为 0.6 万人，木材加工业为 0.4 万人。农业与食品部门 2015 年出口总额为 108 亿欧元（其中大约 3/4 出口到其他欧盟国家，英国是最大的进口国），比 2009 年增加了 50%，占爱尔兰商品出口总额的 11.7%。中国是爱尔兰农产品和食品的第二大出口市场。

爱尔兰加入欧共体/欧盟使农民受益匪浅。自爱尔兰 1973 年正式成为欧共体成员国以来，欧共体/欧盟对爱尔兰的资助绝大部分用在了农业部门。欧盟的农业补贴、结构基金以及其他资助使农产品得以维持高价位，不仅提高了农民收入，还加强了农业基础设施的建设和机械设备的更新。欧盟对爱尔兰农业部门的资助在 1973～1997 年期间呈直线上升趋势，此后开始下降，与此同时爱尔兰向欧盟的缴款数额则不断增加，从而导致爱尔兰从欧盟获得的净资助不断减少。此外，从 20 世纪 90 年代初开始，欧盟共同农业政策要求各个国家实施农业改革。最初这一改革并没有对爱尔兰农民的收入产生太大影响，但随着改革进程不断深入，以及世界贸易组织决定进一步减少农业补贴，爱尔兰农业需要进行重大结构调整。调整的内容包括资本投入，经营品种多样化，发展林业、环保、研究、咨询以及培训等，所需资金绝大多数由欧盟予以提供。例如，1994～1999 年间，爱尔兰用于农业结构调整的支出总计 15.4 亿爱镑，其中欧盟提供了 14.5 亿爱镑。从总体上说，对于爱尔兰的农业发展和农民利益而言，加入欧盟利大于作弊。欧盟给予的资金支持对爱尔兰的农业和国民经济的发展做出了重要贡献。例如，仅 2008 年一年，欧盟农业保证基金（EAGF）对爱尔兰的直接投资就达 14.57 亿欧元，占当年爱尔兰政府用于农业（包括林业和渔业）的全部公共支出的 41%。但随着爱尔兰经济的不断发展，欧盟的资助也在逐年减少。2014 年，欧盟向爱尔兰农业的净转移额约为6.227 亿欧元。同时，近年来，欧盟逐渐改变了从前实施的农产品价格支持政策，转而直接向农民支付补偿款，再加上欧盟降低了非欧盟国家农产品的进口关税和配额限制，导致欧盟的农产品价格逐渐与世界市场价格趋同，从而不可避免地对爱尔兰的农业生产造成了一定的冲击。

爱尔兰的土地总面积大约为 690 万公顷（2014 年），其中 450 万公顷用于农业，另有 73 万公顷为林业用地。在全部农业用地中，有 81% 左右用于牧场（363 万公顷），10% 为粗放型牧场（47 万公顷），8% 用于种植庄稼、水果和蔬菜等（38 万公顷）。全国大约有 13.96 万个农场（2013年），其中绝大多数农场由农民家庭自主拥有和经营。随着现代农业技术的普及，农业生产力不断提高，单位产量也得到大幅增加，农业部门雇佣的劳动力则迅速减少。同时，农业专业化水平的提高，也导致农场数量减少，但农场规模呈扩大趋势。2000 年以来，各种规模的农场数量都在减

少，规模最小的农场尤甚。因此农场的平均规模略有增加，2014 年达到
37 公顷（2010 年为 32 公顷），但仍有 35% 的农场面积不足 20 公顷，还
有 20% 的农场面积不足 10 公顷，面积在 30 公顷以下的农场所占比例高
达 63%，50 公顷以上的农场仅占 18%，只有 4% 的农场面积超过 100 公
顷。与此同时，农业人口的老龄化问题日趋严重：2014 年，农业人口的
平均年龄为 56 岁；其中 40 ~ 64 岁的占 59% 左右，65 岁以上的占到了
30% 以上，35 岁以下的农业人口仅占 4.7% 左右（且呈不断下降趋势），
这一比例甚至比 80 岁以上农业人口所占比例（5.9%）还要低。

爱尔兰农产品的自给率比较高。2014 年，爱尔兰肉类的自给率为
247%，其中牛肉的自给率高达 680%，羊肉的自给率为 383%，猪肉的自
给率为 150%，禽肉的自给率为 96%。爱尔兰奶制品的自给率也非常高：
黄油的自给率为 1054%，奶酪的自给率为 387%，牛奶的自给率为 97%。
但谷物的自给率相对较低，只有 78%。

（二）畜牧业

爱尔兰气候温和，雨量充沛，适宜养殖牲畜，因而畜牧业在农业中居
支配地位。在全部农业用地中，有 81% 左右用于牧场（363 万公顷）。养
牛业是爱尔兰最重要的畜牧业。如前所述，爱尔兰的牛肉自给率极高，活
牛及牛肉的出口对爱尔兰畜牧业有着极为重要的意义，2014 年其出口额
在 36 亿欧元左右，其中牛肉的出口为 23 亿欧元。英国是爱尔兰最大的牛
肉出口市场，占其出口量的 51%。爱尔兰也是著名的活牛输出国，活牛
出口量居世界第一，首都都柏林曾被称为“活牛输出港”。2014 年，爱尔
兰出口活牛 24 万头，价值 1.178 亿欧元。在其他养殖业方面，猪和羊所
占比例也比较大。但从 20 世纪 90 年代末开始，各种畜类养殖的数量总体
上都呈下降趋势。例如，牛的养殖数量曾在 1997 年达到 750 万头，2014
年则不足 700 万头；羊的养殖数量曾在 1997 年达到 813 万只，2014 年仅
为不足 500 万只；猪的养殖数量曾在 1997 年达到 170 万只，2014 年仅为
155 万只。但禽类的养殖数量变化不大，2000 年以来一直保持在 1100 万
只左右。

牛奶及奶制品的生产是爱尔兰畜牧业的一个重要部门。2014 年，牛

奶部门的产值为 20.9 亿欧元，而牛奶及奶制品的出口额则超过 30 亿欧元。爱尔兰奶制品共出口到 130 多个国家，其主要出口市场为英国和其他欧盟成员国，此外它也在大力开拓亚洲和非洲等第三方市场。2015 年 3 月，欧盟取消了牛奶生产配额，为爱尔兰的奶制品生产带来了巨大机遇，因为这是 30 多年来爱尔兰首次可以根据世界市场的需要自主决定奶类产品的产量。但与此同时，爱尔兰也面临着来自美国、新西兰和澳大利亚等国的激烈竞争，较易受国际市场的影响。另外，乌克兰危机导致俄罗斯禁止进口欧盟农产品，这也对爱尔兰的奶产品出口造成了不小的影响。

（三）种植业

爱尔兰最主要的农作物是大麦、小麦、甜菜和马铃薯。在爱尔兰的农业用地中，2014 年用于谷物种植的土地面积为 30.78 万公顷，比 2007 年增加了 15%。

多年来，爱尔兰的谷物产量一直保持在 200 万吨左右。2014 年，爱尔兰谷物总产量约为 256 万吨，比上一年增加了 7%，而谷物种植面积则比上一年减少了 1%。这也是自 1985 年以来谷物的最高产量纪录，其主要原因在于冬季谷物的种植面积有所增加，且单位产量得到了提高。2014 年爱尔兰谷物的产值为 2.34 亿欧元，其中，大麦为 1.54 亿欧元（171.1 万吨），小麦为 6790 万欧元（70.6 万吨），燕麦为 1180 万欧元（14.6 万吨）。

马铃薯有史以来就是爱尔兰的一种重要农作物。但近年来对马铃薯的消费需求持续走低，造成整个欧洲市场上马铃薯的销售价格疲软，从而使得种植马铃薯的回报率较低，因而导致其种植面积有所减少。2014 年，爱尔兰马铃薯的种植面积为 9160 公顷，比上一年减少了将近 1000 公顷，但总产量并未减少太多，2014 年总产量为 35 万吨。

2014 年，爱尔兰园艺部门（蔬菜和水果）产值总共为 3.36 亿欧元，比上一年增加了 7%。其中，蘑菇是最主要的产品，产值为 6110 万欧元，但其销售严重依赖英国市场。

三　林业

爱尔兰土壤肥沃，气候温和湿润，特别适合针叶林生长，而且岛国的地理条件使爱尔兰不易受到病虫害影响，为树木生长提供了健康的环境。爱尔兰的原始森林主要有橡树，杂以一些岑树和榆树。苏格兰松树和桦树生长在较为贫瘠的土地上，而在靠近河流湖泊的沼泽地上，则生长着桤树和柳树杂陈的灌木丛。近些年来，新种植的树种主要是松柏科树种，如来自北美西部的西特喀云杉和黑松，后者占到了整个森林面积的将近84%。同时，爱尔兰也重视推行树种多样化政策，阔叶林种植的比例也在增加。

到2012年底，爱尔兰的林地面积超过了73万公顷，但森林覆盖率仍然比较低，仅为10.5%，是欧盟国家中比例最低的（欧盟成员国的平均森林覆盖率为33%）。为此，爱尔兰制订了大规模造林规划，目前爱尔兰人均造林量在发达国家中是最高的。事实上，大规模植树活动从20世纪50年代就已开始，造林面积也一度大幅增加：从早期的每年只有400公顷提高到1997年的2.4万公顷，但那之后开始下降，2008年只有6316公顷。爱尔兰林业的发展主要由国家负责。直到20世纪80年代中期，随着由欧盟资助的相关项目的引入，爱尔兰由私人出资的造林面积才得以大幅提高。20世纪80年代中期到末期，私人造林的面积超过了由国家出资的造林面积，并在20世纪90年代中期达到顶峰。截至2014年，私人造林面积占到了爱尔兰全国林地总面积的将近一半（46.8%）。2014年，爱尔兰农业部出资造林6156公顷。

2013年，爱尔兰的木材产量为304万立方米，为历年来最高，其中大约65%为锯材原木，30%为纸浆用木材。爱尔兰2010年成为锯材的净出口国。2013年，爱尔兰林业产品的出口额为3.39亿欧元，比上一年增加了12%。英国是爱尔兰木材产品的最大出口市场。

2007~2013年间，爱尔兰锯材在英国市场上的占有率增加了一倍，从3.34%增加到了6.68%，爱尔兰是英国第四大锯材供应国。2013年有7300多人受雇于林业部门。同时，爱尔兰也进口大量林业产品，主要是成材林、原木、纸浆和纸张等。

爱尔兰农业部下属的林业署负责具体政策的实施，同时也对实施欧盟相关指令负有管理责任。另外，爱尔兰还于1993年成立了林业研究与开发理事会（National Council for Forest Research and Development），后更名为"竞争性林业研究与开发项目"，对与林业部门相关的研究与开发项目提供咨询。

四　渔　业

渔业包括海洋渔业和水产养殖业，是爱尔兰的一个重要产业部门，因为无论是从产值、就业还是从出口方面来看，爱尔兰渔业部门均为国家经济做出了重要贡献。从地域上看，爱尔兰的渔业生产主要集中在西部沿海地区、南部港口城镇，以及东部沿海地区。在这些地区，渔业部门的从业人口在居民中所占的比重比较大。2014 年，沿海地区大约有 1.08 万人从事渔业工作（包括诸如制造渔网、渔船维修、运输等辅助性服务工作），其中专职人员 7000 人左右。2013 年，渔业部门（海洋捕捞与水产养殖业的总和）的产值为 9.3 亿欧元。

爱尔兰海洋渔业受欧盟共同渔业政策的规制。2014 年 1 月 1 日，新的共同渔业政策生效，其主要目的是结束过度捕捞状态，实现渔业部门的可持续生产。根据该规定，2015 年，爱尔兰海域附近允许捕捞的海洋鱼类总量为 129.89 万吨，其中，分配给爱尔兰的捕捞量为 31.4079 万吨，总价值约 2.43 亿欧元。爱尔兰海洋捕捞的鱼类品种主要有鲱鱼、鳕鱼、（欧洲）小鳕鱼、鲭鱼、欧鲽、鹧鱼、鳐鱼和黑线鳕。2014 年，爱尔兰共有渔船 2014 艘，总吨位为 58714 吨。2014 年全年的捕鱼量为 24.26 万吨，总价值 2.33 亿欧元，其中 2/3 左右为深海鱼类（18.9 万吨），总价值 1.94 亿欧元。贝类产品尽管只占总捕鱼量的 1/10 左右（2.38 万吨），但其价值超过捕鱼总价值的 33%，为 7800 万欧元。

海产局（Bord Iascaigh Mhara，BIM）是一个主要负责海洋渔业和水产养殖业发展的政府机构，它为海洋捕捞和水产养殖部门提供资金、技术、教育、资源发展以及市场方面的服务。

除海洋渔业之外，爱尔兰还充分利用滩涂水面大力发展水产养殖。尤其是在偏远和自然条件欠佳的沿海地区，水产养殖为当地居民提供了持续的收入和就业机会。爱尔兰的水产养殖业从 20 世纪 80 年代中期才起步，起点也很低，但发展很快，到 1999 年已有约 3000 人专职或兼职从事该行业，与水产养殖相关的饲料、设备制造和加工业还提供了更多就业机会。2005 年爱尔兰水产养殖量曾达到顶峰，超过了 6 万吨，此后于 2008 年降至最低点，仅为 4.5 万吨左右；2009 年有所恢复，但此后再次下降，到 2013 年仅为 3.5 万吨。水产养殖的产值与其产量的增长趋势并不相同，尽管产量不断下降，但其产值则基本呈上升趋势，从 2008 年的不足 1 亿欧元增加到 2012 年的超过 1.3 亿欧元，2013 年又略有下降，为不足 1.2 亿欧元。

2014 年，爱尔兰鱼类产品的出口额为 5.19 亿欧元左右，出口量为 25.58 万吨，其中 87% 销往欧盟市场，尤其是法国，占到其出口的将近 1/4，接下来是英国、西班牙、意大利和德国等。其余部分主要出口到远东和非洲市场，尼日利亚和喀麦隆是两个最重要的西非市场。近年来，亚洲市场发展很快，2014 年，爱尔兰向亚洲出口鱼类产品 4100 万欧元，比上一年增加了 21%。其中，中国市场增加了 33%，为 2400 万欧元。与此同时，爱尔兰每年也进口一定的鱼类产品，2014 年共进口大约 6 万吨，价值 2.24 亿欧元。

五　食品加工业

食品加工业是爱尔兰最重要的本土产业之一，特别值得一提的是，它为全国将近 140 万个家庭农场提供了初级产品的主要销售渠道。2014 年其营业额为 260 亿欧元，是整个制造业部门增加值的 1/4。2014 年，食品与饮料部门创造的增加值为 76.3 亿欧元，占总增加值的 4.8%。其中，肉类和奶制品占到了该部门增加值的 12%，而饮料则占到了 19%。此外，该部门也是农村地区重要的就业岗位来源，直接雇佣人口 5.4 万，占爱尔兰就业人口总数的 2.8%。该部门也是爱尔兰重要的出口部门，2014 年食品和饮料的出口额达到了创纪录的 105 亿欧元，占爱尔兰商品出口总额的 12.7%，比 2009 年增加了 45%。这也是食品部门连续 5 年实现出口增长。其主要原因在于一些主要农业部门产出增加，而且英国和美国的汇率条件也对出口有利。其中，奶制品和牛肉是表现最强劲的部门，2014 年出口额分别为 30 亿欧元和 23 亿欧元，占该部门出口总额的比例分别为 29%

和22%。英国是爱尔兰食品出口的最大市场，占到了其出口总额的42%，中国则成为欧盟以外最大的食品出口市场，占到了其出口总额的5.7%。

但食品加工业的企业规模总体上都不大。2014年，爱尔兰共有1200家企业从事食品加工业，占制造业企业总量的15%。其中，雇佣员工人数不足50人的企业占了72%；雇佣员工人数在250人以上的企业只占5.4%，但其员工总数占到了整个食品加工业的41%。

第三节 工业

工业是爱尔兰经济的主导部门，2016年整个工业部门提供了国内生产总值的35%、出口总值的90%、就业岗位的25%。高新技术领域的制造业是爱尔兰近年来增长最快的工业部门。在高科技产业中，最令人瞩目的是信息技术、生命科学和医药部门，众多世界著名公司纷纷在爱尔兰投资。在除高新技术以外的其他一些领域，爱尔兰工业的表现也比较出色。

一 能源工业

从总体上看，爱尔兰国内能源资源十分匮乏，基本上没有具有开采价值的石油或煤炭。其初级能源需求绝大部分需要依靠进口才能得到满足，且进口量逐年上升。1990年，爱尔兰能源进口依赖度仅为69.4%；2006年，爱尔兰对进口能源的需求达到顶峰，为90%；2012年下降到85%；但到2015年又攀升至88%。因此，对爱尔兰来说，能源供应问题比其他欧洲国家显得更为迫切，保障供应安全也因此成为爱尔兰能源政策的重点。爱尔兰的能源工业规模很小，仅能服务国内市场。本土能源产量曾于1995年达到顶峰，此后逐年下降，到2013年其产量共减少了44%，而同期能源净进口量增加了73%，其中石油进口量增加了31%。1993年以前，爱尔兰的天然气供应还能够自给自足，但此后产量开始下降，1990~2015年间天然气产量减少了约94%，与之相应的是，进口逐年增多，到2015年，天然气需求量的94.5%需要靠进口（1990年为54.1%）。不过爱尔兰泥煤储量丰富，尤其是在西部地区，但近年来其产量也在逐渐下降。2015 年，在爱尔兰的全部能源供应中，石油占 48%，天然气占 27.1%，煤占 10.3%，泥煤占 5.5%，水力及其他可再生能源占 8.3%，不可再生能源（垃圾）占 0.8%。爱尔兰没有核电站，而且各政党和社会团体等都强烈反对建造核电站。

金融危机以来，由于经济不景气，能源的需求量也相应减少。2013 年，爱尔兰的能源需求与 1999 年相比下降了 18%，二氧化碳排放量也比 1997 年减少了 22%。2015 年能源需求量自金融危机以来首次出现较大幅度增长（比上一年增加 4.9%）。从不同部门的能源需求来看，交通是第一大能源需求部门，2015 年占到了总需求量的 35%，其次是家庭需求，占 25%，工业占 24%，服务业占 14%，农业部门仅占 2%。这种需求结构与 1990 年相比发生了很大变化，当时能源需求量最大的部门是家庭，接下来依次为工业、交通、服务业和农业。

爱尔兰通信、气候变化和环境部负责能源政策的制定和实施。2007 年，爱尔兰发布了有史以来第一份全面的能源政策文件，为 2020 年之前爱尔兰的能源发展提供了政策指导。2015 年 12 月，爱尔兰政府发布了白皮书《爱尔兰向低碳能源未来转型：2015～2030 年》，为爱尔兰 2030 年前的能源政策和在能源领域采取的主要行动确定了指导框架。该白皮书指出，要确保爱尔兰的能源政策具有可持续性，并保证供应安全与竞争力。该白皮书首次明确提出，爱尔兰的最终目标是要完全放弃化石燃料的使用。白皮书还提出了具体的减排目标：到 2050 年，争取使与能源相关的碳排放比 1990 年减少 80%～95%；到 2100 年实现能源需求 100% 来自清洁能源，温室气体实现零排放或负排放。该白皮书还为实现爱尔兰的能源转型提出了超过 90 项具体行动方案，特别是加速可再生能源项目、实现可再生能源的多样化、更聚焦于能源效率等，同时承诺加强监管，建立有效的市场，提供适当的基础设施，并加强与其他欧洲国家的合作等。该白皮书还指出，爱尔兰决心在实现具有成本效益的可再生能源方面成为世界的"领导者"。

爱尔兰可持续能源署（The Sustainable Energy Authority of Ireland）根据 2002 年《可持续能源法》成立，其主要职责是引领爱尔兰向以可持续能源结构、技术和实践为基础的社会转型，帮助爱尔兰成为全球绿色技术运动的先锋，并在"去碳化"能源体系中起到带头作用。同时，该机构也负责能源生产、转型和使用方面的相关数据的统计工作。爱尔兰能源管理委员会成立于1999年，是一个独立的能源监管机构。

（一）油气勘探

20世纪60年代初，爱尔兰开始开展石油和天然气的勘探工作，早期勘探重点在近海盆地。1971年发现了金赛尔岬（Kinsale Head）气田，1989年发现了规模较小的珀利科特恩（Ballycotton）气田，后来又发现了位于科克西海岸的赛文岬（Seven Heads）气田。除此之外，在爱尔兰海岸还发现了一些商业价值较差的油气田。1992年，爱尔兰政府颁布了税收激励政策，同时降低了获得许可证的条件，这两项举措极大地激发了人们进行近海勘探的兴趣，许多大勘探公司都开始参与进来。深海勘探技术的进一步发展，也使在西海岸外的深海水域进行勘探和开发成为可能。1996年，科利布（Corrib）气田被发现。该气田位于爱尔兰西北海岸，由壳牌公司等三家公司共同开发，但其开发过程一波三折，其间受到了包括环境保护在内的各种质疑。2016年1月，科利布气田正式开始生产天然气。爱尔兰政府预计，正式投产之后，科利布气田在顶峰期能够满足爱尔兰全岛大约60%的天然气需求，预计可开采年限为15～20年。

（二）天然气供应

为了向国内用户提供天然气及维护天然气供应网络，根据1976年的"天然气法"，成立了爱尔兰燃气局（Bord Gáis Eireann，后更名为Ervia），负责铺设天然气管道，并向用户输送天然气。它是一家商业性质的半国有公司，总部位于科克，有员工1300名左右（2014年）。燃气局最早铺设的是一条从金赛尔岬气田到岸上的管道，主要向科克地区的用户输送天然气；1982年完成架设从科克到都柏林的200公里输气管道，都柏林居民从此用上了天然气；此后又先后完成了通往利默里克、戈尔韦、克朗梅尔（Clonmel）和沃特福德的支线。金融危机爆发后，爱尔兰不得不接受欧盟和国际货币基金组织的救助计划。按照救助协议，爱尔兰政府被迫出售部分国有公司。爱尔兰燃气局原有的天然气零售业务被出售给一家私人公司。此后，爱尔兰燃气局只负责管道的铺设和维护，而不再直接销售天然气。爱尔兰燃气局的输气管网络基本上覆盖了爱尔兰全境，共拥有天然气管道 13685 公里（2014 年），用户大约 67 万。"爱尔兰天然气网络"（Gas Network Ireland）为其下属公司之一。2014 年，爱尔兰燃气局被英国森特理克集团（Centrica）收购，成为一家私营公司。

由于金赛尔岬气田及规模较小的珀利科特恩气田和金赛尔西南（Southwest Kinsale）气田的储量不断下降，为了确保爱尔兰的天然气供应，1993 年前后，修建了两条与苏格兰联网的海底输气管道，目前这两条管道为爱尔兰供应 93% 以上的天然气。

近年来，爱尔兰天然气的使用量总体上呈不断增加趋势，1990～2015 年间，天然气的使用量增加了 202.2%（年均增长 4.5%）。2015 年为 1722 千吨石油当量（ktoe）。但爱尔兰燃气局预计今后天然气的需求量将有所减少。

爱尔兰天然气市场的开放度也在不断提高。1995 年实施的一项立法，允许第三方进入由燃气局拥有与运营的国家燃气传输网络。同年出台的能源混合供应法，允许消费者每年从燃气局以外的其他渠道总共购买 25 万立方米燃气，而且可以利用燃气局的输送网络输送第三方燃气。自 2007 年 7 月起，爱尔兰天然气零售市场完全开放，消费者可任意选择天然气供应商，这比 2009 年欧盟要求开放天然气和电力市场的第三个能源一揽子规定还要早。

（三）原油加工

爱尔兰基本没有具有开采价值的石油资源，所需石油 100% 依靠进口。爱尔兰对石油的依赖程度很高，1999 年其国内能源供应对石油的依赖程度达到顶峰（60%），此后开始回落，到 2015 年减少到 57.3%，但仍远高于世界平均水平（40% 左右）。爱尔兰主要从英国、西非和北非进口石油。2015 年其石油消耗量为 6493 千吨石油当量，比 1990 年增加了 64.3%。爱尔兰唯一的炼油厂是位于科克郡怀特盖特（Whitegate）市的一家液态氢化物提炼厂，它曾经归国有石油公司"爱尔兰国家石油公司"

所有，2001 年，该炼油厂被私有化，"国家石油公司"也不复存在。该炼油厂目前满负荷生产，每天加工大约 7.5 万桶原油，相当于全国石油产品需求的 40% 左右。爱尔兰石油市场已完全实现私有化。

（四）泥煤生产

爱尔兰缺乏成规模的原煤储藏，但在广大沼泽地带蕴藏着丰富的泥煤（全国约有 20 万公顷，占国土面积的 16%），这是一种很有价值的能源资源。对于世世代代的爱尔兰人来说，泥煤是一种非常宝贵的燃料，冬季用它取暖不仅没有污染，而且反倒会散发出浓郁的清香。尽管泥煤在爱尔兰的能源需求中所占比例不大，但在世界能源市场不时出现动荡的情况下，它在保障爱尔兰能源供应方面发挥着重要作用。

近年来，泥煤在爱尔兰能源构成中的比例大幅下降，2015 年，泥煤提供了爱尔兰约 1.8% 的能源，比 1990 年减少了 73.4%。爱尔兰出产的泥煤大多用于发电。此外，泥煤也广泛用作固态燃料，特别是普遍用于制作家庭冬季取暖的泥煤饼。苔藓泥煤还被广泛用于园艺部门，它是优良的有机肥，有利于土壤的改良，可培育出优质的蘑菇和园艺作物，因此在国际上的销量也非常好，爱尔兰泥煤拥有稳定的出口市场，出口到 20 多个国家。泥煤署（Bord na Mòna）是一家半国有性质的商业公司，于 1946 年成立，95% 的股份由国家持有，另外 5% 归员工所有。泥煤署主要负责爱尔兰中部和西部地区的泥煤生产，每年生产大约 400 万吨泥煤以及 160 万立方米园艺泥煤。近年来，泥煤署越来越注重开发清洁能源方面的业务，并向多样化发展，例如风能和天然气等。泥煤署 2014 年拥有员工 1800 名。

爱尔兰共有三座泥煤发电站，分别位于伊登德里（Edenderry）、西奥法莱（West Offaly）和里湖（Lough Ree）。前者由泥煤署负责运营，后两座由爱尔兰供电局（ESB）负责。

（五）电力工业

爱尔兰的电力依靠多种能源。随着 1987 年位于香农河口的莫尼博因特（Moneypoint）电站（发电能力为 300 兆瓦）建成投产，爱尔兰电力工业完成了向主要以天然气为动力的转换。2015 年，天然气发电占

到了发电总量的 42.2% （1990 年为 27.2%）；接下来是煤炭，占 25%
（1990 年为 40.2%），泥煤占到了 12.3% （1990 年为 19.5%），石油占
到了 1.9% （1990 年为 11.2%）。近年来，可再生能源在发电动力中所
占比例不断增加。2015 年，可再生能源发电量占到了总发电量的
16.7% （1990 年仅为 1.9%），其中风能占 12.6%。爱尔兰计划到 2020
年使可再生能源的发电量达到总发电量的 40%。爱尔兰的风能发电能
力在欧盟排第九位。

依据欧盟有关电力内部市场的指令，2000 年，爱尔兰在电力生产与
输送领域引入了竞争机制。起初，爱尔兰大约 31% 的电力市场实行开放
竞争，到 2005 年 2 月，电力供应市场实现了完全竞争；自 2011 年 4 月
起，电力供应市场的各个方面都全部实现了开放竞争。尽管如此，爱尔兰
供电局在全国的电力供应方面仍然发挥着最重要的作用。

爱尔兰供电局成立于 1927 年，主要负责电力的供应、传输和分配。
爱尔兰供电局的发电量占整个爱尔兰岛发电总量的 43%，供电量则占整
个爱尔兰岛总量的 37%，在全岛共拥有大约 200 万用户。供电局 2014 年
底共有员工 7000 多人，5% 的股份为员工所共有，另外 95% 为爱尔兰政
府持有。供电局下辖 5 家附属公司，其中包括供电局国际有限公司，负责
在国外开展各项业务。该公司雇用了 1300 多人，分布在全世界 20 多个国
家。供电局在英国和爱尔兰共经营着 10 个水电站、10 个热力站以及 17
个风能电站。根据欧盟的要求，2006 年，爱尔兰成立了"爱尔兰供电网"
（EirGrid），此后爱尔兰的供电系统被划分为电力分配和电力传输两个系
统。电力先是由电力传输系统从发电站传输到各个输送站，再由电力分配
系统将其输送到客户端。电力传输系统由爱尔兰供电网负责，而电力分配
系统则由供电局负责。2012 年 9 月，爱尔兰供电网完成了连接英国与爱
尔兰的海底电网架设工程，传输能力为 500 兆网 （MW）。爱尔兰从 2000
年开始进口电力，且在 2013 年以前逐年增加，2013 年进口电力 182 千吨
石油当量，比上一年增加了 413%。2015 年电力进口量减少了 39%，仅
为 58 千吨石油当量。

由于爱尔兰政府大力提倡发展可再生能源，爱尔兰供电局近年来的建

设重点也转向了风能。爱尔兰供电局在爱尔兰和英国共拥有 17 个风能发电站，其中 15 个在爱尔兰。第一座风能发电站建于 1998 年，其他 14 个均是在 2002 年之后建成的，其中有 10 个是在 2008 年之后建成的。

1999 年电力管制委员会成立，负责对电力部门进行监督，维护供应安全，保护消费者的利益，同时促进电力市场的竞争。

（六）可再生能源

由于爱尔兰能源需求严重依赖进口，开发新的、具有替代性的能源，特别是可再生能源，对于保障爱尔兰的能源供应安全至关重要，也是减少对化石燃料的依赖、改善环境的重要途径，同时在未来也具有巨大潜力。可再生能源包括太阳能、风能、生物能源、水能和地热能源。但可再生能源开发潜力较大的地区通常也是经济活动水平相对较低的地区。爱尔兰的第一座风能发电站就坐落在远离中心城市的荒原，即梅奥郡的贝拉克里科（Bellacorick）。这对于带动当地经济的总体发展也具有一定意义。

由于爱尔兰政府采取的措施得当，1990 年以来，爱尔兰的可再生能源发展很快。1990 年，爱尔兰使用的可再生能源仅相当于 168 千吨石油当量，2007 年增加到了 473 千吨石油当量，增幅高达 182%（年均6.3%）；2015 年进一步增加到了 911 千吨石油当量，占爱尔兰最终能源使用总量的 9.1%。根据欧盟 2009 年可再生能源指令，爱尔兰的目标是到 2020 年实现可再生能源达到能源使用总量的 16%，其中，可再生能源发电量达到 40%。2015 年，可再生能源对热能的贡献为 6.5%，到 2020年爱尔兰的目标是 12%。在交通运输方面，2015 年，爱尔兰实际使用的可再生能源占比为 3.3%，到 2020 年的目标是 10%。

二　建筑业

（一）概况

在金融危机之前的十几年，爱尔兰建筑业发展迅猛，有力地推动了经济增长。如果不考虑价格变化因素，2003 ~ 2007 年间，建筑业部门产值增加了 39%，其中，2003 ~ 2004 年增幅最大，年增长率达到了 19%。

2007 年，建筑业产出为 384.6 亿欧元，占国民生产总值的将近 24%。但从 2008 年开始，建筑业大幅滑坡，2012 年产出仅为 90 亿欧元左右，2008～2012 年的 5 年间萎缩幅度高达 76%。同期，从事建筑业的企业数量和雇员人数也均减少了 40% 之多。其中，2009 年和 2010 年建筑业产值的下滑幅度分别高达 51.1% 和 44.9%。直到 2013 年，爱尔兰建筑业才缓慢恢复，2014 年增长速度开始加快，产出达到了 110 亿欧元，占国民生产总值的 7.1%，但仍远不及金融危机之前的水平，产出仅为 2007 年的 1/4 左右，也低于发达国家公认的占国民生产总值 12% 的这一最佳比例。2016 年建筑业产出为 145 亿欧元，但在除都柏林以外的地区仍增长乏力。2016 年，建筑业雇用人数从 2011 年的 9 万人恢复到将近 14 万人。

除与整体经济形势的好转有关，爱尔兰建筑部门能够恢复增长，在很大程度上得益于此前房地产市场的复苏。房地产市场和建筑业首先在大都柏林地区得以复苏，随后逐渐向其他地区扩展。房地产市场恢复的驱动力主要来源于国外直接投资项目，特别是商用办公建筑市场的恢复。此外，爱尔兰政府也采取了多项措施刺激房地产市场。

民用住房是建筑业的一个重要组成部分。截至 2006 年，爱尔兰私人住房完工数量连续 10 年保持增长，2006 年完工的住房数量更是达到了创纪录的 9 万套，当年住房建设的产出占建筑部门总产出的 64%，爱尔兰每千人拥有的房屋数量为 20.8 套，是欧洲人均住房的 4 倍。但受经济衰退的影响，爱尔兰住房市场从 2007 年开始萎缩，当年产出比上一年减少了将近 6%，2008 年降幅更高达 38%。2013 年全年仅新增住房 8000 套，2014 年有所好转，但也仅增加 1 万套左右。根据爱尔兰社会与经济研究所（ESRI）的评估，2015～2018 年间，爱尔兰每年需要的住房数量为 2.6 万套，有很大的缺口。为此，爱尔兰政府努力采取措施推动房地产建筑业的增长，2014 年底，爱尔兰政府宣布在接下来的 3 年内投资 22 亿欧元，作为"社会住房战略"的一部分。2016 年 7 月，爱尔兰政府宣布到 2021 年底投资 53.5 亿欧元，建造 4.7 万套住房。

在商用市场方面，爱尔兰政府采取了诸多激励措施，特别是通过继续大力吸引外国直接投资项目，吸引跨国公司在爱尔兰投资设厂，以拉动整个住房市场的增长。正如爱尔兰前总理恩达·肯尼所说，建筑业是爱尔兰经济的重要支柱产业，其复苏不仅有助于国民经济的整体增长和稳定，而且能够促进就业的增长。

然而，爱尔兰建筑业的整体复苏仍然面临着诸多困难。除了欧元区整体经济恢复仍不够稳定以外，爱尔兰国内也存在着一些问题，特别是资金与技术人员的短缺问题。经济衰退期间，建筑业严重萎缩，导致大量技术人才流失，预计需要数年的时间这一问题才能得到解决。同时，尽管住房市场远远没有恢复到金融危机前的水平，但房地产的价格已经在回升，而且高于总体通货膨胀。这一点不仅阻碍了建筑业的复苏，而且预示着一定的风险，因为当年正是房地产市场的泡沫破裂才导致爱尔兰陷入经济危机。

自 20 世纪 80 年代以来，爱尔兰经济保持了长达 20 年的持续增长，其中一个支柱产业就是房地产业。1996 年，房地产占爱尔兰国内生产总值的比例仅为 5%，到 2006 年就增加到了 10%。公共住房领域的投资也成为爱尔兰投资增幅最大的领域，建筑业也成为吸纳就业人口最多的行业。房地产业的"红火"带来的是房价的暴涨：1995～2007 年，爱尔兰新房的价格增长了 3.5 倍，二手房价格增长了 3 倍，房价与家庭年收入之比由 4∶1 增长到 10∶1，而在首都都柏林，这一比例则是 17∶1。到 2008 年，爱尔兰的房价超过了经合组织其他所有成员国，还因此受到了国际货币基金组织的警示。房价的暴涨为政府带来了巨额增值税和印花税，使国库充盈，同时也造成了抵押贷款市场异常火爆，2004 年，新抵押业务首次突破 10 万大关，比上一年增长 19%。与此相应，货币发行无节制地流向了房地产业，大部分银行业贷款流向了开发商和个人贷款。2008 年，银行向开发商提供的贷款额是 2000 年的 140%，而个人贷款则是 2000 年的 175%。然而，表面红火的背后是居高不下的房价导致的较高住房空置率。而房地产业给政府带来的巨额收入使其放松了必要的监管，尽管早在 2005 年，爱尔兰房地产业就已经出现泡沫，且爱尔兰央行已察觉到其潜在危险，但政府仍没有提高警惕。结果，在 2008 年美国次贷危机的冲击下，爱尔兰房地产泡沫瞬间破裂，并随之造成银行资产大规模缩水，信贷违约风险增加，建筑商无法还贷，个人抵押贷款者也还不起房贷，致使银行损失惨重，多家银行处于破产边缘，爱尔兰政府不得不出面救助。爱尔兰政府因救助银行产生的负债达到了有史以来平均年度债务发行额的 27 倍，为年度国内生产总值的 2.7 倍，给爱尔兰财政带来了巨大负担，导致政府最终不得不要求欧盟和国际货币基金组织予以救助。可见，房地产业"绑架"了爱尔兰银行，银行又反过来"绑架"了政府，从而引发爱尔兰债务危机一发不可收拾。由此可见，经济快速增长不能过度依赖房地产市场发展，更不能为了维持经济增长而放任房地产泡沫蔓延。

（二）建材业

除房屋建设以外，爱尔兰还拥有实力强大的建筑产品行业，能够提供多种产品和服务，包括建筑结构和建筑材料，如水泥、混凝土产品与木材和木材制品等。爱尔兰的建材业不仅在国内有旺盛的需求，而且在国际市场上也有相当重要的地位。爱尔兰许多知名公司在国外都设有多家制造厂，其国内企业的产品也出口到很多国家。

CRH 集团是爱尔兰建材业中规模最大、最为成功的本土公司之一，总部设在都柏林。它是欧洲第三大建材公司、世界第二大重型建材集团，同时也是"财富"评出的世界 500 强公司之一（2014 年排名第 497 位，是爱尔兰本土唯一的世界 500 强公司）。该公司成立于 1970 年，由两家公有公司（水泥有限责任公司和路石控股公司）合并而成，是爱尔兰当时唯一的水泥生产企业，当年销售额约合 2700 万欧元，之后不断壮大，通过并购欧洲和美国的建材企业，发展成为今天的建材巨头。目前，该集团的业务覆盖欧、美、亚三大洲共 31 个国家和地区，拥有 3800 多个销售网点、将近 9 万名员工，公司在都柏林、伦敦和纽约三地上市。该公司2016 年的全球销售额为 271 亿欧元。CRH 公司的核心业务主要包括三个方面：基础材料（水泥、混凝料、沥青辅料和混凝土）、具有增加值的建筑材料（预制板、照明材料和通风器材等）以及建筑材料的销售。CRH集团在中国北京、上海、广州、天津、哈尔滨等地设有分支机构和参股公司。2008 年 1 月，CRH 公司收购了吉林亚泰集团旗下的水泥投资有限公司 26% 的股份，组成了一家新的中外合资公司，主要经营水泥、熟料、水泥制品、塑编袋、石灰石、大理石等建筑材料。2010 年第四季度，CRH 公司的全资子公司——老城堡管理咨询（北京）有限公司成立。在 2011 年 9 月于吉林省长春市召开的首届世界产业领袖大会上，时任 CRH 总裁伯克利提出，要积极参与中国的经济结构调整，实现共赢。

金斯潘集团（Kingspan Group）也是一家规模较大的建材生产商，成立于 1965 年，主要生产隔热墙、建筑材料、屋顶系统和一体化太阳能建筑围护结构。2016 年该集团实现营业额 31 亿欧元、利润 3.4 亿欧元。该公司全球销售额的 50% 来自欧洲大陆国家。它在德国、荷兰、比利时、卢森堡、法国、捷克、波兰、匈牙利、加拿大、美国和澳大利亚等国均设有制造工厂。

爱尔兰还拥有历史悠久的木材加工传统，为建筑业提供从地板到屋顶和窗户等范围广泛的木材产品。同时，爱尔兰木制房屋的传统也得到了不断发展。此类房屋的许多组装工作在工厂而不是现场完成，因此大大缩短了建筑时间。另外，爱尔兰还生产许多与建筑业相关的其他设备并提供包括室内装修在内的多种服务。

三 制造业

爱尔兰传统制造业主要有食品（包括奶制品和肉类加工等）、饮料、烟草、纺织（特别是毛纺）、制衣、制鞋、木材加工、造纸、化工、采矿、金属、机械制造等。与大多数工业发达国家的制造业出现萎缩状态不同，直到 20 世纪末，爱尔兰的制造业在国民经济中仍然占有十分重要的地位，且其比重呈持续上升状态。制造业部门曾经是造就爱尔兰"经济奇迹"的一个重要部门。

但是，进入 21 世纪以后，爱尔兰制造业的增长速度明显放缓，在国内生产总值中所占比重也呈下降趋势。2000 年，工业部门在国内生产总值中所占比重为 37.7%，2005 年下降到了 31.6%（由于制造业在爱尔兰工业部门中所占比重高达 93%～94%，因此，整体工业部门的趋势能够反映出制造业的趋势，反之亦然）。但从绝对产出来看，爱尔兰的制造业生产仍呈增长态势，例如，2000～2005 年间制造业的产量增加了 28%。

2007 年，爱尔兰制造业总产出为 374.82 亿欧元，占国内生产总值的 22%
左右。此后受各种因素影响，特别是始自 2007 年下半年的金融危机，爱
尔兰制造业从 2008 年开始持续下滑，但 2010 年便得以迅速恢复，全年增
幅达 7.8%，创下了 10 年来的新高。此后尽管个别月份有所反复，但
2014 年之前总体上保持增长趋势。到 2014 年底，爱尔兰制造业连续 19
个月保持扩张态势，特别是当年 8 月的制造业采购经理人指数（PMI）上
升至 57.3，创 1999 年 8 月以来的新高，显示出制造业产出增速明显加快。
在全球经济低迷的大背景下，爱尔兰制造业之所以得以逆势增长，一方面
是因为企业补充库存，另一方面是因为新的客户需求，特别是英镑对欧元
的持续走强刺激了新订单的增长，但其主要驱动力仍然来自爱尔兰的跨国
企业。由于制造业产值约占爱尔兰国内生产总值的 1/4，因此，制造业恢
复增长对于拉动整体经济增长、稳定经济恢复具有重要作用。

2015 年，爱尔兰制造业产品的净销售值（Net Selling Value）为 1152
亿欧元，其中，化学制药部门的净销售值占一半以上（51.5%）。

与此同时，制造业部门的就业人数也呈不断减少的趋势，2008～
2014 年间减少了 3.7 万人，降幅高达 13%。但不同部门的就业情况并不
相同：在信息和通信技术、化工和医疗设备等"现代"制造业部门，就
业一直保持增长势头；而在办公设备、广播、电视和通信器材、电子器
械和计算机、音像制品，以及造纸、纺织等较为"传统"的部门，就业
岗位的数量则呈现出程度不等的下降趋势。这一趋势与其他发达国家大
致相同。

下面着重介绍爱尔兰的信息和通信技术产业以及化学制药与医疗器械
产业。

（一）信息和通信技术产业

从组装起步，爱尔兰的信息与通信技术（ICT）产业走过了漫长的道
路，如今已经发展成为一项支柱产业，全世界 300 多家主要的 ICT 公司都
在爱尔兰有投资，特别是美国公司。1980 年以来，爱尔兰吸引了美国在
欧洲信息和通信技术产业全部投资的 40% 左右，其中包括晶片设计和制
造系统、元件、辅助设备、通信网络和软件等。

　　如今，包括微软、IBM、英特尔、菲利浦、惠普、戴尔、苹果、谷歌等世界著名信息技术和电信公司，都在爱尔兰设有基地，从事复杂的制造和技术开发活动。特别是，全球排名前十位的 ICT 公司无一不在爱尔兰设有基地，使得信息与通信技术产业在爱尔兰经济中的作用越来越重要。2014 年，信息与通信技术部门就业人数为 10.5 万人，占工业与服务业总就业人数的 9% 左右；企业数量占爱尔兰企业总数的 6%。随着制造业与服务业的界限越来越模糊，制造业部门也越来越将服务作为自己"产品"的一部分，这一趋势在 ICT 产业尤其明显。例如，IMB 公司全球业务 2/3 的利润就来自咨询和服务。爱尔兰是世界上第二大计算机与信息服务出口国，2015 年出口额为 574 亿欧元，占爱尔兰服务业出口总额的 47%；而爱尔兰每 5 家出口企业中，就有 4 家是信息与通信技术公司。虽然外资企业在该行业占有绝对优势，但近年来，爱尔兰本土企业也在不断发展壮大，2013 年，本土企业已占到该部门企业总数的 80% 左右，但大多规模较小，雇佣人员总数仅为 3 万人，年销售额约为 20 亿欧元。

　　电子产品制造业是一个很有发展前途的行业。爱尔兰大约有 100 家公司从事电子数据处理接入系统、流程控制设备和通信设备等各种产品的生产制造。世界领先的个人电脑制造商戴尔在利默里克设有多家制造厂，苹果和 IBM 等其他主要生产商也将爱尔兰作为制造基地。在跨国公司的带动下，向跨国公司供货的爱尔兰公司在积累专业知识以及执行严格的质量标准方面获益匪浅，从而进一步促进了本土电子行业的迅速发展。零部件生产是电子行业的另一个重要组成部分，在该领域也有大约 100 家制造公司，遍布爱尔兰各地，从事组装、零部件制造、塑料制品生产和工具制造等各种不同的工作。

　　软件工业非常适合爱尔兰。它是一种劳动密集型而非资本密集型产业，但需要拥有高技能的年轻人。它也不会对环境造成破坏。从 20 世纪 90 年代中期开始，都柏林形成了一个非常强大的信息软件产业群，大量风险投资为处于起步和发展阶段的公司提供资金支持。科克、利默里克、香农和戈尔韦也开设了大量针对呼叫中心服务器、网络管理、服务保障和计费等领域的电信软件开发公司，其中既有跨国公司也有本土公司。

现在爱尔兰已成为公认的国际电信软件中心。世界十大软件公司中的9家、世界三大安全软件公司，以及世界三大企业软件公司均已在爱尔兰设立制造工厂，有的还设有研发中心。一些成功的企业已在该领域取得先发优势，有些公司则与运营商、媒体公司和大型企业客户在无线门户、无线信息传送和计费等领域开展了成功的合作。在设备方面，爱尔兰拥有生产能力很强的公司，产品种类包括：数据会议和网络会议系统、使用 IP 技术的耳机、私人钥匙系统、小型办公室语音和数据网络联合系统、基于 PC 技术的呼叫中心服务器等。这些公司与国际电信市场建立了密切联系，并与世界上最大的一些运营商建立了广泛的销售与分销合作关系网络。与此同时，爱尔兰本土软件开发行业也得到了发展。本土软件企业绝大部分创办于 1996~1998 年，但企业规模都不大，多为几个人到几十个人的企业，每个企业平均员工人数不到 30 人。爱尔兰本土软件企业有 1000 家左右，多以出口为主。美国和英国是两个最大的出口市场，分别占软件出口额的 23% 和 19%。根据经合组织的数据，2000 年爱尔兰软件业出口额达到 85 亿美元，超过美国成为世界第一大软件出口国。2013 年，爱尔兰软件业出口额达到 150 亿欧元，其中本土软件业出口额在 20 亿欧元左右。在欧洲市场上，43% 的计算机、60% 的配套软件都是在爱尔兰生产的。

欧洲大陆、亚太地区和中东地区也是爱尔兰软件的重要市场。爱尔兰的软件行业涉及的市场范围很广，特别是在系统软件和中间件软件、保险和银行应用程序、电信软件、电子教学软件和保健软件等方面具有很强的实力。爱尔兰企业对于中间件软件的开发已经非常成熟，并培养了大量具有 J2EE 技能的开发人员。在金融服务领域，爱尔兰公司销售的产品包括：基于组件的银行应用程序、多渠道银行系统、下一代客户关系管理系统、自动国际汇兑交易平台，以及保险行业的经营项目应用程序等。专门从事电信领域软件开发的公司群体数量也不少，产品主要用于解决一体化数据处理、计费、服务保证、网络管理和移动付费等领域的问题。电子教学也一直是爱尔兰的强项，有多家公司处于世界领先地位。

近年来，爱尔兰的电子商务发展很迅速，诸如亚马逊、eBay 等国际电子商务巨头均已落户爱尔兰。为营造最适宜电子商务发展的环境，为进入电子商务时代做好准备，爱尔兰政府采取了一系列相关措施。

（二）化学制药与医疗器械产业

爱尔兰的化学制药与医疗器械行业是国民经济的"中坚力量"，始终保持着强大的活力，特别是其出口强劲，即使在经济不景气的时期，它也能一枝独秀，成为爱尔兰制造业，乃至整个国民经济的亮点。20 世纪 70年代以前，爱尔兰几乎没有制药业。得益于爱尔兰政府实施的对外开放和吸引外资政策，20 世纪 70 年代初，最早的一批外资公司开始在爱尔兰建设制药厂。80 年代和 90 年代期间，外国直接投资迅速增加，不仅已有设施得到扩建，而且还促进了研发及销售的发展。随后，本土公司也逐渐发展起来，使得在该行业形成了一个既有本土公司、也有跨国公司的完整供应链。从 90 年代中期开始，在戈尔韦和都柏林地区，许多著名跨国公司和在某些特定市场取得领先地位的本土公司形成了一个医疗技术公司集群。戈尔韦是跨国医药设备制造业的主要枢纽，都柏林则拥有大量主要针对创新型公司的本土风险投资。

目前，排名世界前 15 位的制药公司中有 13 家在爱尔兰设厂生产，有多家制药厂集中在南部的科克附近。世界上销量最高的 10 种药品制剂中，有 6 种是在爱尔兰生产制造的。2015 年，爱尔兰化工和制药行业净销售额为 593 亿欧元左右，超过整个制造业净销售额的一半。其中，制药业净销售额为 426 亿欧元，占爱尔兰制造业净销售总额的 36.9%，而欧盟 28国的平均比例仅为 3.5%。爱尔兰制药业对出口也做出了巨大贡献，2013年化学与制药业出口总额为 500 亿欧元，占爱尔兰出口总额的一半左右。爱尔兰是世界上第七大药品与医疗器械出口国。

爱尔兰制药行业约有 120 家公司，其中 40 家是规模较小的本土公司，但它们在药品市场的各个子行业均非常成功。在全球排名前十位的制药公司中，有 8 家在爱尔兰设有生产或研发基地。惠氏生物制药厂 2005 年竣工投产后，成为世界上最大的生物制药厂。辉瑞、礼来（Eli Lilly）、健赞（Genzyme）、默克（Merck）、百利高（Perrigo）和艾尔建（Allergan）等著名美国公司在爱尔兰也都有投资。爱尔兰制药业的另一个重要领域是诊断技术。该领域最大的公司是总部设在布雷（Bray）的"三一生物工程公司"（Trinity Biotech）。该公司成立于 1992 年，是国际知名的临床诊断试剂及临床免疫类仪器生产供应商，包括对 B 型肝炎、HIV 和 B 型链球菌感染等病症进行诊断检查的产品（超过 400 种），销售市场遍及全世界 110 个国家和地区。它也是首批在纳斯达克上市的医药高新企业之一。除爱尔兰外，它还在美国、英国、德国、加拿大和瑞典设有生产基地，也是中国市场唯一获得美国食品药品监督管理局及欧洲 CE 证书的自免诊断试剂品牌。

在与制药行业密切相关的一些领域（例如生物技术、医疗设备和国际保健服务），爱尔兰企业的表现也很突出。世界上许多大型医疗技术公司多年来不断投资，推动爱尔兰成为欧洲医疗设备制造方面的领先国家，并进而推动利用风险投资的本土创新型医疗技术公司群体的出现。爱尔兰提供的主要产品种类包括：介入产品，诊断技术产品，医疗设备，牙科、眼科和耳科产品，整形外科技术产品，一次性用品，以及辅助产品和服务。

爱尔兰化学与制药业共有从业人员 2.53 万人，其中 56% 拥有高等教育以上学历，拥有博士学位的就业人员占爱尔兰工业部门拥有博士学位就业人员总数的 25%。

（三）爱尔兰吸引外来投资的有利条件

爱尔兰是世界公认的最佳外商投资地之一。《华尔街日报》和"传统基金会"编写的《2006 年经济自由度指数报告》提到："爱尔兰是世界上商业气氛最浓厚的国家之一，对国际贸易和外国投资来说尤其如此。"金融危机对爱尔兰的这一地位并未造成影响。瑞士 IMD 商学院"世界竞争力中心"出版的《世界竞争力年鉴（2016 年）》指出，爱尔兰在投资激励机制与对待全球化的态度方面排名世界第一，其劳动力市场在灵活性和适应性方面也排名第一，在公司税率和劳动力的技能方面排名第三。爱尔兰也是世界上全球化程度最高的国家之一。在总体竞争力方面，爱尔兰排名第七。

爱尔兰吸引外来投资的因素主要包括高素质人才、较低的企业所得税以及稳定的政治环境。同时，爱尔兰是欧盟除英国以外唯一的英语国家（也是欧元区唯一的英语国家），语言方面的优势也是爱尔兰吸引外资的重要优势之一，因为它可以作为外资企业顺利进入欧盟的跳板。

爱尔兰劳动力队伍普遍具备熟练的技能和较高的专业水平，特别是在专业技能方面，接受过系统培训的工程师和科学家的比例在欧洲国家中名列前茅。爱尔兰人受教育程度普遍较高，在 25～34 岁的年轻人中，接受过高等教育的比例为 45%，在全世界排名第八位。另外，爱尔兰的人口结构比较年轻，在全国人口中，有 50% 的人年龄在 34 岁以下。

另外，爱尔兰的财政环境和企业环境十分宽松，非常有利于企业的发展。特别是其企业税率仅为 12.5%，是全世界最低的企业税率之一，而美国的企业税率高达 39.5%，法国为 34.43%，德国为 30%，英国为 27%。如此低的企业税率为企业创造了大量机会，使其可以将大量利润用于再投资，从而增加了企业的竞争力及股东的财富。

当然，爱尔兰的竞争力不仅建立在税收优惠和低成本等因素的基础上，也在于知识、创新、灵活性，以及对外联系紧密性等其他多种因素的综合作用方面。爱尔兰素以知识的快速转移而知名。同时，它也展现出了独特的应变能力。结合创新、知识、人才以及企业等因素，它能较好地应对全球市场的快速变化。除此之外，爱尔兰还拥有先进的基础设施，政府以及私营部门都在该领域进行了前所未有的投资。爱尔兰国际机场的建成，拉近了本国与世界各地的距离。此外，爱尔兰全国有多个世界一流的商业及科技园区。爱尔兰还是拥有最先进且最具竞争力的电信设施的欧洲国家之一，拥有世界上最适合电子商务活动的监管环境。爱尔兰政府投入巨资，打造了世界上最先进的光纤网络，使国内外网站的连接质量达到世界一流水平。

爱尔兰工业发展局（IDA Ireland）负责吸引外来投资，并实行对外来投资的财政激励措施，它还负责根据工程项目的地点、规模和性质，向固定资产投资提供现金补助，以及为新兴产业的工人提供培训补贴等事宜。爱尔兰工业发展局在欧洲、美国以及远东、中东和澳大利亚设有办事处。

第四节　服务业

服务业虽是爱尔兰的后起产业，但发展迅速。从广义上讲，教育、卫生和政府部门的国家工作人员，以及军人、警察等，都可以算作服务业的从业人员。但经济或商业领域的服务业，通常是指诸如金融、咨询、旅游，以及商业销售、交通运输和通信等服务部门。这里我们所讨论的服务行业只涉及后一领域。

爱尔兰的服务业对国家经济产出增长做出了很大贡献，占国内生产总值的比例自 2000 年以来一直保持在 60% 左右。爱尔兰还是世界上服务贸易的主要出口国家之一，2015 年服务贸易出口总额为 1216.05 亿欧元，这一发展趋势也带动了国际贸易服务部门的就业人口增长，但 2000 年以来增速逐渐放缓。国际贸易服务部门的就业人口集中在都柏林地区，占了该行业就业总人口的 67%。

一　金融服务业

金融服务业是爱尔兰的重要服务业部门，主要包括银行、保险、信贷、证券等，该行业近年来发展很迅速。爱尔兰绝大多数金融机构都设在都柏林。

爱尔兰金融体系高度发达，种类繁多。2014 年底，全国共有 425 家信贷机构，其中中央银行 1 家、商业银行 67 家（其中 34 家为外国银行的分支机构）、信贷联盟（credit unions）357 家。2014 年新开业银行 3 家，关闭 14 家。在爱尔兰开业的外国银行分支机构主要来自 9 个国家，分别为英国、法国、卢森堡、比利时、荷兰、德国、西班牙、丹麦和美国，其中英国最多，拥有 13 家银行分支机构。

爱尔兰国内金融市场由两家国有集团控制，即爱尔兰银行集团（Bank of Ireland Group）和爱尔兰联合银行集团（Allied Irish Banks Group）。这两家银行集团合起来占有爱尔兰全部存款额的 3/4。主要商业清算银行除了爱尔兰银行和爱尔兰联合银行之外，还有爱尔兰国民银行有限公司、TSB 银行和厄尔斯特（北爱尔兰）银行有限公司。

在爱尔兰经济高速发展的 20 多年间，爱尔兰银行业的国际债券借贷业务急剧膨胀，仅在 2003～2007 年间，爱尔兰最大的 6 家信贷机构的资产就从不足 160 亿欧元增加到了超过 1000 亿欧元，而与此同时，政府的监管力度又严重不足。爱尔兰银行的大部分资金流向了过热的房地产业，全国的抵押贷款总额从 2003 年第一季度的 160 亿欧元骤增到 2008 年第三季度的 1060 亿欧元。在这种情况下，始自于 2007 年底的房地产危机对爱尔兰金融业，尤其是银行部门造成了严重冲击，有的银行甚至到了破产的边缘。成立于 1966 年的爱尔兰最大银行——爱尔兰联合银行在已核销 13 亿欧元贷款损失的情况下，2008 年度仍亏损 1.21 亿欧元，这是成立以来首次出现的亏损。爱尔兰银行与爱尔兰联合银行的股价在 2009 年初暴跌 30% 以上。为避免银行系统崩溃，爱尔兰政府从 2008 年 9 月底开始向银行实施救助，宣布为 6 家本土银行的所有个人存款提供担保；12 月，爱尔兰政府决定向爱尔兰联合银行、爱尔兰银行和盎格鲁爱尔兰银行（Anglo-Irish Bank）总共注资 55 亿欧元，并同意为前两家银行拟分别发行的 10 亿欧元新股背书。作为注资回报，爱尔兰政府获得前两家银行各 25% 的股权和盎格鲁爱尔兰银行 75% 的股权；3 家银行须每年分别向政府上交 8%、8% 和 10% 的利息，共 4.7 亿欧元；它们还须向首次购房者增加 30% 的按揭贷款，给中小企业增加 10% 的贷款，给无法还贷的按揭贷款者 6 个月的宽限期，并拨出 1 亿欧元贷款额度用于支持环保领域的投资。2009 年 1 月，盎格鲁爱尔兰银行被收归国有。随后，爱尔兰联合银行也被收归国有。此外，在 2009 年 4 月通过紧急预算后，爱尔兰政府还提出，如果几大银行的贷款损失继续扩大，政府将通过购买约 765 亿欧元普通股的形式向银行增加投资。爱尔兰政府还设立了一个资产管理公司，由爱尔兰国库管理局负责管理，以较低的价格收购爱尔兰各银行总共价值 560 亿欧元的坏账贷款，以提高爱尔兰金融系统的信用度，稳定金融市场。2009 年 9 月，爱尔兰政府同意根据 2008 年《信贷机构法》为国内银行提供为期 2 年的国家担保，并于当年 12 月向两家最大的银行爱尔兰联合银行和爱尔兰银行注资 7 亿欧元。绝大多数银行救助计划于 2010 年 10

月完成。2011 年 3 月，时任爱尔兰央行行长帕特里克·霍诺汉（Patrick Honohan）指出，此次危机是"世界历史上代价最昂贵的银行业危机"（爱尔兰政府原本预计耗资 500 亿欧元对银行进行救助，但实际支出达到了 628 亿欧元）。到 2011 年 9 月，霍诺汉提出，爱尔兰银行危机已经结束，它们在财务上是安全的。在此次银行危机中，爱尔兰最大的银行爱尔兰银行受到的影响最小，并且成功地避免了国有化，但它曾在 2010 年创下亏损 6.09 亿欧元的历史记录，不过它同时也是第一家净利润转为正值的银行，2011 年净利润由负转正。

根据世界经济论坛《2015～2016 年全球竞争力报告》，爱尔兰金融市场的得分为 4（最高为 7 分），在该报告所涵盖的 144 个国家中排名第 61 位。爱尔兰银行系统的安全性得分为 3.6，排名仅为第 126 位，金融市场的可信任度得分为 4.2（排名第 67 位），说明爱尔兰的金融市场，特别是银行业仍然存在着不稳定的风险。另外，根据标准普尔公司设计的用于评估全球各个国家银行系统安全程度的"银行业国家风险评估"方法（依风险从低到高共分为 10 级，1 级为风险最低），2015 年爱尔兰银行业的风险评级为 7 级，仍然处于较高风险行列。

爱尔兰保险业市场也比较发达。2014 年，有 61 家人寿保险公司和 106 家其他类型的保险公司及其附属机构在爱尔兰运营，资产总额约 928.9 亿欧元。2014 年全年人身保险金收入为 369.4 亿欧元，其中，本土收入为 65.6 亿欧元，本土以外的收入为 303.8 亿欧元。

2014 年，爱尔兰银行与保险业的总营业额为 500 亿欧元，其中，银行业的营业额为 83.82 亿欧元，保险业的营业额为 416.18 亿欧元。

20 世纪 90 年代以来，由于经济长期保持稳定增长，通胀也保持在较低幅度，再加上政府大幅度降低公司税和资本收益税等措施，爱尔兰资本市场取得飞速发展。根据 1989 年的中央银行法，期货和期权交易改由爱尔兰央行负责监管，1995 年的股票交易法又指定央行为爱尔兰股票交易的监管机构。爱尔兰证券交易所成立于 1793 年，位于都柏林市中心的利菲河（River Liffey）畔南岸，是爱尔兰唯一的证券交易所。1973 年，爱尔兰证券交易所曾与"英国和爱尔兰证券交易所"合并为"大不列颠与爱尔兰国际证券交易所"（即现在的伦敦证券交易所），后于 1995 年再次独立，且其业务规模得到了扩展。2014 年，爱尔兰证券交易所改变了公司结构，成为一家上市公司。在该交易所上市的证券共有各类公司股票、政府和公司债券以及投资基金 3.2 万种，有来自 80 个国家的超过 4000 家公司在此发行证券。该证券交易所直接就业人数为 2100 人，每年平均为爱尔兰经济贡献 2.07 亿欧元的增加值，对爱尔兰财政的贡献为平均每年 2.3 亿欧元的直接税收。爱尔兰证券交易所由爱尔兰中央银行负责监管，是世界证券联合会和欧洲证券联合会的成员。在爱尔兰证券交易所上市的公司一般规模不大，大多数投资者通常将在爱尔兰证券交易所上市作为投资海外证券（主要是英国）的一种途径。通常情况下，职业投资人更愿意投资规模大于 10 亿欧元的大公司，而爱尔兰证券市场能达到这一标准的公司数量有限。与此同时，这些主要公司的股票通常都在伦敦或纽约证券市场双重上市，主要交易也是在这些大的金融中心进行。爱尔兰证券交易所面临着越来越激烈的国际竞争压力。

2003 年，爱尔兰政府成立了"爱尔兰金融服务管理局"（IFSRA），负责对所有金融机构进行监管。但到 2010 年该机构被解散，其职能并入爱尔兰中央银行。此后，由爱尔兰中央银行负责爱尔兰所有金融机构和金融市场的监管工作。

爱尔兰政府历来重视发展金融服务部门，并致力于将爱尔兰打造为国际金融服务中心，为此，1987 年在都柏林海关码头地区设立了国际金融服务中心（IFSC）。经过将近 30 年的发展，到 2016 年底，入驻国际金融服务中心的金融机构已超过 500 家，全世界最大的 50 家银行和最大的 20 家保险公司中，有一半在这里开展业务。这些公司提供的服务十分广泛，包括银行业、资产融资、租赁和资金管理、保险、再保险、国际人寿保险和中介业务等。

入驻国际金融服务中心的公司直接就业人数 3.5 万人，占爱尔兰跨国公司就业总人数的 10%，其中 1 万人在都柏林以外的地区就业。2015 年，国际金融服务中心下属公司缴纳税收 6.2 亿欧元，占爱尔兰金融服务业全部税收的 38% 左右。

二 旅游业

(一) 概况

爱尔兰拥有丰富的旅游资源,其旅游业发端于19世纪早期,但它成为爱尔兰经济重要组成部分的时间并不长,只有三四十年时间,不过它是爱尔兰发展速度最快的产业之一,目前已经是爱尔兰第二大本土产业。2011年,经《弗洛默旅行指南》(*Frommer's Guide*)读者投票,爱尔兰被评为"世界上最受欢迎的度假目的地之一";《孤独的星球》(*Lonely Planet*)认为爱尔兰是"世界上最友好的国家",科克被评为全世界最友好的10个城市之一;而爱尔兰旅游局网站(DiscoverIreland.com)则被评为世界上最好的旅游局网站。

1985年以来,爱尔兰旅游业发展迅猛,海外游客数量从当年的200万人增至2002年的600多万人,其间尽管受2001年"9·11"事件的影响,到爱尔兰旅游的海外游客数量在2001年下半年有所减少,但很快得到了恢复和增长。2007年,海外游客人数达到了创纪录的800多万人。从2008年开始,由于金融危机的影响,爱尔兰旅游业受到重创,海外游客数量骤减。爱尔兰政府认为,旅游业是能够拉动爱尔兰经济恢复增长的重要支柱之一,为此,特别是自2010年起,爱尔兰政府将旅游业的恢复置于经济复苏计划的核心,采取了诸多措施力图实现旅游业的复苏。例如,将有些部门的增值税率降至9%、免收航空旅行税、"2013相聚爱尔兰"动议(目标群体为爱尔兰的海外侨民),以及海外游客使用维萨(Visa)卡消费免税等措施,均收到了良好的效果,2010年全年入境游客人数增加了160万人,旅游收入增加了10%左右,旅游部门的就业人数也增加了1.9万人。此后,爱尔兰旅游业得以复苏。2016年,来自海外的游客增加到了958万人次,比上一年增加了10.9%;收入为45.77亿欧元(不包括国际旅费,若包括国际旅费则为60.56亿欧元),比上一年增加了9.5%;国内与国际游客加在一起,爱尔兰旅游业的总收入为78.67亿欧元,远远超过金融危机之前的水平(2007年旅游业总收入为49亿欧元)。仅在住宿和食品行业,爱尔兰旅游业支持的就业人数就达到了13.7

万人，旅游业就业总人口为 20.5 万。

英国是爱尔兰最大的旅游市场，占全部海外游客的一半左右。2016年来自英国（不包括北爱尔兰）的旅游者达到了 392 万人，为爱尔兰创造财政收入 10.61 亿欧元；来自其他欧洲国家的游客为 330 万人，创造收入 16.58 亿欧元；来自北美的游客为 180 万人，创造收入 13.35 亿欧元。

爱尔兰人也喜爱出国旅游。2016 年，出国旅游的爱尔兰人为 740.5万人次，到其他欧洲国家旅游的人数占到了 83%，与此相应，爱尔兰人在其他欧洲国家的旅游支出超过全部旅游支出的将近 70%。2016 年，爱尔兰人用在出国旅游方面的费用总计 51 亿欧元。同年，爱尔兰人在国内旅行总计达到 930 万人次，其中 52% 是为度假，1/3 是为了走亲访友。爱尔兰人国内旅行的总支出为 17.76 亿欧元，其中用于度假的旅行支出为 11.24 亿欧元。

（二）旅游发展与促进机构

鉴于旅游业对经济发展的重要作用，爱尔兰政府高度重视旅游业，同时，欧盟也通过各种项目向爱尔兰旅游业提供坚实的财政资助。2015 年，爱尔兰政府发表了题为"人、地方与政策：不断增长的旅游业——通往 2025 年"（People，Place and Policy：Growing Tourism to 2025）的政策文件，指出，爱尔兰旅游业的目标是，力争到 2025 年之前，使每年到爱尔兰旅游的海外游客人数达到 1000 万人次（平均每年增加 5%），实际收入达到 50 亿欧元，旅游部门的就业人口增加到 25 万人。

爱尔兰交通、旅游和体育部负责制定全国性旅游政策，并为发展具有可持续性和竞争力的旅游业提供战略指导。爱尔兰旅游局成立于 2003 年，是一个国家机构，负责爱尔兰旅游产品市场的开发，向海内外推介爱尔兰的旅游业，并为政府提供与旅游业相关的决策信息。爱尔兰旅游局在英国、欧洲大陆、美国、澳大利亚和中国等地都设有办事机构。此外，它还在全国设有 7 个地区旅游局，分别是都柏林旅游局、西南部地区旅游局、西部地区旅游局、东部沿海与内陆地区旅游局、西北部地区旅游局、东南部地区旅游局和香农地区发展局。它们构成了全国性的信息办公网络，为本地区制定专门的旅游发展和市场开发计划，以及为诸多旅游产品和旅游项目提供咨询服务。"爱尔兰旅游公司"（Tourism Ireland）是根据签署于1998 年的《北爱和平协议》成立的，其宗旨是与北爱尔兰相关机构合作，共同发展整个爱尔兰岛的旅游业。

此外，爱尔兰还有许多从事旅游服务的专业公司，如阿比旅行社（Abbey Tour），它历史悠久，最负盛名，是负责接待国外游客的专业公司之一。旅行社设有专门负责旅行团、考察团、自助游、公司和商务会议的专家团队。该公司是爱尔兰旅游业协会、都柏林旅游局、都柏林会展局、爱尔兰专业会展组织和一些国际知名旅游组织的会员。爱尔兰亚当斯和巴特勒公司（Adams & Butler）是一家专门负责组织豪华游的公司，致力于量身打造舒适的假日和蜜月之旅。该公司专营高档酒店、温泉、城堡、别墅和小棚屋；提供各类个人游线路、导游和各种高端消费游，如复古之旅、自然之旅、骑士之旅、音乐之旅与传统文化之旅等。这家公司是艺术之旅协会、美国旅游经销商协会以及其他一些国际旅游组织的会员。爱尔兰交通公司下属的国际旅行社（CIE Tours International）以提供最优质的巴士团旅游而闻名遐迩。该公司提供的旅游服务包括休闲娱乐、农业游和温泉游，还为个人自助游提供酒店预订服务等。爱巴旅游公司（Eirebus Ltd.）是爱尔兰最大的巴士和旅游公司之一，已有将近 40 年的历史。该公司在接待美国、欧洲和日本游客入境旅游方面名列前茅，在接待中国旅行团方面也积累了丰富的经验。"爱巴旅游"也提供在英国的旅游服务，如个人旅游、团队旅游、音乐旅游、踢踏舞观光、高尔夫旅游、文化/体育游、园林游、城堡游和会展游等。赫比利亚旅游有限公司（Hibernia Tours Ltd.）是一家致力于入境服务的旅行社，专门为各旅行团和特定的旅游活动提供专业服务，包括预订住宿、庄园和城堡游、自驾游、都市观光游、长途汽车旅行、假期活动安排、火车旅行、郊游，以及到阿伦岛（Isle of Arran）的游览等。

另外，爱尔兰还拥有诸多全国性和地方性的遗产保护组织，负责一些重要遗址的保护工作。例如，"遗产服务中心"负责保护爱尔兰的自然遗产和建筑遗产，其范围涉及史前墓址、修道士定居地、中世纪城堡、历史性建筑、大型国家公园和较小的自然保护区，该组织负责经营的遗址超过

65 处；"爱尔兰遗产城镇集团"主要涵盖各种风格独特、历史悠久的城镇和乡村遗址；"爱尔兰建筑、城堡和花园"主要负责保护爱尔兰的建筑珍品，特别是使爱尔兰闻名于世的 18 世纪的乔治式建筑；"爱尔兰岛遗产"则是整个爱尔兰岛一些最著名景点的经营联合体。

三　零售业

零售业是爱尔兰服务业的最大组成部分，也是就业人口最多的私营部门，但受金融危机影响比较明显。2016 年初，爱尔兰零售业就业人口为 27.2 万（2008 年的顶峰时期就业人口有 32 万），相当于信息技术、农业（含林业和渔业）以及金融服务等几个部门就业人数的总和，占全国就业总人口的 14%。

在 1996～2001 年"凯尔特虎"经济迅速发展的年代，爱尔兰的零售业也实现了强劲增长。但随着整体经济发展速度放缓，零售业的萎缩也十分明显。例如，在 2002～2004 年间，零售业销售量的增速只有 1% 左右。尽管 2005～2007 年的 3 年间，由于内需强劲，爱尔兰零售业表现良好，零售额年均增长率达到了 5.9%，但从 2008 年开始，受国际国内一系列因素的影响，零售业表现十分低迷，2008 年全年零售额仅增长 1.5% 左右，其中，10 月份零售额同比下降了 7.3%，是 1984 年以来下滑幅度最大的一个月。从 2009 年开始，爱尔兰零售业不断萎缩。若以 2005 年为基数（2005 年销售额＝100）计算的话，到 2014 年，无论是从销售额还是从销售量来看，爱尔兰的零售业甚至还没有恢复到 2005 年的水平（2014 年爱尔兰零售业销售量指数为 98.6，而销售额仅为 91.3，只有 2014 年第三季度和第四季度的销售额指数略超过 100）。2014 年全年销售额仅为金融危机爆发之前的 86%，总增加值为 150 亿欧元，占全国总增加值的 9% 左右。爱尔兰零售业为国家税收做出的贡献为 57 亿欧元。

2014 年，爱尔兰共有批发与零售企业 4.2 万家，主要由本地的小规模企业组成，其中 83% 的零售企业为爱尔兰本土所有，75% 的零售企业为家庭经营模式，73% 的企业雇员不足 10 人。

有迹象表明，随着爱尔兰经济逐渐恢复增长，自 2014 年起，爱尔兰零售业开始恢复。2014 年，消费者支出比上一年增加了 2%，就业市场也在不断回暖，随之而来的是居民平均可支配收入的增加，消费者信心也比以前要高得多，这些都是有利于爱尔兰零售业的利好消息。2015 ~ 2016 年这一增长势头得以保持，零售额比上一年分别增长了 6.9% 和 4.3%。

爱尔兰零售业的另外一个特点是集中化程度较高，三大零售商占了全部销售额的约 41%。尤其是在食品零售业，这种情况更加明显，三家最大食品公司的销售额超过整个食品零售部门销售总额的 2/3。而非食品零售行业则相对比较分散。20 世纪 90 年代，大量国际零售商，特别是来自英国的国际零售商纷纷落户爱尔兰，其中包括"特易购"（TESCO，经营食品和服装）、"马克斯·斯宾塞"（Marks & Spencer，经营食品和服装）、"迪克逊"（Dixons，经营电器、电子产品）与"奈克斯特"（Next，经营服装）等。在本土零售企业中，马斯葛瑞夫（Musgrave）集团是爱尔兰最大的超市零售集团，也是爱尔兰零售业的始创者之一，从 1876 年起就在爱尔兰开展零售业务。时至今日，马斯葛瑞夫集团下属包括马斯葛瑞夫大型超市在内的多个超市品牌，其业务覆盖爱尔兰、英国和西班牙。该集团共有 3329 家超市和便利店，在全球共创造就业岗位 5.8 万个（包括合作伙伴），仅爱尔兰境内就有 3.5 万个。2014 年，该集团全球销售额为 46 亿欧元，其中，在爱尔兰的销售额为 30 亿欧元，实现利润 6600 万欧元，但比 2013 年均有下降。

近年来，电子商务的发展对传统店铺销售模式造成了很大冲击，一些店铺纷纷关门。例如，2015 年 6 月，建立于 1853 年、曾是爱尔兰零售业标志之一的 Clerys 百货商场关门歇业，其所在的大楼曾经是都柏林的标志性建筑，460 人因此失业。

第五节　交通与通信

交通和通信属基础设施，是服务行业的重要组成部门。由于爱尔兰的人口密度和城市化水平相对较低，这就意味着交通运输和通信联络系统对于爱尔兰的社会经济发展有着极为重要的意义，国民经济和人民生活都高度依赖交通和通信系统。按照欧洲的标准衡量，爱尔兰的公共道路系统非常发达，平均每 1000 人拥有公路 21.5 公里（欧盟 28 国平均为 13.3 公里），在欧盟国家排名第 5 位，差不多是比利时、丹麦和法国等国的两倍，是意大利、荷兰和西班牙等国的 3 倍多。

一 公路与公共交通

（一）公路

公路在爱尔兰的交通系统中发挥着非常重要的作用，特别是内陆交通极大依赖公路，它承载着 96% 的客运和 90% 的货运，因而对于爱尔兰经济和社会的发展非常重要。2014 年，爱尔兰的公路总长将近 9.9 万公里。按照主管部门的不同，全国的公路网可划分为三种类型，即国道、地区道路和地方道路，国道仅占公路总长的 5.4%，地区道路占 13.2%，地方道路则占 81.4%。爱尔兰共有高速公路 900 公里（2006 年仅有 270 公里）。

国道又可分为主干线路和辅路两种。主干线路是主要的长途直通线路，连接主要的港口和机场、城市、大城镇等。2014 年爱尔兰共有国家主干线路 2651 公里，虽然其里程只占全部路网的 2.6% 左右，但运输量却占到了整个公路运输的 27%，货物运输占这些道路上车辆全部行驶里程的 20% 还多，其中 1/6 为重型商用车辆。2014 年，爱尔兰拥有国家辅路（二级公路）2653 公里，占整个运输量的 11%。国家二级公路是中程直通道路，它们将重要城镇连接起来，并与国家主干线路相连接，形成了一个道路动脉网。地区道路占到了整个道路网络的 13%（13120 公里），承担了 24% 的道路运输量。它们是接入国家路网的主要支路，并提供了国家路网之间的主要联系。地方道路包括所有未被列入国家和地区道路的城乡道路，占到了整个路网的 81%（80472 公里）和道路运输总量的 38%。地区道路和地方道路对于发展地区和地方经济发挥着十分重要的作用，同时也承担着重要的社会联络功能。

地区和地方道路的维护责任归地方政府，但爱尔兰中央政府每年年初都会向地方政府拨款，帮助后者修建和维护道路。例如，2011 年，中央政府共向地方政府拨款 29.97 亿欧元用于公路建设和维护；2012 年，共向地方政府拨款 22.5 亿欧元用于公路建设。

根据 1993 年的道路法，爱尔兰成立了国家公路局。作为一个独立的监管机构，其主要职能是发展国家公路网，全面负责这些道路的规划、监管以及建设和维护，并负责制定道路发展战略目标。2015 年，国家公路局与铁路公共采购署合并，成立了爱尔兰交通基础设施局（Transport Infrastructure Ireland），其主要职责是综合发展国家公路系统和轻轨基础设施，以便提供优质的交通基础设施和服务。

20 世纪 60 年代以来，爱尔兰的车辆数量增长很快。1960~1998 年，车辆的数量翻了 5 番。而 1998~2008 年间，车辆总数增加了 66%：1998 年底，上路的车辆总数为 151 万辆；到 2008 年这一数字达到 250 万辆，这是有记录以来最高的。2008 年新注册的运营车辆总数为 19 万辆。但从 2008 年开始，由于经济形势欠佳，每年新注册的车辆数量也在下降，2013 年新增车辆仅为 2007 年的一半。到 2016 年底，爱尔兰共拥有机动车 260 万辆，比 2008 年略有增加，其中私家车 200 万辆。2014 年全年新注册车辆自金融危机以来首次出现增长，比上一年增加了 30%，共有 14.5 万辆，其中 9.2 万辆为新车。爱尔兰每千名居民拥有汽车 425 辆，略低于欧盟的平均水平。

公路运输在货运中发挥着极其重要的作用。2014 年，爱尔兰共有 3840 家正式注册的私营货运公司，大多数公路货运业务由它们承担，当年共运输货物 1.12 亿吨，若按运输里程计算，则为 98 亿吨公里，但这一数量仅为 2007 年的一半左右。在公路运输的货物中，有 26% 为食品类货物。爱尔兰的货运公司共拥有 1.18 万辆货车。许多制造业厂商和加工企业都拥有自己的运输队。

（二）公共交通

在爱尔兰人口密集的地方，公共交通都很方便。"爱尔兰交通公司"（Córas Lompair Éireann）是依法成立的国家机构，负责提供地面公共交通服务及其辅助业务。它的两个子公司都柏林巴士公司（Bus Dublin）和爱尔兰巴士公司（Bus Éireann），分别承担着首都都柏林和都柏林以外地区的客运服务。另一个子公司爱尔兰铁路公司（Iarnród Éireann），则负责包括轻轨在内的铁路运营服务。频繁的巴士服务将机场和市中心连接起来，而城际铁路服务则往返于都柏林以外 3 个地区的火车站之间。

2014 年底，爱尔兰共有 2422 辆公共汽车，其中，都柏林巴士公司有 928 辆，在都柏林大区方圆 1000 多平方公里的范围内提供服务。它所服务的人口达 100 多万，2015 年运送旅客 1.22 亿人次。都柏林巴士公司雇员人数 3400 人，其中公共汽车司机 2500 人。爱尔兰巴士公司提供都柏林以外地区的公共交通服务，共拥有公共汽车 637 辆。该公司的服务包括城际快速卧车服务和科克、利默里克、戈尔韦和沃特福德等地的市区和乡村巴士服务，它还提供专门的校车服务（有校车 700 辆左右）。爱尔兰巴士公司每年运送旅客 9400 多万人次。爱尔兰巴士公司有雇员 2700 人。

另外，爱尔兰 1400 多家私有巴士公司还拥有 3600 辆客车组成的车队。这些私人运营商大多从事不定期的服务项目，如学校交通和卧车旅行。爱尔兰交通公司下属的国际旅行社则专营卧车旅行。该公司是爱尔兰最大的旅游服务公司，在伦敦、纽约、杜塞尔多夫和都柏林都设有办公室。

二　铁　路

爱尔兰铁路线路总长 2384 公里，其中 107.5 公里为电气化铁路。爱尔兰的铁路以都柏林为枢纽形成了放射状的铁路系统。全国共有 142 个客运火车站，有 60% 的人口居住在火车站附近。都柏林和贝尔法斯特之间的铁路服务由爱尔兰铁路和北爱尔兰铁路联合运营。都柏林的通勤铁路服务（为上下班人员和长期车票使用者提供的服务），对缓解交通堵塞发挥了很大作用。2013 年，爱尔兰铁路客运系统共运送乘客 156 万公里，比 2007 年顶峰时期的 200 多万公里减少了将近 50 万公里；货运也是同样的情况，2013 年爱尔兰铁路系统实现货运 9884.5 万吨公里，比上一年略有增加，但仍比 2007 年少了将近 30 万吨公里。2008 ~ 2013 年，爱尔兰铁路系统运送乘客数量不断减少，2014 年开始恢复。2015

年爱尔兰铁路系统共运送乘客 192 万公里，但仍未达到金融危机爆发之前的水平。

爱尔兰铁路公司除提供客运服务以外，还提供范围广泛的货运和餐饮服务。它还负责维护和更换全国 2800 公里的铁路轨道。该公司负责建设的都柏林轻轨铁路系统于 2004 年建成通车，截至 2016 年底共有 2 条线路，全长 37.2 公里，全年共运送乘客 3240 万人次，平均每天有乘客 8.9 万人。与其他交通运输方式不同，轻轨乘客数量并未受金融危机影响，而是自 2004 年以来呈不断增加趋势（2005 年全年运送乘客 2200 万人次）。

2005 年，爱尔兰政府在其交通规划中宣布，拟在都柏林修建两条城市地下铁道，即北线和西线，但爱尔兰政府于 2015 年决定放弃修建西线的计划。北线拟于 2020 年动工，预计于 2026 年正式运营。该条线路预计全长 17 公里，共设 14 个车站，每小时运力为 9900 名乘客（单向），年运送乘客 3000 万人次，造价在 24 亿欧元左右。该条地铁线路建成后，从城市中心到都柏林机场仅需 19 分钟。

爱尔兰岛的铁路轨距（1600 毫米）比英国和大多数欧洲大陆国家的铁路轨距要略宽一些。

三　海运

爱尔兰的地理位置决定了其对外贸易高度依赖海洋运输，海洋运输也带动了爱尔兰造船业在 20 世纪 60 年代末和 70 年代初的迅速发展。1970 年成立的罗斯造船公司，当年就造出了远洋甲板驳船埠、挖泥船埠、渡船、拖网渔船和钻井平台等。位于都柏林的索托尔希晋有限公司拥有船台 3 座、干船坞 2 座。

随着经济的发展，爱尔兰的海运任务也愈加繁重。2014 年，爱尔兰的所有港口共运输货物 4750 万吨，比上一年略有增加，但仍然没有达到 2007 年的水平（5400 万吨）。其中，到港货物为 2910 万吨，离港货物为 1840 万吨。当年抵达爱尔兰全部港口的船只为 1.22 万艘。

从货运吞吐量来看，都柏林、香农福因斯港（Shannon Foynes）、科

克的林加斯基迪 （Ringaskiddy）、罗斯莱尔 （Rosslare）、班特里湾和沃特福德是爱尔兰最重要的货运港口，货物吞吐量分别为 1990 万吨、1030 万吨、900 万吨、190 万吨、150 万吨和 140 万吨 （2013 年），吞吐能力与其他欧洲国家同等规模的港口相差不大。其中，都柏林、香农和科克是三个最主要的多用途口岸，可以装卸各种集装和散装货物，承担着爱尔兰 50% 左右的海运任务。最繁忙的是从都柏林到英国几个港口 （霍利黑德、利物浦和米尔福德港） 的线路。

截至 2015 年底，爱尔兰共有注册船只 3282 艘，其中，注册商船 （载重量在 100 吨以上） 从 2012 年的 120 艘增加到了 133 艘。

另外，爱尔兰的许多航运公司还提供爱尔兰与英国和法国之间的客运轮渡服务。

2013 年，爱尔兰政府成立了海运管理署 （Irish Marine Administration），负责管理与爱尔兰的远洋船队及其航运服务有关的所有事务，其下属机构包括海洋安全政策办公室、海洋监测办公室、爱尔兰海岸救护队、海洋运输办公室及新海洋服务办公室等。

四 航空

爱尔兰主要有都柏林、香农和科克三个国际机场。2004 年之前，这三家国际机场均由国家垄断的里安达航空公司 （Aer Rianta） 负责运营。为了结束垄断状况，2004 年 10 月，"都柏林机场管理局" （Dublin Airport Authority，DAA） 成立，同时还设有三家分支机构，分别负责都柏林机场、香农机场和科克机场的具体管理工作。这三家机场全部由国家控股。除这三个最主要的国际机场以外，爱尔兰还有一些地区性机场，分别在多尼戈尔、戈尔韦、凯里、梅奥郡的诺克 （Knock）、斯莱戈和沃特福德等地，但与这三家机场相比运力有限。

爱尔兰航空业的发展也表现出与其经济发展相同的轨迹。2008 年，爱尔兰各机场共运送旅客 3130 万人次，此后旅客人数开始大幅下降，2011 年仅运送乘客 2370 万人次，此后有所恢复，2014 年共运送旅客 2650 万人次。其中，都柏林机场运送旅客 2170 万人次，占到了将近 82%；科克机场为 210 万人次；香农机场为 160 万人次；在其他小型机场中，运送旅客人数最多的是诺克机场，为 70 万人次。在所有乘客中，除英国以外的其他欧洲国家乘客占 45%，英国乘客占 39%，美国乘客占 9%，其余国家和地区的乘客占 7%。在最繁忙的 5 条线路中，英国占了 4 条，另外一条是从都柏林到巴黎的线路。2013 年，爱尔兰各机场共起降航班超过 20 万架次，其中，都柏林机场占到了 79% 左右，科克机场占 10%，香农机场占 3%。

爱尔兰拥有爱尔兰航空公司（Aer Lingus）、城市捷运有限公司（Cityjet）和瑞恩航空公司（Ryanair）等几家航空公司，提供进出爱尔兰的定期航班和包机服务。一些小型航空公司则利用国内的地区性机场网络提供客运、货运和直升机服务。

爱尔兰航空公司原为国有航空公司集团，成立于 1936 年。2006 年，该公司部分实现私有，国家只占 25% 的股份，同年该公司在爱尔兰和伦敦证券交易所上市。2015 年 5 月，爱尔兰政府同意出售其剩余的股份，至此，爱尔兰航空公司完全实现了私有。目前它属于国际航空集团（IAG）所有，该集团也是英国航空公司和伊比利亚航空公司等公司的母公司。截至 2015 年 8 月 31 日，爱尔兰航空公司共拥有包括空客 A330、空客 A320、空客 A321、波音 757、波音 737 等机型在内的飞机 48 架。该公司在爱尔兰、英国、欧洲大陆、北非和北美的 36 个机场都有服务业务，每天的定期航班超过 200 架次。它也提供飞往世界许多地方的包机服务。自 2013 年起，爱尔兰航空公司开始在英国境内提供飞行服务。2013 年，爱尔兰航空公司客运量超过 1060 万人次。

瑞恩公司是一家私营航空公司，成立于 1984 年，是欧洲最大的廉价航空公司。它飞行爱尔兰及美国、欧洲大陆和非洲之间的航线。截至 2015 年 10 月 31 日，瑞恩公司共拥有 320 架飞机，飞行目的地有 185 个，雇用员工 9500 人（2014 年）。2014 年该公司运送乘客 1.03 亿人次，其目标是到 2024 年实现每年运送乘客 1.6 亿人次。

1993 年，爱尔兰航空局（IAA）正式成立，它是一家商业性的自负盈亏的半国有公司，于 1994 年 1 月 1 日开始商业运作。爱尔兰航空局负责爱尔兰空域内的飞行管制服务，规范爱尔兰运输机和飞行人员的安全标准，以及审批机场等事宜。

五　邮　政

在电子通信技术繁荣发展之前，邮政服务在人们的通信联络中发挥着不可替代的作用。早在1561年，都柏林和伦敦之间就开通了有限的邮政服务。然而，直到1638年在都柏林和其他主要城镇之间组织起邮政驿站之后，爱尔兰的邮政服务才真正开始起步。1711年，成立了涵盖爱尔兰和英国的一个统一的邮政办公室。1840年，便士邮政的引入大大增加了邮件的数量。1922年，爱尔兰共和国邮电部开始承担邮政服务责任，它在1984年安邮（AN POST）建立前一直负责邮政系统的管理。

安邮是一家国有公司，提供范围广泛的邮政服务，拥有一个庞大的邮局网络。它直接雇用将近10万人。2015年公司营业额为8.26亿欧元，营业利润为860万欧元，近年来变化幅度不大。其净资产为20.43亿欧元。安邮每个工作日平均要接收和处理全国的250万份邮件（比2008年减少了100万份），并将其送达220万个家庭和商业机构。除此之外，它每天还要投递近50万份进入爱尔兰的国际邮件。安邮还经营一系列储蓄和投资服务业务。2014年底，其储蓄服务基金总值为190亿欧元，占爱尔兰全国储蓄总额的17%。安邮还为政府部门提供代理服务。另外，安邮还有一些专门服务项目，例如为商业用户提供特别设施，入户投递广告材料等。安邮拥有超过1100家邮局和132家邮政代办点。

六　电信与互联网

（一）电信业

近年来，爱尔兰的通信服务及互联网开发均实现了长足发展。这首先得益于国家在该领域的大量投资，仅1995~2000年，国家就投资8.7亿爱镑用于电信基础设施建设。其次，在政策方面，爱尔兰政府放宽了对电信市场的限制，并逐步使国有电话公司实现私有化。爱尔兰过去的电信市场被国有公司"爱尔兰电信"（Telecom Éireann）所垄断，该公司于1999

年实现了私有化，更名为"爱尔兰电信公司"（Eircom），从而结束了其市场垄断地位。不过，它在该部门仍然占有主导地位，是爱尔兰最主要的电信公司。2009 年 8 月，新加坡科技电信媒体公司（Singapore Technologies Telemedia，STT）以 1.3 亿欧元收购爱尔兰电信公司 51% 的股份。爱尔兰电信公司拥有多项业务，包括固定电话、移动电话、宽带、移动互联网和数字电视等。2013 年，爱尔兰电信公司占有全国固定电话线路 54% 的市场份额、固定宽带 40% 的市场份额、移动电话 17% 的市场份额，以及移动宽带 11% 的市场份额。

受益于私有化举措，爱尔兰电信部门近年来得以迅速发展。包括爱尔兰电信公司在内，爱尔兰共有 7 家固定电话运营商和 5 家移动电话运营商。营业额排名前两位的均为英国运营商，即沃达丰（Vodafone）和 O2。其他主要的电信运营商还包括维珍传媒集团爱尔兰公司（有线电视和宽带网络）、ICI 通信技术有限公司（宽带与电信业务）、吸引力网络公司（Magnet Networks）和智能电信公司（Smart Telecom）等。

2014 年底，爱尔兰共有固定电话用户 158 万，比 2006 年减少了将近 80 万；与之相反，2014 年底爱尔兰拥有移动电话用户 490 万，按人口比例为 106.5%（2000 年仅为 46%），比 2006 年增加了 40 万。

爱尔兰通讯管理委员会（Commission for Communications Regulation）负责为电信服务商、网络运营商以及有线电视和广播频道颁发执照，并对包括邮政部门在内的通信部门进行监督，以确保电信产业的相关立法得到遵守。

（二）互联网业务

与电信部门相比，爱尔兰的互联网业务发展速度更快。2013 年，爱尔兰家庭电脑拥有率为 84%（2010 年为 76%）；2016 年，爱尔兰有 87% 的家庭拥有网络，而 2009 年这一比例仅为 67%。调查结果显示，在没有接入网络的家庭中，有 44% 的人给出的理由是"缺乏技能"，43% 的人认为"没有必要"。个人使用互联网最常见的活动是发送和接收电子邮件（83%），接下来是查询关于商品与服务的信息（82%）、社交（70%）和网上支付（64%）。在上网方式中，爱尔兰家庭最常用的是固定宽带接入，使用移动宽带的比例为 45%。大约有 82% 的爱尔兰人经常使用互联网。其中，在 16~29 岁的年轻人中，每天使用互联网的比例为 92%，而在 60~74 岁的人群中这一比例仅为 32%；都柏林地区每天使用互联网的比例为 77%，而西部地区仅为 61%。在宽带用户中，有 45.4% 的用户网速超过了 30 Mbps，63.8% 的用户网速超过 10Mbps，均比 2013 年有很大提高。与世界上大多数国家的趋势相同，近年来移动宽带的发展和增长幅度超过了固定宽带。截至 2014 年底，有 11% 的移动电话用户使用 4G 网络，比前一年增加了 82.7% 之多。

爱尔兰政府通过综合运用立法、高质量的基础设施和优惠的税收政策等方式，努力提升爱尔兰的电子商务中心地位，并计划将爱尔兰建成欧洲的电子商务中心。1999 年 1 月，爱尔兰政府公布了《在爱尔兰实现信息社会的行动计划》，向电子商务项目投资 8000 多万美元。2000 年，爱尔兰通过了《电子商务法》，为其宏大的电子商务战略奠定了法律基础，其中包括参加世界上第一个光纤网络计划。这一光纤网络将爱尔兰同美国和 16 个主要欧洲城市联结起来。该战略还包括铺设 2000 公里光纤电缆，建造一条南北数字走廊，提供针对农村偏远地区的卫星宽带服务等。2013 年 7 月，爱尔兰政府发表了"国家数字战略"，第一阶段的目标是鼓励更多公民和小企业使用互联网，同时加强对企业的培训和学校教育，最终目的是使个人、企业和政府使用互联网的社会和经济效益实现最大化。2014 年，爱尔兰政府批准了一项高速宽带建设规划；2015 年 12 月，爱尔兰政府发布"宽带战略"（Broadband Strategy for Ireland），再次强调，要在全国范围内大力推进宽带建设，特别是解决各地宽带发展不平衡问题，尤其是西部地区，并将这些地区划定为"干预地区"，即政府重点关注和重点支持的地区，其目标是到 2018 年底使"干预地区"的 60% 实现高速宽带覆盖，到 2020 年底实现 100% 覆盖。截至 2014 年底，爱尔兰共有高速宽带用户 110 万。爱尔兰政府当时设定的目标是到 2016 年底，实现高速宽带用户 160 万（爱尔兰共有企业和家庭用户 230 万），即所有用户的 70%。为此，包括爱尔兰电信公司在内的企业计划总共投资 25 亿欧元用于高速宽带建设。

爱尔兰

第六节　对外经济关系

一　对外贸易

爱尔兰经济规模总量不大，只有不到 500 万人口的国内市场在为产业扩张提供机遇方面的能力很有限，因而爱尔兰高度依赖对外贸易的发展。而且，由于资源匮乏，爱尔兰也需要大量进口燃料、原材料和其他基本设备。自 20 世纪 60 年代实施自由贸易和开放政策以来，爱尔兰逐渐融入全球经济一体化进程。它是当今世界上最开放的经济体之一，既是欧洲单一市场的成员，又是跨大西洋市场的一个重要中心。

从 20 世纪 80 年代早期开始，爱尔兰的贸易状况得到了不断改善，其商品贸易和支付平衡分别自 1985 年和 1991 年起实现了盈余。出口的增长在这其中发挥了重要作用，仅 1999 年的出口增长率就高达 16%。而以出口为导向的外国直接投资的大量涌入，是导致出口贸易迅速发展的一个重要因素。许多跨国公司都将爱尔兰作为向欧盟和美国出口的重要生产和流通基地。但是，爱尔兰这种对外开放程度高的特征既有优势，也有固有的弱点，即很容易受到国际经济动荡形势的冲击。这一点在始自 2007 年末的国际金融危机中暴露无遗。

2008 年，爱尔兰对外贸易遭遇滑坡，进出口贸易双双下降，当年商品贸易进出口额分别下降 2.1% 和 1.0%，2009 年进出口贸易降幅更是分别高达 26% 和 10% 左右。不过，爱尔兰的对外贸易在 2010 年迅速得以恢复，此后进出口均呈上升趋势，成为推动爱尔兰经济恢复的重要动力。2016 年，爱尔兰货物贸易总额为 1896.95 亿欧元，同比增长 3.9%。其中，出口额 1176.08 亿欧元，同比增长 4.6%；进口额 720.87 亿欧元，同比增长 2.8%；贸易顺差 455.21 亿欧元，同比增长 7.6%。

（一）出口

过去，传统制造业产品（食品、饮料、服装、纺织品以及手工艺品等）的出口曾在爱尔兰经济中占有举足轻重的地位，但随着经济的发展和科技的进步，特别是国外投资的高新技术企业不断在爱尔兰落户，现代工业产品已成为爱尔兰大宗制成品与出口增长的基石。以下两大部门尤为突出：一个是范围广泛，以主导优势技术和能够满足不同消费群体的要求为特征的制造业部门；另一个是大规模的农业部门和以农业为基础的部门，主要生产肉类、奶制品和食物备料等。高新技术部门在出口贸易中占有越来越重要的作用，包括计算机在内的机械与交通设备制造业和制药与医疗设备工业，是推动出口增长的两个最主要的高新技术部门。

从爱尔兰出口产品的构成来看，2016 年，化学品及相关产品占出口总额的 35%，机械和运输设备占 10%，食品和活畜、活禽占 5%。其中，化学品、药品和相关产品出口总额 664.39 亿欧元，同比增长 3.4%。另外，爱尔兰农产品出口实现连续第七年增长。欧元贬值是刺激爱尔兰农产品出口增长的主要原因。

而从出口市场来看，近十年来发生了很大变化。2002 年爱尔兰的主要出口目的地是：英国（22.1%）、美国（17.5%）、比利时（14.4%）、德国（7.2%）、法国（5%）和日本（2.8%）。但从 2003 年开始，这种情况发生了变化。虽然英国依然是爱尔兰产品的主要外销地之一；但由于许多公司扩大了销售范围，爱尔兰产品在英国销售量所占的比例出现逐年下降的情况。除了开发新的市场，如北非、澳大利亚、远东和中东之外，爱尔兰向欧洲大陆国家的出口份额也在不断上升。而由于美国企业在爱尔兰制造业中拥有巨额投资，美国在爱尔兰进出口贸易中所占的比重越来越大。从 2003 年开始，美国已成为爱尔兰的第一大商品出口国，2016 年，美国市场占爱尔兰出口总额的 24%；英国仍是欧盟国家中爱尔兰最大的出口目的地，占其出口总额的 11%；其他欧盟国家合起来占 40%（其中比利时占 12.5%，德国占 6.7%）。美国、英国、比利时和德国加起来占爱尔兰商品出口总额的将近 55%。

近年来，特别是金融危机以来，爱尔兰服务贸易出口成为经济发展的亮点和重要推动力量。自 2008 年服务贸易出口超过货物贸易以来，侧重于教育、建筑、工程和发电等方面的培训和咨询服务持续增长。爱尔兰的全球性服务贸易包括国际劳务、工程和消费服务等。2012 年，爱尔兰服务贸易出口值为 855.31 亿欧元，同比增长 8.3%，首次实现顺差。2015 年服务贸易出口额为 1216.05 亿欧元，其中，计算机服务为最大的服务出口部门，出口额为 574 亿欧元，占服务贸易出口总额的 47%。主要出口目的地国为英国（21%）、美国（10%）、德国（8%）和荷兰（3%）。

（二）进口

与其他绝大多数西方国家不同的是，多年来，爱尔兰货物出口值一直超过进口值，保持着贸易盈余，且自 1990 年至 2010 年盈余不断扩大。但从 2011 年开始盈余有所减少，从当年的 422 亿欧元下降到 2014 年的不到 318 亿欧元。此后盈余重又扩大，2016 年爱尔兰货物进口总额为 720.87 亿欧元，盈余 455.21 亿欧元，达到历史最高值。

与出口类似，进口产品也主要集中在高科技部门，工业生产所需的重要设备、加工制品、化学产品等加在一起，占到了整个进口值的 80% 左右，其中，机械与交通设备占到了 41%，化学产品及其他相关产品占将近 21%，其他制成品占 11%。

从进口来源地来看，2016 年，英国占爱尔兰进口总额的 23.4%，其他欧盟国家占 36%，美国占 13%，中国占 6%。与主要出口目的地国的情形一样，由于爱尔兰同其他地区的贸易量不断增加，英国尽管仍然是其最大的进口来源地，但所占比例在不断下降（2008 年时还占到 32%）。

在服务进口方面，2015 年服务进口总值为 1509.63 亿欧元，带来了 293.57 亿欧元的服务贸易逆差。其中，征税和许可费是最大的服务进口部门，为 677.65 亿欧元，其次是"其他商业服务类"，为 579.02 亿欧元，这两项加起来占到了爱尔兰服务进口总额的 83%。

二 国际收支与外汇储备

（一）经常项目

20 世纪 80 年代，爱尔兰出现了巨额赤字，90 年代国际收支中的经常项目转为盈余。但从 1998 年开始，经常项目盈余开始减少，当年为 6.27 亿欧元，1999 年降至 2.26 亿欧元，此后情况有所好转，到 2003 年经常项目盈余增加到 7. 13 亿欧元。但从 2004 年开始，爱尔兰国际收支的经常项目一直为逆差，并呈逐渐上升趋势，到 2007 年甚至高达将近 120 亿欧元；此后开始下降，到 2013 年之后再次转为盈余，2016 年为 125. 44 亿欧元，主要原因在于国内需求低迷导致进口减少。从国际收支中的资本项目来看，爱尔兰多年来则一直保持着盈余，其中最高峰在 2000 年，资本项目盈余高达 11. 82 亿欧元，其主要原因在于进入爱尔兰的国外投资远高于爱尔兰的对外投资。但自 2013 年起，爱尔兰资本项目出现逆差，当年为 9. 36 亿欧元，2014 年底达到 67. 69 亿欧元，此后有所下降，2016 年底逆差为 50. 63 亿欧元。

由此看来，近一二十年间，尽管爱尔兰与外界的金融关系出现过重要的起伏变化，但并未发生根本性转折。原因在于，爱尔兰以跨国公司主导巨额出口为特征的经济结构并未发生变化，导致其国际收支经常项目的组成部分之间形成了一种独特的流动格局。商品贸易方面的巨额盈余，被服务贸易和其他无形贸易方面不断膨胀的巨额赤字所抵销。如前所述，与商品贸易盈余相比，爱尔兰的无形贸易，特别是服务贸易有着巨大的赤字。爱尔兰服务出口贸易近年来发展很快，但进口贸易的增长速度更快，服务贸易赤字一度从 1998 年的 84. 26 亿增加到 2008 年的 164. 68 亿欧元，此后虽有所下降，但 2014 年后又迅速增加。

影响爱尔兰国际收支状况的另外一个因素是，爱尔兰有大约 3/4 的制造业出口来自外资企业，因此，出口增长实质上反映了资本流出的增长。商品出口带来的巨额结余的一部分要作为红利汇往国外（记入贷方的投资收入，也就是爱尔兰的资本流出），另外子公司还要向母公司支付管理费、印花税和专利税（在收支表上列入服务进口项目）等。这也是爱尔兰服务贸易出现大量逆差的重要原因。

（二）资本流动与外债

1. 资本流动

自爱尔兰实行对外开放政策以来，吸引外来资本一直是历届政府的政策重点，这些努力也取得了很好的成效。与其他欧盟成员国相比，爱尔兰在过去几十年间得到了大量与其经济规模不相称的外国直接投资，特别是来自美国的巨额直接投资。外来直接投资为爱尔兰经济做出了重要贡献。根据爱尔兰工业发展局（IDA）2015 年发表的报告，2013 年，外来直接投资为爱尔兰商品与服务出口做出的贡献为 1245 亿欧元，当年缴纳公司税 28 亿欧元，直接雇佣人数 17.5 万人，间接雇佣人数 12.2 万人，此外外商投资公司每年还投入 14 亿欧元用于研发，在整体上带动了爱尔兰的经济发展。

如前所述，爱尔兰较低的公司税是它对外国直接投资具有吸引力的重要原因所在。多年来，在很多评级机构的排名中，爱尔兰均被评为最具外商投资吸引力的国家之一。例如，2013 年，《福布斯》杂志将爱尔兰评为全球最适宜经商的国家；2014 年，在甲骨文资本集团（Oracle Capital Group）公布的"2014 年全球最适宜创业国家"排行榜中，爱尔兰排名全球第七，欧洲第一；在萨斯坦智库（Sustain Think Tank）2014 年 9 月发布的"2014 年全球最具外资吸引力国家和地区百强"中，爱尔兰在全球排名第十一位，在欧洲排名第二位，仅次于英国。尽管爱尔兰在金融危机中曾经遭遇挫折，对外资的吸引力也一度下降，例如，2009 年安永事务所发表的报告中，爱尔兰在对外资的吸引力方面仅排欧洲第十位，但爱尔兰政府在应对金融危机过程中采取的一系列结构调整措施使其又重新恢复了对外资的吸引力，特别是自 2015 年起，爱尔兰吸引的外来投资大幅增加。

2015 年，流入爱尔兰的外国直接投资为 1698.09 亿欧元，比 2014 年骤增了 1416.09 亿欧元（金融危机爆发前的 2007 年仅为 180 亿欧元）。其中美国是最大的外资来源地，共投资 1000 亿美元，占到了当年爱尔兰吸引外国直接投资总额的 59%；来自其他欧洲国家的直接投资为 620 亿欧元；亚洲国家的投资为 70 亿欧元。截至 2015 年底，进入爱尔兰的外国直接投资额累计为 7960 亿欧元，其中，美国为 3490 亿欧元，卢森堡为 690 亿欧元，荷兰为 110 亿欧元。在外来投资中，截至 2015 年底，共有 4500 亿欧元投入到了服务部门，占爱尔兰外资存量的 57%；接下来是制造业部门，外来直接投资总量为 3410 亿欧元。

自 1990 年以来，美国已成为爱尔兰最大的投资来源地，有 700 家美国企业在爱尔兰投资，共雇用 13 万人。在爱尔兰的外来直接投资存量中，来自美国的投资占到了一半左右。爱尔兰美国商会发布的《2015 年爱尔兰－美国经济关系报告》指出，爱尔兰已经成为美国对外直接投资的首选目的地国，也是美国企业在海外最赚钱的投资目的地。该报告指出，过去 20 年中，美国对爱尔兰的直接投资存量超过了金砖四国（巴西、俄罗斯、印度和中国）在爱尔兰的投资总和，也超过了欧洲传统投资伙伴对爱尔兰直接投资的总和。

近年来，来自新兴国家的投资也越来越多地进入爱尔兰。例如，华为、中兴、腾讯、联想等中国科技巨头都已进驻爱尔兰。2015 年 7 月，华为公司购买了 Amartus 公司旗下的电子通信网络管理业务，完成了在爱尔兰的首笔收购，因而得以成功进入爱尔兰电信市场。

在对外投资方面，爱尔兰虽然历史起点很低，但近年来增长显著。这一趋势与其他经济发展阶段更高的国家是一致的。尽管受金融危机影响，从 2008 年起爱尔兰对外直接投资有所下降，但随着经济形势的好转很快得以恢复。2014 年，爱尔兰对外直接投资为 330 亿欧元，比上一年增加了 110 亿欧元，是 2007 年（154.5 亿欧元）的 2 倍还多，2015 年对外投资猛增至 1500 亿欧元。其最大的投资目的地为欧洲其他国家，共投资 710 亿欧元，美国为 630 亿欧元。到 2014 年底，爱尔兰对外直接投资存量达到 5230 亿欧元，绝大部分流向了欧洲其他国家。而从部门分布情况来看，爱尔兰对外直接投资的最大流向是服务业，到 2015 年底该部门的对外直接投资总额累计为 7330 亿欧元，其中 79% 注入了其他欧盟国家。流入制造业部门的对外直接投资总额为 5600 亿欧元。

2. 债务

21 世纪之前，爱尔兰政府的外债水平相对较高，常年在国民生产总值的 50% 以上，特别是 1985～1989 年的 5 年间，其外债水平超过了国民生产总值。但从 2000 年开始，爱尔兰债务水平逐步下降，到金融危机爆发之前的 2007 年，爱尔兰公共债务占国民生产总值的比例仅为 22%，即 375.6 亿欧元，尚在政府可控制范围之内。真正压垮爱尔兰并导致其债务高企、迫使其接受欧盟和国际货币基金组织援助的"最后一根稻草"是爱尔兰银行业。2010 年 9 月，爱尔兰政府曾声称，为挽救银行业，爱尔兰需注入至少 500 亿欧元资金，相当于国内生产总值的 30%。此举导致公共财政状况迅速恶化，当年财政赤字飙升至国内生产总值的 32%。由于"受累于"银行业，爱尔兰政府在经过长时间的犹豫不决之后，最终不得不接受救助。此后，爱尔兰债务水平连年上升，2011 年突破千亿欧元大关，占国内生产总值的比例也超过了 100%，而且连年有增无减。到 2016 年底，爱尔兰国债为 2073 亿欧元，其中，政府债务为 1380 亿欧元，占国民生产总值的比例为 75%。

（三）外汇储备

20 世纪 90 年代初以来，爱尔兰外汇储备相对稳定，但在 1992 年末到 1993 年初，由于在欧洲货币机制中无法有效捍卫爱尔兰镑的地位，其外汇储备减少了 31 亿美元之多。爱尔兰加入欧元体系之后，外汇储备进一步减少，因为作为外汇储备掌管者的中央银行已不再需要直接介入外币价值的管理工作。2005 年底，爱尔兰的官方外汇储备（不含黄金）为 7.44 亿欧元。但从 2009 年底开始，爱尔兰外汇储备显著增加，达到 15 亿欧元，之后大体保持在相对稳定的水平。到 2015 年底，爱尔兰共有外汇储备 20.14 亿欧元，其中黄金储备为 1880 万欧元，特别提款权为 8290 万欧元，在国际货币基金组织的抵押储备金为 3290 万欧元。

三　著名跨国公司

爱尔兰采取了各项优惠措施努力吸引外资，并取得了显著效果，大量处于行业尖端的跨国公司纷纷利用爱尔兰的优势，在这里建立制造和研发基地，有些公司还将其欧洲总部设在爱尔兰，以此作为进入欧洲市场的"跳板"。下面对其中一些最著名的跨国公司予以简要介绍。

英特尔（Intel）　是世界上最大的半导体芯片制造商。该公司从 1989 年开始在爱尔兰投资设厂，目前除在基尔代尔郡的莱克斯利普（Leixlip）设有芯片制造厂外，还在科克郡和香农开发区设有研发机构。英特尔欧洲总部即设在此处。莱克斯利普制造基地是英特尔公司在美国以外的最大芯片制造中心，与设在美国的研发部门紧密合作，开发下一代制造加工技术。2012~2014 年，英特尔公司共投资 50 亿美元用于改造设在爱尔兰的芯片制造中心，并致力于投资生产 14 纳米以下的下一代芯片。英特尔公司在爱尔兰共有雇员 5200 人，其中莱克斯利普生产中心有雇员 4500 人。香农研发中心成立于 2000 年，是英特尔公司的欧洲核心研发基地之一。科克研发中心成立于 2011 年，是在收购全球安全软件公司 McAfee 之后成立的，也是英特尔安全集团（Intel Security Group）的组成部分。此外，英特尔公司还在都柏林设有游戏科技公司 Havok，致力于商用游戏软件和娱乐产业的开发。截至 2015 年底，英特尔公司已在爱尔兰投资 125 亿美元。

家乐氏（Kellogg's） 是全球领先的麦片和方便食品供应商。该公司于 2005 年在都柏林设立欧洲总部，其营运中心配置了市场营销、销售、供应链管理、融资、财务及人力资源等职能部门，为其不断增长的欧洲市场服务。该中心还为设在其他欧洲国家的生产部门提供后勤支持，同时负责协调业务配置战略、业务重点和优先目标等，以及生产和分销方面的运作。该中心为家乐氏提供了一个成本收益极佳和高效营运的基地，同时使其获得了进入欧盟市场并与之建立紧密联系的机会。

微软（Microsoft） 是世界上最大的独立软件公司，微软（爱尔兰）公司成立于 1985 年，是微软在欧洲设立的首个制造和分销中心。它最初是一个仅有雇员 100 多人的小型制造厂，30 多年间已经发展成为负责产品开发及本地化、金融服务、供应链管理、客户服务、数据托管、销售以及市场营销等业务的多功能中心，微软公司的欧洲运营中心和欧洲产品研发中心也均设在爱尔兰，在都柏林共有 4 个地区运营中心。微软（爱尔兰）公司也是爱尔兰软件行业规模最大的公司，拥有员工 1900 多人。2005 年，微软在爱尔兰设立了新的研发中心，负责核心产品的研究、设计和开发。2009 年，都柏林成为微软建设大型数据中心的第一个欧洲城市。2013 年，微软公司向在都柏林附近的数据中心投资 2.3 亿美元。2015 年，微软公司在都柏林又新建了一个数据中心，计划投资 7000 万欧元。当年 10 月，微软位于都柏林的新园区正式破土动工，预计耗资 1.52 亿美元，总占地面积 37 万平方英尺。微软（爱尔兰）负责人还表示，微软可能进一步扩大在爱尔兰的业务，并提出计划把在爱尔兰的项目打造成进入欧洲市场的"快速通道"。微软（爱尔兰）公司是微软在美国之外建立的第一个数据中心，爱尔兰数据中心是微软公司存储私人电子邮件和其他账户资料的数据中心。在 2008 年金融危机爆发后，微软在爱尔兰的投资对于爱尔兰的经济恢复起到了一定的作用，特别是在出口方面。2015年，微软超过谷歌等公司，成为爱尔兰最大的出口公司，出口额达到 182 亿欧元，比上一年增长 21%。

IBM 是最早进入爱尔兰的外资公司之一，早在 1956 年就开始在爱尔兰开展业务。作为 IT 产业的巨头，该公司的业务涵盖计算机、软件、信息存储等多个方面。该公司在爱尔兰共有员工 3000 多人。自从联想集团收购 IBM 集团计算机分部之后，原 IBM（爱尔兰）公司计算机分部的员工已经隶属于联想集团，IBM 在爱尔兰的业务也不再包括计算机制造和销售。IBM 除在都柏林的总部、技术中心以及面向世界市场的"欧洲销售与服务支持中心"以外，还在科克和戈尔韦设有实验室。2010 年 7 月，在都柏林正式成立 IBM 公司爱尔兰研发中心，该中心是在欧洲设立的第三个此类研发中心。2015 年，IBM（爱尔兰）公司的销售收入为 818 亿美元。

戴尔（Dell） 戴尔（爱尔兰）公司是爱尔兰最大的出口企业之一，为爱尔兰的经济发展做出了巨大贡献。该公司年出口量占爱尔兰出口总量的 5.5%、爱尔兰国内生产总值的 2%、经济消费总量的 4%。该公司作为戴尔集团在欧洲最大的制造和组装中心（生产电脑以及硬件设备），与戴尔（厦门）公司合作密切。戴尔（爱尔兰）公司的雇员人数在爱尔兰信息通信技术行业位居第二，其分别设在利默里克和都柏林的生产企业共有员工将近 4500 人。

惠氏（Wyeth） 是全球领先的制药和保健品生产企业。惠氏营养品（爱尔兰）有限公司于 1974 年成立，在爱尔兰利默里克郡阿斯基顿市建立生产基地，是欧洲先进的婴幼儿营养品工厂，也一度是惠氏最大的婴幼儿奶制品及营养品生产基地，年产量在 4 万吨左右，其中 75% 以上出口到非洲、亚洲、澳大利亚和拉丁美洲等地。惠氏生物制药公司还投资 15 亿美元，在都柏林建立了世界上最大的生物制药厂，生产一系列重组生物医药制品和人用疫苗。惠氏集团下属的研究公司在都柏林大学的康威研究所建立了一个生物治疗药物开发研究室，专注于产品开发、临床前研究以及药物发展技术。2010 年惠氏被辉瑞药厂收购后更名为辉瑞营养品（爱尔兰）公司，2012 年底又被雀巢公司收购，重新更名为惠氏营养品有限公司。惠氏在爱尔兰拥有员工约 600 人。

辉瑞（Pfizer）制药公司 是爱尔兰最大的制药公司之一，也是最早进入爱尔兰的制药公司之一，1969 年开始在爱尔兰设立生产基地。辉瑞公司在爱尔兰共有 7 个生产和研发基地，分别位于都柏林、科克、基尔代尔和斯莱果，有雇员 3300 人。辉瑞爱尔兰公司生产的药品中有一些是全世界最畅销，也是最新的产品。它既是辉瑞公司最重要的生产基地，也是重要的研发中心。辉瑞公司还在爱尔兰设立了全球金融服务中心和全球财务运营中心。辉瑞爱尔兰制药公司的总资本投入超过 70 亿美元。

贝尔实验室（Bell Labs of Lucent Technologies） 隶属世界上领先的通信技术公司朗讯公司（Alcatel-Lucent），于 2005 年在爱尔兰设立了贝尔实验室中心，朗讯公司和爱尔兰工业发展局为其共同投资超过 4300 万欧元。爱尔兰贝尔实验室的功能相当于该集团的研发总部。此外，贝尔实验室还以都柏林三一学院为总部，建立了通信价值链研究中心。该中心与爱尔兰其他 8 所主要大学和技术研究所均建立了联系。它专注于电信行业的产品工程、制造及价值/供应链技术、工具和技术的研究工作，特别是与无线技术有关的工作。

谷歌（Google） 成立于 1998 年，目前是世界上最大的因特网搜索引擎公司，总部设在美国。谷歌于 2003 年进入爱尔兰，随后将其欧洲总部移至都柏林，它是谷歌最大的海外分公司，服务对象遍及欧洲，为来自 35 个不同国家和地区的客户提供服务。此外，谷歌（爱尔兰）公司还设有谷歌中东和非洲服务中心，负责对这些地区的谷歌用户提供包括广告在内的服务。谷歌（爱尔兰）公司在 2007 年跻身爱尔兰十强公司之列，当年营业额达 30 亿欧元，现有雇员 1500 人。

塞普（SAP） 是世界第三大独立软件公司，也是商业软件解决方案的领先供应商。它于 1997 年在爱尔兰开设分公司，主要致力于销售与客户支持，在都柏林和戈尔韦设有分支机构。设在都柏林的分支机构主要负责向其在欧洲和美国的大公司客户提供服务和支持；而设在戈尔韦的分支机构主要为中小企业提供多种语言（共有 29 种语言）的支持和技术服务等。其商业管理产品"Business One"是该公司未来增长战略计划的一部分。该公司设在爱尔兰的分公司是其最大的全球支持中心，共有雇员 1700 人左右，他们均通晓欧洲各国语言，兼具 IT 技术、商务以及沟通技能。

强生（Johnson & Johnson） 是消费、医药以及医疗器械领域综合能力最强的保健产品供应商。该集团在爱尔兰有数个重要的制药和医疗器械公司。强生公司早在 1935 年就已进入爱尔兰，迄今已有 80 多年的历史，雇用员工 2000 人左右。位于科克的扬森生物制药有限公司（Janssen Pharmaceutical Companies of Johnson & Johnson）是强生集团在爱尔兰的子公司之一，专门生产用于检测和治疗多种人类疾病的产品。它在生物医药领域处于全球领先地位，其产品主要涵盖三个领域，即心血管疾病、免疫系统失调和癌症。强生还在都柏林和利默里克设有分支机构。

赛灵斯（Xilinx） 是世界领先的可编程逻辑解决方案供应商，也是行业内公认的技术创新者。它设在爱尔兰的公司是北美以外地区规模最大的基地，也是其欧洲运营总部，负责财务、法律事务、IT、战略营销以及整体商务运营管理，还负责部分产品线的全球性经营。赛灵斯研究实验室专攻网络连接和新兴网络体系结构等领域，同时也积极与爱尔兰其他学术性及商业性研究机构合作开展研究工作。

惠尔浦（Whirlpool） 是主要家用电器的全球性生产商。惠尔浦在都柏林的共享服务中心是一个卓越的营运中心，为其在欧洲的 24 家公司提供财务会计支持。其业务范围包括集团财务盘整及报告、管理层报告、库存核算、财务核算、不动产管理以及领导项目管理。

第五章

军　事

第一节　军事政策与防务结构

一　军事政策与防务战略

（一）中立政策的确立

爱尔兰在军事上实行中立政策。这一政策由来已久，是由多种原因造成的，但最终促成爱尔兰正式宣布实行中立，并将其作为一项永久性外交与防务政策的原因是第二次世界大战的爆发。随着欧洲大陆的形势日益紧张，1939 年 4 月，当时的爱尔兰总理德·瓦勒拉明确表示，如果战争爆发，那么，爱尔兰政府政策的目的是"保持并维护我们的中立"。1939 年 9 月 1 日，德国袭击波兰；德·瓦勒拉在当天就明确向英国首相张伯伦表示，爱尔兰的外交政策是明确的，即保持中立政策。9 月 2 日，爱尔兰众议院经过激烈讨论，最终一致同意实行中立外交政策，并宣布国家进入"紧急时期"。9 月 3 日，英国和法国对德国宣战，德·瓦勒拉同时在都柏林宣布："爱尔兰议会已经做出决议，要使我们的人民远离战火，爱尔兰不会加入英国对德宣战的行列，而且对各交战国奉行严格的中立政策。"中立政策由此成为爱尔兰最根本的外交政策和防务政策，爱尔兰也因此成为英联邦中唯一没有追随英国参加第二次世界大战的国家（但仍有一些爱尔兰公民参加了盟军军队）。尽管国内时常有人对中立政策提出质疑，但到目前为止，爱尔兰一直是世界上恪守中立政策最为严格的国家之一。

1996 年发表的外交政策白皮书指出："绝大多数爱尔兰人民珍视军事中立政策，并且承认中立政策所蕴含的价值——无论是在和平年代还是在战争期间。中立一直是国家对待武装冲突的政策，也是爱尔兰旨在促进国际和平与安全的更广泛的行动的基础。"但几十年来，中立只是爱尔兰政府的一项政策，并未写入宪法，这也是爱尔兰国内围绕中立政策的辩论一直没有停歇的原因。

（二）防务政策的发展

一个国家的防务政策以对防务与安全环境的现实与理性评估为基础。在冷战时期，爱尔兰实施军事中立政策的大环境是以美苏为首的两大军事政治集团之间的对峙，由于当时存在爆发军事战争的可能性，因此，传统安全和传统军事手段是国家防务政策的核心。随着冷战的结束和东西方紧张局势的总体缓和，爱尔兰的外部安全环境与其他西欧国家一样得到显著改善。与此同时，随着《贝尔法斯特协议》的签署和北爱和平进程的发展，爱尔兰岛内部的安全环境也变得更为宽松。因此，从 20 世纪 90 年代起，爱尔兰政府开始对防务政策重新进行评估和调整。

在 1996 年的《外交政策白皮书》中，爱尔兰政府建议本国加入北约"和平伙伴关系计划"，并参与西欧联盟的人道主义救援行动。但如何在使用武力和保持中立这两者之间保持平衡一直是爱尔兰各界争论的焦点。20 世纪 90 年代，在关于是否批准欧盟《尼斯条约》的辩论中，爱尔兰的欧盟成员国身份与其中立政策是否相符就是争论的焦点之一。为消除人们的疑虑，欧盟成员国在《关于〈尼斯条约〉的赛维利亚声明》中再次肯定了爱尔兰的"军事中立传统"。2000 年，爱尔兰政府发表了有史以来的首份《防务白皮书》。之后，爱尔兰政府对军队的任务和结构进行了一定调整。

在此期间，爱尔兰国内关于中立政策的界定和范围仍然争论不休。例如，2006 年 2 月，当时的国防部长维利·奥迪（Willie O'Dea）宣布，爱尔兰政府将就是否加入欧洲战斗小组开启谈判，要求首先获得联合国的授权。此举遭到了绿党的反对，该党外交事务发言人对这一决定提出了批评，认为这意味着政府放弃了中立政策。而在共和党与工党联合政府上台后，反对党统一党也曾对政府的中立政策提出质疑。2012 年，大批民众抗议美国军队使用香农机场，认为此举与爱尔兰的中立政策不符，爱尔兰议会成立了两院联合委员会，专门讨论这一问题。2013～2016 年，两院联合委员会经过无数次讨论，最终提交了一份报告，但并未做出结论，只是建议议会上下两院就中立政策展开辩论，并认为可将此事交由全民公投。

近年来，非传统安全威胁越来越成为各个国家面临的主要威胁。根据变化了的安全形势，2015 年 8 月，爱尔兰政府发布了新的防务白皮书，特别对变化后的安全环境进行了重新评估，并明确提出了爱尔兰国防部门今后 10 年以至更长时间内面临的任务。该白皮书指出，今天，除了与领土主权相关的传统安全威胁以外，影响世界的安全威胁范围正在扩大，而且，这些威胁越来越相互联系，越来越多样化，也越来越不可预测。与此同时，内部安全和外部安全之间的界限也越来越模糊。此外，诸如移民、气候变化、网络攻击、能源供应、恐怖主义、有组织犯罪等非传统安全问题占有的地位也越来越重要。因此，如何应对这种不断变化的安全环境是爱尔兰国防政策的核心，也是爱尔兰军事力量的主要任务。同时，由于安全所涉及的范围越来越广泛，而且变得越来越复杂，因此，任何一个国家都不可能独自解决其面临的所有安全问题。爱尔兰是个小国，且高度依赖全球贸易，非常容易受到其他国家发生的安全威胁的影响，因而必须开展国际合作。

在上述背景下，《防务白皮书》指出，国家赋予爱尔兰防务力量的使命包括以下几个方面。

第一，保卫国家抵御传统武装入侵。尽管从总体上说，目前发生别国武装入侵的可能性很低，但并不能完全排除这种情况，特别是乌克兰危机在很大程度上颠覆了关于欧洲安全的认知。

第二，维护全球与地区安全。由于国际安全环境愈益复杂多变，且其他地区和国家的安全威胁很容易影响到爱尔兰的安全，因此，维护全球与地区安全符合爱尔兰的国家利益。爱尔兰希望在联合国的支持和授权下，参加跨国维和行动、危机管理和人道主义救援行动，包括联合国批准的地区安全行动等。

第三，更加深入和积极地参加欧盟的相关活动。

第四，对民防力量提供援助，特别是根据请求，对司法部和警察力量（对维护法律和爱尔兰国内秩序与安全负有主要责任）提供援助，以保护国家的内部安全。

第五，保护海洋资源和港口安全，同时爱尔兰作为欧盟成员国有义务提供渔业作业保护。

第六，紧急援助与危机处理，如严重网络攻击、导致大规模健康问题的传染病、资源短缺，以及其他类型的自然灾害或人为灾害。

第七，单独或者与其他机构共同执行其他民事任务，如搜寻和救助、空中救护服务、部门空运服务、帮助清除海上油料污染等。

第八，根据政府的指令提供礼仪服务。

与其他一些军事大国不同，由于规模很小，且实行中立政策，爱尔兰的防务力量并不以威慑功能作为其最主要的职能。相反，它主要负责执行范围广泛的诸多日常活动，如救护、紧急援助、押运犯人时提供护卫、处理爆炸物等事项。

白皮书还特别强调，"人"永远是最核心的因素。因此，该白皮书特别强调对人员的教育和培训等问题。

二　国防体制与防务管理

爱尔兰国防部成立于1924年，从总体上负责与防务有关的政策规划、立法和管理活动。国防部就其职责功能而言，可划分为军事与文职（非军事）两个方面。军事功能主要由总参谋长与各军种的防务力量承担，国防部主要承担文职类功能。

（一）国防部文职类职能

国防部首要的文职功能是为作为部门首长的国防部长提供支持，特别是提出政策建议和在诸多防务事宜方面提供支持，例如为部长起草和贯彻执行政策提供帮助。文职方面的职能还包含一些具体职责：例如管理立法，制定规章、诉讼与土地政策，以及管理一些以部长的名义实施的相关事务；管理国防部的人力资源及工业关系（类似雇主与职工之间的关系）；对防务力量就安全、紧急事态以及为社区所提供的服务进行协调；为防务力量与其他政府部门、公共机构、欧盟以及公众代表之间提供联络渠道。在涉及海外活动的政策领域，在推动爱尔兰履行在国际安全与维和领域所承担的义务方面，文职机构也扮演着重要的协调角色；它同军事机构一起在紧急事态应对计划的协调与监控方面，承担着重要的战略责任。

国防部秘书长是国防部长的主要政策顾问，此外，他还承担主审计长的角色，负责对所有军费开支进行审计，对防务力量提供行政服务支持，包括发放薪资，管理重大采购和工业项目，管理用于军事目的的土地等。近年来，防务力量获得了相当大的财务授权，特别是在物资和服务采购领域。

此外，国防部还负责管理退休军人的养老金，以及管理民防组织和爱尔兰红十字会等。

（二）战略管理委员会

战略管理委员会（Strategic Management Committee，SMC）是一个由文职官员与军事官员共同组成的联合委员会，负责处理重大的防务政策问题。其成员包括国防部秘书长（委员会主席）、总参谋长、两位副总参谋长和国防部两位助理秘书长。空军和海军的总指挥官在政策涉及与各自职责相关的事项时也出席会议。

（三）应急规划与管理

在 2001 年"9·11"事件发生后，爱尔兰政府成立了"紧急事项规划任务小组"（Task Force on Emergency Planning），由国防部长任主席，成员包括政府各部及一些主要公共机构的部长或高级官员，目的在于为政府各部门的紧急事项规划提供战略指导和组织协调。同时，在国防部内设立"紧急事项规划办公室"（Office of Emergency Planning），负责制订针对包括国际恐怖袭击在内的紧急事件的应急计划，同时对政府其他各部门的行动予以协调，并负责监督和平时期的相关规划，以确保资源应用的最大效率以及不同计划要求之间的协调性。另外，该办公室还负责辅助紧急事项规划任务小组的工作。所有政府部门和相关机构都须对紧急事项规划办公室的工作予以支持和合作。同时，该办公室还与其他欧盟成员国，特别是英国的紧急规划机构保持定期联系，并进行信息共享。该办公室还设有"国家紧急事项协调中心"，主要负责组织与紧急规划有关的会议，例如，2013 年 12 月底到 2014 年 2 月期间为应对严寒，该办公室组织了一系列协调会议以应对严酷天气，其间发挥了重要作用。

2012 年 12 月，紧急事项规划办公室发表了"爱尔兰国家安全风险评估"报告，对于四类风险，即自然风险、交通风险、技术风险与民事风险进行了详细评估，并对有可能构成国家安全威胁的风险予以了明确，例如恐怖主义、严重自然灾害、传染病、关键基础设施的缺失、对能源供应的破坏，以及网络攻击等，都可能成为国家安全的重要威胁因素。以此为基础，爱尔兰政府于 2014 年发表了《国家风险评估》。该报告将爱尔兰面临的风险划分为五类：经济风险、环境风险、地缘政治风险、社会风险和技术风险，并且指出，每一种风险都有可能演化为对安全的挑战。

三 防务力量与结构

爱尔兰的军队是与共和国同步成长的，但其历史要更为悠久一些。

爱尔兰军队的历史可追溯至 1913 年成立的"爱尔兰志愿军"（Oglaigh na hEireann），次年该志愿军迅速发展到 18 万人。后来，爱尔兰共和兄弟会秘密掌握了这支队伍，并组织其发动了 1916 年的起义，他们也参加了 1919～1921 年的独立战争和 1922～1923 年的爱尔兰内战。1923 年，爱尔兰共和国成立后，政府决定削减军队规模，并对防务力量进行重组，以使其更加适应和平时期的需要。1939 年，即二战前夕，爱尔兰常备军仅有不足 2 万人。1946 年，爱尔兰军队人数减少到 1.25 万人，其中，陆军到 1947 年 3 月减少到 8803 人，由三个旅组成。1956 年，爱尔兰共和军发起"边境运动"，多次袭击英国军队。为此，爱尔兰军队的防务重心也向边境地区转移。1962 年，该项运动终结。1969 年，北爱尔兰发生第一起严重暴力事件，自此一直到 1998 年《贝尔法斯特协议》签署之前，爱尔兰军事力量的主要任务转为对英爱边境的民事力量提供支持，岛内安全也成为爱尔兰防务的重中之重。1998 年之后，随着北爱和平进程的实质性推进，爱尔兰军队经历了重大改革，其职能的重心进一步向为民事力量提供援助的方向转移，同时也采取了一些重组措施，无论是在装备还是在训练等方面均更加向现代化方向发展。

（一）防务结构

根据爱尔兰宪法，国防力量由总统统帅，所有军官都由其任命。军事指挥权由国防部行使。但事实上，有关军事指挥方面的命令一般由总参谋长下达。总参谋长由国防部长提名，政府批准，总统任命，并直接对国防部长负责。也就是说，总参谋长是爱尔兰三军部队的最高军事指挥官，负责对防务力量的日常监督。1998 年，爱尔兰成立了防务力量司令部，其首脑为总参谋长。总参谋长下设两名副总参谋长，一名负责作战事宜，一名负责后勤支持；此外还设有一名助理参谋长，负责补给支持等事项。

爱尔兰防务力量规模本就不大，近年来还一直处于不断削减的过程中。

爱尔兰国防力量由常备军和预备役两部分组成。截至 2015 年底，由陆海空三军组成的常备军共有 9140 人（2012 年的一项军队改革规定，爱尔兰常备军规模最多不超过 9500 人），其中，陆军 7309 人，空军 748 人，海军 1083 人。另外，陆海空三军还有 406 名文职人员。常备军服役人员平均年龄为 35 岁，其中 40 岁以下的占 68%。预备役由一线预备役（常备军的原成员）、陆军预备役和海军预备役组成。2012 年 11 月发表的一份预备役评估报告认为，2005～2012 年间（该评估报告所涵盖的时间），爱尔兰的预备役存在人员不足、人员流失严重、组织结构过于庞杂、效率较为低下等比较严重的问题。2013 年 3 月，爱尔兰政府出台的一项政策文件规定，预备役规模最多不超过 4069 人。截至 2015 年底，一级预备役共有 240 人，陆军预备役共有 2142 人，海军预备役共有 138 人，总计 2520 人。

2012 年，爱尔兰对全国的防务力量进行了重组，由原来的总共 3 支国土防卫部队改组为 2 支，即南部和北部两个防区（原来为东部、南部和西部 3 个防区）。陆军也随之进行了相应的调整，由原来的 3 个步兵旅改建为 2 个旅：第一旅负责爱尔兰南部防区的军事行动，总部设在科克；

第二旅负责爱尔兰北部防区的军事行动，总部设在都柏林。每个旅有 9 个兵团，分别为步兵团、骑兵团、炮兵团、通信与后勤保障兵团、工兵团、军需供应兵团、医疗兵团、交通兵团和宪兵队。另外，陆军还设有防务力量训练中心，包括 3 个学院：军事学院、战斗支援学院和战斗服务支援学院。陆军预备役也设在防务力量训练中心。除此之外，还有一些特殊军事建制，如坐落在都柏林凯瑟尔·布鲁哈军营（Cathal Brugha Barracks）的军队音乐学校和坐落在都柏林麦克基军营（McKee Barracks）的骑兵学校等。

空军部队的基地设在位于都柏林鲍尔冬尼尔（Baldonnel）的凯斯门机场（Casement Aerodrome）。该基地是空军的主要运营中心，从事诸如渔场监视、搜救、空中救护和支援民防力量等活动。除此之外，飞行和技术训练也在这里进行。2012 年，爱尔兰国防部与卫生部就提供直升机空中紧急医疗救援签署了一项谅解备忘录。2014 年全年，爱尔兰空军完成了约 100 次转移病人的任务。2015 年 7 月，爱尔兰政府批准设立永久性空中医疗救援服务。截至 2014 年底，空军部队共拥有 16 架固定机翼飞机、10 架旋转式机翼直升机，以及一些侦察机和教练机。固定机翼飞机包括：2 架 CASA CN235 型海上巡逻机，1994 年投入使用，主要承担近海巡逻任务；5 架 Cessna FR 172H 型飞机，1972 年投入使用，主要承担空中巡航任务；1 架 Learjet 45，2004 年投入使用，主要承担空中运输任务，同时也行使转运病人的职能；1 架 Pilatus Britten Norman Defender 4000 型飞机（与司法部共有），1997 年投入使用；7 架 Pilatus PC – 9M 型飞机，2004 年投入使用，主要用于培训。直升机机群由 6 架 Augusta Westland AW139 型飞机（2006 年首次投入使用）、2 架 EC 135 P2 型飞机（2005 年投入使用）和 2 架 EC135 T2 型飞机组成（与司法部共有）。根据 2015 年《防务白皮书》，空军未来发展的重点是在资金允许的情况下，优先发展雷达监控系统。空军学院是爱尔兰空军的主要培训机构，由飞行培训学校、技术培训学校和军事培训与生存学校三个部分组成。空军学院共有 7 架飞机和 2 架模拟训练机。

爱尔兰海军总共装备有 8 艘舰船（《防务白皮书》认为这是最低要

求），包括 1 艘舰载直升机战舰、3 艘近海巡航舰、2 艘大型巡逻舰艇和 2 艘海岸巡逻艇。全部舰船都以科克郡的豪尔鲍林（Haulbowline）岛为基地，主要执行保护领海、海洋巡逻和渔业保护等任务。爱尔兰还设有国家海军学校，该校成立于 2004 年，与科克理工学院合作培养海军和平民海员。根据《防务白皮书》的规划，海军将更换 1 艘直升机战舰、3 艘近海船只和 2 艘海岸巡逻艇。海军司令部设在科克。

（二）兵役制度

爱尔兰实行自愿兵役制。应征入伍后，新兵先要在常备军中服役 5 年，接着再服预备役 7 年。陆海空三军的军校每年都征招学员入伍，并根据需要征招各兵种的见习生。

（三）国防预算与支出

2008 年以后，由于爱尔兰持续实行财政紧缩政策，国防预算开支也在不断减少。2014 年，爱尔兰用于防务的总支出为 8.99 亿欧元，其中将近一半用于常备军队的薪金和补贴，为 4.23 亿欧元，用于军队退休人员的抚恤金、养老金和伤残补贴等方面的费用为 2.26 亿欧元。2015 年国防预算（不包括养老金）仅为 2008 年的 20.8%、2007 年的 14%。

四 民防组织

国防部也负责民防力量的总体规划、组织和合作事宜，包括为地方机构提供特别指导等。在为民防力量提供安全维护、渔场保护、搜寻和营救、空中紧急服务等方面，国防部也发挥着关键作用。

爱尔兰的民防组织建立于 1951 年，是国家防务结构的一个组成部分，其最初的功能是作为战争时期的民事应急机构。随着冷战的结束，民防组织的功能转向主要为应对突发事件提供支援，同时也提供社区支持，包括慈善和体育活动等。国防部下设民防司，负责民防工作的规划、财政监督和集中训练，以及指导地方政府的民防活动。具体民防服务由 32 个地方机构分别负责，并由专门的民防官员负责监督，该官员同时向郡、市首长定期汇报相关情况。截至 2015 年底，该组织共有 3686 名注册成员，在自愿基础上提供相关服务。爱尔兰有一所民防学院，专门用于培训志愿者。

2015 年，爱尔兰政府共向地方机构拨款 275 万欧元用于民防事务（不包括额外的培训与购买装备的费用）。

民防机构提供的服务包括：急救和救护车服务；在地面和水上进行搜索或开展恢复工作；充任后勤管理人员；在发生洪水或暴风雪等恶劣天气时提供援助；对重大突发事件做出反应；在遇到森林火灾等紧急情况下提供帮助；以及视需要为解决难民问题提供帮助等。

另外，爱尔兰红十字会尽管是一个独立机构，但其立法事项传统上要经由国防部提交政府，此外，国防部每年也向爱尔兰红十字会提供一定数量的赠款，用于其人员工资发放和日常管理。2014 年，爱尔兰国防部共向红十字会赠款 86.9 万欧元，其中 13 万欧元作为对后者的捐助。

五　对外军事关系

爱尔兰的中立政策决定了它不得参与任何一方的战争，但这并不等于说它不得参与任何武装行动。爱尔兰宪法第 29 条指出，爱尔兰"申明它致力于各民族之间基于国际正义与道德基础实现和平与友好合作的理想"。为此，爱尔兰寻求通过多种途径，尤其寻求通过参与世界范围内的维和与人道主义行动，特别是联合国的维和行动实现这一理想。爱尔兰政府明确提出了参加维和行动的三项原则：维和行动必须得到联合国的批准或授权；必须得到爱尔兰政府的批准；在参加行动的爱尔兰军队数量超过 12 人时，必须得到爱尔兰议会的批准。

爱尔兰于 1955 年加入联合国，从 1958 年起，爱尔兰开始承担国际维和使命，当年派出一支 50 人的军官团参与联合国观察团在黎巴嫩的行动。这是爱尔兰第一次参与联合国维和行动。1964 年 7 月，爱尔兰派驻了一支部队参与在塞浦路斯的维和行动，主要任务是维持土耳其人社区与希腊人社区之间的和平，此项任务直到 2005 年才结束，这也是爱尔兰参与的持续时间最长的一次维和行动。除联合国维和行动以外，爱尔兰还参与了欧洲联盟、欧洲安全组织、北约以及其他一些国际组织和机构的维和行动。所涉及的国家和地区有：阿富汗、刚果民主共和国、中非共和国、象牙海岸、西撒哈拉、乍得、中美、俄罗斯、东帝汶、柬埔寨以及中东和巴尔干等。其中最富挑战性的行动是：爱尔兰曾先后在欧盟和联合国的旗帜下，参与了在乍得与中非共和国的维和行动，部署了由爱尔兰主导的一个营的兵力，以保护平民，协助运送人道主义援助物资，并确保联合国人员的安全。

截至 2014 年底，爱尔兰正在执行的海外维和任务有：联合国西撒哈拉全民投票特派团（MINURSO，1991 年开始执行，爱尔兰有 3 人）、联合国刚果观察团（MONUC，2001 年开始执行，爱尔兰有 4 人）、北约领导的驻阿富汗军事行动（ISAF，2001 年开始执行，爱尔兰有 7 人）、欧盟领导的在波黑的危机管理行动（EUFOR/SFOR，1997 年开始执行，爱尔兰有 7 人）、北约"和平伙伴关系计划"框架下的科索沃维和行动（KFOR，1998 年开始执行，爱尔兰有 12 人）、联合国领导的派驻中东的维和行动（UNSTO，包括叙利亚、约旦、黎巴嫩和以色列，行动始于1958 年，爱尔兰有 12 人）、联合国领导的"脱离接触观察员部队"（UNDOF，位于戈兰高地，行动始于 1997 年，2013 年 9 月以后爱尔兰派驻了 138 人）、联合国领导的驻黎巴嫩维和部队（UNFIL，始于 1978 年，爱尔兰共有 190 人）。截至 2014 年底，已有 85 名爱尔兰防务部队成员在国外执行任务期间死亡，还有 1 人失踪。

爱尔兰还向欧盟、北约和欧洲安全组织等国际组织驻布鲁塞尔和维也纳的相关机构派出了参谋人员或代表。

除参加欧盟领导的海外危机管理和军事培训援助项目以外（如 2013年派 10 人参加欧盟派驻马里的军事培训团队），爱尔兰自加入欧盟以来，一直积极参与欧盟的其他有关活动。尽管欧盟条约并没有规定成员国相互提供防务保障，但随着一体化，特别是政治一体化进程的不断深入，尤其是《马斯特里赫特条约》生效后，欧盟成员国在安全与防务领域的相互依赖日益增强。2009 年生效的《里斯本条约》进一步规定，共同安全与防务政策是共同体外交与安全政策的组成部分，为欧盟提供了利用民用和军事资源实施行动的能力。而且，《里斯本条约》还首次明确规定，在某一成员国领土遭到武装入侵的情况下，其他成员国应依据《联合国宪章》第 51 条，承担尽其所能向该成员国提供援助与协助的义务。尽管考虑到爱尔兰等国家的中立地位,《里斯本条约》同时提出,该义务并不影响某些成员国"安全和防务政策的特征",但是,该条约毕竟为欧盟成员国之间的集体防卫提供了新的法律基础,而且,欧盟国家的共同安全政策也很有可能最终形成共同防务政策。特别是随着欧盟安全与防务一体化向实质性领域发展,爱尔兰的中立政策将面临更为现实性的挑战。2000 年 11 月,欧盟国防部长会议决定组建一支 6 万人的快速反应部队,以处理突发性危机。爱尔兰参加了这支部队执行的一些任务,派遣了 1 个配有特种作战排的步兵加强营(总人数约 850 人),这对兵员不多的爱尔兰武装力量来说,几乎已达到了极限。但有人认为,爱尔兰参加欧盟快速反应部队与其中立地位相矛盾。为此,爱尔兰提出了一系列附加条件:此种行为只能是自愿的;在有联合国的委托作为前提条件的情况下,爱尔兰政府将依据本国法律就每一种情况做出专门决定;等等。2004 年,爱尔兰还作为创始成员国加入了"欧洲防务署"(European Defence Agency)。欧洲防务署的宗旨是改善欧盟的危机管理能力,并对欧盟共同外交与安全政策提供支持。

爱尔兰的中立地位不允许它加入北约,因此它同盟国的合作只限于"和平伙伴关系计划"。爱尔兰加入这一计划的目的是"使国家的国防潜力保持在现代技术应有的层面",并提高与伙伴国协同作战的能力。同时,在联合国的授权下,北约组织有时也承担某些维和或支持和平的行动。如爱尔兰参与的联合国波黑稳定部队与驻科索沃的国际安全部队等,都属于这类性质。另外,爱尔兰武装力量还参加了美军、英军和北约其他成员国举行的联合军事演习。

2015 年,爱尔兰国防军常备部队参与国外维和与支持和平行动的人员为 1383 人。

第二节　内部安全

一　警察

在爱尔兰,警察(An Garda Síochána)是从事社会治安服务的国家执法队伍。除了在某些特殊部门，爱尔兰警察平常不佩带武器。爱尔兰警察作为一支有组织的力量，其源头可以追溯到 1822 年在区域基础上建立的郡保安队。这支治安部队后来被 1836 年成立的爱尔兰皇家保安部队和都柏林市保安部队所取代。1922 年爱尔兰自由邦成立后，都柏林保安部队与此前不久成立的警察部队于 1925 年合并成为统一的爱尔兰警察部队，设立了爱尔兰警察署。爱尔兰国家的内部安全主要由司法和平等部与警察署负责。警察部队的一般指挥、管理和控制则按照司法和平等部部长签署的条例执行，由政府任命的高级专员（警察总长）主持日常工作。而司法和平等部部长则就警察部队的履职情况向政府负责。警察署总部设在都柏林凤凰公园。在总长的领导下，有一个由 2 位副总长、1 名行政主管、12 位助理总长、1 名财务主任、1 名信息通信技术主任和 1 名医务主管组成的工作团队。1996 年引入了地区指挥架构，据此爱尔兰全国被划分为六个地区，都柏林大区是其中之一。每个区分别由一位助理总长掌管。2005 年颁布的《警察法》对爱尔兰共和国建立以来的警察运作方式进行了重大修改，设立了警察调查舞弊委员会、警察视察机构、警察后备队和警察联合委员会等机构。

警察的警衔依次递降为：总长、副总长、助理总长、大警督、警督、警官、警士、卫兵（警察）。警力分为 25 个警司，每个警司又分为警区和分警区。警司包括侦查和制止犯罪的常规的和特殊的警力。警司也行使地方警察的管理职能。专门的警察培训学院坐落在蒂珀雷里郡的坦普尔莫尔市（Templemore）。卫兵在进入警察队伍之前，需经过为期两年的全面训练。

爱尔兰是发达国家中严重暴力犯罪率最低的国家之一，而案件侦破率与其他欧洲国家相当。在当代发达国家，毒品泛滥是对警察最为严重的挑战之一。毒品犯罪活动已成为一个全球现象，爱尔兰也不能幸免。爱尔兰的警务力量直接或间接地动用大量资源来解决毒品问题，并为此成立了"国家禁毒局"（National Drugs Unit，NDU），与海关、海军等其他部门和机构，以及北爱尔兰的相关机构就打击毒品开展合作。同时，爱尔兰国家禁毒局还与其他欧洲国家的警察机构进行合作，特别是英国、西班牙、荷兰和比利时等国，以共同打击毒品贩运。2014 年，爱尔兰国家禁毒局共逮捕 60 名与毒品贩运相关的罪犯，查没的毒品价值在 6.98 亿欧元。

1989 年，爱尔兰警察部队首次参加了联合国的维和行动，派出 50 名成员组成的小分队前往纳米比亚。自那时起，警察部队陆续参加了其他维和行动，特别是在安哥拉、柬埔寨、莫桑比克和东帝汶的行动。警察部队的小分队还参与了联合国在塞浦路斯和波斯尼亚－黑塞哥维那的维和行动，以及欧洲安全与合作组织在克罗地亚的行动。

根据 1996 年的犯罪资产（清算）法，爱尔兰成立了犯罪资产（清算）局，其成员来自警察部门、财政专员署、社会保护部以及司法和平等部。其办理的案件主要包括没收、冻结或掌控罪犯的财产，保证罪犯的财物上缴税务部门，调查和判定罪犯或犯罪嫌疑人根据社会福利法案提出的社会保障支付是否符合条件等。同时，犯罪资产（清算）局也就资产追缴与相关国家和国际组织开展国际合作。

截至 2014 年底，爱尔兰警察部队共有职员 16329 人（其中文职人员为 2406 人，警察 12799 人，警察后备队人员 1124 人）。爱尔兰还设有专门的警察学院，对警察进行培训。

二 突发紧急事项管理机制

在每个国家都会发生火灾、交通事故、涉及危险物品的事件以及严重的气候与自然灾难等紧急事项。其中大多数规模都不大，主要的应急服务机构可预先做好准备。但是，也不排除发生更为严重的突发事件的潜在危险，而且其影响程度有可能超出主要应急服务机构的应变能力。与其他许多发达国家一样，爱尔兰公众希望应急服务机构提高应对重大突发事件的能力。爱尔兰政府相关部门于 2006 年 9 月公布了《重大紧急事项管理架构》。该文件取代了 1984 年制定的《协调应对重大紧急事项的架构》，这是爱尔兰为提高应对这类挑战的能力而采取的一项重大措施。文件的主要目的如下：使主要负有对紧急事项做出反应职责的机构（地方当局、警察署和卫生服务执行机构）共同为处置大规模突发事件做出安排；使诸如防务部队、志愿紧急服务部门、私人部门和社区等其他服务机构，对紧急事项主要应对机构在协调一致处置重大事件过程中提供必要的帮助与支持。

所谓"重大紧急事项（或事件）"，是指这样一种事态发展：它们通常没有或很少有任何前兆，会引发人员伤亡，导致基本服务的严重破坏或财产损失，对事件发生地区的环境与基础设施造成的损害超出主要应急服务机构的正常恢复能力，因此需要启动新的特别程序，动员补充资源，以便做出有效、协调一致的回应。

爱尔兰重大紧急事项管理架构的设计，旨在为公众在突发事件期间提供保护、支持和福利，对公共安全做出有效安排，促进对环境、经济、基础设施和财产的保护。主要途径包括以下几方面：

——制定全国通行的应对紧急事项的具体要求和统一程序，包括重大紧急事项的宣布、各机构之间的职责分工、行动计划的指挥和监控，以及机构之间的协调安排；

——动员、监督和充分使用可支配的资源，在地方、地区、全国和国际层面做出尽可能适当的反应；

——确定与划分责任，落实机构间适当的协调安排，特别是当地方和地区层面对重大突发事件做出个别应对措施时应予以有效的协调；

——提供统一的专门术语，以促进协调工作的安全运行；

——识别并划分危险等级，以使现有的服务机构处于有准备的状态，并使其对一系列潜在的紧急事项发展做好应对准备；

——加强主要应对机构的应对能力，使其能够对重大紧急突发事件做出迅速而有效的协调反应；

——确保危机下游阶段及突发事件引发的后果得到有效的处置。

在管理架构确定共同安排的同时，也要适时根据每个事件的具体情况做出灵活处置。当宣布发生重大紧急事件后，管理架构将协调各方做出全面的应对措施安排。它不会也无意干涉相关机构针对某些特定事故或灾害所制定的具体程序；但它要确认什么地方需要这种程序，并要求相关机构制定相应的安排。

管理架构通常只处理发生在爱尔兰国内的重大紧急事项。由于在北爱尔兰边境地区发生的紧急事件有可能对边界两边都造成影响，因此，在这种情况下，它需要同北爱尔兰方面共享情报，并做出协调一致的反应。而某些突发事件有可能产生全国性影响，例如核事故、传染病或牲畜流行疫病的爆发。这种性质的紧急事件一般无法在地区或地方层面处理，延续的时间也较长。在这种情况下，政府主管部门或适当的全国性机构需要启动相关的全国性应急计划安排。近年来，由于其他一些欧洲国家接连发生了国际恐怖袭击事件，特别是2015年和2016年发生在法国、比利时和德国的恐怖事件，爱尔兰公众对恐怖威胁的关切日渐增加，导致恐怖袭击成为新的关注焦点。尽管相较其他一些西方国家，爱尔兰发生恐怖袭击的可能性低得多，但在应对可能发生的恐怖袭击方面国家仍不能掉以轻心，这也因此成为重大紧急事项管理架构今后的重要任务之一。

第六章

社　会

第一节　国民生活

一　国民收入

　　爱尔兰共和国成立以来，在不到一个世纪的时间内，经济状况发生了天翻地覆的变化，爱尔兰从一个贫困落后、以农业为主要经济支柱的国家发展成为一个以现代高科技产业为主的发达国家，国民收入与生活水平也随之得到了很大程度的提高。1922 年建国之时，爱尔兰的人均国民收入仅为英国的 56%，1957 年为英国的 49%，1990 年不到后者的 76%，到 2000 年，爱尔兰的人均国民收入已经赶上并超过英国。根据世界银行的数据，1990 年爱尔兰人均国民收入为 12750 美元，此后逐年增加，到 2007 年达到 40580 美元；由于受金融危机影响，2008 年人均国民收入有所下降，但从 2010 年开始恢复增长。2015 年，爱尔兰人均国民收入为 54610 美元，在欧盟仅次于卢森堡（欧盟 28 国平均人均国民收入为 38491 美元）。

　　但是，从居民个人和家庭收入情况来看，金融危机造成的冲击还是很严重的，无论是雇员的平均工资收入水平还是家庭人均可支配收入在金融危机发生之后都有所下降，直到 2014 年后才开始缓慢恢复。总体经济形势衰退、就业市场萎缩、政府实行严格的紧缩政策、公共开支大幅度减少（特别是 2010 年之后社会福利开支减少）等都是导致爱尔兰国民收入下降的重要因素。此外，爱尔兰政府在实行紧缩政策的同时，还实行了提高税收的政策，如引入"单一社会收费"，以及调高与收入相关的社会保险费用的缴纳比例等。而在公共部门就业的人员不仅面临着税收增加的压力，如2009年政府引入养老金税，而且其薪酬还被大幅度削减，仅2010年，公共部门员工的降薪率就在3%～15%。私营部门尽管没有明显削减薪酬，但就业岗位的削减却很明显。

从雇员的工资收入来看，金融危机的影响十分严重，至今仍未恢复到金融危机前的水平。2009年，爱尔兰雇员的年均收入为36834欧元，到2011年减少为35915欧元，此后开始缓慢增长，2015年为36519欧元，比上一年增长1.2%，其中，全职雇员的年均工资收入为45075欧元，兼职雇员的年均工资收入为16332欧元。2015年，全职雇员平均每小时的薪酬为21.9欧元，其中，教育部门的单位薪酬最高，为每小时34.15欧元。

人均可支配收入和家庭可支配收入更明显地反映了这一趋势。2008年，爱尔兰居民人均可支配收入为24380欧元，2012年仅为20856欧元，自2013年有所恢复，2014年为21718欧元（低于经合组织成员国的平均水平），而且，有超过63%的居民人均可支配收入低于这一数额。从地区分布来看，爱尔兰东部和南部地区居民的收入普遍较高，比中部、西部和边境地区居民的平均收入高出16.1%。

家庭可支配收入也反映了与上述两项指标相同的趋势。2009年，爱尔兰家庭可支配收入达到了年均45959欧元的顶峰，此后逐年下降，到2012年为33113欧元。2013～2014年有所好转，2014年家庭可支配收入为34351欧元。其中，城市家庭可支配收入为36799欧元，农村家庭可支配收入为29935欧元。从地区分布来看，东部和南部地区家庭的平均可支配收入为36109欧元，而边境、中部和西部地区的家庭平均可支配收入仅为30194欧元。

二 住房与房地产市场

住房以及房地产市场的发展情况能够从一个侧面反映出一个国家国民的富裕程度和生活水平以及整个国家的经济状况。

自爱尔兰独立以来，随着城市化的发展，全国的住房情况也发生了显著变化。1921 年，农村地区的私人住房数量占全国私人住房总数的 69%；1971 年，城市住房数量首次超过农村住房；到 2011 年，农村地区私人住房的比例下降为 36%；此后变化情况不大，基本上保持这一比例。

爱尔兰私人拥有住房的情况近一个世纪以来变化较大，特别是在城市地区，其比例一度达到非常高的水平。1961 年，城市人口拥有私人住房的比例仅为 38%，到 1991 年增加到 73.1%，此后开始下降，2001 年后下降幅度更加明显，到 2011 年时减少到 61.6%。而农村人口拥有私人住房的比例变化不大，一直保持在 80% 以上的较高水平，2011 年为 83.9%。从全国的总体情况来看，私人住房的拥有率在 2004 年达到高峰，为 81.8%，此后逐年下降，金融危机之后下滑情况尤其严重，2014 年私人住房拥有率仅为 68.6%，略低于欧盟 28 国平均 70.1% 的水平。

爱尔兰的金融危机与房地产市场的泡沫破灭息息相关，换言之，房地产市场的崩溃直接导致了爱尔兰的金融危机，乃至随后发生的经济危机。

从 20 世纪 90 年代后期开始，爱尔兰经济进入高速发展时期，这种情况不可避免地引发了房地产市场的火爆和房产价格的暴涨，1996～2006 年是爱尔兰房地产市场迅猛发展的十年，在这期间，新房价格增长 3.5 倍，二手房价格增长 3 倍。1996 年新建住房数量还只有 3300 套；而从 2000 年开始，平均每年新增住房约 7.5 万套；到了 2006 年，则达到了 9.3 万套的峰值。伴随着房地产建设投机的不断加速和房价的攀升，爱尔兰的房地产泡沫也达到"极限"。从 2007 年开始，对住宅的需求开始减少，新建住宅数量急剧下降，2013 年仅完成新建住房 8301 套，创历史新低。房价从首都都柏林开始首次出现下跌，在 2007 年 1 月达到 130.3（以 2005 年 1 月的房价为基准）的高峰之后不断"跳水"，到 2013 年 1 月仅为 60.3。与此同时，房屋的空置比例也开始显著上升，2011 年房屋空置率为 17%，远高于 5%～10% 的正常比例。从 2014 年开始，随着整体经济形势好转，爱尔兰的建筑业和房地产市场逐渐复苏，新建住房数量缓慢增加，2015 年全年共新建住房 12666 套，但与危机前相比差距仍十分明显。房价也从 2013 年的历史最低点开始回升，到 2016 年 1 月，全国平均房价比 2013 年增长了 45.6%，但比 2007 年的峰值还低 33.7%。都柏林的房价比历史最低点增长了 60.9%，但比 2007 年的最高点仍低 34.2%。

三 贫困状况及减贫行动

（一）爱尔兰人口的贫困状况

爱尔兰政府对贫困的定义是："如果人们的收入和经济来源使其无法拥有一般情况下为爱尔兰社会所接受的生活水准，那么就认为其处于贫困状态。而且，由于收入和经济来源不足，这些人可能会被排除在各种正常的社会活动之外，或处于边缘化状态。"从这一概念可以看出，爱尔兰政府认为，"贫困"具有多维度性质，而不仅仅是物质上的贫困。当然，物质来源匮乏是最根本的原因。

在爱尔兰，有 3 个衡量贫困状况的指标，即"贫困率"（at-risk-of-poverty）、"物质的被剥夺程度"（material deprivation）和"持续贫困率"（consistent poverty）。

在一个国家的全部人口中，可支配收入低于贫困线的人口所占比例通常被称为贫困率。爱尔兰的贫困门槛（贫困线）被界定为中位数收入的60%。由于在 2008 年金融危机爆发之前，爱尔兰经济一直呈增长态势，国民收入也不断增加，与此相应，爱尔兰的贫困门槛也呈不断上升趋势。2008 年的贫困门槛为人均年收入 12455 欧元，当年生活在贫困线以下的居民所占比例为 14.4%。但从 2009 年开始，受金融危机的影响，国民收入呈现下降趋势，2013 年，爱尔兰的贫困门槛为人均年收入 10531 欧元，2014 年有所增加，但仍未达到金融危机爆发前的水平，为 10926 欧元，贫困率为 16.3%。生活在贫困线以下的大多数为有一个或多个孩子的单亲家庭、失业人员以及儿童等。社会转移支付在减少贫困方面发挥了重要作用，如果排除社会转移支付因素，则贫困率将高达 37.4%，这也从一个侧面说明贫困人口对社会转移支付的依赖程度非常高。在通过社会转移支付减少贫困方面，爱尔兰是表现最好的欧盟成员国之一。

"物质的被剥夺程度"是指缺少两种以上的生活必需品或无法从事正常社交或娱乐活动的状况。爱尔兰政府共列出了 11 种基本生活必需品：

两双结实的鞋子；一件保暖的防水外套；买得起新衣服（而不是二手衣服）；每两天能够吃到（动物）肉，如鸡肉或鱼；至少 1 年给家人或朋友购买 1 次礼物；有能力更换旧家具；每两周能够外出娱乐至少 1 次；等等。自 2007 年以来，以该指标衡量的贫困状况呈不断恶化趋势。2007 年处于"物质被剥夺状态"的爱尔兰人所占比例为 11.8%，2013 年高达 30.5%，2014 年虽略有下降，但仍达到了 29%，其中，处于贫困线以下人口的被剥夺率为 49.3%（2008 年为 29.1%），处于贫困线以上的人口被剥夺率为 25.1%（2007 年仅为 7.9%）。对于处于贫困线以下的人口而言，最普遍的"被剥夺表现"包括：无力更换坏掉的家具（38.1%）、没有能力在外就餐（37.1%）和没有能力邀请家庭成员或朋友吃饭（30.4%）。就家庭构成而言，有一个或多个 18 岁以下孩子的单亲家庭被剥夺率最高，为 58.7%。总体上看，失业人员和单亲家庭的贫困率最高。

"持续贫困"是指一个人既处于贫困线以下，又处于"物质被剥夺"状态之中。2014 年爱尔兰居民的持续贫困率为 8%，而 2008 年这一比例仅为 4.2%，其中，失业人口的持续贫困率最高（22.6%），而在没有任何家庭成员工作或仅有家庭成员从事零散工作的家庭，持续贫困率高达 80% 以上。就地区分布而言，边境、中部和西部地区人口的持续贫困率为 10.8%，高于东部和南部地区（7%）。

就年龄而言，儿童（1~17 岁）和 65 岁以上的老年人属于贫困率最高的人群。2014 年，爱尔兰有 18.6% 的儿童生活在贫困线以下，儿童的持续贫困率为 11.7%；10.3% 的老年人（65 岁以上）属于贫困人口，但处于持续贫困状态的老年人的比例仅为 2.1%。

"基尼系数"是国际上通用的衡量贫富差距的指标。爱尔兰的基尼系数一直保持在较高的程度，2009 年曾下降到 0.3 以下，但此后又呈上升趋势，一直保持在 0.31~0.32 之间（2014 年为 0.318，但若去除转移支付的作用，则高达 0.457），且每年都略有增加，说明贫富差距呈加大趋势，至少是没有得到根本性的好转。就居民平均收入而言，2014 年，收入最低的 10% 的人口的收入仅占爱尔兰全体居民收入总额的 3%，比 2006 年（3.5%）的情况更加糟糕；而收入最高的 10% 的人口的收入则占总收入的 24.8%，也低于 2006 年（25.9%）。从家庭收入状况来看，2013 年，有 33% 的家庭当年总收入不足 3 万欧元，56% 的家庭年收入不足 5 万欧元，有 62% 的家庭年收入低于全国家庭的平均收入（56500 欧元）；而收入最高的 30% 的家庭的年均收入超过 7 万欧元，收入最高的 20% 的家庭年均收入超过 8 万欧元，有 14% 的家庭年收入超过 10 万欧元，2% 的家庭年收入超过 20 万欧元。就个人收入而言，爱尔兰国民 2013 年平均收入为 26800 欧元，具体情况如下：50% 的人年收入不足 18000 欧元；40% 的人年收入在 1 万~3 万欧元之间；77% 的人年收入低于 5 万欧元（不包括零收入人群）；收入最高的 10% 的人年均收入超过 6 万欧元，收入最高的 5% 的人年均收入超过 78000 欧元，收入最高的 1.5% 的人年均收入超过 12 万欧元，收入最高的 1% 的人年均收入超过 14 万欧元。

（二）国家减贫目标与行动

减少和彻底消除贫困是历届爱尔兰政府均为之努力的目标。1987 年，爱尔兰政府成立了"消除贫困署"（Combat Poverty Agency），其主要职能包括：就减少贫困的经济和社会措施向政府提供建议；就爱尔兰贫困的性质、原因及程度等问题开展研究；提出消除贫困的措施，并做出相关评估；促进公众对贫困问题的理解。该机构在成立之后，为减少爱尔兰的总体贫困做出了重要贡献。2009 年，"贫困署"解散，原"社会融入办公室"也同时解散，这两个机构的职能被并入当时的社会与家庭事务部的"社会融入司"。2011 年，社会与家庭事务部改组为社会保护部之后，"社会融入司"得以保留，仍然负责减贫和社会融入事宜。

2012 年，爱尔兰重新修订了国家减贫目标。修改后的目标为，到 2016 年，将持续贫困人口所占比例减少到 4%，到 2020 年减少到 2% 以下（2010 年的基础比例为 6.2%）。同时，该计划还特别强调要消除儿童贫困，即到 2020 年使至少 7 万名儿童摆脱持续贫困状态，也就是比 2011 年的水平至少减少 2/3。但从实际情况来看，如前所述，直到 2013 年，爱尔兰的贫困人口绝对数量有增无减，当年仍有 37.7 万人处于持续贫困状态之中，持续贫困率不降反升至 8.2%，特别是儿童的持续贫困率超过了

11%，处于持续贫困状态的儿童有 13.8 万人，比 2012 年增加了 2.3 万人。此外，贫富差距、地区差异等问题也都很严峻，因此，要实现既定目标面临着很大困难。

为了实现减贫目标，爱尔兰政府主要采取了以下一些措施。

首先，自 1997 年起，爱尔兰就开始制定国家减贫战略。最近实施的一项战略是"2007～2016 年社会融入国家行动计划"（The National Action Plan for Social Inclusion 2007 – 2016），规定了政府致力于消除贫困的政策框架和各种具体干预措施，同时又制定了 2015～2017 年的详细规划，以强化政府的相关行为。2015～2017 年行动计划确定了 14 个较高层次的目标，并将全国人口按照不同的年龄层次分组，分别制定相应的策略。此外，从 2007 年起，爱尔兰政府还定期发布"社会融入报告"，详细评估"社会融入国家行动计划"规定的每个目标的完成情况。

其次，自 2011 年起，爱尔兰政府每年发布一份"社会融入监督"（Social Inclusion Monitor）报告，就爱尔兰国民的贫困情况以及减少和消除贫困方面的进展及存在的问题予以总结，特别是儿童贫困状况。该报告主要监测 6 个方面的状况：①宏观经济和社会背景，②国家减贫目标及取得的进步，③爱尔兰对欧盟"2020 战略"中的减贫目标做出的贡献，④儿童减贫目标及相关指标，⑤不同年龄层次人群的贫困状况及社会融入指标，⑥贫困人口的地区分布情况。

最后，除了专门的减贫战略和社会融入相关报告以外，爱尔兰还在一些综合性国家经济与社会发展纲要中对减少贫困提出了指导方针，如 2007～2013 年《国家发展规划》的主题之一即为改善所有人的生活水平和减少贫困，2015 年的《国家改革纲要》则聚焦与社会保护、社会融入、医疗和长期照顾等有关的政府政策。另外，爱尔兰政府还特别关注减少儿童贫困问题，如"2014～2020 年儿童与青年人国家政策框架"（National Policy Framework for Children and Young People 2014 – 2020）提出，政府所有部门都要将应对儿童贫困作为政策重点。其措施包括：儿童与家庭收入支持政策；福利改革，为单亲父母创造就业机会；增加投资，在经济落后地区进行早期干预；采取干预措施解决贫困人口在教育方面所处的弱势地位问题；采取措施应对食品贫困，包括扩大免费学生餐涵盖的范围等。

自 2005 年起，爱尔兰政府每年举行一次社会融入论坛，其目的在于评估"社会融入国家行动计划"的进展情况。该论坛的组织方除爱尔兰社会保护部以外，还包括欧洲消除贫困网络爱尔兰办公室（European Anti-Poverty Network Ireland）以及共同体工人合作社（Community Workers Cooperative）。该论坛 2015 年的主题为"社会融入的社会政策创新"，2016 年的主题为"包容性恢复与增长"。

四 就业

（一）就业格局

就业市场的扩张或萎缩是与经济形势分不开的。在爱尔兰经济高速发展时期，就业市场也得到了迅速扩张。在 1996～2005 年的 10 年间，爱尔兰的就业人数以年均 4.2% 的速度增长，劳动人口总数增加了 50% 还多，达到 200 多万人。这一阶段爱尔兰就业人口增长的原因主要有以下四个方面。第一，20 世纪 70 年代，爱尔兰经历了生育高峰期，那个年代出生的孩子在这一阶段陆续进入劳动力市场；第二，有劳动能力的人口，特别是女性参与就业的比例显著增加；第三，外来劳动力稳步增长；第四，大量国外直接投资的涌入，直接或间接地为爱尔兰创造了更多的就业机会。2008 年 6 月，爱尔兰就业人口总数达到创纪录的 211.28 万人。不过，随着 2008 年国际金融危机的到来，2009 年 6 月就业人数降至 193.85 万人，到 2012 年进一步减少到 183.62 万人，从 2013 年才开始恢复，2016 年底为 204.81 万人。2013～2016 年就业人数的年均增长率在 2.2%～2.3%，仍未达到危机前的水平。在全部就业人员中，全职人员占 78.2%，兼职人员占 21.8%。

从就业率来看，其发展趋势与就业人数的情况略有不同。2008 年金融危机爆发前，爱尔兰的就业率为 62.2%，到 2012 年下降为 58.8%，从 2013 年开始恢复，2016 年爱尔兰 15～64 岁适龄人口的就业率为 65.6%，超过了金融危机爆发之前的水平，这也是金融危机爆发以后的最高水平，表明劳动力市场正处于恢复之中，但性别差异较大：2016 年，男性就业率为 71.2%，女性仅为 60.1%。两者差距最大的一年为 2008 年，当年男女就业比例差距高达 16%。与此同时，25 岁以下年轻人的就业形势一直十分严峻，2014 年尽管已经有所好转，但就业率仍然不足一半，为 49.4%（2012 年为 46.1%），2016 年底下降到 32%。

按照行业划分，截至 2016 年第一季度，农业、林业和渔业部门的就业人数占全国就业总人口的 5.53%，工业部门（不含建筑业）占 12.65%，建筑业占 6.64%，服务业占 75.18%。从所从事的职业岗位来看，专业人员所占比例最大，为 18.35%；其次为熟练技术工人，占 16.09%；助理人员与技术人员占 12.44%；从事基础工作的人员占 10.63%；行政管理人员与秘书占 10.46%；经理与高级官员占 8.3%；销售与客户服务人员占 8.1%；从事护理、娱乐以及其他服务的人员占 8.05%；从事加工和机械操作等工作的人员占 7.58%。

（二）失业问题

失业是爱尔兰长期存在的两个传统社会经济问题之一（另外一个是人口外流问题）。20 世纪 90 年代初，爱尔兰曾是欧盟失业率最高的国家之一。20 世纪 90 年代中期以后，随着经济的高速发展，失业问题在很大程度上得到了缓解，失业人数大幅度减少。1994～1998 年，失业人口减少了 8.4 万人，失业率由 1994 年的 14.8% 降至 1998 年的 7.8%；2000～2006 年，爱尔兰就业情况十分平稳，失业率变化幅度也不大，虽有所上升，但一直保持在可控制的范围内，基本上在 4% 左右，是欧盟失业率最低的国家之一。然而，2008 年开始的国际金融危机给爱尔兰的劳动力市场造成了沉重的打击。在危机期间，欧盟有 5 个成员国的失业率比危机爆发前翻了一番，爱尔兰就是其中之一。这还是危机期间有大量爱尔兰人向外移民的结果，否则爱尔兰的失业率会更高。从 2008 年开始，爱尔兰的失业率急剧上升，全年新增失业人口 3.7 万，失业率高达 6.3%，2009 年突破 11%，到 2011 年甚至超过了 14%。2012 年初，失业率一度达到了创纪录的 15%。此后失业率虽逐步下降（到 2016 年底下降到 6.9%），但问题仍然存在。

最为严重的是，青年人受到的冲击十分严重，25 岁以下青年人的失业率从危机前的 9% 一度上升到 2012 年上半年的 30%。此后失业率虽有所下降，但与其他年龄层次的人员相比，就业形势仍很严峻：2014 年，25 岁以下青年人的失业率为 23.9%，其中，15 ~ 19 岁青年人失业率为 32.5%，20 ~ 24 岁青年人的失业率为 21.6%。在 25 岁以下的青年人中，有 38% 为失业超过一年的长期失业者。到 2016 年底，25 岁以下青年人的失业率为 15.8%。

金融危机给就业市场造成的另外一个严重后果是，在适龄工作人口中，长期失业人口的比例大幅上升：2007 年，失业人口中有 30% 是长期失业者；而到 2012 年上半年，长期失业人口所占比例达到了 64%。从总体上看，长期失业率从 2007 年的不到 2% 增加到最高峰时的 9%（2012年），此后情况有所好转，到 2015 年底降到了 5% 以下。

从不同经济部门的具体情况来看，由于爱尔兰的经济危机始于房地产业，因此，建筑业是衰退最为严重的部门，失业率也最高。2007 ~ 2012 年间，建筑业部门的就业人数减少了 61%，从 266174 人减少到 103212 人，该部门占就业总人口的比例也从 12.6% 下降到 5.5%。在批发零售部门（爱尔兰最大的就业部门），失业率高达 16.2%（2012 年），整个工业部门的就业萎缩了 18%。只有信息、通信、教育、医疗和艺术等少数部门的就业人数没有减少。此外，失业人员的构成情况也发生了变化。危机之前，有 2/3 左右的失业人员为中等及以下学历，只有 1/5 左右拥有高等学历；而在危机爆发之后，拥有高等学历的失业人员所占比例明显增多，特别是女性失业人员中，拥有高等学历的比例从危机前的 22.5% 增加到了 2012 年的 30.8%。

为重振就业市场，爱尔兰政府采取了一系列就业激励措施。2012 年，爱尔兰政府启动了"就业行动计划"与"工作战略途径动议"，对国家如何帮助失业者尽快找到工作的方式方法提出了全面改革方案。"就业行动计划"是对欧盟委员会 2010 年 10 月提出的就业指南及"欧盟 2020 贫困与就业目标"做出的回应。该计划每年修订一次，2016 年爱尔兰政府提出了第五个就业行动计划。

　　从 2012 年初开始实施到 2015 年，爱尔兰政府成功实现了新增 10 万个就业岗位的目标，对于恢复就业市场的活力、重振经济发挥了重要作用。经合组织在其评估报告中指出："爱尔兰的'就业行动计划'是治理方面的一项重要创新。" 2016 年"就业行动计划"提出，到 2020 年要新创设 20 万个工作岗位，使就业人口总数达到 218 万。

　　"工作战略途径动议"提出了一系列旨在激励和吸引就业的措施。2012 ~ 2013 年的主要目标对象是首次求职者，爱尔兰政府为此设立了"就业服务中心"（Intreo Centres），为首次求职者提供"一站式"就业和收入支持。2014 年的重点则是帮助长期失业者和青年失业者寻找工作。2014 年 1 月，爱尔兰政府开始实施"青年保障实施计划"（Youth Guarantee Implementation Plan），其中包括在现有的一些项目中以及设计一些特定项目，专门为长期失业的年轻人提供工作岗位。此外，该计划还为青年人提供接受再教育或培训的机会。2015 年 2 月，在该计划框架下启动了"初步学徒项目"（First Steps Internship Programme），主要向那些难以进入就业市场的青年人提供工作机会，并向雇用 25 岁以下且失业时间在 4 个月以上的年轻人的企业按照每人每月最多 416 欧元的标准提供补贴。2014 年，爱尔兰政府还启动了"雇佣者行动计划与青年就业章程"（Employer Activation and Youth Employment Charter）。根据该章程，雇主承诺，在其拟招聘的人员中，至少应有 50% 来自失业注册名单中的人员，同时，还将在大型公共工程采购项目中增加一项"社会条款"，即此类项目中 10% 的岗位要留给失业人员。

　　另外，在社会福利制度方面，爱尔兰政府也在努力改变治理理念，转变社会保护体系的职能，旨在通过培训、开发和就业服务，以及收入支持政策，实现就业能力的最大化。例如，2015 年预算中公布了一项"重回就业家庭奖励计划"（Back to Work Family Dividend），其目的是帮助爱尔兰家庭摆脱对社会福利的依赖，鼓励父母重新就业。该项目对那些有孩子、正在享受求职补贴或单亲家庭补贴且已找到工作，或者延长了就业时间，或者开始从事自营职业的父母予以支持。该项目最多为此类人员提供 2 年时间的资助。

第二节　劳动关系与移民

一　劳动关系相关机制

（一）社会伙伴关系协议

爱尔兰之所以能够在 20 世纪 80 年代末到 21 世纪初实现经济长期快速增长，在很大程度上得益于"社会伙伴关系协议"这一具有创新性的社会合作机制。

20 世纪 80 年代中期，爱尔兰经济陷入困境，通货膨胀率高企，经济增长乏力，爱尔兰人大量向外移民，政府债台高筑，罢工时有发生。经济低迷还引发了政治动荡。1981～1987 年的七年间，爱尔兰先后更换了四届政府。在这种情况下，如何协调不同阶层和社会集团之间的利益关系，并在平等协商的基础上，就经济和社会政策总体方针达成具有纲领性的共识，以渡过危机、恢复经济增长成为当务之急。1987 年，爱尔兰共和党上台执政。为缓解政府与社会各阶层及利益集团之间的紧张关系，使有关各方尽快就经济复兴政策达成一致，在统一党和进步民主党的支持下，爱尔兰政府制定了"1987～1990 年国家复兴计划"，该计划正是在社会伙伴关系协议的基础上达成的。

社会合作伙伴关系协议是指爱尔兰政府与相关社会伙伴——雇主团体、工会、农民组织以及社区和志愿者利益集团等在内的社会团体，就与经济和社会发展相关的事务达成的一系列协议。事实上，早在 1981 年，此类协议就已经开始在爱尔兰出现，但均是在地方层面达成的，虽然也起到了一定的效果，但由于缺乏全国层面上的协调，因而面临着重重压力，且未能有效缓解当时国家面临的各种矛盾和问题。1987 年的社会伙伴关系协议是在全国层面达成的首个此类协议，协议的参与方为政府、代表雇主的爱尔兰工商业与雇主联盟（IBEC）和建筑产业联合会（CIF），以及代表工人的工会大会。"国家复兴计划"正是在各个社会伙伴多次磋商的基础上达成的，爱尔兰也由此进入了"经济社会协商治理的新阶段"。从

1997 年开始，志愿者组织和社区组织也加入进来，使得社会合作的基础进一步扩大。当然，志愿者组织和社区组织仅参加一般性政策讨论，不参加关于薪酬问题的谈判。

社会伙伴关系协议最初每 3 年签订一次，2006 年以前签署的协议包括《经济与社会进步计划》（1991～1994 年）、《就业与竞争力计划》（1994～1996 年）、《伙伴 2000 计划》（1997～2000 年）、《繁荣与公正计划》（2000～2003 年）和《持续发展计划》（2003～2005 年）。"社会伙伴"谈判的最主要内容是薪酬问题，如《伙伴 2000 计划》提出，政府继续实行削减个人所得税的政策，与此同时减缓工人工资的增长幅度。该协议规定：3 年内公共和私营部门的工资增幅为 9.25%；个人所得税削减幅度为 9 亿～10 亿爱镑；实施一项总额为 5.25 亿爱镑、用于加强社会包容的社会福利项目；商业税退款 1 亿爱镑；减免农业税 1 亿爱镑；政府赤字限制在国内生产总值的 1.5% 以内。再如，《繁荣与公正计划》不仅明确规定雇员税后工资增长率为 15%，而且还就提高公民生活水平制定了各种详细的标准。该计划还特别强调要大幅增加面向中低收入阶层的社会福利开支，同时，政府还承诺从 2000 年 4 月开始在全国实施每小时 4.4 爱镑（6 美元）的最低工资制度。除薪酬问题之外，社会伙伴关系协议还包括更广泛的税制改革、福利制度的发展、医疗支出的分配、产业结构调整等与经济和社会政策相关的各方面内容，其目的在于通过建构"社会伙伴关系"，推进民主决策与社会公正，并带动经济增长。不可否认，多年的实践表明，签署社会伙伴关系协议能够帮助政府在制定社会收入政策时更多地吸纳民意，既有效地将工资上涨幅度纳入可调控的框架，也有助于抑制通货膨胀，还可以减少劳资纠纷。与此同时，爱尔兰社会伙伴关系协议涵盖的范围也在不断扩大，纳入了教育、贫困和社会福利等各方面的问题。总之，上述协议对爱尔兰的经济发展和社会稳定起到了重要作用。

但这并不意味着三方"社会伙伴"之间不存在矛盾，特别是工会与雇主之间在很多问题上存在矛盾和分歧，尤其是在保护雇员权利方面。另外一个问题是，反对党和一些非政府组织认为，经济的快速发展并没有让所有社会阶层同等受益，而是造成了更大程度的贫富差距，例如

1998 年对高收入阶层实施减税和限制社会福利开支增长等政策。这些问题为日后社会伙伴关系协议的破裂埋下了隐患，而金融危机的爆发则成了导火索。

2006 年 6 月，爱尔兰出台了第七个社会伙伴关系协议，即《走向2016：2006～2015 年社会伙伴关系十年框架协议》，其执行期也首次变更为 10 年。该协议提出，未来政府工作的重点在于"对人的关注"，未来10 年的基本发展方向在于"构建一个生机勃勃、具备国际竞争力的环境友好型社会"。具体目标包括：形成完善的社会政策与经济繁荣机制；发展富有活力的知识经济；重新打造社会政策；提高民众参与率，并更妥善地处理社会差异性。根据该协议，雇员的薪酬调整分为两个阶段。第一个阶段为 2006～2008 年。第二个阶段本应从 2008 年 9 月开始，在 21 个月内按照 6% 的比例增加薪酬。然而，金融危机爆发后，为弥补巨额财政赤字，爱尔兰政府开始实行以增加税收和削减公共开支为主的紧缩政策，而社会伙伴关系协议原本建立在减税基础之上，原有的社会合作伙伴模式在这样的背景下难以为继。为此，2008 年 9 月，相关各方签署了《2008～2009 年过渡协议》，作为对原协议的补充。

2009 年初，爱尔兰政府在与工会开展多次谈判之后，仍未能赢得后者对削减预算计划的支持。政府遂于 2 月单方面宣布实施多项此前曾被工会拒绝的计划，其中包括向公共部门员工征收 5% 的养老金税。6 月，爱尔兰政府和爱尔兰工商业与雇主联盟未能就修改《十年框架协议》达成一致。2009 年底，政府在新一年的预算中单方面宣布，削减公务员工资3%～5%，从而使得第七个社会伙伴关系协议实际上被束之高阁。随后，爱尔兰工商业与雇主联盟退出《过渡协议》，这是 23 年来爱尔兰首次没有能够在政府、雇主和雇员之间就薪酬问题达成一致，也就意味着社会伙伴关系协议的终结。

在工会方面，随着时代的发展，爱尔兰工会大会的力量远不如从前，2010 年，雇员加入工会的比例仅为 31%（20 世纪 80 年代高达 62%），且其中 80% 的会员为公共部门工作人员。此外，工会会员的年龄层次也偏高，多在 45 岁以上，因而在很大程度上削弱了工会作为雇员代表的力量，导致原有谈判模式难以为继。为此，爱尔兰工会大会提出了一项新方案，希望按照北欧福利国家的模式签署新协议。与此同时，爱尔兰政府也希望用"社会对话"代替已经显得僵化的"社会伙伴"模式。2010年3月，在"社会对话"框架下，爱尔兰政府与爱尔兰工会大会下属的公务员工会达成了为期3年的冻结薪酬协议。但与从前的社会伙伴关系协议不同，主要的私人雇主机构并未参与此次谈判，发挥主要作用的是"劳动关系委员会"（Labour Relations Commission，LRC）。简言之，在金融危机和经济危机的框架下，爱尔兰政府基本上放弃了原有的"社会伙伴"模式，而是更多地采用单边行动方式。与此同时，国家层面的三方社会伙伴关系协议暂时中止，薪酬的决定权更多转移到了企业手中。

在社会伙伴关系协议于2009年破裂后，爱尔兰的集体谈判机制分成了两部分。在公共部门，规制薪酬关系的机制为《2010～2014年公共服务协议》（即《克洛克公园协议》），参与方为政府、公共部门工会组织和雇主代表，协议规定在4年内冻结公共部门薪酬，政府承诺保留原有养老金安排，并且不强制裁员，而工会则承诺不举行整个行业的罢工，同时参与各方还就旨在提高生产率的"转型纲要"达成了一致。而规制私营部门薪酬的机制则是2011年签署的《爱尔兰工商业与雇主联盟与爱尔兰工会大会为有序管理产业关系和私营部门的地方谈判而达成的全国性议定书》，2012年11月经修订后继续沿用。

与欧洲大陆国家相比，爱尔兰的社会伙伴关系协议是一种特殊的治理模式，与工资谈判中采用的部门谈判和硬性谈判不同。它是一种由政府发挥领导作用的三方谈判模式，目的是让有组织的相关利益方参与公共政策的制定过程，并与受保护部门（特别是公共部门）的收入协议有机结合起来。爱尔兰的社会伙伴关系协议具有欧洲国家的"社会对话"所拥有的一些普遍特点，如延续社会合作传统、以社团主义为核心等，但它也有自己的独特性和优势。第一，其涵盖面更为广泛，除传统的雇主组织、工会和政府这三方参与者之外，还包括一些具有志愿性质和非官方性质的社会部门，如农业组织和消费者协会等。第二，谈判所涵盖的范围更宽泛，除传统的薪酬和福利待遇以外，还扩展到了经济与社会政策的几乎各个领域。第三，也是最重要的一个特点是，爱尔兰的"社团主义"是一种改良的社团主义——为了适应新自由主义而经过了一定的改造，也因此被有些学者称为"竞争性社团主义"，其主要特征是以薪酬协议为基础，旨在推动形成有竞争力、可控和可持续的公共开支，改革社会保障与养老金制度，以及增强劳动力市场的灵活性。

但不可否认，爱尔兰的"社会伙伴"模式也存在着一些难以克服的"硬伤"。特别是，正如有些学者指出的，此种模式由于采用固定薪酬标准，因而造成薪酬体系过于僵化和不具可持续性。另外，这种模式还限制了私营部门的灵活性，因此也有学者认为此种社会伙伴关系模式正是导致爱尔兰陷入经济危机的主要原因之一。此外，与其他一些欧洲国家，如荷兰和芬兰等国相比，爱尔兰的三方社会伙伴关系协议仅涵盖了有工会组织的经济部门，而绝大多数没有设立工会组织的经济部门则被排除在外。这样一来，其代表性就远远不足。随着工会成员在雇员中所占比例的不断下降，其代表性进一步被削弱，集体工资谈判仅涵盖了不足 45% 的劳动者（2014 年），私营部门的比例则更低，仅有 18% 的私营部门雇员被纳入集体工资谈判的框架。同样，工商业与雇主联盟的代表性也存在着很大问题，绝大多数企业并没有加入该组织。

当然，20 多年的经验表明，"社会伙伴"模式在维护社会稳定与和谐方面曾经发挥了独到的作用，这也是爱尔兰劳资纠纷、罢工等社会事件相对较少的重要原因之一。为此，尽管在金融危机发生后社会伙伴关系协议停摆，但我们并不能因此就完全否认其积极的作用。而且，这一模式并未被完全废除，除了在部门和企业层面继续沿用这一模式进行薪酬谈判以外，在欧盟"2020 战略"框架下，爱尔兰政府也仍采用这种方式与社会伙伴代表讨论与国家改革纲要相关的事务，后者也继续参与大量的咨询性论坛和机构，为政府的政策提供建议。未来的发展方向应是采用一种更加灵活、更能适应形势变化的社会对话形式，避免陷入过去那种过于僵化的模式。

（二）劳动关系调解机构

爱尔兰被认为是拥有"第三方机构"最多的国家，劳动关系方面最主要的调解机构是劳资关系委员会和劳资法庭。劳资关系委员会根据1990 年的《工业关系法》建立，由相同数目的雇主和工会代表加上独立代表共同组成。委员会负责促进形成良好的工业关系，并通过提供各种服务，帮助阻止和解决纠纷，特别是帮助雇主和工人及工会组织解决集体谈判失败之后产生的纠纷。劳资法庭根据 1946 年的《工业关系法》建立，由 9 名全职成员组成，包括 1 名主席、2 名副主席、3 名雇主代表和 3 名工人代表。主席和副主席由爱尔兰政府任命；雇主代表由爱尔兰工商业与雇主联盟任命；工人代表由爱尔兰工会大会任命。法庭只有在下列情况下才出面调解争端：（1）劳资关系委员会向其提交报告，说明该委员会不便采取进一步的措施帮助解决争端；（2）该委员会在争端中放弃了调解职能。法庭在对争端完成调查取证后会发布一份建议，提出意见以及解决争端所需的条件。除了在某些特定案件中，法庭的建议一般不具备法律约束力。2003 年出台的《持续发展计划》赋予了劳资法庭以新的权力，即在发生劳资纠纷的情况下，劳资法庭有权根据该协议做出裁决，且双方均应遵守裁决，从而正式赋予了该法庭以强制执行力。

在一些特定的工业和贸易领域（特别是收入较低的行业），则由劳资联合委员会来确定雇员的最低报酬和其他雇用条件。劳资联合委员会依照自愿原则组成，由劳资法庭予以登记注册，赋予其在特定的行业领域作为谈判机构的法定权利。2011 年，爱尔兰高等法院判定劳资联合委员会确定最低报酬的行为越权。2012 年，爱尔兰政府颁布《劳资关系（修订）法》，再次授予劳资联合委员会确定最低报酬的权利，但要求后者考虑雇主的特定利益，以及保持竞争力的需要。2014 年 1 月，爱尔兰政府宣布取消其中 2 个劳资联合委员会，剩余的 8 个仍将继续行使其职能，但规定只有在雇主和雇员双方都同意的情况下，联合委员会关于最低报酬和雇用条件的指令才能够生效。

"就业上诉法庭"由雇主和工人指定的代理人以及独立的主席和副主席共同组成，负责审理劳资双方在解雇、预先通知、遣散费、工资和女性生育等方面的争端。1998 年 6 月，一项新的《就业平等法》生效。该法禁止基于性别、婚姻状况、家庭地位、性取向、宗教信仰、年龄、残疾和种族等方面的就业歧视。该法取代了 1994 年的《反对报酬歧视法》和 1977 年的《就业平等法》。该法涉及范围很广，涵盖与工作相关的所有歧视问题。根据该法的规定，成立了由（就业）平等局和（就业）平等调查主管办公室组成的新的基础架构，以支持雇员获得和维护其法定权利。平等局的职能包括消除歧视，促进就业方面的机会平等，并根据 1998 年的《就业平等法》提供信息和建议。平等调查主管办公室则依据相关法律调查涉及就业歧视的案件。

但是，上述调解体系过于复杂，而且每个机构的程序都不相同。2008 年，为提高效率，节约成本，并简化程序，爱尔兰企业部着手改革劳资纠纷调解机构，试图将包括劳资关系委员会、劳资法庭、劳资联合委员会、平等局以及就业上诉法庭等在内的多个机构合并。经过多年努力，2015 年 10 月，《就业关系法》生效，该法被认为是自 1946 年以来爱尔兰就业调解机制方面发生的最深远的改革。改革后的劳动关系调解机制只剩下了两个机构，一个是"劳动关系委员会"（Workplace Relations Commission），一个是就业法院。"劳动关系委员会"整合了从前由多个机构分别履行的各项调解功能，以及相应的咨询、仲裁和监督功能；就业法院则仅作为"劳动关系委员会"的上诉机构，其裁决具有法律效力。

二 移民

如前所述，爱尔兰曾是欧洲最贫穷和最落后的国家之一，其国民由于不堪忍受这种状况而纷纷移居海外，特别是 19 世纪中叶的"大饥荒"造成了十分严重的向外移民潮（详见本书第一章）。在相当长的时间内，爱尔兰是一个对外移民净输出国家。

但是，20 世纪 80 年代末 90 年代初以来，爱尔兰移民的流向发生了重要变化。随着经济的迅速发展，出现了劳动力短缺现象，同时爱尔兰人的生活水平得到了显著提高，因此，过去因生活所迫移居他国的爱尔兰人大批回国。特别是在 1987～2002 年间，从其他国家回国的爱尔兰人数量逐年增加，20 世纪 80 年代末甚至一度达到进入爱尔兰的移民总数的 65%；此后开始减少，21 世纪初下降到不足一半；2008 年后进一步下降到不足 20%。在这种趋势的推动下，从 20 世纪 90 年代中期开始，在长期以来人口外流现象严重的爱尔兰，出现了进入爱尔兰的移民数量超过外流人口的现象。1996 年是爱尔兰移民史上的一个重要转折点，当年爱尔兰首次成为净移民流入国家，它也是当时欧盟 15 个成员国中最后一个成为净移民流入国家的。

从 21 世纪初开始，特别是 2004 年 5 月，10 个中东欧国家加入欧盟后，爱尔兰允许这些国家的移民到本国工作，它既没有像其他一些欧盟国家那样设置一定年限的"过渡期"，也不需要这些移民获得工作许可，因此，来自中东欧国家的移民大量进入爱尔兰，使爱尔兰的外来移民数量在 2007 年达到顶峰，当年有超过 7 万名来自中东欧国家的移民进入爱尔兰，外来移民总数达到 15.1 万人。金融危机爆发以前，在移民所占比例方面，爱尔兰在 27 个欧盟成员国中排第三位：其每 1000 名居民中有外来移民 14.5 人。

大量移民在 20 世纪 90 年代以后涌入爱尔兰，也与爱尔兰的移民政策有关。2004 年以前，爱尔兰是欧洲唯一可以根据出生地获得国籍的国家，即凡在爱尔兰岛出生的婴儿均可获得爱尔兰国籍，且无须其他任何条件。根据欧盟的自由流动条款，任何一个成员国公民的父母、子女或配偶均可在整个欧盟范围内自由流动和居住。因此，大量非欧盟成员国的公民前往爱尔兰生孩子，以便凭借其子女的爱尔兰国籍获得在欧盟成员国的居住权。为了控制移民数量过快增长，爱尔兰政府决定修改过于宽松的公民法，提出只有在婴儿出生前至少在爱尔兰合法居住 3 年以上者，其在爱尔兰出生的孩子才能获得爱尔兰国籍。该法案于 2004 年 4 月经全民公投通过。2005 年爱尔兰政府又出台了新的《移民与居住法》，建立了新的签证体系，加强对入境人员的边境控制，制定针对非欧盟成员国移民及其家庭的绿卡政策，以解决大量移民涌入带来的一系列问题。此外，针对难民申请，爱尔兰还于 2005 年列出了"安全国家"（主要是尼日利亚、克罗地亚和南非）名单，并优先批准来自这些国家的移民申请。另外，爱尔兰还在一定程度上收紧了相对宽松的移民就业政策，优先接纳高技术移民。

外来移民大多在建筑业、接待部门（旅游、旅馆和餐饮业等）、零售业和制造业等部门就业，而这些部门受到金融危机的打击尤其严重，导致大量移民失业。相应地，从 2008 年开始，进入爱尔兰的移民数量开始下降，2010 年仅有 4.1 万人。从 2011 年开始，移民数量有所回升，特别是由于从 2012 年 1 月 1 日起，爱尔兰取消了对罗马尼亚和保加利亚公民进入本国劳动力市场的限制，来自这两个国家的移民大量进入爱尔兰，从而推升了移民数量。此后进入爱尔兰的移民数量缓慢回升，2015 年进入爱尔兰的外来移民将近 7 万人。在进入爱尔兰的移民中，主要是来自其他欧盟成员国的移民，占到了外来移民总数的将近一半（2015 年）。

金融危机爆发后，与进入爱尔兰的移民数量逐渐下降这一趋势相反，2007～2013 年，爱尔兰向外移民数量重又呈现上升趋势，到 2013 年达到 8.9 万人的高峰，其中超过 5 万人拥有爱尔兰国籍。2014 年后向外移民人数有所下降，到 2015 年减少为略低于 8.1 万人。这样一来，从 2010 年开始，进入爱尔兰的移民数量重又低于向外移民的数量，爱尔兰再次成为净对外移民国家，并在 2015 年底之前一直保持这样一种态势，当年向外移民人数为 8.09 万人，进入爱尔兰的移民人数为 6.93 万人。

移民的进入也产生和激化了一些矛盾和问题，特别是在金融危机之前大量来自中东欧国家的移民涌入爱尔兰，给就业市场和社会福利体系造成了很大压力，这也是爱尔兰政府一度收紧移民政策的原因。但爱尔兰经济发展又面临着劳动力短缺的问题。如何处理控制移民数量与补充劳动力之间的矛盾的确是一个两难问题。

2000 年以来，爱尔兰一直积极参与联合国的难民安置项目，是 30 个参与这一项目的国家之一。到 2015 年底，在该项目框架下，爱尔兰共接收难民 1198 名，分别来自 27 个国家。另外，根据欧盟的难民分配指标，爱尔兰总共需接收 310 名来自叙利亚和地中海地区其他国家的难民，其中，2014 年共接收 90 名难民，2015 年接收 100 名难民，2016 年接收 120 名难民。另外，爱尔兰还需在"叙利亚难民人道主义安置"项目框架下接收 114 名难民。

第三节　社会保障制度及其发展

一　社会保障制度的确立及其发展

（一）历史沿革

由于长期受英国的殖民统治，爱尔兰在独立之前是"大不列颠及爱尔兰联合王国"的一部分，因此，当时爱尔兰的社会保障事项也由英国政府负责。换言之，独立之前的爱尔兰的社会保障制度在很大程度上是英国社会保障制度和政治决策的一项"副产品"。这样的一种状况导致爱尔兰独立后的社会保障制度仍然深受英国的影响，与英国的社会保障制度在原则和特点等方面有很多相同或相似之处。因此，谈到爱尔兰的社会保障历史，不可能不谈英国的影响。

19 世纪以前，爱尔兰的社会保障在很长时间内主要依靠慈善救济。在当时的爱尔兰，经济以农业为主，普通大众的生活境遇十分糟糕，所处的经济社会条件也十分恶劣。在此阶段，英国政府和议会开始关注是否应在爱尔兰引入济贫法，并就此展开了激烈辩论。1804 年，英国下院特别委员会反对在爱尔兰引入贫困救济法。1819 年，英国议会下院成立了"爱尔兰疾病状况与贫困劳动者情况"特别委员会，并在提交的报告中认为，解决爱尔兰贫困问题的最佳方式不是引入济贫法，而是首先发展爱尔兰自身的农业和渔业。该委员会在 1823 年提交的《关于在爱尔兰雇用贫困人口的报告》中，再次重复了这一结论。到了 19 世纪 30 年代，爱尔兰的社会与经济问题更加突出，再加上宗教歧视和政治压迫等问题，造成政治和社会形势十分复杂，贫困救济问题也变得更加紧迫。1830 年，英国下院特别委员会发表了《关于爱尔兰贫困状况的特别委员会报告》，尽管该报告没有直接提到针对爱尔兰贫困人口的法律救济问题，但还是引起了很大争议，有人认为，该报告包含的一些证据本身就足以作为支持为贫困人口立法的充足理由。1833 年，都柏林当时最大也是最活跃的慈善团体共济会发表了对都柏林社会状况的调查结果，其中包含大量图表和各种详细的资料，有力地推动了在爱尔兰引入济贫法的进程。

1834年，英国第一部《济贫法》正式生效。此后，英格兰政府着手对爱尔兰的贫困问题进行深入调查，并成立了由都柏林圣公会大主教威特利博士（Dr. Whatley）领导的调查委员会，即"爱尔兰贫困阶层状况皇家调查委员会"。该委员会最终提交了三份报告，其中包含大量统计数据和诸多生动的案例，说明爱尔兰人的贫困状况已经到了极为严重的地步，必须引入某种形式的贫困救济。报告还指出，英格兰的新旧《济贫法》都不适用于爱尔兰，同时还提出了在爱尔兰的特定环境下实施《济贫法》所应采取的一些措施。该委员会的建议包括：第一，推行一系列旨在发展经济的激励措施，特别是成立"改进委员会"，赋予委员会在土地改良和开发、农业培训、教育以及农村住房方面的广泛权力；第二，支持向外移民，以缓解人口压力；第三，向老年人和残疾人等人群提供一系列范围广泛的服务，并通过国家税收体系提供部分资助。但英国政府最终拒绝了该委员会的提议，并改派乔治·尼科尔斯（George Nicholls，英国《济贫法》的监督者）到爱尔兰考察具体情况。尼科尔斯共提交了三份报告，以英国1834年《济贫法》为蓝本，为爱尔兰设计了一套贫困救济计划。但爱尔兰国内对于是否引入《济贫法》存在激烈争议，特别是地主阶层担心引入《济贫法》后会导致税收增加，因而持反对意见。爱尔兰《贫困救济法》最终于1838年生效，这也是爱尔兰的第一部全国性社会福利立法，其内容很大程度上脱胎于英国1834年的《济贫法》。

根据这部《贫困救济法》，英格兰济贫法委员会有权在爱尔兰任命官员，并在"《济贫法》联盟"（Poor Law Union）以及经选举产生的"监管人委员会"（Board of Guardians）的监督下，负责在爱尔兰全境建造并监督济贫院的使用情况。济贫院的费用由国家税收统一负担，监管人委员会负责执行。1839~1943年间，爱尔兰共设立了92个济贫院，同时，相应的税收体系也得以创建。

但是，1838年《贫困救济法》在爱尔兰的实施很快陷入困境，因为英格兰和爱尔兰的社会经济情况存在着极大的差异，前者的济贫模式并不适用于爱尔兰。爱尔兰的贫困程度十分严重，且经济模式和经济基础与英格兰完全不同，因此，尽管济贫院模式在英格兰获得了成功（以工薪劳动为基础的工业化经济模式），但并不能在爱尔兰有效发挥作用。另外，爱尔兰《贫困救济法》的规定比英国《济贫法》的规定更加严苛。例如，根据爱尔兰《贫困救济法》，丧偶的人必须有 2 个婚生子女才能获得救济，而在英国只需要有 1 个孩子即可；英格兰的监管人可以在紧急情况下提供院外救济（即穷人不需要进入济贫院就可以得到救济），但爱尔兰的监管人则无此权力。诸如此类的差别还有很多。这样一来，就造成爱尔兰人获得贫困救济的比例比英格兰、苏格兰和威尔士其他三个地区要低得多，尽管爱尔兰的贫困程度更高。最后，由于在爱尔兰，济贫税的征收对象是所有拥有不动产的人，因此，大部分人对于消除贫困的兴趣并不是很大，甚至还出现了广泛抵制贫困税的情况，在征税过程中不时出现暴力和骚乱情况。随后发生的"大饥荒"导致贫困人口的数量骤然上升，达到了前所未有的程度。爱尔兰各地的济贫院挤满了饥寒交迫和患有疾病的人群，这种情况是当初英国政府颁布《贫困救济法》时未曾预料到的。

在上述因素的综合影响下，改革《贫困救济法》、完善爱尔兰社会保障制度的呼声日益高涨。从 19 世纪后半期开始，由《贫困救济法》衍生出了大量与医疗和福利有关的动议和新的举措。其中一些具有重要意义的变化包括：从 1847 年开始，有资格领取院外救济的人员范围逐渐扩大；实施《贫困救济法》的责任逐渐从英格兰济贫法委员会转移到了 1872 年成立的爱尔兰地方政府委员会；19 世纪 80 年代，由于农业经济逐渐萧条，英国中央政府开始在农业不景气的时候，向有劳动能力的土地所有者提供院外救济，从而扩大了贫困救济的范围。到 19 世纪 80 年代末期，用于院外救济的支出基本与用于（济贫）院内救济的支出大致持平。但从总体上看，济贫院在当时的社会保障方面仍然发挥着主要作用。到 1914 年，爱尔兰济贫院的数量增加到了 163 所，这期间只有 4 所济贫院被关闭。直到 20 世纪初社会保险作为一种应对贫困的新方式被纳入国家社会保障体系，《贫困救济法》和济贫院的作用才逐渐减弱。

19 世纪末 20 世纪初，在英国，持不同社会政策和政治理念的两个派别展开了激烈的辩论，辩论的核心是国家与个人之间的关系以及双方在社会保障方面的作用等问题。以"慈善组织协会"（Charity Organisation Society，英国当时规模最大、最活跃的慈善组织）为代表的一派总体上支持《济贫法》，认为个人的努力和自我奋斗是摆脱贫困的最佳方式，除了那些的确没有工作能力的人以外，其他人都应为维持本人以及由他们抚养或赡养的亲属的生活负责。另一派则持与此相反的观点，该派包括以费边社为代表的新兴工人阶级政治家和持民主社会主义观点的知识分子，提倡以集体方式解决贫困问题。他们认为，贫困的根源在于资本主义经济制度，因此这一制度必须得到改革；无论是在就业还是在医疗等方面，国家都应该发挥直接作用。

这场辩论最终带来了英国和爱尔兰的社会政策改革。爱尔兰第一部真正意义上的社会保障立法出现于 19 世纪末，即 1897 年的《工人补偿法》（Workmen's Compensation Act）。此后，爱尔兰的社会政策改革步伐不断加快，也越来越向现代化方向发展。1903 年，英国政府在爱尔兰成立了"《济贫法》改革委员会"，该委员会在 1906 年提交的报告中建议废除《济贫法》。它还建议废除"济贫院"制度，并针对不同情况的居民设立单独的机构，同时特别强调院外救济的作用。1906 年，又分别成立了"《济贫法》皇家委员会"和"贫困救济皇家委员会"，并于 1909 年提交了相应报告。在上述动议的推动下，关于改革爱尔兰《济贫法》的议程终于被提交到英国议会讨论，但《爱尔兰济贫法案》在 1908 年和 1912 年两次被议会下院否决。

但这未能阻止爱尔兰的社会保障改革向前发展。特别是在 19 世纪末，英国出现了"非缴费型养老金"这一理念，其资金由国家税收提供。1908 年，英国通过了一项全国性的非缴费型养老金立法，并于次年开始实施。它规定为所有 70 岁以上、年收入低于一定数额的老年人提供养老金。在此背景下，1909 年，《老年人养老金法》在爱尔兰生效。对于爱尔兰而言，这项立法的意义更为深远，因为当时爱尔兰人口的老龄化程度高于英国，但人均收入却比英国低很多。因此，此项立法对于保证爱尔兰人口中弱势群体的生活水平具有十分重要的意义。同时，此项立法的意义还

在于，这是首次在爱尔兰引入国家保险的形式。此后，爱尔兰又于 1911
年通过了医疗保险和失业保险等领域的相关立法。社会保险作为社会保障
一项重要工具的出现，对于爱尔兰现代社会保障制度的创立和发展具有划
时代的意义。

很显然，爱尔兰早期社会保障体系的发展很大程度上是"追随"
着英国的步伐，但二者并不完全同步，不仅爱尔兰社会保障涵盖对象
的范围更窄，而且限制条件也比英国更加严格。到 1920 年，即爱尔兰
独立前夕，爱尔兰的社会保障制度才刚刚处于萌芽状态，而且是一种
混合体制，即《济贫法》、由国家税收提供资助的养老金项目和国家保
险给付三者并存的体系。

爱尔兰独立后，尽管当时国家十分贫穷，能够用于社会保障的资金十
分有限，但在 20 世纪 30 年代，社会保障事业还是得到了一定程度的发
展，不仅较之前更加完善，而且引入了新的社会救助项目，如 1933 年的
"失业援助"（Unemployment Assistance）、1935 年的"媀妇与孤儿养老金"
（Widows' and Orphans' Pensions）等，同时，《济贫法》也于 1939 年被更
名为《家庭援助法》（Home Assistance Act）。爱尔兰现代社会保障体系的
真正形成是在 20 世纪 40 年代，1942 年英国经济学家、"福利国家之父"
贝弗里奇爵士发表了对整个西方世界的社会保障制度产生巨大影响的
《贝弗里奇报告》。由于爱尔兰和英国的社会保障体系本就有诸多相似之
处，《贝弗里奇报告》对爱尔兰的社会保障制度产生了深远影响。

1947 年，在英国贝弗里奇改革的影响下，爱尔兰成立了"社会福利
部"（Department of Social Welfare），并于 1949 年公布《社会政策白皮书》
（White Paper on Social Policy），但该阶段的社会保障仍然以紧急救助和激
发人们的工作动力为主要目标。而且，在该阶段，社会保障体系也并没有
涵盖所有的人群，特别是公务员和自营职业者。直到 20 世纪 70 年代，随
着社会需求的增多，爱尔兰的社会保障体系才再次得到扩展，先后颁布了
一系列相关法律，特别是 1970 年的《社会福利法》（Social Welfare Act）
整合并扩大了社会福利涵盖的内容，如退休养老金、残疾养老金与丧葬补
贴（Retirement Pension, Invalidity Pension and Death Grant），被遗弃妻子救

济（Deserted Wife's Benefits）和未婚母亲补贴（Unmarried Mother's Allowance）等。同时，社会保障涵盖的人员范围也扩大到了除兼职工人以外的所有劳动者，但社会保障给付的数额与薪酬挂钩。1977 年，"补充性福利补贴"（Supplementary Welfare Allowance）取代了《济贫法》。

20 世纪 70 年代末和 80 年代初，随着爱尔兰加入欧共体，以及女性运动的蓬勃发展，爱尔兰的社会政策再一次发生重要变革。为实施欧共体《社会保障条例》（第 79/7 号），爱尔兰对社会政策进行了很大程度的改革，特别是引入了平等待遇原则，但成效不是很明显，爱尔兰的社会保障支付仍然以家庭为基础，而不是以个人为基础。1983 年，爱尔兰成立了社会福利委员会（Commission on Social Welfare），负责对爱尔兰的社会福利制度进行评估。1986 年，该委员会发表了最终报告，该报告对爱尔兰的社会保障制度具有重要影响，甚至被有些学者视作爱尔兰社会保障制度史上具有里程碑意义的一份报告。该报告指出，社会保障政策的三个目标是：消除贫困、实现收入再分配和收入替代。衡量政策是否有效的五个原则是：恰当性、再分配、综合性（全面性）、一致性和简单性。该报告主要在支付结构、社会保险、社会援助和资金来源等四个领域提出了改革建议。第一，提高社会福利支付水平，并且强调，社会保障必须"以消除贫困为目的，而我们认为，贫困必须以实际生活水平为判断依据"。第二，巩固和加强现有的社会保障制度，认为其核心应为加强社会保险体系，所有有收入的人都应缴纳社会保险费用，并从中受益，同时建议扩大社会保险涵盖的范围。第三，建立全面的社会援助体系，以便将没有能力交纳社会保险费用的群体涵盖其中。第四，在缴纳社会保险的比例方面，该报告建议逐渐废除关于收入上限的规定。自该报告发表之后，爱尔兰社会保险涵盖的范围不断扩大：1988 年涵盖自营职业者，1991 年涵盖兼职劳动者，1995 年扩大到社区就业人员和公务员。与此同时，爱尔兰又通过颁布或修订多部法律，扩大了非缴费型社会援助的类别和涵盖对象，如1990 年的《退休前补贴和单亲父母补贴》（Pre-retirement Allowance and Lone Parents Allowance）与 1995 年的《残疾补贴》（Invalidity Allowance）。

但是，如同世界上其他国家的社会保障体系一样，爱尔兰的社会保障体系目前也面临着巨大压力。这种压力既来自国际社会，也来自国内。从国际上看，如前所述，爱尔兰是一个对外开放和国际化程度极高的国家，因此，其社会保障体系也在一定程度上受到国际社会的影响，特别是经济和政治全球化的影响。国际人口流动尤其对爱尔兰的社会保障体系影响巨大，尤其是自中东欧国家加入欧盟以来，爱尔兰面临着一定的移民安置压力，因而给其社会保障体系带来了很大负担。自20世纪末开始，爱尔兰收紧了对外来移民的社会保障支付。例如，从1999年起，寻求避难者被排除在了主要社会保障项目之外；2004年，爱尔兰也与英国一样采用了常住居民测试，从而将未能满足相关要求的移民工人排除在主要的社会保护措施之外。

来自国内的压力则包括人口构成的变化、人口老龄化、家庭结构的变化、就业状况、收入水平等因素。2008年金融危机以来，爱尔兰经济萎缩，政府多年实行紧缩政策，削减福利开支，从而使得社会保障体系面临着严峻考验。这些都迫使国家不得不进行社会保障改革。爱尔兰社会福利改革的总体方向是减少福利开支，包括：2011年引入"单一社会收费"，取代2009年引入的"收入税"和"健康税"；引入公共部门养老金税；削减单亲父母家庭救济、求职者补贴等；降低最低收入门槛；将享受求职救济的最高时限从12个月减少到9个月；对孕产救济征税等。再如，2012年改革方案中提出了诸多税收和社会保护方面的措施，包括取消对与薪酬相关的社会保险费用的封顶限制，将与薪酬相关的社会保险扩大到非劳动所得等。

（二）特点与原则

艾斯平－安德森（Esping-Andersen）曾经提出过"福利资本主义的三个世界"（Three Worlds of Welfare Capitalism）理论，将福利国家划分为自由主义福利机制、保守主义福利机制和社会民主主义福利机制三种类型。绝大多数学者都赞同这一分类，而且绝大多数国家的福利体系也都能划归为其中的某一种类型。但有些学者认为，爱尔兰可能并不适用于以上任何一种模式，特别是其独特的殖民地历史、天主教传统、农业经济传统等，使其具备了一些独特的性质，因此，有些学者将爱尔兰的社会保障体系归为一种"拉丁边缘"类别（Latin Rim）。也有学者认为爱尔兰的社会保障体系是一种混合体系，认为其中尽管存在着自由主义的性质，但也含有一定的保守主义成分。另外还有学者认为，爱尔兰的社会保障体系正处于从保守主义向自由主义过渡的阶段。

总体上看，与其他经历了大幅度改革的欧洲国家相比，爱尔兰的社会保障制度改革步幅相对较小，自始至终都没有发生过大规模或激进的结构性社会福利改革。特别是就其社会保障制度的原则而言，尽管几十年来有过一些调整和修改，但并未发生根本性的改变，其基础仍然是1942年《贝弗里奇报告》中提出的6项原则。第一，固定费率原则，即所有被保险人均应在同样的社会保障项目下支付同样比例的费用。在爱尔兰，社会保险项目与收入挂钩，当然，在计算应缴纳的社会保险费用时，对应计算在内的收入数额是有上限规定的。收入越高的人支付的社会保险费用越高，因此，对国家社会保险基金的贡献也越大。爱尔兰目前的社会保险缴纳比例为不超过在职劳动者平均薪酬的30%，或者是不超过领取养老金人员平均收入的32%。第二，固定生活补贴，即无论在失业、残疾或退休之前的收入是多少，被保险人获得的这几类给付的数额是相同的。第三，统一行政责任。出于效率和经济因素的考虑，每名被保险人每周仅向统一的社会保障基金缴费一次，其中包括所有的福利给付和其他一些支付项目。在爱尔兰，与收入相关的社会保险支付均由社会保护部直接管辖。第四，给付的恰当性。福利给付应能够为人们提供适当的生活水平，虽然允许有其他额外的自愿项目存在，但这些项目只能是补充性的。第五，综合性。社会保险只应涵盖单一和一般性的风险，任何能够被社会保险覆盖的项目均应以减少对国家援助或自愿保险的依赖为目的。第六，社会保险项目必须涵盖所有劳动者，而不仅仅是被雇用人员；社会保障项目必须为所有公民，而不是部分公民服务。

爱尔兰的社会保障事项由社会保护部负责。该部先后经历了几次改组：最早为1947年成立的社会福利部，1997年更名为"社会、社区与家庭事务部"，2002年更名为"社会与家庭事务部"，2010年改组为社会保护部。社会保护部下设三个部门，分别负责社会保护、与残疾人及其就业相关的问题，以及社会与社会支持等事务。具体的行政管理事务由社区福利官员负责。爱尔兰还有其他一些机构负责与社会保障相关的具体事务，如消除贫困署负责就与贫困有关的问题、促进科研、试验性行动计划，以及监督立法草案对贫困问题的影响等事项向政府部门提出建议，养老金委员会负责就养老金政策向政府提出建议，并监督职业养老金立法。2014年成立儿童与家庭署（Child and Family Agency），负责儿童保护和改善儿童福利，第一年就为2万名儿童提供了社会服务，同时，它还在推行一系列儿童福利与保护服务改革措施。

二　社会保障制度的内容

一般而言，广义的社会保障项目包含福利待遇、医疗、教育、住房和其他一些社会服务，本书所论述的社会保障项目只包含狭义的社会福利和医疗。

爱尔兰的社会福利体系按照支付类别大体上可分为三类。第一，社会保险支付（Social insurance payments），即缴费型支付，它与社会保险缴费记录挂钩，以被保险人在固定期限内缴纳的社会保险费用为依据，社会保险金由雇主、雇员和国家共同分担，缴纳保险费对雇员和自营职业者都是强制性的。第二，家计支付型待遇/社会援助（Means-tested payments/social assistance），即非缴费型支付，涵盖对象为不符合交纳社会保险费用条件的人，但支付之前要先对申请人的全部财政来源进行考查，只有符合条件并通过考查之后才能获得此种支付。从2004年5月开始，只有通过常住地测试的人才能获得此种福利给付。第三，统一支付（Universal payments），此种支付是无条件的，既不取决于社会保险费的缴纳数额，也不以个人的收入状况为条件，不需要经过特定的考查，但只有特定人群才能享受这种支付待遇，如儿童津贴或老年人的免费乘车待遇等。当然，有些特定社会保障项目的申领还需要满足其他一些特定条件，如申领失业救济的失业人员必须同时积极寻找工作。

（一）社会保险支付

一般而言，绝大多数雇主和所有雇员（16～66岁）以及66岁以下的自营职业者都需参加社会保险，向国家社会保险基金（Social Insurance

Fund）缴纳社会保险费用，这是强制性的。每周收入不足 38 欧元的雇员或者年龄超过 66 岁的自营职业者仅需缴纳职业伤害险。有些拥有非工薪收入的人也需要交纳社会保险费用。雇员或自营职业者须在当地的社会福利办公室登记注册，获得一个个人公共服务账号，该账号可用于所有公共服务事务，如社会福利、税收和医疗服务。

以缴费为依据的社会保险费用缴纳比例取决于雇员每周的收入，如果其当周收入低于某一数额，则该周不需要缴纳社保费。根据工作性质和收入的不同，人们缴纳的社会保险费用可划分为不同的范畴，即社会保险缴费率，这也就是社会保险支付被称为"与收入挂钩的社会保险"（Pay Related Social Insurance，PRSI）的原因。爱尔兰的社会保险支付共分为 A、B、C、D、E、H、J、K、M、S 和 P 共 11 类，每个大的类别下面又分出若干个小的类别。被保险人可享有的社会保险支付数额的多少取决于其所属的类别。绝大多数雇员都属于 A 类，即该人员（年龄不足 66 岁）在工业、商业和服务业部门就业，签署劳动合同，且每周可计算收入不低于 38 欧元。从 1995 年 4 月 6 日起，公务员也被纳入 A 类。只有 A 类人员才能够享有全部类型的社会保险支付，因为这类人员缴纳的社会保险费用最高。对于收入不足一定数额的雇员，可减免一定社会保险费用。如果某人的收入低于某一既定数额，则无须支付社会保险费用，但其雇主仍需支付相应费用。社会保险费用以周为单位缴纳。由于每个类别缴纳的社会保险费用计算方法比较复杂，本书不再一一详细列举。

自营职业者属于 S 类。自营职业者需缴纳的社会保险费用按照其年度可计算收入的一定比例收取，收入较低的自营职业者则不是按照收入的比例缴费，而是按照固定数额缴纳费用。雇主也需缴纳一定比例的费用。

自 2014 年 1 月 1 日起，拥有非薪酬收入的人员也需要缴纳社会保险费用。此种非劳动收入包括房租、投资、股票以及存款和储蓄的利息等，其应缴纳的社会保险费用比例为此类收入的 4%，但若年收入低于 5000 欧元（2016 年以前为 3174 欧元），则无须缴纳社会保险费用。年龄不满 16 岁的人员无须缴纳社会保险费用。无论是雇员还是自营职业者，年满 66 岁后均无须交纳社会保险费用。

任何缴纳社会保险费用的人均有权获得多种待遇，但所能够获得待遇的种类及其程度，均取决于一系列条件，同时也取决于社会保险的缴纳要求。获得社会保险待遇的具体条件与所申请的待遇有关。一般情况下，申请社会保险支付的人员需经过以下考查：①交纳的社会保险属于哪种类型；②开始交纳社会保险费用的年龄（适用于国家养老金待遇）；③交纳社会保险费用的总次数；④在提交社会待遇申请之前的一个纳税年交纳社会保险费用的次数；⑤有些养老金项目还要求提交每年平均交纳社会保险费用的次数。总之，社会保险的目的是为患病者、失业者、休产假者、丧偶者或达到退休年龄者提供现金津贴，以保证他们的生活水平不会由于各种意外而受到太大程度的影响。此外，参加保险的人员及其配偶（如果配偶的收入低于一定标准）在接受牙科和眼科的医疗服务时，还可以享受一系列减免收费待遇。

现将爱尔兰几种主要的社会保险支付类型简要介绍如下。

（1）求职者救济（Jobseeker's Benefit）：适用社会保险原则。申领人需不满 66 岁，有工作能力，并按规定缴纳社会保险费用。申领人获得的求职者救济额度取决于该申领人失业前的收入。失业前每周收入超过 300 欧元的人可获得最高等级的救济额度，即每周 188 欧元；最低救济额度为每周 121.4 欧元，适用于失业前每周收入低于 150 欧元的人。领取求职者救济的期限是有限的，而且取决于所交纳的社会保险费用。2013 年 4 月以后，缴纳社会保险费用不足 260 次的最多可获得 6 个月的求职者救济；缴纳费用超过 260 次的可获得最多 9 个月的求职者救济。2013 年获得求职者救济的有 5.5 万人，政府支出 5605 万欧元。

（2）疾病救济（Illness Benefit）：适用社会保险原则。申领人从首次工作起必须缴纳至少 104 次社会保险费用，且在相关纳税年（即申领此项救济之前的完整税收年度）至少缴纳社会保险费用 39 次，或者在相关纳税年缴纳社会保险费用至少 26 次，并在前一个纳税年缴纳社会保险费用至少 26 次。能够获得的疾病救济数额也与被保险人的收入有关。每周收入超过 300 欧元的被保险人可获得每周 188 欧元的救济。2013 年，社会保护部用于疾病救济的支出为 6.49 亿欧元。

（3）孕产救济（Maternity Benefit）：支付给怀孕女性，支付时长为 18 周，即生产之前 4 周、生产之后 14 周。收养孩子的父母也可以获得总计 14 周的救济。此项救济涵盖雇员和自营职业者。此外，在缴费的基础上，如果在怀孕或哺乳期间，雇员出于健康或安全原因请假，也可以获得此项救济。2014 年 1 月 6 日之前，此项救济的额度取决于怀孕女性的收入水平，每周可领取的救济额度在 262 欧元至 217.8 欧元之间。从 2014 年 1 月 6 日开始，新申领者的救济额度固定为每周 230 欧元，但申领者需满足一定的社会保险缴费条件。

（4）收养者救济（Adoptive Benefit）：支付给收养孩子的母亲或单身男性，但须满足一定的社会保险缴费条件，如在收养行为发生之前的 12 个月内缴纳社会保险费至少 39 周，如果是自营职业者，则需缴纳社会保险费至少 52 次。申领者最长可获得 24 周（从收养之日算起）的救济。

（5）医疗与安全救济（Health and Safety Benefit）：适用于怀孕或哺乳期女性，她们由于健康或安全原因不得不离开工作岗位，而雇主无法提供不存在风险的岗位。获得该救济需满足一定的社会保险缴费条件，如在婴儿出生前的 12 个月内至少缴纳社会保险费用 13 周。申领者最长可获得 26 周的救济，前 3 周由雇主支付正常薪酬，余下的由社会保护部支付。

（6）无劳动能力救济（Invalidity Benefit）：适用社会保险原则，申领人由于疾病或残疾而永久失去工作能力，或者在申领该项救济之前已经有至少 12 个月不能工作，并且在申领之后也有至少 12 个月无法工作。2014 年以前，可领取的最高额度为每周 230.30 欧元。但从 2014 年 1 月起，可领取的最高额度减少为每周 193.5 欧元。2013 年，爱尔兰社会保护部用于此项救济的支出为 7.078 亿欧元。

（7）丧偶缴费型养老金（Widow's, Widower's or Surviving Civil Partner's 【Contributory】Pension）：条件是受益人不能与其他人同居。在民事伙伴离婚或分手的情况下，受益人也仍然有权领取丧偶缴费型养老金。其额度依照受益人年龄的不同而不同。年满 80 岁及以上的申领人每周可获得 240.3 欧元，但需满足一定的社会保险费用缴纳条件。如不符合领取此项养老金的条件，还可申领非缴费型丧偶养老金，只要通过财产状况考查即可，最高额度为每周 188 欧元，此外还可获得每周 20 欧元的燃料补贴。2013 年，社会保护部用于此项福利的支出为 13.5 亿欧元。

（8）国家养老金（缴费型）（State Pension【Contributory】）：涵盖对象需年满 66 岁，不管是否已经退休。在爱尔兰首次引入"退休养老金"时，领取养老金的规定年龄为 70 岁，20 世纪 70 年代降到 66 岁。领取此项养老金需适用社会保险原则，即在满 66 岁以前须缴纳至少 10 年社会保险，而且每年至少缴纳 10 次保险费用；如果要得到最高额度的养老金，则需每年缴纳至少 48 次社会保险，若此可获得每周 230.30 欧元（2005年为每周 179.30 欧元）的养老金。如果缴纳社会保险的次数减少，获得的养老金数额也会相应减少（共分为 6 档）。2013 年，社会保护部用于缴费型国家养老金的支出为 39.83 亿欧元，占总支出的 18.3%，是支出最多的一项。当年领取此类养老金的人数为 32.95 万。

除上述保险项目之外，还有医疗救济、工作救济、护理人救济、监护人救济（缴费型）和残疾人养老金等其他诸多社会保险项目。

近年来，如同许多西方发达国家一样，爱尔兰也面临着人口老龄化不断加速这一严峻的社会问题，而且，爱尔兰的人口老龄化程度一直高于欧盟国家平均水平，西部和西北部地区的人口老龄化趋势尤其严重。为此，养老金改革是近年来爱尔兰政府社会政策改革的一个重点内容。2003 年，爱尔兰引入了"个人退休储蓄账户"制度，目的在于提高养老金的覆盖率，同时缩小退休前后的收入差距。爱尔兰面临的另外一个问题是，相较于其他欧洲国家，其养老金的覆盖率相对较低。2014 年，仅有 49% 的女性和 53% 的男性拥有私人养老金。为此，爱尔兰政府于 2015 年 1 月出台了一系列措施，旨在提高养老金的涵盖程度，特别是要将更多低收入劳动者纳入养老金的涵盖范围。养老金管理委员会（Pensions Board）也被改组为养老金机构（Pensions Authority），以便更好地改进管理职能。同时还成立了养老金理事会，主要承担顾问和咨询功能。另外，由于公务员作为一个特殊群体，其养老金制度的完善度直接影响到行政体系的稳定，因此，爱尔兰十分重视公务员养老金体系的完善。爱尔兰公务员养老金制度的一个突出特点是社会养老，它在这方面一直走在西方国家的前面，特别是其"公共服务型社团组织"在公务员养老制度中发挥着关键作用。从当代世界各国行政体制改革和社会发展的现实来看，公务员养老服务的社会化已成为不可逆转的时代潮流。

爱尔兰的社会保险项目由雇主、雇员、自营职业者和国家共同承担。雇主按照其雇员工资 8.5% 或 10.75% 的比例向社会保险基金支付费用，雇员则支付其工资的 4% 或 6%。自营职业者则依据其工资水平，按照其工资比例的 3% 或 5% 缴纳社会保险费用。

（二）家计支付型待遇/社会援助

"家计支付型待遇"又称"社会援助"，所涵盖对象是缴纳的社会保险费用或者因数量太少，或者因次数过少而无法满足申领条件的人员，如失业人员、残疾人和孤儿、达到领取养老金年龄的人以及单亲家庭等。例如，一个人失业之后希望申请求职者救济，但由于缴纳的社会保险费用不足，无法获得此种救济，在这种情况下，他就可以去申请求职者补贴，后者就是一种"家计支付型待遇"。但社会保护部要对申请人的全部收入来源进行审查，以确定其是否符合申领标准。具体审查方法取决于所申请的支付项目。在某些情况下，申请人也可以拥有一定数额的收入或存款，其具体数额同样取决于所申请的支付项目。

要获得社会援助待遇，必须满足以下条件。第一，接受并通过财产状况考查。此种考查由一系列规则构成，用于评估个人拥有的全部储蓄、资产或现金等所产生的价值（以周为计算单位），其目的是判断相关人员的财务水平。如果其财产为零，则可获得全额援助。如果拥有的财产少于规定的限额，则可以获得一定额度的援助。另外，在财产状况评估中，有一些财产是不计入其中的。具体考查方式以及允许拥有的最低财产额度依照所申请项目的不同而不同，此项考查由社会保护部负责实施。第二，必须符合适用于相关人员所处境况的一些特殊规则，如只有能够证明"的确正在积极寻找工作"，才能获得失业援助。第三，在绝大多数情况下，申请人必须是爱尔兰的常住居民。

一般情况下，一个人一次只能获得一种社会援助待遇（看护人补贴除外，在看护人获得其他社会援助支付的情况下，他还可以获得本应获得的看护人补贴数额的一半）。爱尔兰的社会援助支付多与社会保险项目对应，主要包括以下类型。

（1）求职者补贴（Jobseeker's Allowance），涵盖对象为 18 岁以上的失业人员，是对失业人员在领取失业救济满 15 个月之后的一种援助手段，或者是支付给没有社会保险记录的人。获得此项补贴需经过财产状况调查，并适用常住居民规则，年龄在 18～66 岁，有能力从事全职工作。从事兼职工作或零散工作的人在证明其正在努力寻找全职工作（且具备工作能力）的情况下，也可以获得一部分求职者补贴。求职者补贴的数额一般情况下与年龄挂钩，18～24 岁为每周最高 100 欧元，25 岁为每周 144 欧元，26 岁及以上为每周 188 欧元。2013 年，有 29.5 万人获得了求职者补贴，政府支出 31.09 亿欧元。

（2）退休前补贴（Pre-retirement Allowance），涵盖对象为 55 岁以上、处于失业状态且领取救济的时间超过 1 年的人员，在这种情况下，相关人员可以决定提前退休，并领取退休前补贴，直到 66 岁。但此项补贴需要经过财产状况考查。该项目从 2007 年 7 月起不再接受新的申请。

（3）农场补贴（Farm Assist），是一项专门支付给其收入无法维持“适当”生活水平的小农场主的收入补贴，无须证明“正在积极寻找工作”。

（4）丧偶者养老金（非缴费型）（Widow's, Widower's or Surviving Civil Partner's【Non-Contributory】Pension），其涵盖对象为没有需要抚养的子女的丧偶者（或民事伙伴）。

（5）监护人支付（非缴费型）（Guardian's Payment【Non-Contributory】），涵盖对象为孤儿的监护人，条件为孤儿未满 18 岁，或者在其接受全职教育的情况下未满 22 岁。监护人每周最多可获得 161 欧元的补贴。

（6）护理人补贴（Carer's Allowance），涵盖对象为全职护理人员。该人员需年满 18 岁，在爱尔兰居住，而且从事其他就业、培训或教育活动的时间每周不得超过 15 个小时。护理人须与病人一起居住，或者全职照顾病人，且病人不在医疗机构居住。如果被护理人的住院时间不超过 13 周，护理人也可获得此项补贴。被护理人需年满 16 岁，由于年龄、生理或心理障碍或疾病（包括心理疾病）需要全职照顾。除护理人补贴外，护理人还可获得一揽子家庭救济和免费乘车卡。另外，每年6月，护理人还可获得最高额度为1375欧元的年度补贴。

（7）国家养老金（非缴费型）（State Pension【Non-Contributory】），涵盖对象为66岁以上的人员，适用财产状况考查和常住居民规则，自2009年以来每周可领取的最高额度为219欧元，超过80岁的老年人每周可多领取10欧元，在某些近海岛屿居住的66岁以上的老年人每周则可领取233欧元。2013年，领取非缴费型国家养老金的有95801人，占领取养老金总人数的24%，社会保护部的此项支出为9.52亿欧元。据估计，到2060年，国家用于养老金的支出占国内生产总值的比例将从2010年的7.5%增加到11.7%。

（8）盲人养老金（Blind Pension），支付对象为盲人和由于视力问题而无法正常就业的人。

（9）残疾补贴（Disability Allowance），涵盖对象为16~66岁的残疾人，适用财产状况考查和常住居民规则，每周收入不超过120欧元，且所患疾病或残疾在很大程度上限制了相关人员的工作能力。此项补贴最高额度为每周188欧元。2013年，社会保护部用于残疾补贴的总支出为11.4亿欧元。残疾人也可以获得其他一些额外救济，如免费乘车、住房一揽子救济和燃料补贴等。

（10）单亲家庭补贴（One-parent Family Payment），涵盖对象为每周收入少于425欧元的单亲家庭，实际获得的补贴取决于个人的收入情况，最高为每周188欧元，每增加一个儿童每周可多领取29.8欧元。2013年，社会保护部用于单亲父母补贴的支出为9.779亿欧元。从2015年7月起，对于单亲家庭领取此项救济的资格限制增加了一个条件，即最小孩子的年龄不能超过7岁，与此同时，财产状况调查也将适用更加严格的标准，其目的是减少此项支出。

除上述社会援助项目之外，爱尔兰还设有补充性福利补贴（Supplementary Welfare Allowance），支付对象为没有收入或收入十分微薄的常住居民，但须经过财产状况调查。这是一项具有紧急救助性质的"安全网络项目"，目的是保证在发生紧急情况时当事人能够立刻获得救助，但每周工作超过30个小时的雇员、接受全日制教育的人和涉及劳资纠纷的人除外。其申领条件包括，该人员正在申请其他救济但尚未获得批准，或者由于某些原因没有资格领取其他救济或补贴且生活困难。例如，一般情况下，寻求避难者不允许工作，因此无法满足申领失业救济的条件，在这种情况下，如果申请人处于独居状况，就有权获得此项补贴，但如果其食宿由国家提供，则其获得的救济数额将递减。可获得救济的具体数额取决于申领人的年龄。26岁以上的人每周最多可获得186欧元。

补充性福利补贴主要有以下几类。

（1）家庭收入补贴：支付给有孩子，父母至少一方有工作，但收入较低的家庭。条件是至少有一个孩子年龄在18岁以下，或者有一个孩子年龄在18～22岁，且正在接受全日制教育。另外还需满足其他一些条件，如父母双方每周至少工作19个小时（或每两周至少工作38个小时，但不包括从事自营职业的时间），从事被雇用工作的时间至少为3个月，等等。领取此项补贴的家庭的收入必须低于规定的限度，其获得的补贴是这一收入上限与家庭收入之差的60%。2014年，有1个孩子的家庭收入上限为每周506欧元。此外，有资格获得家庭收入补贴的家庭还可在新学年开始时获得儿童上学所需的购买服装和鞋子的补贴。

（2）房租补贴：涵盖对象为租赁私人住房，但没有能力支付房租的家庭，须通过财产状况考查。其他条件包括，在申领租房补贴之前的12个月内须有至少6个月租住在私人房屋、为无家可归者提供的住房或者是诸如医院或护理之家等救助机构。补贴的数额依据居住地以及家庭的具体情况而定。例如，一对有2个孩子、在都柏林居住的夫妇每月最多可得到975欧元补贴，而单身者则仅可获得每月最多520欧元的补贴。2014年，为鼓励人们工作，政府推出了一项"住房援助支付"，房租补贴直接支付给房东，而不是租房者。

（3）重返就业补贴：是一项激励机制，目的在于鼓励曾经患病或失业的人，或单亲父母重新就业。最长支付期限为3年，每年按照一定比例递减；对于自营职业者而言，最长支付期限则为4年。

（4）重新接受教育补贴：涵盖对象是重新回到学校完成中级教育或高等教育的人员。

另外，符合社会援助支付条件的人员还可以申请额外社会福利待遇，即主要社会援助项目以外的其他一些额外补贴，但并不是所有人都适用。一般情况下要先通过财产状况评估，同时也取决于申请特定支付项目的其他个人情况。额外社会福利待遇包括单独居住补贴、无烟燃料补贴（用于人口较多地区燃料支出的补贴，2011年废止）、国家燃料补贴项目、一揽子家庭救济（对电费、燃气费、电话费和电视收视费的补贴）、免费乘车卡、医疗救济（对眼科、牙科和听觉辅助设备所需费用的部分援助）等。具体内容主要有以下几种：①在爱尔兰免费乘车的权利。任何年满66岁的爱尔兰常住居民均有权免费乘坐公共交通工具，而无论其收入如何，由政府予以补贴。年龄不足66岁的人在满足一定条件的情况下也可以享有此项权利；②如果在爱尔兰的某个特定岛屿居住，且已获得某种类型的社会福利支付，则可获得超出标准额度的社会福利待遇；③一揽子家庭待遇：涵盖维持家庭生活所需的一些必要支出，如电费补贴、燃气补贴，以及免交电视收视费等。涵盖对象为年满70岁的老人，以及满足一定条件的70岁以下的人；④独居者待遇：独居者获得的社会福利养老金可在标准额度基础上有所增加；⑤燃料补贴：涵盖对象为无力支付供暖费用的低收入家庭，在天气最寒冷的7个月按周支付，主要是依靠养老金生活的老年人，另外对80岁以上的老年人还有额外的补贴。

（三）统一支付

统一支付指的是具有普遍性、不需要事先通过财产状况评估、也不需适用任何社会援助条件的福利待遇。以下为两种最常见的统一支付。

（1）儿童救济：此项福利待遇的涵盖对象是所有有孩子的家庭，而无论其就业状态和收入如何，唯一的条件是享受此项待遇的儿童必须在爱尔兰居住（如果来自欧洲经济区的移民工人的孩子在欧洲经济区其他成员国居住，也可获得此项待遇）。一般情况下，此项待遇支付到孩子年满16岁，但若其继续接受全日制教育，或者有生理或心理残疾，则可延长至18岁。儿童救济是爱尔兰政府社会支出的第三大项目，社会保护部

2013 年用于儿童救济的支出为 20.47 亿欧元。从 2014 年 1 月起，每个儿童每月可获得 130 欧元救济，从 2009 年以来呈递减趋势（2009 年为每个儿童每月 166 欧元）。

（2）为领取养老金的老年人提供的其他一些普遍性给付项目，包括免费乘车、供暖以及电视收视费等。

三 社会福利支出

爱尔兰是欧盟国家中社会福利较发达的国家之一。如前所述，爱尔兰实行的是一种混合社会保障体系，即由社会保险和社会援助共同构成的混合体系，既包括缴费型项目，也包括为无法获得缴费型待遇的人员提供的非缴费型项目。非缴费型项目的来源为一般性税收，而缴费型项目的资金则来自社会保险基金。从当前状况来看，非缴费型支出略高于社会保险项目的支出。

社会保护部负责社会保障的提供，它也是爱尔兰最大的公共服务机构之一。2015 年，该部用于社会福利支出的费用为 196.6 亿欧元，占国民生产总值的比例为 11%。从绝对值来看，社会福利支出在 2010 年之前呈上升趋势（1990 年为 35.67 亿欧元，2000 年为 67.14 亿欧元，2010 年达到 210 亿欧元），但之后开始下降，占国民生产总值的比例也是如此（2011 年为 15.1%）。2015 年，社会福利的申领者平均每周为 137.6 万人，而若将所有符合申领条件的成年人和儿童都计算在内的话，则社会福利的受益人总数为 211 万人，占全国人口总数的 45.5%。该比例同样自 2011 年后呈现下降趋势，这从一个侧面说明了爱尔兰经济正处于不断恢复增长的过程之中。在社会保护部的社会福利支出中，用于适龄工作人群的总支出占比为 53%，用于退休与老年人的支出占比为 35%，用于儿童的支出占比为 12%。但从横向比较来看，爱尔兰的社会福利支出相对较低。2014 年，欧盟成员国用于社会保护的支出占国内生产总值的平均比例为 19.5%，而爱尔兰仅为 13.2%。

爱尔兰与美国、加拿大、澳大利亚、英国、新西兰和奥地利等国均签订有双边社会保障协议，主要目的是保证在这些国家工作的爱尔兰人和这些国家在爱尔兰工作的公民有权享受养老金服务。与英国签署的协议涵盖范围更广，不仅包括养老金，而且包括其他一些短期福利给付，如失业和疾病救济。另外，作为欧盟成员国，根据欧盟相关条例，爱尔兰对在本国居住的其他欧盟成员国和瑞士的公民提供医疗服务。同时，来自欧洲经济区其他成员国的在爱尔兰就业的工人也享有相应的社会福利待遇。

第四节　医疗卫生

一　国民健康状况

爱尔兰的人均寿命曾经低于很多欧盟国家，但随着经济的发展和医疗水平的提高，人均预期寿命在不断延长。1986 年，爱尔兰女性的平均预期寿命为 77 岁，男性为 71 岁。到 2004 年，爱尔兰女性的平均预期寿命为 80.2 岁，男性为 74.7 岁。爱尔兰男性与全体国民的平均预期寿命超过了欧盟 28 国的平均值，但女性预期寿命略低于欧盟平均值。而且，无论是男性还是女性的预期寿命都仍略低于欧盟一些国家。例如，同一时期，英国女性和男性的预期寿命分别为 80.4 岁和 75.7 岁，德国为 81.3 岁和 75.6 岁，法国为 82.9 岁和 75.6 岁。2013 年，爱尔兰女性和男性的平均预期寿命分别升至 83.1 岁和 79.0 岁。在 1993～2013 年的 20 年间，爱尔兰女性和男性的平均预期寿命分别增加了 6.4% 和 9.0%。2004～2013 年的 10 年间，爱尔兰人均寿命增加了 2.5 岁。

从人口出生率来看，2008 年之前，爱尔兰人口出生率呈上升趋势：2005 年为 14.8‰，到 2008 年达到 16.8‰，此后开始下降，2014 年仅为 14.6‰。但同期新生儿的数量则增加了 9.9%。从生育率来看，尽管已经从 2008 年的 2.07‰ 下降到了 2014 年的 1.95‰，但仍高于欧盟 1.55‰（2013 年）的平均比例，在欧盟 28 个国家中仅略低于法国。另外，爱尔兰还有一个非常突出的现象，即非婚生婴儿所占比例非常高，2014 年有 36.3% 的新生儿为非婚生。

爱尔兰人口变化趋势中一个最重要的特征是，人口老龄化程度不断加剧，且一直高于欧盟国家的平均水平，不仅如此，在可预见的将来，这一趋势仍将持续。近年来，爱尔兰 65 岁以上的人口每年平均增加 2 万人左右。2006～2015 年间，65 岁以上的老年人增加了 29.5%（总人口增加了 9.3%，欧盟 65 岁以上老年人增加了不到 15%）。而且，比例增长最快的是 85 岁以上的人口，预计到 2031 年，85 岁以上人口的数量将翻一番。人口老龄化对于整个社会的福利体系，特别是医疗服务体系，有着十分重要的影响。但从另一个侧面来看，老年人口所占比例增加也说明国民寿命和国家的医疗卫生状况总体上得到了提高。

从死亡率来看，2015 年爱尔兰人口死亡率为 6.5‰，近 10 年来起伏不大。爱尔兰的婴儿死亡率高曾是一个比较严峻的问题，过去长期高于其他一些欧洲国家。例如，1999 年，爱尔兰的婴儿死亡率为 8.2‰，高于法国和英国的 7.3‰和 7.4‰。但由于经济的不断增长，以及政府采取了各项医疗卫生措施，爱尔兰婴儿死亡率大幅度下降，并已低于欧盟平均水平：2013 年为 3.5‰（欧盟为 3.7‰），2015 年进一步下降为 3.1‰，其中，不到 4 周大的新生儿死亡率为 2.3‰。2005～2014 年，婴儿死亡率减少了 4 个百分点。

在导致成年人死亡的原因中，绝大多数与当今人们常说的"文明病"（或"富贵病"）有很大关系，特别是心脑血管疾病（心脏病和中风）和癌症。2015 年，爱尔兰共有 9249 人因罹患这类疾病死亡，占总人口的 2‰。其中，死于呼吸系统疾病的比例为死亡人口总数的 18%。从总体趋势来看，2005～2014 年间，死于循环系统疾病和癌症的比例都呈下降趋势，分别减少了 32%和 8%。但爱尔兰死于呼吸系统的人口比例高出欧盟平均水平 42%，死于循环系统疾病的比例高出欧盟平均水平 8 个百分点。近年来，中风的死亡率刚刚降至欧盟平均水平之下，心脏病的死亡率虽然也在下降，但仍高于欧盟平均水平。癌症的死亡率也高于欧盟平均值，2015 年有 8783 人死于癌症，占总人口的比例为 1.9‰。

针对这种状况，爱尔兰历届政府都十分重视通过制定相应的卫生保健战略，以提高全体国民的健康状况，预防医学尤其受到高度重视，目的在于努力解决导致过早死亡的一些问题，如吸烟、酗酒、营养不良和缺乏锻炼等问题。2013 年，爱尔兰卫生部发布了一份旨在改善爱尔兰人健康状况的政策指南，题为"健康爱尔兰——改善健康与福祉的框架"，这是一项包含各项措施的全面纲要。经过努力，爱尔兰人的健康状况得到普遍改善，特别是吸烟情况大为改观，从 1994 年的人均每年 1700 支下降到了 2014 年的 900 支左右；但饮酒情况 20 年来没有太大变化，2014 年仍然保持在人均每年 11 升左右。根据欧洲统计局关于公民健康状况的调查数据，多年来，自我评估身体状况良好的爱尔兰人的比例一直高于欧盟平均水平。例如，2013 年，认为自己健康水平非常好的爱尔兰人的比例为 42.1%，而欧盟的平均比例仅为 23.7%。

二 国民医疗服务体系的内容与主要特点

（一）医疗服务体系概况

爱尔兰最早的医疗服务出现于 18 世纪，最早的一家医院建立于 1720 年，当时多为自愿和慈善性质的医疗救助。直到 20 世纪初，才出现更多的医院和其他相关医疗服务机构，且数量增长很快，但这些机构大多由天主教会和其他行会组织负责运行。20 世纪中期，英国政府在爱尔兰推行济贫院制度，为一些极端贫困的人提供医疗服务。1922 年爱尔兰独立后，政府将济贫院改造成专门为穷人提供医疗和社会服务的机构，但在很长一段时间内，医疗服务并不是爱尔兰政府的工作重点。从 20 世纪 40 年代开始，爱尔兰的医疗服务事业取得了长足进步，肺结核被彻底消灭。1947 年设立卫生部。同年，爱尔兰政府效仿英国的做法，发表了《改善医疗服务的建议纲要》，拟建立与英国类似的国民医疗服务体系，并于 1949 年发表题为"社会保障"的白皮书，提议建立统一医疗保险制度。

但是，这些改革动议受到了天主教会、财政部和医疗专业人士的强烈反对，政府最终被迫放弃上述方案，转而推行渐进的社会保障和医疗服务措施。直到 20 世纪 70 年代爱尔兰政府开始改革地方政府，公共医疗服务才随之发展起来，但当时的医疗服务多由博彩业提供资助。而且，爱尔兰最终也未能建成英国那样的统一医疗保险制度和国家医疗服务体系，而是在 1970 年引入了一种双层医疗服务体系，即"医疗卡制度"（GMS），其免费医疗服务涵盖的人员范围最多不超过爱尔兰总人口的 40%。对于大多数人而言，医疗服务大多都需要付费，且操作程序十分复杂。

换言之，在爱尔兰，居民享有的公共医疗服务范围是不同的，有些人可享受全部免费医疗服务，有些人只能享受部分免费医疗服务。一般情况下，如果某个人在爱尔兰合法居住的时间不少于 1 年，无论其国籍如何，爱尔兰医疗服务执行机构都会认定其为普通居民，有权获得完全（范畴 1）或有限的（范畴 2）医疗服务。

但居民可以享有哪种类型的公共医疗服务，则首先需要经过资格测试。符合完全医疗服务资格的居民可获得一张医疗卡（即范畴 1），即有权免费享受全部医疗服务，包括全科医生服务，使用处方药及医疗设施，所有公立医院的住院医疗服务，所有公立医院的门诊服务，事故和急诊部门医疗服务，牙医、眼科和耳科服务及设施，孕产期和婴儿护理服务，以及为每个新生儿提供的现金补贴。年龄超过 70 岁的所有爱尔兰居民都可自动获得医疗卡，70 岁以下的人员能否获得医疗卡则取决于其收入水平。判断居民是否有资格获得医疗卡的事宜由当地医疗服务管理机构负责，在特殊情况下，它也可以给一些收入水平高于规定上限的人员发放医疗卡。拥有医疗卡的人员还有权获得其他一些优惠服务，例如减免二级学校的考试费用，为距离最近的学校超过 3 英里的家庭提供儿童免费校车接送服务等。

非医疗卡持有者（范畴 2）则只能享有部分公共医疗服务，他们到诊所和医院就医时需要缴纳少量费用，并负担全科医生的服务费和处方药的费用。在处方药费用过高的情况下，他们可以依照规定获得一定的补贴。在满足特定收入要求的情况下，非医疗卡持有者也可以获得全科医生访问卡（2005 年，爱尔兰首次引入全科医生访问卡，持有者可享有免费的全科医生服务）。此外，如果慢性病患者需要定期或额外医疗服务，那么即使他们没有达到收入要求，医疗服务执行机构也可视情况向其发放全科医生访问卡。同时，如果这类病人拥有全科医生开具的转院证明，也可享受医院的免费医疗服务。

爱尔兰有一些医疗项目对所有人都免费，例如，所有常住居民在怀孕期间均可享受免费服务，除可自主选择一位家庭医生之外，还可选择一位产科医师。家庭医生也提供婴儿护理服务。

另外，爱尔兰政府还对居民的药品支出提供一定程度的补贴，这被称作"药品支付项目"。根据该项目，在爱尔兰居住的个人或家庭每月仅需支付 85 欧元，即可在当月享受免费处方药以及使用部分医疗设施，某些慢性病患者也可免费获得治疗此种疾病的药品或免费享受医疗服务。此外，爱尔兰医疗服务管理机构还提供某些现金补贴，如传染性疾病护理补贴、盲人福利补贴、康复训练补贴和家居护理补贴等。

2005 年以来，爱尔兰拥有医疗卡的人员所占比例呈不断上升趋势：从 2005 年的 28% 增加到 2012 年的 40.4%，此后略有下降，2014 年为 38.4%，10 年间增加了 37.1%。其中，15 岁以下儿童拥有医疗卡的比例从 2005 年的 26.5% 增加到 2012 年的 41%，到 2014 年又回落到 37%，10 年间增加了 39.6%。而持有全科医生医疗卡的居民也从 2005 年刚刚引入时仅占居民总数的 0.1% 增加到了 2014 年的 3.4%，10 年间增加了 330%。

由于并非所有人都能够享受全部免费医疗服务，因此，私人医疗保险成了必不可少的补充措施，但爱尔兰拥有私人医疗保险的比例并不算高。2016 年，爱尔兰居民拥有私人医疗保险的比例仅为 45%（214 万人），比2009 年略有下降。其中，拥有私人医疗保险比例最高的是 60～69 岁的居民，为 52%；18～29 岁居民拥有私人医疗保险的比例最低，仅为 31%。

（二）医疗服务体系改革

在国家层面，爱尔兰的医疗卫生服务由卫生部集中管理。卫生部创建于 1947 年，其间曾两次更名：1997 年更名为"卫生与儿童部"，2011 年重又更名为"卫生部"，但其功能并未发生改变，主要负责提出医疗部门的预算，为整个医疗卫生服务事业的发展制订规划，以及提出相应的立法动议。除了医疗卫生服务，卫生部还负责诸如社会工作、领养和照顾儿童等其他相关事宜。

地方一级的医疗服务曾经历过两次比较重大的改革。第一次改革发生在 1970 年。当时，随着对地方政府制度和功能的改革，地方政府不再直接负责医疗服务，而是在卫生部之下设立了 8 个地区卫生委员会，每个委员会的组织结构大体类似，由地方政府官员、高级医疗专业人士的代表以及卫生部任命的代表组成，负责从医院服务到社会照顾等一系列地方医疗服务项目。20 世纪 90 年代，东部卫生委员会被拆分为 4 个新的地区卫生委员会。这样，到 20 世纪末，爱尔兰共有 11 个卫生委员会，此外还有 43 个半国家性质的机构负责与医疗相关的咨询、管理和科研等事务。

第二次重要的机构改革发生在 21 世纪初。2003 年，爱尔兰政府发表了题为"计划书"（Prospectus）的报告，揭开了改革的序幕。本次改革采取的主要措施包括，废除 11 个卫生委员会和 43 个半国家性质的机构，将这二者的功能并入卫生部，并于 2005 年成立中央"医疗服务执行局"（Health Service Executive），取代原有的地方和区域卫生机构，其目的在于使医疗服务更加统一、有效和简单化。此次改革之后，卫生部和医疗服务执行局的功能划分更加明确，前者主要负责政策的制定，后者则主要负责政策的执行和管理。

从医疗政策方面来看，直到 20 世纪 90 年代，爱尔兰政府才首次发表了具有框架性功能的国家医疗政策报告，此前几乎不存在具有战略意义的国家医疗政策。

1994 年发表的《构建更健康的未来》是爱尔兰政府发布的首份全国性医疗战略文件，后来又于 2001 年发表了《质量与公平——你的医疗体系》，其内容均为总体性医疗服务原则以及未来的发展方针。除这两份总体性战略文件之外，爱尔兰政府还发表了一系列针对特定人群或特定疾病的政策指南，制定了相应的医疗护理和疾病预防等方面的标准，对于改善居民健康水平和延长预期寿命发挥了重要的指导作用。随着时间的推移，爱尔兰政府的医疗卫生政策侧重点也发生了重要变化。20 世纪 80 年代，其卫生政策侧重于疾病预防、提升健康水平和强调自我责任，同时，在医疗体系的改革方面，爱尔兰政府的政策重点在于削减医疗机构的数量和尽量减少患者去医院就医的次数，并鼓励患者到社区机构接受医疗和护理服务。21 世纪之后，爱尔兰医疗政策的侧重点在于疾病预防、健康生活

（如戒烟）、更积极的生活方式和以社区为基础的医疗服务（如针对老年人推出的一揽子护理服务）等。2015年3月，《公共卫生法（烟草包装标准化）》生效。爱尔兰是欧洲第一个，也是世界上第二个颁布此类法律的国家。根据该法律，烟草的包装盒必须使用浅颜色，品牌及其他标志将使用统一字体，其目的是减少烟草包装对人们的诱惑，增强健康警示效力。

尽管爱尔兰历届政府都付出了诸多努力改革医疗体系，但其医疗服务体系和医疗政策仍然存在着一些比较严重的问题，包括：患者等待治疗的时间过长，特别是在急诊和手术等方面；医疗服务费用过高；结构不合理；官僚主义等。其他一些问题包括：第一，不同地区之间的医疗水平和服务质量差异巨大；第二，对大医院的投资过多，而对社区医疗服务的投资过少（仅占16%左右）；第三，对不同疾病种类的投资分配也不够合理，特别是残疾和精神疾病等受重视程度相对较低。这样的状况实际造成了对患者的不公平待遇。与此同时，爱尔兰医疗服务体系还面临着人口老龄化以及慢性病发病率上升等造成的压力，此外，爱尔兰政府又需要削减公共服务预算，从而导致必须对医疗体系进行根本性改革。

然而，医疗服务体系改革牵一发而动全身，因此在政策执行方面面临着重重阻力，特别是不同政党和利益团体在一些问题上存在着严重的政治分歧，尤其是关于公共服务与私人服务的整合问题、是否取消双层体系的问题、是否对所有人实行免费医疗的问题等，因为这些涉及更深层次的社会不平等问题，而相关各方又很难对解决方案达成一致。另外，在政策的制定和执行方面也存在着较大的差距，概言之即政策的执行力度不够，很多政策制定后无法得到贯彻实施。

2012年，爱尔兰政府发表了《未来的医疗——2012～2015年医疗服务改革战略框架》（Future Health—A Strategic Framework for Reform of the Health Service 2012 – 2015），拟对现有医疗体系进行根本性改革。文件认为，现在的医疗服务存在着诸多问题，特别是在以下三个方面：①不够公平，②无法满足患者的需求，③没有发挥足够的成本效益。此次改革的核心是改变现有的双层结构，用"普遍医疗保险"（Universal Health Insurance）这样一种单一的医疗服务体系取而代之，以便实现全体居民平等就医。该战略框架提出，未来的改革将由四根支柱组成，即聚焦于医疗与人民幸福之间的关系、结构改革、服务改革与金融改革。2014 年 4 月，爱尔兰政府发布了《普遍医疗保险白皮书》，提出了一项全面的单一医疗服务模式，根据该模式，未来的医疗服务将以患者的需求为基础，而不是以患者的支付能力为依据，同时，政府将对有财政困难的患者提供补贴。但经济与社会研究所、医疗保险机构和其他一些机构的评估发现，此项改革成本过高，因此交由议会委员会审议该问题。按照原计划，该委员会本应于 2017 年 4 月底之前完成审议工作，但到本书定稿之时（2017 年 5 月）尚未出台最终报告，此项改革能否顺利实施还是个未知数。

（三）资金来源

爱尔兰医疗卫生体系的资金主要来源于税收，另外，私营医疗卫生部门也在整个医疗体系中发挥着重要作用。近年来，政府用于医疗服务体系的支出逐年增长，2009 年曾达到过 155.2 亿欧元的顶峰，此后由于实行财政紧缩政策，用于医疗卫生服务的公共开支在 2009～2014 年间不断减少，2015 年起才重又增多。2015 年，爱尔兰用于医疗卫生服务的公共支出为 142.12 亿欧元，约占政府经常性开支项目总额的 20%，主要用于资助医院、社区医疗卫生机构、社区福利机构、精神病治疗机构和残疾人服务机构等。其中，综合医院的拨款占公共医疗卫生支出总额的 45% 左右。2006～2015 年期间，爱尔兰的医疗服务总支出增加了 11.8%。其中，现金支出只占总支出的 3%，10 年间减少了 17%，而非现金支出则增加了 13.6%。

2004 年爱尔兰国民医疗卫生支出总额（既包括政府支出，也包括个人支出）占国内生产总值的 6.3%，2007 年为 8.9%，2014 年增加到 10.1%（占国民生产总值的比例为 11.7%）。当年医疗总支出为 191 亿欧元，其中 71% 由政府支付，个人和家庭支付 15%，而医疗保险支付剩余的 14%。

自 2015 年 1 月 1 日起，用于医疗卫生服务的拨款事宜由卫生部下设的预算（投票）办公室负责（此前由医疗服务执行机构负责）。

三　医疗卫生服务种类

爱尔兰的医疗卫生服务大体可分为两个类别，即初级医疗服务和医院服务。初级医疗服务机构指的是除医院以外的所有医疗机构和社会照顾服务机构，其涵盖的服务范围十分广泛，包括全科医生服务、社区医疗卫生服务（包括心理与残疾服务、牙科、眼科、口腔科等）、家庭看护、学校健康检查和免疫项目等预防和检查服务等。

2001 年，爱尔兰政府发表了一份报告，题为"初级医疗服务：新的发展方向"，致力于进一步提升初级医疗服务的质量，其采取的措施不仅包括大幅度增加全科医生的数量，而且还包括采用团队合作、全科医生合作社、设立多科室初级医疗团队（包括全科医生、护士、医疗助理、社会工作者等人）等方式。未来的发展目标是实现全科医生服务全部免费。作为此项目标的第一步，爱尔兰政府在 2014 年的预算方案中宣布，率先实现 6 岁以上儿童免费接受全科医生医疗服务。

普通医院服务由公立医院和私营医院组成，爱尔兰公立医院大约有 60 所。公立医院又可分为由卫生服务执行机构负责管理的医院和公立民间医院。前者全部由国家财政拨款；后者的管理机构有多种不同类型，有些医院归宗教团体所有，还有一些医院是以合作方式建立的，在董事会的领导下开展工作，这些医院的大部分资金也来源于国家财政。

2014 年，爱尔兰各医院共有住院病床 10480 张，比 2005 年减少了13.3%，病人平均住院医疗时间为 5.43 天，比 2005 年减少了 14.3%。其中有超过一半（51.5%）的住院病人为 65 岁以上的老年人。门诊病床共有 2006 张，比 2005 年增加了 41.4%。门诊占医院提供服务的 61% 左右，自 2010 年以来这一比例大体未变。

各医院还提供一些特殊的医疗服务，例如为精神疾病患者提供医疗。最近几年，精神疾病患者的数量呈不断下降趋势，2005～2014 年间减少了 16%，精神疾病患者比例最高的年龄段为 45～64 岁。

爱尔兰医生与病人的比例相对较低。2013 年每千名居民拥有医生 2.7 人，低于经合组织国家的平均水平（3.4 人）。截至 2015 年 9 月，公共医疗卫生服务部门共有全职雇员约 11 万人，具体情况如下：护士所占比例最大，为 31.8%，约有 3.5 万人；接下来是管理人员，占 15.5%；医疗与社会照顾专业人员占 13.9%；一般性辅助人员占 9.3%；医生（包括牙医）的数量最少，只占 8.4%，为 9232 人；其余为负责患者照顾事宜的其他人员。2006～2015 年的 10 年间，爱尔兰专职医护人员的数量总体呈下降趋势，总共减少了 4%。其中，2007～2014 年期间下降幅度最大，全职医务人员的数量减少了 11%，2015 年开始有所回升，特别是医院医生的数量比 2005 年增加了 24%。

爱尔兰医院服务长期以来存在着病人等待手术时间普遍过长的问题，等待时间超过 18 个月的成年患者和等待时间超过 20 周的儿童患者的情况尤为突出。另外，等待预约门诊的时间超过 52 周的病人数量在 2015 年 5 月之前也一直呈上升趋势，之后略有下降。尽管卫生部原拟到 2015 年年中将患者等候住院的平均时间降至 18 个月以下，但这一目标未能如期实现。

为提高医院医疗服务的质量和效率，爱尔兰政府在 2012 年的改革方案中提出建立独立的医院托拉斯，并于 2015 年 4 月在卫生部的领导下成立了指导小组，探讨如何具体实施这项方案。在此之前，作为过渡性安排，爱尔兰政府于 2013 年设立了 7 个医院集团，以整合医院力量。这 7 个集团是：都柏林东北部集团（含 7 家医院）、都柏林中部集团（含 6 家医院）、都柏林东部集团（含 11 家医院）、东部/东南部集团（含 9 家医院）、西部/西南部集团（含 6 家医院）、中西部集团（含 6 家医院），以及儿童医院集团（含 3 家医院）。每家医院集团还配备有一家大学或研究所作为学术伙伴。

除组织结构的改革以外，爱尔兰政府还在推行对医院资助方式进行改革，其核心原则为"以活动为基础提供资助"，即以医院所提供医疗服务的数量和质量作为资助标准，目的在于提高医疗服务的效率和透明度。这是一项多年度项目，采取分阶段方式实施。第一阶段始于 2014 年 1 月，首先在 38 家大型公立医院予以实施。

第五节　环境现状与环境保护措施

爱尔兰环境状况总体良好，清洁的空气和青山绿水吸引着成千上万的游客。爱尔兰重视环境保护，爱尔兰人民世代爱护和珍视环境。爱尔兰人认为，环境不仅有其自身的内在价值，而且，环境与国家经济发展和人民生活水平息息相关，认为环境是爱尔兰一项具有战略意义的资产，是其竞争力的一部分，对其经济发展具有越来越重要的战略价值，农业和旅游等部门的发展尤其严重依赖爱尔兰的环境。同时，环境也对人民的健康和福祉有着重要影响。

当然，爱尔兰的环境政策仍然面临着一系列挑战，特别是在切实履行根据欧盟规定应该承担的义务方面，尤其是在废弃物处理、水和空气质量、温室气体排放等几个领域。爱尔兰政府认为，建构一种具有可持续性的发展模式是爱尔兰面临的一项关键挑战，而提高资源利用效率是实现这一目标的首要途径，同时还需要避免对资源的过度开发。改变消费模式、采取具有可持续性的方法对废弃物和生物多样化资源进行管理，这些都是实现资源利用效率的重要方式。

始于 2008 年的经济衰退导致爱尔兰温室气体排放量和废弃物的数量出现较大幅度减少，但这并非常态。随着经济逐渐恢复增长，环境压力又重新加剧。爱尔兰环境保护署 2012 年发布的《环境状况评估报告》指出，爱尔兰面临着四项关键挑战：对自然环境进行评估和保护、建构具有资源效率的低碳经济、实施环境立法、将环境置于政府决策的核心。2016年发布的《环境状况评估报告》认为，爱尔兰在三个领域面临着严峻挑战，即充分认识和理解环境与人类健康和福祉的关系、应对气候变化和实施环境立法。四个具体领域包括：恢复与保护水质、开展具有可持续性的经济活动、保护自然与原生环境，以及增强社区对环境保护的参与。

环境保护与治理问题原来由爱尔兰住房、规划、社区和地方政府部负责。2016 年 7 月，原通信、能源和自然资源部被改组为通信、气候变化和环境部，下设气候行动与环境司，专门负责环境与气候变化等事宜。此外，爱尔兰还设有环境保护署，该署于 1992 年成立，负责对环境质量进行监督和评估。自 1995 年以来，环境保护署每四年发表一份评估报告，对爱尔兰自然环境的总体状况以及面临的挑战和机遇进行评估。

一　空气质量

爱尔兰三面环海，地理位置有利于污染的扩散，再加上它常年盛行湿润、清新的西北风，另外大城市也比较少，而且无论是历史上还是现在，爱尔兰几乎没有重工业，因此，总体上看，爱尔兰属于空气质量最好的欧盟国家之一，符合欧盟规定的各项空气质量标准。

但是，这并不等于说爱尔兰的空气质量完全没有任何问题。20 世纪 80 年代至 90 年代初期，爱尔兰一些城市曾经发生过比较严重的"烟雾"问题。直到 90 年代初，爱尔兰政府禁止在一些城市地区销售和使用烟煤，才使这一问题得到控制。与此同时，爱尔兰还采取了提高汽车排放标准、禁止使用含铅汽油等措施，整体空气质量得到了极大改善。但汽车排放等问题仍是爱尔兰面临的很大挑战，特别是二氧化氮的排放可能会超出欧盟标准。尤其是在都柏林和科克等大城市，由于汽车的数量不断增加，尾气排放问题日益严峻，这两个城市二氧化氮的排放水平已经接近欧盟规定的上限。另外，有些小城市并未禁止使用烟煤，且使用固体燃料的比例比较高，尤其是在冬天，这有时也会造成污染，特别是细微颗粒物浓度较高的情况。

根据欧洲环境署 2014 年发布的一份报告，2012 年，爱尔兰有 1200 人直接死于空气污染。另据爱尔兰环境保护署 2014 年的年度报告，全国 33 个监测点的监测数据表明，尽管爱尔兰的空气质量高于欧盟制定的标准，但若按照世界卫生组织制定的更严格的标准进行衡量，有 8 个监测点的臭氧水平超标，2 个监测点的 PM10 超标，2 个监测点的 PM2.5 超标。

针对上述问题，爱尔兰政府采取了多项措施。2016 年，爱尔兰已经全面禁止在所有城市和主要城镇销售烟煤，并拟到 2018 年冬季在全国范围内全面禁止销售和使用烟煤。爱尔兰环境保护署还引入了"空气质量健康指数",每小时在网上更新一次数据,以加强透明度和民众的监督。此外,2017年3月2日,爱尔兰政府发布了有史以来第一份国家清洁空气战略,题为"清洁我们的空气",并向公众征询意见。该战略旨在为政府制定相关政策提供总体框架,特别是与交通、能源和农业等有关的空气质量政策。另外,该文件还特别提出要同样重视室内空气质量这一问题。

可以认为,爱尔兰空气质量总体良好,但仍然存在进一步改进的空间,特别是在以下几个方面:第一,继续减少固体燃料的使用;第二,随着经济的恢复,汽车的使用量也逐渐回升,有可能造成更多的汽车尾气排放,因此,需增加清洁燃料的使用;第三,臭氧超标,但这一问题主要与跨境污染源有关,需要所有欧洲国家的共同努力。

二 气候变化与温室气体排放

如同全世界其他国家一样,气候变化也是爱尔兰如今面临的一个严峻问题。爱尔兰是个岛国,尤其容易受到气候变化的影响。爱尔兰环境保护署2016年发布的《环境评估报告》认为,爱尔兰面临的最紧迫的环境问题之一就是气候变化。

从长期趋势来看,在气温的变化方面,1980年以前,爱尔兰的变化情况并不是太明显。1890~2008年间,爱尔兰平均每10年温度增加0.06℃;但在1980~2008年间,平均每10年温度增加0.14℃,其中最热的年份均在1990年以后,2007年是沿岸地区海水温度最高的一年(1950~2008年,爱尔兰沿岸海水的温度增加了0.85℃)。气候变暖给爱尔兰造成的最明显的后果反映在降雨特征及模式的变化方面——降雨更为集中,也更为频繁。同时,下霜的时间也有所缩短。另外,生态系统也发生了一些变化,如植物的生长期延长,野生动物的数量增加等。气候变化有可能给爱尔兰造成的不利影响包括:①平均气温上升;②极端天气情况增多;③发生水灾的概率增大;④水源短缺,尤其是东部地区;⑤物种的种类和分布发生变化;⑥有些濒危物种面临着灭绝的可能性。

温室气体(主要是二氧化碳)排放情况是衡量气候变化的一个重要

指标。1990～2001 年，爱尔兰的温室气体排放量上升很快，于 2001 年达到峰值，其后大幅度下降。2008 年金融危机爆发后，爱尔兰的温室气体排放量大幅度下降，其主要原因在于经济处于下行状况。在爱尔兰的温室气体排放中，二氧化碳是最主要的来源，占总排放量的 63% 左右（2014 年）。

在该领域，爱尔兰主要执行联合国和欧盟规定的温室气体排放标准，如《联合国气候变化框架公约》、《京都议定书》、《巴黎协议》、欧盟《气候变化适应战略》和欧盟"气候与能源一揽子规划"等。2008～2017 年期间，爱尔兰在履行欧盟在《京都议定书》框架下的义务方面表现良好，迈出了实现低碳社会和低碳经济这一更长期目标的第一步，而接下来要实现的目标则更加艰巨。根据欧盟"气候与能源一揽子规划"和欧盟 2050 年温室气体排放"路线图"的规定，爱尔兰需承担的义务为：到 2020 年，（不属于碳排放交易项目规制的部门）温室气体排放总量比 2005 年减少 20%；到 2050 年，温室气体排放量比 1990 年减少 80%。但爱尔兰要实现这一目标面临着严峻的考验。根据爱尔兰环境保护署的数据，即使按照最乐观的情况估计，爱尔兰也无法履行根据欧盟规定其应承担的义务，到 2020 年，最多只能比 2005 年减少排放 11%。

主要原因在于，爱尔兰农业部门和交通部门的温室气体排放量相对庞大。特别是爱尔兰农业部门，其温室气体排放量占总排放量的 32.2%（2014 年），是欧盟国家中比例最高的，也是爱尔兰所有部门中排放量最多的。这是爱尔兰温室气体排放现状的一个显著特点，也是它不同于其他欧盟成员国的一个最突出的特点。也正是这一点导致爱尔兰要实现欧盟规定的减排目标困难重重，因为农业部门有不同于其他部门的特殊性，是最难实现减排的部门。一方面，从 1998 年开始，欧盟共同农业政策导致爱尔兰的奶牛数量下降，化肥的使用量也呈下降趋势，使得农业部门的温室气体排放量开始下降，但下降幅度微乎其微。而另一方面，爱尔兰政府的农业规划则希望大幅增加奶制品的产量，这与减少农业部门温室气体排放的目标是相悖的。如何解决这一矛盾，即兼顾保护环境和提高农业产量的需要，实属不易。预计 2013～2020 年期间爱尔兰农业部门的碳排放量还会增长，幅度在 2% 左右。交通部门是爱尔兰的第二大排放部门，占总排放量的比例在 20% 左右。尽管由于经济不景气，交通部门的温室气体排放量在 2007~2012 年期间下降了 20%，但 2012 年的排放量仍比 1990 年增加了 1 倍，而且，随着经济持续恢复，交通工具的温室气体排放量很有可能再次上升。

从人均温室气体排放量来看，由于爱尔兰政府采取了大量措施推动新能源和清洁能源的使用，爱尔兰的人均温室气体排放量已经从峰值的 18.6 吨（2001 年）下降到了 2014 年的 12.6 吨，1990~2014 年平均每年减少 2.8%；其中，二氧化碳的排放量从峰值的人均 12.4 吨（2001 年）下降到了 2014 年的 7.9 吨（欧盟平均排放量为人均 7 吨），在欧盟 28 个成员国中排名第 11 位。

但是爱尔兰政府面临的减排任务仍很严峻。为此，爱尔兰政府不仅积极参与和推动欧盟环境政策的制定，而且设定了全面的气候行动目标。2014 年的"国家气候变化政策文件"中指出，到 2050 年，要实现具有竞争力的、具有气候弹性和环境可持续性的低碳经济模式。2015 年，《气候行动与低碳发展法》生效，要求每 5 年制订一项"国家气候适应规划"（第一份计划最晚应于 2017 年 6 月出台），以便实现向低碳经济转型的目标，并切实履行国际减排义务。同时，根据《气候行动与低碳发展法》，爱尔兰还于 2015 年成立了首个"气候变化专家咨询委员会"，由 11 名成员组成，其中 7 名成员由政府任命，另外 4 名成员为环境保护署、可持续能源机构、经济与社会事务研究所和农业与食品发展机构的退休官员。该委员会的核心职能是评估气候适应规划的执行情况，以及爱尔兰履行国际义务的情况，同时向政府各部门提供与气候变化问题相关的建议。

三　水质

爱尔兰地表水资源丰富，共有超过 7 万公里河道、1.2 万个湖泊、850 平方公里河湾和 1.3 万公里沿海水域。地下水资源也十分丰富，为全国提供 20%~25% 的用水量。

为实施欧盟的"水质框架指令"，爱尔兰在全国设立了 3500 个监测点，监测范围涵盖地下水、河流、湖泊、河湾和沿海水域等所有水源。与欧盟总体水平相比，爱尔兰的水质在平均值以上，但在欧盟国家中只排在中间位置。按照欧盟的标准，爱尔兰70%～85%的河流和地下水的质量处于"良好"状态。但爱尔兰的水质状况不容乐观，与欧盟"水质框架指令"的要求还有很大差距。根据爱尔兰环境保护署的报告，在该指令规定的第一个周期（2009～2015年），爱尔兰河流的质量总体上没有得到任何改善，而原定目标是在此期间地表水的生态质量提高13.6%。爱尔兰水质的最大问题是水中的营养物过于丰富，造成了河流和湖泊的富营养化问题，主要污染源则来自农业部门和大城市废水处理厂排出的污水，分别占污染源的53%和34%。另外，近年来，属于"最优级"的河流数量急剧下降：1987～1990年有575处，2001～2003年仅有83处，而2013～2015年则仅剩下21处"最优级"河流，仅占河流总量的0.7%。与此同时，属于"优级"的河流所占比例也从1996年的25.5%下降到了2015年的17.6%。

在饮用水的供应和废水的排放方面，爱尔兰也面临着一定压力。2015年年初，爱尔兰环境保护署将121个供应站的水质标注为"处于风险状态"，而这些供应站为94万人提供饮用水。城市废水的排放情况也令人担忧，这是对水质影响最大的因素之一。在废水的收集、处理和排放方面，爱尔兰应遵守欧盟"城市废水处理指令"，但由于没能达到该指令的要求，欧盟委员会向欧洲法院提起诉讼。2009年，欧洲法院判决爱尔兰缴纳罚款200万欧元。此后，爱尔兰通过了一项管理废水排放的立法，并专门针对废水排放问题制订了一项国家监督计划，但该计划的执行效果并不明显，到2014年，只有一半左右的家庭废水排放被纳入监督计划。特别是在沿海地区，2015年，有71%的城市地区没有按照欧盟的标准恰当处理污水排放，而是将不符合标准的污水排入海洋。这是爱尔兰政府在保护海洋环境和生物多样性方面面临的一项巨大挑战。

四　废弃物处理

爱尔兰的废弃物处理政策以欧盟的指令和相关规定为基础，其目标是实现废弃物最大程度的再循环和再利用，并最终废止城市垃圾的填埋处理方式，重点在于提高资源利用效率。1996 年，爱尔兰《废弃物管理法》生效，此后通过了多部相关立法。2012 年，爱尔兰政府发布了"资源机遇：爱尔兰废弃物管理政策"，此后，政府政策主要聚焦于两个方面，一是将废弃物作为资源来处理，二是废止垃圾填埋，实现废弃物的再利用、再循环以及用废弃物替代化石燃料。2013 年，爱尔兰政府颁布了与厨余垃圾的处理方式有关的立法。这些措施取得了显著成效。

2012 年以后，爱尔兰在废弃物处理方面发生的最大变化是，越来越多的废物残渣被用作燃料等进行再循环利用，而不是就地填埋。1995 年，爱尔兰有 92% 的城市垃圾采用填埋的方式进行处理；2013 年，这一比例下降到了 42%（但仍然高于欧盟国家平均 31% 的填埋率）。2012～2015 年，垃圾填埋场的数量从 18 个减少到了 6 个。另外，2008 年以来，由于经济衰退，私人消费总体呈下行趋势。与此相应，爱尔兰企业与家庭处理的废弃物数量大幅度下降，例如，2007～2012 年，仅建筑部门产生的废弃物就减少了 81%；但随着经济恢复增长，工业部门（包括建筑部门）处理废弃物的压力也随之加大。在废弃物的循环利用方面，爱尔兰符合欧盟的绝大多数要求，包括废旧电器和电子设备、家庭废纸、金属、塑料和玻璃制品等的回收和处理等。同时，按照《欧盟土地填埋指令》的要求，爱尔兰也基本实现了从土地填埋向可生物降解转化的初步目标，但在报废汽车的循环再利用方面，爱尔兰还未达到欧盟规定的标准。

从人均产生垃圾的数量来看，爱尔兰每人每年平均产生垃圾 586 公斤，高于欧盟国家的平均值（481 公斤）。但爱尔兰的废弃物循环再利用比例高出欧盟平均水平很多：爱尔兰为 34%，欧盟平均比例为 28%。

在废弃物处理方面，爱尔兰面临的最主要问题是垃圾处理能力严重不足，2010～2014 年，爱尔兰废弃物残渣的出口量增加了 10 倍，特别是其有害垃圾的处理能力很有限，有将近半数的有害垃圾处理依靠出口，这不利于爱尔兰增强自身的废弃物循环再利用能力。根据爱尔兰环境保护署2016 年发布的《环境评估报告》，爱尔兰严重缺乏处理废弃物的基础设施，特别是在垃圾填埋场、废弃物循环再利用以及将废物转化为能源的基础设施方面，且爱尔兰城市垃圾的处理能力仅剩下 12 年。

为此，爱尔兰政府在 2015~2021 年"废弃物管理规划"中提出了如下三个战略目标：第一，到 2020 年实现城市废弃物再循环利用率达到 50% 以上；第二，将未经处理的城市废弃物残渣的直接填埋率降低到 0%；第三，家庭废弃物每年减少 1%。但实现这些目标并非易事。

五　物种栖息地与生物多样性

由于爱尔兰位于大西洋边缘，这一岛国位置使其拥有的生物种类，特别是非海洋性物种的类别要少于欧洲大陆国家。但爱尔兰有丰富的水生系统和大量湿地，在这里生活着多种鸟类、鱼类和无脊椎动物，其中一些在世界范围内也较为稀有。爱尔兰还拥有多种苔藓、藻类和非海洋性软骨动物。在维护生物栖息地和保持生物多样化方面，爱尔兰要遵守多项国际条约和欧盟的相关规定，特别是要实现到 2020 年生物物种的类别不再减少这一目标。

总体上看，爱尔兰采取了诸多措施保护物种栖息地和生物的多样性，而且大多数物种的保护状态尚可，但仍有很多需要改进的领域。

欧盟委员会 2014 年发布的一份报告指出，在爱尔兰，包括泥炭地、天然林地和沿海动物栖息地等在内的多种动物栖息地的状况都不尽如人意。在被评估的 58 块栖息地中，只有 9% 被认为状态"良好"，50% 处于"不恰当"状态，另外 41% 则被评估为"恶劣"状态。而在被评估的 61 个物种中，52% 被评估为"良好"，20% 被评估为"适当"，12% 被评估为"恶劣"，另外还有 16% 的状态为"未知"。多个物种的数量，特别是一些鸟类的数量，呈现出严重的下降趋势。包括秧鸡、杓鹬、滨鹬和金鸻等在内的 37 种鸟类处于极度濒危状态，90 种处于濒危状态。另外，截至 2012 年底，有 14 种物种被认为已经在爱尔兰灭绝。欧盟委员会 2015 年发布的一份报告指出，爱尔兰所有的湿地都处于"恶劣"状态，而且还有继续恶化的趋势，而且爱尔兰在设置保护区方面做得也不够好。为此，欧盟要求爱尔兰政府每 6 年提交一份关于物种栖息地状况的评估报告。

由此可见，在保护生物多样性方面，爱尔兰政府面临着极为严峻的形势。爱尔兰政府 2014 年发表的《食品与农业多样性报告》表明，气候变化对爱尔兰的物种生存造成了一定压力。另外，各种人类活动，例如采掘泥煤、过度开垦、水源污染和过度捕鱼等，都对物种栖息地形成了巨大威胁。

为此，爱尔兰政府在保护生物多样性方面付出了诸多努力。2011 年，爱尔兰政府根据《生物多样性公约》和欧盟《生物多样性战略》，发布了《2011～2016 年国家生物多样性规划》。其既定目标是，到 2016 年实现生物物种的类别不再减少，同时终止生态环境的进一步恶化；到 2020 年实现生物物种的可持续性恢复。为实现这些目标，该规划列出了 102 条旨在保护生物多样性的措施。

第七章

文　化

第一节　教育

一　概况

早在中世纪，爱尔兰就是西方国家教育领域的佼佼者。19世纪中叶，所有儿童就已经可以免费接受初等教育。但是，在后来相当长的一段时间内，由于国家经济社会发展程度的限制，爱尔兰人的受教育水平一度低于其他发达国家。不过，随着经济的发展，政府加大了对教育的投入，受教育情况普遍得到了改善。1965～2008年，在校大学生的人数增加了700%；2008～2013年，在校大学生人数增加14%。2014年，爱尔兰4～24岁年龄段的公民接受全日制教育的比例为83.5%。其中，在25～34岁年龄段的爱尔兰人中，拥有高等教育证书的比例为49%，远远高于经合组织国家39%的平均比例（2012/13学年数据），居欧洲国家前列。

爱尔兰实行6～16岁未成年人免费义务教育制度，即免费义务教育提供至学生完成初级中学教育。虽然儿童在6岁之前没有接受教育的义务，但爱尔兰政府努力通过各种措施和项目推动早期教育。2010年1月，儿童与青年事务部引入了"学龄前儿童免费教育项目"，根据该项目，年龄在3岁零2个月到4岁零7个月之间的儿童有权免费接受学前教育。尽管这项教育并非强制性的，但2012/13学年，有94%这一年龄段的儿童接受了免费学前教育。另外，爱尔兰政府还规定，4岁以上的孩子可以选择在小学的幼儿班上学，接受早期教育。2012/13 学年，有 40% 的 4 岁孩子和几乎全部 5 岁的孩子开始在小学幼儿班接受学前教育。除正式教育体系之外，爱尔兰还有包括幼儿园在内的各种学前教育机构，政府也给予它们一定的资助。

爱尔兰的正式教育体系传统上分为初等教育（6 年）、中等教育（5～6 年）和高等教育三个阶段，提供包括职业教育、技术培训、本科和研究生等在内的一系列广泛的课程。爱尔兰政府注重加强高等教育，超过 55% 的中学毕业生选择到高等院校继续深造。近几年，爱尔兰人逐渐形成了"终身学习"的理念，政府也将构建"终身学习社会"作为施政目标之一。

国家教育体系由教育和技能部统一管理，由它提供大部分资金，并制定相关的制度和计划，包括课程设置和对全国统一考试的管理。

2014/15 学年，爱尔兰共有超过 100 万名学生接受全日制教育（统计数字仅包括受教育和技能部资助的学校），其中小学生超过 54 万人，中等学校学生将近 34 万人，各类高校的全日制学生超过 17 万人。2014 年，国家用于教育开支的经费总额为 79.41 亿欧元，其中 76% 用于学前教育、初等教育和初级中等教育，将近 19% 用于高等教育，其余 5% 用于高级中等教育和继续教育。

二 初等教育

爱尔兰的初等教育学校分为三类：国家资助的初等学校、特殊学校和私立学校。绝大多数儿童在国家资助的国民教育体系中接受初等教育。国家资助的学校又分为教会学校、非教会学校、多种宗教学校和爱尔兰语学校。由于历史原因，绝大多数初等教育学校为国家资助的教区学校，包括教师的工资也由国家支付，但地方政府也支付一定的费用。每所学校的具体管理由校董会负责，校董会由家长、教师和地方政府的代表组成。教育和技能部设有一个由督导员组成的巡查团，负责确保教学维持在一定的水平。2014/15 学年，由教育和技能部资助的初等学校共有 3277 所，在校学生有 54.47 万人，教师 3.36 万人，学生与教师的比例为 16.2∶1。

爱尔兰的儿童一般在小学学习 8 年，前两年在小学的幼儿班接受启蒙教育，然后进入小学阶段学习。小学教育强调以孩子为中心，提倡多样化教学，结合儿童身心发展阶段实现个性化发展。1999 年，爱尔兰教育和技能部对小学课程进行了自 1971 年以来的首次完整修订。修订后的课程包括语言（英语和爱尔兰语），数学，社会、环境和科学教育，艺术教育（包括视听教育、音乐和戏剧等），体育，社会、个人和健康教育等。小学基本上没有正式考试。大多数小学和国际学校实行走读制，但也有一些是寄宿制学校。少量小学属于私立性质，不接受国家的资助。

三　中等教育

在爱尔兰，中等教育的对象是年满 12 岁的学生。爱尔兰的中学分为三种类型：普通中学、职业学校以及社区和综合学校。

普通中学为私立性质，其中多数为宗教团体所有，但它们的部分开支由国家负担。在接受中等教育的学生中，有超过一半（约占 56%）在普通中学学习。2014/15 学年，爱尔兰共有普通中学 375 所，在校学生 19.06 万人。职业学校由国家设立，通过地方教育与培训委员会（Education and Training Board）进行管理。以前职业学校主要进行技术教育，但后来它的课程设置与普通中学差别不大。2014/15 学年，爱尔兰共有职业学校 262 所，全日制学生 91612 人。社区和综合学校由国家设立，并由各种不同形式的管理委员负责管理。2014/15 学年，这类学校共有 95 所，在校学生 57008 人。爱尔兰中等教育系统共有由国家支付薪资的全职教师 24455 人，学生与教师的比例为 13.9∶1。

爱尔兰的中等教育学制为 5～6 年。前三年为初中阶段，学生完成学业并通过考试后就授予初级证书。初级中等教育的目标是使学生掌握一系列范围广泛和设置均衡的课程，使其有能力进入高一阶段学习。完成实践阶段后，学生有两种选择，既可以选择直接进入高中阶段，也可以选择一年的"过渡期"，在过渡期内，学生有非常广泛的选择自由，既可以攻读由学校根据相关指南设计的课程（无须考试），也可以积累工作经验。在高中的最后两年，学生可在以下三种项目中选择一种：传统毕业证书项目

（Traditional Leaving Certificate）、毕业证书职业项目（Leaving Certificate Vocational Programme）和毕业证书应用项目（Leaving Certificate Applied）。传统毕业证书项目较注重传统的课程学习，总共要学习的课程有 30 门左右；毕业证书职业项目包含的科目与传统毕业证书相似，但相较而言更注重技术类内容；而毕业证书应用项目则更注重对个人能力的培养。一年"过渡期"的设置是为了给予学生成长和更多选择的空间，培养独立自主的能力，引导他们进入工作领域，走上社会。这也体现了爱尔兰政府注重将中等教育和职业教育相结合的政策方针。爱尔兰从 20 世纪 30 年代起即由政府出资建立职业学校。这类学校的目的是为了容纳未能进入普通中学就读的学生，其课程内容不同于普通中学。

初级和高级两个阶段的课程涵盖了一系列科目，包括数学、英语、爱尔兰语、现代语言、历史、地理、工科、商科、艺术、音乐和体育。学生一般在 17 岁或 18 岁完成高中阶段的学习，并参加毕业考试。爱尔兰的中学毕业考试是全国性的考试，相当于中国的高考，考试成绩是大学录取学生的重要依据。在传统毕业证书项目中，爱尔兰语是必修课。

中学教师必须具有大学学位和教育学研究生文凭，由职业教育委员会聘用的教师则无须教育学研究生文凭。工科老师必须具有与其教学领域相应的资格证书。

四　高等教育

（一）高校设置

爱尔兰的高等教育拥有完善而系统的体系，几乎包罗了所有常用专业，教育质量很高，职业倾向性也很强，学术研究与工商业生产的联系非常紧密。高等院校能够根据经济形势的发展和产业的需要不断调整和完善课程，课程内容与实践工作结合紧密。爱尔兰的高等院校包括综合性大学、技术学院和教育专科学校。所有这些学校都以国家资助为主，但在学校的管理方面实行自治。最近几年爱尔兰还开办了一些提供特殊课程的独立学院，提供艺术设计、医学、商科、农村发展、音乐和法律等专门领域的课程。

爱尔兰政府注重加强高等教育，爱尔兰高等院校的入学率是经合组织国家中最高的。截至 2014/15 学年，爱尔兰共有 7 所大学，分别是都柏林大学（University College Dublin）、科克大学（University College Cork）、戈尔韦国立爱尔兰大学（National University of Ireland，Glaway）、梅努斯国立爱尔兰大学（National University of Ireland，Maynooth）、利默里克大学（University of Limerick）、三一学院（Trinity College）和都柏林城市大学（Dublin City University）。

三一学院是爱尔兰最古老的大学，由英国女王伊丽莎白一世于 1592 年创建，其前身是一座奥古斯汀式的修道院，以前属于教会学校，且是男校，直到 1904 年才有第一位女生在这里学习。有多名诺贝尔奖得主毕业于三一学院。三一学院的校园位于都柏林市中心，古朴典雅。校内的老图书馆藏有爱尔兰国宝《凯尔经》（Book of Kells），这本经书大约完成于公元 850 年，是由当时的修道士用天然颜料手工绘制在牛皮纸上的。《凯尔经》由四本经书组成，馆内只展示其中两本，一本展示文字，一本展示插画，每天只展示其中的两页。老图书馆的长廊建筑本身也颇为壮观，非常值得一看，《哈利波特》第一集中的魔法学校图书馆就是在这里取景的。在 QS2015 年世界大学排行榜中，三一学院在世界前 100 名大学中综合排名第 78 位；而在《泰晤士报》2014 年评选的世界前 200 名大学中，三一学院排名第 160 位。三一学院共有三个系，即人文与社会科学系，工程、数学与科学系，还有医学系。2013/14 学年三一学院共有专职员工 2874 人，其中 777 人为教学人员，1491 人为图书馆工作人员、技术人员和行政人员等后勤辅助人员，另有 606 人专门从事科研。当年共有注册学生 16729 人，其中 12420 人为本科生，4309 人为研究生。学生来自 110 个国家，其中 11% 来自其他欧盟国家，4% 来自中北美洲，5% 来自其他国家和地区。

都柏林大学、科克大学、戈尔韦国立爱尔兰大学和梅努斯国立爱尔兰大学统称"国立爱尔兰大学"（因此也有统计资料认为爱尔兰一共有 4 所大学），均成立于 1909 年，是爱尔兰最大的联合大学。国立爱尔兰大学还拥有皇家外科医学院、国立美术设计学院和公共管理学院等著名学院。

利默里克大学从 1972 年开始正式接收注册学生，但直到 1989 年才经由立法正式成立，它也是爱尔兰共和国成立后设立的第一所大学。利默里克大学每年新入学学生在 1.2 万名左右，其中国际学生大约 2000 名。都柏林城市大学自 1980 年开始接收注册学生，但也是直到 1989 年才经由立法正式成立，到 2015 年，已有超过 5 万名学生从都柏林城市大学毕业，在校学生有 1.2 万人。

除大学外，爱尔兰还设有 14 所技术学院，遍布全国各地，提供商业研究、贸易与工业、工程技术和科学，以及准医学教育和训练，包括全日制和半日制两种形式。都柏林理工学院（Dublin Institute of Technology）是全国最大的技术学院，有 2 万多名学生。它由专攻技术、餐饮、设计、商业及音乐等领域的诸多学院组成。除技术学院外，爱尔兰还有 7 所教育学院。另外，爱尔兰还有其他一些类型的专门学院，如军事学院、师范学院、医学院，以及艺术学院和音乐学院等。

过去几年来，总体上说，高等院校的入学率持续增长，2014/15 学年共有全日制和非全日制学生 21.5 万人，比上一年增加了 4%。其中，本科以下的新注册全日制学生为 4.2 万人，比 5 年前增加了将近 4%；新注册的研究生为 9600 人，比上一年增加了 3%，是连续四年下降后第一次实现增长。在本科生所选专业中，人文社会科学所占比例最大，为 20%；其次为医疗和福利，占 14%；占第三位的是自然科学、数学与科学，以及工程学、制造业和建筑学，这两个专业的比例均为 11%。

2014/15 学年，爱尔兰各高等院校共有教职员工 23096 人，其中拥有硕士以上学历的占 90%。当年国家为各高校拨款总计 7.18 亿欧元，占高等院校总收入的将近 1/3。当年高等院校总支出为 22.5 亿左右。

高等教育局（Higher Education Authority）在教育和技能部的指导下，负责高等教育的具体规划和实施，同时也负责高等院校的拨款事宜，并执行相应的监督和评估功能，但高等院校同时也享有充分的学术自由和高度自治权。

2011 年 1 月，爱尔兰政府发表了《通向 2030 年的国家高等教育战略》，为未来 20 年的爱尔兰高等教育描绘了一幅蓝图。报告指出，高等教育将在爱尔兰的未来发展中发挥核心作用，为此，未来的爱尔兰高等教育体系应更具灵活性和多元性，更加以人为中心，更注重提高学生的经验和教师的质量，确保高等教育与更广泛的社会、经济和企业需求紧密联系起来，并且力争在 2020 年之前使 30～34 岁爱尔兰人接受高等教育的比例达到 50%。

（二）资格证书颁发

爱尔兰的各综合大学、都柏林理工学院以及其他一些技术学院，都可以直接向学生颁发学位证书，其他高等教育机构则由爱尔兰教育和技能部下属的高等教育及培训资格授予委员会（HETAC）负责监督，所发文凭也须经其认可。该委员会是依据 1999 年颁布的《教育和培训质量法》于 2001 年设立的。它颁发教育资格证书并制定和监督实施各种层次高等教育的资质标准。爱尔兰的证书、文凭和学位课程的质量与标准，在全球范围内都得到承认。

爱尔兰高等教育资格证书有以下几种：

——高等教育证书（Higher Certificate）：2 年全日制课程；

——普通学士学位（Ordinary Bachelor Degree）：3 年全日制课程；

——荣誉学士学位（Honors Bachelor Degree）：通常是 3 年或 4 年的课程；

——研究生文凭（Graduate Diploma）；

——硕士研究生学位（Masters Degree）：研究型或授课型课程，通常是 1 年或 2 年时间；

——博士学位（Doctorate，PhD）：至少 3 年的创造性研究。

除了提供学位课程外，许多高等院校还开设了面向国际学生的预科课程。顺利完成预科课程后，学生可以直接就读学位课程。

（三）留学爱尔兰

最近十几年，到爱尔兰学习的海外留学生人数不断增长。海外生源主要来自其他欧洲国家、美洲、非洲、中国、印度、马来西亚和俄罗斯等地区和国家。2015/16 学年，来自亚洲国家的留学生占爱尔兰留学生总数的 37.6%，其他欧洲国家的留学生占 31.8%，非洲学生占 12.7%，北美洲的学生占 13.3%。所有大学的研究机构和私立学院都设有国际学生办事处，接受并管理来自世界各地的学生，帮助他们融入大学生活以及参加社交与体育活动。

都柏林国际预科学院建立于 1999 年，是为加强高等教育领域的国际交流，吸引外国留学生而设立的。它主要开设大学国际预科课程，这是专门针对海外学生进入爱尔兰和英国大学而设计的基础性桥梁课程。爱尔兰国际教育委员会成立于 1993 年，是一个官方机构，其主要宗旨是向全世界推介爱尔兰的教育。作为一个联络中心，该委员会负责提供爱尔兰各大学和学院的教育及课程设置的有关信息，并为海外学生、代理机构和高等院校提供建议。另外，爱尔兰高等教育局也负责一些专门针对海外学生的奖学金项目，例如"爱尔兰政府国际奖学金"（Government of Ireland International Scholarships）和"新前沿项目"（New Frontiers Programme）等。

五 继续教育与就业培训

爱尔兰政府十分重视继续教育和职业培训。中学毕业生除了争取进入高等院校之外，还可以选择多种职业和技术培训类的课程。此外，已经有一些工作经验的年轻人和工作一段时间之后需要继续"充电"的人也可以参加此类教育和培训课程。包括公立和私立学校在内的多个教育机构都提供继续教育课程。爱尔兰一些继续教育课程的资质也得到了英国和一些国际资格授予机构的认可。

2013 年，《教育与培训委员会法》和《继续教育与培训法》先后生效。根据这两项法律，原爱尔兰国家教育与就业局（FÁS）解散，新成立了继续教育与培训局（SOLAS）和 16 个教育与培训委员会（ETBs），后者逐步接手原来由教育与就业局负责的工作。而继续教育与培训局则负责继续教育和培训的规划、推广、管理和资质认证等，同时还提供就业和招聘方面的服务。它除了致力于提高本国劳动力的技能外，还负责吸引国外的优秀人才到爱尔兰工作，为信息技术、电力、医疗保健、制药、金融、建筑和旅游业等特定部门提供优质的劳动力。教育与培训委员会则负责直接提供各种类型和不同级别的教育和培训项目。2014 年 5 月，爱尔兰政府公布了《2014～2019年继续教育与培训战略》，为未来的继续教育与培训规划了蓝图，这也是爱尔兰有史以来的首个继续教育与培训战略。

爱尔兰的继续教育项目也分为全日制和非全日制两种类型。全日制继续教育项目又分为三类，分别为"完成毕业资格证书后的课程"、"职业培训项目"与"青年项目"；非全日制继续教育项目也分为三类，分别为"重回教育动议"、"成年人识字教育"和"社区教育"。另外，爱尔兰一些官方或半官方机构也提供其他一些专业性较强的培训项目：国家旅游培训局（Failte Ireland）提供旅游、餐饮和饭店管理方面的培训；农业与食品研究机构除了向农民提供农业技术咨询以外，还负责教育和培训青年农场主；教育和技能部负责实施青年发展项目，以帮助青年人，特别是残疾青年提高技能；等等。

全日制学校教育和继续教育的开展，使爱尔兰的人员素质和技能得以明显提高，从而为国家的经济发展奠定了坚实的基础。每年有30多万人接受继续教育、再教育和成人教育。2014年，爱尔兰政府共投入8.26亿欧元用于继续教育和培训，其中6.34亿经由继续教育与培训局予以拨付。

第二节 科技

一 历史背景

爱尔兰拥有优良的科学研究传统，曾产生过一大批为促进新知识、新发现和新技术应用做出重大贡献的科学家，其中以罗伯特·波义耳（Robert Boyle，1627－1631）、约翰·丁达尔（John Tyndall，1820－1893）和开尔文勋爵（Lord Kelvin，1824－1907）等学者和发明家为代表。罗伯特·波义耳是17世纪的物理学家、化学家和自然哲学家，以提出波义耳定律著称，即"在定量定温下，理想气体的体积与气体的压力成反比"。波义耳还被公认为现代化学的奠基人和现代实验科学方法的开创者之一。约翰·丁达尔有一系列科学和技术发现，特别是在抗磁性、红外线辐射空气的物理特性等方面颇有建树，并且撰写了很多关于现代实验物理学的著作。开尔文勋爵是著名的数学物理学家,以发明"绝对温标"闻名于世。"绝对温标"又称开尔文温标,是国际单位制中的热力学温度单位,它的零点被称为绝对零度,标示为0K或零K,相当于摄氏温标-273.15℃或华氏温标-459.67℉。

另外还有很多人也为爱尔兰的科技进步做出过重要贡献,如四元数数学理论的发明者威廉·罗恩·汉密尔顿(William Rowan Hamilton,1805-1865)、世界上第一座巨型望远镜的建造者威廉·帕森斯(William Parsons,1800-1867)等。阿格尼斯·玛丽·克拉克(Agnes Mary Clerke,1842-1907)被称为"英语世界最重要的天文学作家",月球上的一座环形山就是以她的名字命名的。威廉·帕森斯的第一个侄女玛丽·沃德(Mary Ward,1827-1869)是显微镜的早期制作者之一、《显微镜教学》一书的作者,该书对普及显微镜颇有助益。安妮·玛西(Annie Massy,1867-1931)是动物学家、海洋生物学家;尼古拉斯·卡伦(Nicholas Callan,1799-1864)是电池技术和磁学之父;三一学院的恩斯特·T.沃尔顿(Ernest T. Walton)则因参与原子核裂变研究而在1951年与他人共同获得了诺贝尔物理学奖。2015年,爱尔兰科学家坎贝尔(Willam C. Campbell)与中国科学家屠呦呦、日本科学家大村智一同获得了诺贝尔生理学或医学奖。

爱尔兰在科学研究机构的创立方面也有很多革新举措。都柏林学会(The Dublin Society)成立于1731年,1820年更名为都柏林皇家学会(Royal Dublin Society)。该学会下设5个常任委员会,分别致力于推动农业和农村、科技、艺术、马术及工商业的发展。2014年,该学会共支出540万欧元用于资助科研项目。另外,1785年成立的爱尔兰皇家科学院(The Royal Irish Academy)为爱尔兰的科学和技术研究,特别是科学、文学和考古的发展起到了重要的促进作用。皇家科学院共有会员400名左右,此外还有60名名誉会员。

二 科技管理与科技创新战略

爱尔兰政府充分认识到科学和技术在推动经济和社会发展方面所起的

核心作用，它尤其重视对人才的培养，特别是科学及其相关学科优秀人才的培养。

近年来，爱尔兰的科学研究能力发展很快。2009 年以来，爱尔兰已经跻身世界科学研究能力前 20 名的国家之列。根据路透社编撰的"基本科学指标"（Essential Science Indicators），2014 年，爱尔兰科学论文被引用率的综合排名提高到了第 16 位。其中，免疫学领域的论文被引用率排名首位，纳米技术类排名第 2，计算机类排名第 4，材料科学和神经系统科学类均排名第 7，药学与毒理学排名第 9，生物和生物化学、分子生物学和遗传基因及化学类排名第 11 位，心理学排名第 15 位，物理学排名第 19 位。在 2014 年"全球创新指数"（Global Innovation Index）排行榜中，爱尔兰在人力资源与科研方面排名第 18 位。在欧洲联盟 2015 年发布的"创新排行榜"中，爱尔兰在欧盟的创新排名从 2013 年的第 10 位提升到了第 8 位。

爱尔兰中央政府没有单独的科技部，而是由政府各部分别负责各自相关领域的科学和技术研究开发事务，但爱尔兰政府一直在不断努力整合科技与创新管理。为此，爱尔兰政府成立了"科学、技术与创新部际委员会"，就业、企业和创新部部长任主席，其成员包括教育和技能部，农业、食品和海洋部，卫生部，通信、气候变化和环境部，住房、规划、社区和地方政府部，公共支出和改革部，财政部，外交贸易部等多个主要部门。另外，就业、企业和创新部下属的创新与投资司不仅负责为本部及其下属机构制定科学和技术政策，而且还负责制定和促进实施科技和创新政策，协调政府各部的相关政策，另外还在欧盟层面在科技与创新政策事项上代表爱尔兰进行谈判，同时也负责"科学基金"的资助事宜，以及高等教育机构的科研项目，另外也负责协调整个爱尔兰岛的科技合作事项。包括专利局在内的与知识产权相关的政策事宜也由就业、企业和创新部负责。此外，爱尔兰政府还于 1997 年成立了科学、技术和创新咨询委员会（Advisory Council for Science, Technology and Innovation），负责为政府的科学、技术和创新政策建言献策。2014 年 8 月，爱尔兰工业发展和科技政策咨询与合作管理委员会（Forfás，是工业发展和科学技术方面的政策咨询和协调机构）解散，其原有功能也并入就业、企业和创新部。

与此同时，为了确定国家科学与技术发展的优先顺序和重点领域，促进科技开发计划的实施，爱尔兰政府先后出台了多项长期发展战略。它于2012年提出了2013～2017年的14个研发与创新重点领域，分别为未来网络与通讯，数据分析管理、安全与隐私，数字平台、内容与应用，健康与独立生活，医疗器械，诊断学，治疗学，合成制剂、生产与药品销售，食品与健康，可持续食品生产与加工，海洋可再生能源，智慧电网与智慧城市，制造业的竞争力，以及加工技术与新材料。上述研发重点主要涵盖6大重要科学领域，即基础生物医学、纳米技术、先进材料学、微电子学、光学和软件工程学。

2015年，爱尔兰政府发表了"2020创新战略"，该战略除了再次强调上述6大领域、14项重点之外，还特别指出，创新是确保经济可持续增长的核心要素，并希望将爱尔兰打造成为全球创新领导者。为此，该战略特别强调教育和培养在研究和开发方面具有新技能的人才，同时也强调知识转移，即将研发成果迅速转化成为生产成果的重要性。爱尔兰政府到2020年的目标是：企业研发人员增加到4万人；每年新增注册研究型硕士生和博士生500人，到2020年增加到2250人；投资于公共研发体系的私人投资翻一番等。

三　公共研究机构与研发资金支持

尽管爱尔兰政府十分重视创新研发，但与其他发达国家相比，其研发资金，特别是政府部门的资金支持力度并不算大。根据"欧洲创新排行榜"的相关报告，爱尔兰在科技人才与创新的影响力等指标上名列前茅，但科技投资总体水平、科研与企业的联系以及专利性知识资产等方面的排名较低，特别是其研发投资只有丹麦和芬兰等国家的一半左右。2008年，爱尔兰公共研发直接投资达到顶峰，为9.3亿欧元；但由于经济衰退的影响，2008～2014年，爱尔兰公共研发资金减少了22%，2014年仅为7.27亿欧元，占国民生产总值的比例仅为0.45%（占国内生产总值的比例仅为0.39%），而经合组织国家的平均水平为国内生产总值的0.54%，欧盟 28 国要更高一些，为 0.63%（其中丹麦超过了 1%，冰岛、芬兰和葡萄牙将近 1%）。但爱尔兰企业投入的研发资金不降反升，同期增加了 31%。2013 年，爱尔兰公共和私营部门的研发投资加起来为 27.56 亿欧元（其中私营部门为 20.22 亿欧元），占国民生产总值的比例为 1.81%（占国内生产总值的比例为 1.54%），而经合组织成员国公共和私营部门研发资金总额占国内生产总值的平均比例为 2.2%，欧盟 28 国的平均比例则为 1.88%，更不用说作为创新领导国家之一的以色列，其研发资金高达国内生产总值的 4.2%。欧盟 "2020 战略" 设置的目标是到 2020 年，研发资金达到国民生产总值的 3%，对爱尔兰来说，要想实现这一目标，显然还面临着巨大的困难。根据 "2020 创新战略"，爱尔兰政府的目标是到 2020 年，公共部门和私营部门对研发领域的投资总计达到国民生产总值的 2.5%（国内生产总值的 2%）。

　　爱尔兰政府各个部门均进行一定的研发投资，其中，就业、企业和创新部一个部就占政府研发投资总额的一半还多（2014 年为 3.687 亿欧元），其次是教育和技能部，占政府研发投资总额的 26.5%，农业、食品和海洋部占 10%，这三个部门加起来占到了 87%。由就业、企业和创新部负责管理的 "爱尔兰科学基金"（Science Foundation Ireland）成立于 2000 年，是爱尔兰规模最大的公共研发基金，主要资助科技、工程学和数学方面的研究项目。在高等院校内，爱尔兰科学基金共资助了 12 个研究中心，这些研究中心又有 14 个由企业牵头的技术中心作为补充，从而在高等院校和企业之间形成了一个有机网络，十分有利于知识的转移。2014 年，爱尔兰科学基金用于研发项目的拨款总共为 1.535 亿欧元，占政府研发资金总额的 21.1%。另外，爱尔兰高等教育局（2014 年研发资金为 2.048 亿欧元）、爱尔兰企业局（2014 年研发资金拨款为 1.009 亿欧元）、爱尔兰工业发展局（2014 年研发资金为 4530 万欧元）等部门性发展促进机构也都有专门的研发基金。

　　在支持经济和社会发展方面，由国家资助的研究机构发挥着重要作用。主要研究机构包括：承担农业和食品部门研究和其他相关活动的农业与食品研究机构（Teagasc），2014 年研发资金 6400 万欧元，绝大部分来自农业、食品和海洋部的直接资助；海洋研究所（Marine Institute）负责为海事部门提出发展战略和政策，2014年研发资金为890万欧元；卫生研究署（Health Research Board）负责资助医学研究，2014年研发资金为4160万欧元；经济和社会发展研究所（Economic and Social Research Institute）承担经济和社会科学领域的研究任务，2014年研发资金为650万欧元；都柏林高级研究所（Dublin Institute for Advanced Studies）则主要对理论物理学和宇宙物理学展开深入研究，2014年研发经费为180万欧元。

爱尔兰研究理事会（Irish Research Council）是教育和技能部下属的一个公共机构，由高等教育局负责直接管理。爱尔兰研究理事会成立于2012年，是由原来的爱尔兰人文与社会科学研究理事会和爱尔兰科学、工程与技术理事会合并而成的，其主要活动是对各个学科的优秀研究项目和研究人员提供资助，并为政府部门提供相关政策咨询。2014年，爱尔兰政府共拨付爱尔兰研究理事会研发资金3140万欧元，该理事会从其他渠道获取资金330万欧元，共资助1146名研究生和272名博士后研究人员。而且，在研究生和博士后的资助培养过程中，爱尔兰研究理事会非常注重与企业进行合作培养，有25%是与企业共同资助的。此外，爱尔兰研究理事会还与大约300家私营企业结了合作伙伴。

2014年，爱尔兰共有科技人员41089名，比2006年增加了1万多人，其中60%在企业部门工作，增加的这1万多人也绝大多数在企业部门工作，而政府部门的研发人员反而有少许下降。企业部门研发人员有24785名，高等教育部门有15281人，政府部门仅有1022人。若按工作类型划分则为：研究人员25393人，技术人员7117人，辅助人员8579人。

四　对外科技合作

如同经济领域一样，爱尔兰在科技领域同样注重国际合作，认为国际合作是发展具有可持续性的世界级创新与研究体系所必不可少的因素。

爱尔兰首先注重参加欧盟的研究和技术开发项目。就业、企业和创新部下设的"爱尔兰科学与技术办公室"负责与欧盟和其他国际伙伴进行合作，并努力影响国际和欧盟的各项科技议程，以促进爱尔兰的国家利益。爱尔兰参与的欧盟科技合作项目主要包括尤里卡计划（EUREKA）等。在欧盟"第七框架"项目下，爱尔兰获得了 6.25 亿欧元的资助。而在欧盟"地平线 2020"（Horizon 2020）项目框架下，爱尔兰政府的目标是获得 12.5 亿欧元的资助，以便与欧洲其他国家的学者和企业共同开展相关研究，并为此成立了专门的国家支持网络，由爱尔兰工业发展局负责协调。同时，爱尔兰也积极参加"欧洲研究区域"（European Research Area）的工作。爱尔兰目前是 5 个国际研发组织的成员，即欧洲空间署（European Space Agency）、欧洲分子生物学实验室（EMBL，总部在德国海德堡）、尤里卡计划、欧洲科技合作组织（COST，总部在布鲁塞尔）和欧洲原子/分子计算中心（Centre Européen de Calcul Atomique et Moléculaire【CECAM】，总部在法国里昂）。

除此之外，爱尔兰也与其他国家，特别是与欧洲其他国家达成了大量双边科技合作协议，以促进研究机构和个人之间的协作。爱尔兰与英国保持着密切的科技与创新合作，开展了大量合作研究，特别是在生物制药和环境科学等领域，尤其是与北爱尔兰的相关机构有特定的合作机制。"美国－爱尔兰合作伙伴"是北爱和平进程的一项产物，其宗旨是在美国、爱尔兰和北爱之间开展科研项目合作，主要领域为医疗、通信、能源和农业。2013～2015 年，爱尔兰与新西兰、芬兰、丹麦、新加坡和以色列等 5 个国家共同发起了"小型先进经济体动议"（Small Advanced Economies Initiative），在科学、创新、经济和外交等领域开展合作和相互学习。另外，爱尔兰还与中国、印度和日本等国签订了政府间合作协议，开展了一系列交流与合作活动。

第三节 文学

尽管爱尔兰是个小国，但它在世界文学中占有与其国土规模极不相称的重要地位。爱尔兰文学由两种迥然不同的语言文学组成，即爱尔兰语文学和英语文学。爱尔兰语文学又称为盖尔语文学,可以追溯到公元 5 世纪。17 世纪开始逐渐形成的英爱文学,即爱尔兰作家用英语撰写的文学作品,迄今也已有 300 多年的历史。在漫长的发展和演变过程中,爱尔兰文学形成了鲜明的语言、地域和文化特色,取得了丰富多彩而又举世瞩目的成就,对世界文学的发展产生了重要影响。

一 爱尔兰语文学

爱尔兰语文学历史悠久,是从早期的凯尔特文化发展而来的。早期爱尔兰诗人创作的民间文学,留下了丰富多彩的神话和历史故事遗产。现代作家反过来又从这些故事中汲取养分来丰富自己的作品。

在爱尔兰早期神话和历史故事中,比较著名的是有关芬恩·迈克·库姆海尔(Fionn mac Cumhaill)、卢克(Lugh)和库丘林(Cú Chulainn)等传奇英雄的故事。著名的先知——勇士芬恩的惊险故事至今仍为爱尔兰人津津乐道。这些故事包括他如何在孩童时通过品尝"知识之鲑"而获得智慧,他怎样战胜了五花八门的巨人和巫师,他又是怎样在一所奇怪的、充满寓意的房子里获知了有关生命的真谛。武士卢克原来是欧洲大陆的凯尔特人敬奉的一个神,他的故事后来也在爱尔兰流传下来,特别是他如何杀死了残暴的祖父的故事——他的祖父有一只可怕的眼睛,可以摧毁一切被它盯上的东西。库丘林则是叙事诗《牛袭库利》(Táin Bó Cúailnge,又译为《夺牛长征记》)的主人公,是凯尔特神话中太阳神的儿子,也是一位伟大的民族英雄。除此之外,爱尔兰还流传着一些更为接近真实生活的人物形象的故事,如半真实半虚构的历史人物麦克·艾特大王(High King Mac Airt)、更为传奇的历史人物大王尼尔(Niall)之子以及圣帕特里克的同时代人科乃尔·古尔班(Conall Gulban)等人,他们的故事也广为人知。

爱尔兰还有很多以各地的守护神为中心的口头传说。这些守护神以奇迹创造者的形象出现在传说中,他们用神力驱逐妖魔,治疗疾病,在需要时为人们提供食物。其中最著名的是圣帕特里克、科尔姆·西尔(Colm Cille)和圣布里吉德(Saint Brigid)等人。

在爱尔兰的传统文化中，各种民间传说同样相当丰富，它们将来源于观察和实践经验的知识与出自生动想象的离奇想法有机地结合在一起，融合了生活经验、历史、家庭和社会、不同的行当和手工艺、自然环境等诸多因素。

（一）早期文学（公元 5～12 世纪）

公元 5 世纪，基督教传入爱尔兰，古老的凯尔特文明从此便与拉丁文化有了联系，给凯尔特文化带来了繁荣，从而迎来了早期爱尔兰语文学的"黄金时代"。这一时期始于公元 6 世纪，持续至公元 9 世纪，出现了大量以古爱尔兰语写作的文献，并且留存至今，包括抒情诗和祷告诗、传奇故事、布道词、历史资料和法律文书，以及对圣经与拉丁文法书的学术性评论。其作者大多为在修道院接受教育的学者，他们创作的诗歌多将宗教主题和世俗主题混杂在一起，并带有强烈的个人情感，这种特点在后来的抒情诗歌和英雄传奇中都得到了保留。此外，这一时期还出现了一种个人情感更浓厚、具有欧洲大陆拉丁语圣歌特点的诗歌。这类诗歌原来是按照每一行的音节数排列的，不押韵，但爱尔兰诗人改以头韵修饰，使它成为一种符合地方传统的格律诗。这种诗歌形式一直延续到 17 世纪，并得到进一步发展。

自公元前就得到发展的爱尔兰诗歌、传奇、编年史和家谱等，都可以在 12 世纪编撰的《入侵志》（The Book of Invasion）和《伦斯特志》（The Book of Leinster）等古籍中找到相关记载，但这些留存至今的文献是文献作者本身的创作还是对口头文学传统的记录，学者们至今仍未取得一致意见。但无论如何，正是这些文献将爱尔兰的历史和原始的英雄传奇以及航海历险故事等保存了下来，如关于库丘林的英雄传说《阿尔斯特记》（The Ulster Cycle）、关于芬恩·迈克·库姆海尔的《芬恩记》（The Fenian Cycle）和关于斯维尼的《国王列传》（The Cycle of Kings）等。另外，尽管当时的许多传奇文学，如史诗《牛袭库利》，其本意是为了展示基督教传入爱尔兰之前的社会状况，但其中的很多内容都有可能加入了作者们的想象。

这一时期，用爱尔兰语书写的作品成为欧洲最古老的地方语言文学，对后来的欧洲文学也有一定影响，特别是在阿尔卑斯山以北的欧洲各国文学中，爱尔兰语文学辉煌一时。例如，有关特利斯坦（Tristan）和伊索尔黛（Isolde）的传说所体现的爱情悲剧主题，就被认为是源自爱尔兰的故事。

北欧人从公元 8 世纪末起不断侵入并最终定居爱尔兰。他们捣毁寺院，毁坏公元 9 世纪中期以前保存下来的大批爱尔兰语手稿，所以这一时期通常被认为是爱尔兰语文学停滞的时期。但是爱尔兰的文化和文学传统并未因此中断，尽管缺少了古爱尔兰语文学的活力，但仍产生了很多卓越的文学作品。例如，有关圣经主题的诗歌长卷《四行诗篇》（Saltair na Rann）一共包括 150 首诗，据说是公元 988 年由艾尔伯塔赫·麦克·科西·多布兰恩（Airbertach Mac Cosse Dobráin）创作的，尽管一些学者对此仍有争议。这一时期比较重要的作品还有：弗兰·麦尼斯特里赫（Flann Mainistrech）创作的历史诗、有关名胜古迹传说的韵文和散文辑录《地理传奇》（Dinnsheanchas），以及用爱尔兰语将拉丁史诗，如罗马著名诗人维吉尔的《埃涅阿斯记》（Aeneid）和卢坎的《法沙利亚》（Bellum Civile）进行改写的散文传奇等。对僧侣和文人进行有力嘲讽的诗作《麦克·科恩·格里尼的梦》（The Vision of Mac Con Glinne），则出现在这个时期的末期。另外，爱尔兰博鲁王朝从 1161 年开始，用 30 年的时间完成了《入侵志》的编撰。这是一部包括诗歌、英雄传说、历史和家谱等在内的鸿篇巨作，宛如囊括当时大部分文学作品的一座微型图书馆。

（二）现代早期（12～17 世纪）

盎格鲁－诺曼人来到之后，爱尔兰岛发生了一系列社会和政治变化，爱尔兰语言和文学也随之进入了现代早期（或称古典现代时期）。这一时期一直持续到 17 世纪，当时的职业诗人和人文学者已经开始以一种现代标准文学语言进行创作，他们留下了大量以韵文体裁写作的文学作品，其中既有职业诗人对其贵族赞助人的颂词，也有大量宗教性的和个人的诗文。

这一时期的爱尔兰诗歌按体裁可以分成三大类：宫廷诗歌、爱情诗和民谣。爱情诗表现了含情脉脉、彬彬有礼的爱情。宫廷诗歌是由经过严格训练的职业诗人创作的，其技巧极为复杂，必须符合严格的诗律。诗人们在创作时往往将自己关在没有窗户的黑屋子里，诗作严格遵守固定的程序和格式，其内容大多是颂扬他们的赞助人，最后再由吟诵诗人在音乐的伴奏下，当着诗人的面将诗歌朗诵给其赞助人。民谣则记述了爱尔兰民族的英雄历史，成为一些世家和民族历史延续的见证。

　　爱尔兰语诗歌是最具持久性和历史价值的中世纪文学形式之一，从12 世纪到 16 世纪末一直保持着强大的生命力。这一时期较有代表性的杰出职业诗人有：多恩查赫·莫尔·奥达莱（Donnchadh Mór Ó Dálaigh，1175 – 1244）、缪里德哈·阿尔巴纳赫·奥达莱（Muireadhach Albanach Ó Dálaigh，1180 – 1250）、高福莱德·芬恩·奥达莱（Gofraidh Fionn Ó Dálaigh，1320 – 1387）、塔德格·奥格·奥修金恩（Tadg Óg Ó hÚiginn，? – 1448）、塔德格·奥修金恩（Tadhg Sall Ó hÚiginn，1550 – 1591）、伊奥柴赫·奥伊奥德休撒（Eochaidh Ó hEodhusa，1567 – 1617），以及继承该传统的最后一位诗人费尔·弗莱塔·奥格尼姆（Fear Flatha Ó Gnimh，1602 – 1640）等。从这份名单中我们可以看出，当时的职业诗人大多是世袭的。

　　在现代早期爱尔兰语文学中，最著名的文学作品是莪相民谣集以及其他与芬恩、莪相以及芬恩的勇士和追随者相关的文学作品。莪相（Oisín，即奥西恩，盎格鲁语为 Ossian，传说是芬恩的儿子）既是爱尔兰传说中的一位英雄人物，也是一位说唱诗人。关于芬恩和莪相的主题作品最早出现在公元 8 世纪左右的课本中，并在 12 世纪下半期的《老人们的谈话》（Agallamh naSeanórach）中得到进一步扩展。《老人们的谈话》是结合叙事和抒情韵文的散文故事汇编，讲的是异教徒奥西恩或者勇士考伊尔特（Caoilte）去拜见圣帕特里克，并伴随他在爱尔兰各地传教的故事，而在他们所访问的每一个地方，他们都向圣帕特里克讲述芬恩和他的勇士们在当地经历的各种冒险活动。直到 18 世纪以前，"莪相史诗"在整个欧洲都有着巨大的影响力。特别是 1762 年，一位苏格兰诗人詹姆斯·麦克菲森（James Macpherson，1736 – 1796）声称自己"发现"了莪相的诗歌，并根据公元 3 世纪凯尔特语的原文翻译了《芬戈尔》和《帖木拉》两部史诗。这两部诗歌的出版，对整个欧洲的早期浪漫主义运动产生了重要影响。但是，关于其是不是莪相真正诗篇的问题一直没有定论。直到 19 世纪末，尽管仍然存在着一定争议，但大多数评论家都认为，麦克菲森所声称的由其翻译的莪相作品只不过是他以自己收集的凯尔特语民间传说为基础创作的英文作品，而非真正的莪相作品，但这并不能否定其作品的价值和影响力。

（三）后古典时期

英国都铎王朝统治爱尔兰期间采取暴力手段，残酷迫害天主教徒，从而招致了爱尔兰人的不断反抗。但随着 1601 年奥尼尔领导的爱尔兰军被击败，盖尔人的统治秩序宣告终结，组织抗英的凯尔特伯爵首领们纷纷逃往欧洲大陆。爱尔兰语文学的现代早期也随之结束，进入了一个以旨在保存盖尔语文明记录为标志的过渡期，即后古典时期。这一时期的代表作品包括在米歇尔·奥克莱里（Mícheál Ó Cléirigh，1575 – 1645）的主持下，于 1632 ~ 1636 年间修撰完成的鸿篇巨制《爱尔兰王国年鉴》（Annála Ríoghachta Éireann），以及乔弗里·基廷（Geoffrey Keating，1570 – 1645）于 1634 年编撰完成的《爱尔兰历史》（Foras Feasa ar Éirinn）。《爱尔兰历史》一书试图解释爱尔兰天主教和凯尔特文明失败的原因。乔弗里·基廷还满怀信心地告诉人们，危机一旦过去，盖尔人美好的日子就会回来。这部历史著作反映了人们当时研究历史问题的兴趣，也反映了民族情绪的觉醒。

在这一过渡期，随着宗教改革和新一代英国人的到来，贵族对诗歌的赞助热情骤减，职业诗人和爱尔兰语诗歌逐渐失去赖以生存的经济和社会基础。特别是在盖尔人的统治秩序被终结后，职业诗人失去了从前受贵族庇护的优越地位，生活境况一落千丈，有的沦落为乡村学校的教师，与普通百姓一起生活。但他们从正规训练中得到的学识和技巧丰富了民间诗歌的口语传统，而下层民众热情豪放、自然流畅的口语传统又给诗人们的诗歌创作注入了不同寻常的激情，使它们充满生气和活力。因此，在 17 世纪和 18 世纪，尽管诗歌创作不如前一个时期那样多出自知名诗人，但它们无论在结构上还是在语言上都显示出了民间诗歌的特点，且其主题反映出更为广泛的社会生活内容，如爱情和离别的忧伤、对死者的哀悼和宴饮游乐等。与此同时，诗歌的形式也在逐渐变化，古典的音节划分标准被称为"amhrán"的重音划分标准所代替。也就是说，这些诗歌越来越趋向于以音节的抑扬顿挫而不是以音节数为格律。

这一时期的杰出诗人除乔弗里·基廷之外，还有以下几位：帕德莱金·海西埃德（Pádraigín Haicéad，1600－1654），是多米尼克教派的僧侣，并且积极参与当时的政治活动；戴碧·奥布鲁阿代尔（Dáibhí Ó Bruadair，1625－1698），他在当时依然竭力维持职业诗人的传统地位，其作品痛苦地描述了爱尔兰社会的转型；爱奥甘·奥拉泰尔（Aogán Ó Rathaille，1670－1726），被认为是爱尔兰教士中最伟大的诗人之一，是"梦幻"诗体（Aisling）这一诗歌形式的发明者，也是最后一位其作品仍有人赞助的诗人。

（四）18 世纪和 19 世纪的爱尔兰语文学

18 世纪之后，爱尔兰贵族不再对文学创作进行赞助，但爱尔兰语文学的发展并未停滞，有些人在逆境中仍倾尽全力保存和扶植爱尔兰语文学，除了继续整理传统文学的手抄本之外，他们还编撰了诸多专题性质的韵文、布道词和宗教材料，以及一些叙事体散文。这一时期的代表人物为：肖恩·奥尼赫坦（Seán Ó Neachtain，1655－1728）和他的儿子塔德格·奥尼赫坦（Tadhg Ó Neachtain，约 1680－1750）、姚根·奥考伊姆（Eoghan Ó Caoimh，1656－1726）、肖恩·奥摩尔恰哈（Seán Ó Murchadha，1700－1762）以及米歇尔·奥格·奥朗甘（Mícheál Óg ÓLongáin，1766－1837）等人。其中，奥朗甘被认为是这一时期最为多产的作家。这类作家最大的贡献在于对传统文学的整理和传承，而相较于这一群体，18 世纪还有一类作家的作品更具有原创性，也更富有才情和想象力。其代表人物有：皮达尔·奥杜阿宁（Peadar Ó Doirnín，1704－1768）、艾因达莱斯·麦克·克莱思（Aindarias Mac Craith，1708－1795）、多恩查德·鲁阿·麦克·科恩·马拉（Donnchadh Rua Mac Con Mara，1715－1810）、姚根·卢阿·奥沙里范（Eoghan Rua Ó Súilleabháin，1748－1784）、布赖恩·默里曼（Brian Merriman，1747－

1805）和拉夫特利（Antoine Ó Reachtabhra Raifteiri, 1779 – 1835）等人。
奥沙里范当时很受爱戴，他以奥拉泰尔创造的"梦幻"诗体进行创作，
抒发了人们对再次迎来太平盛世的殷切希望。默里曼著有长诗《午夜宫
廷》（Cúirt an Mheán Oíche），这部作品被认为是爱尔兰最伟大的幽默诗
歌之一，曾被先后翻译成 5 种语言，拥有诸多译本。

　　19 世纪是爱尔兰语地区遭到严重破坏、爱尔兰语的地位急剧衰落的
时期，因此，人们常常将默里曼和拉夫特利看作是爱尔兰语文学传统的最
后代表。但事实上，爱尔兰语文学并没有从此销声匿迹。例如，米歇尔·
奥格·奥朗甘直到 1837 年去世之前一直活跃于文坛。除他之外，爱尔兰文
坛的后继者还有肖恩·奥库阿林（Seán Ó Coileáin, 1754 – 1817），其最有
名的诗作是《一个哀伤者的沉思》（Machnamh an Duine Dhoilíosaigh）；戴
碧·德巴拉（Dáibhí de Barra, 1757 – 1851），是一位多产作家；帕得莱
格·法莱斯·坎丹（Pádraig Phiarais Cúndún, 1777 – 1857），1826 年随家
人迁居美国后，继续用爱尔兰语写作和通信；阿姆劳布·奥沙里范
（Amhlaoibh Ó Súilleabháin, 1780 – 1837），他写于 1827～1835 年的日记是
爱尔兰语文学中用日记体写作的留存至今的最早范例；托马斯·鲁阿·奥
沙里范（Tomás Rua Ó Súilleabháin, 1785 – 1848），在其韵文中强烈表达
了对丹尼尔·奥康纳的支持；阿特·麦克·比奥奈德（Art Mac Bionaid,
1793 – 1879）是一名石匠，但他创作了一些享有很高声望的作品；阿多
德·麦克·唐奈尔（Adodh Mac Dónaill, 1802 – 1867），除了韵文之外，
还著有自然史方面的论文；尼奥克拉斯·奥西尔乃格（Nioclás Ó
Cearnaigh, 1829 – 1874）是一名勤奋的作家和收藏家，尽管他留下的作品
中有一些被认为是爱尔兰一些早期作家创作的。即使到了 20 世纪，仍然
有以米歇尔·奥高伊廷（Mícheál Ó Gaoithín, 1904 – 1974）为代表的一些
诗人继续用爱尔兰语进行创作，传承着早期以来的诗歌传统。

　　18 世纪末和 19 世纪，爱尔兰民间诗歌依旧繁荣发展，这要归功于当
时一批努力复兴爱尔兰语言与文化的民俗学者和收藏家。特别是道格拉
斯·海德（Douglas Hyde, 1860 – 1949），他编著的《属于拉夫特利的歌》
一书于 1903 年出版，对于复兴盖尔语和爱尔兰民族文化发挥了重要作用。

19 世纪末，海德和麦克尼尔（Eoin MacNeill, 1867 – 1945）共同发起成立了"盖尔语联盟"，海德担任该联盟的第一任主席。盖尔语联盟的宗旨是组织民众学习盖尔语，激发人们对爱尔兰历史和文化的兴趣，并最终复兴爱尔兰文化。盖尔语联盟是当时爱尔兰最有影响力的文化组织之一。其他一些民间韵文传统的倡导者还有：戴迈德·奥沙里范（Diarmaid Ó Súilleabháin, 1760 – 1847）、迈里·布·尼莱里（Máire Bhuí Ní Laoghaire, 1770 – 1830）、肖恩·奥杜恩尔（Seán Ó Duinnlé, 1897 – ?）和米歇尔·鲁易希尔（Mícheál Ruiseál, 1928 – ?）等人。在对爱尔兰口头文学作品的贡献方面，则必须提及艾柏林·杜博·尼·乔乃尔（Eibhlín Dubh Ni Chonaill, 1748 – 1800），她的丈夫阿特·奥莱里（Art Ó Laoghaire）于1773 年被枪杀，她创作了感人至深的挽歌《奥莱里挽歌》（Caoineadh Airt Uí Laoghaire），被认为是口头悼念挽歌的典范之作，也是典型的即兴诗作。这首诗在民间流传了很久，后来被 19 世纪的收藏家记录了下来。

（五）爱尔兰语文学的复兴及现当代文学

随着爱尔兰语复兴运动的不断发展，珍贵的文献材料得到了记录和收藏，并被保存在国立都柏林大学的爱尔兰民俗学系。另外，还有一些优秀的说书人将其自身经历记录下来，由此形成了一种独特的自传文体。其中，克利奥万（Tomás Ó Criomhthain, 1856 – 1937）的《岛民》（Ant-Oileánach）和莫里斯·奥沙里范（Muiris Ó Súilleabháin, 1904 – 1950）的《成长的二十年》（Fiche Blian Agfás）是其中的经典之作。

与此同时，用爱尔兰语写作的新一代作家也开始尝试使用和拓展现当代文学的一些主要体裁和形式。其中，皮达尔·奥莱里（Peadar Ó Laoghaire, 1839 – 1920）虽然不是最有想象力的作家，但他对新文学话语的发展产生了重要影响，被认为是现代爱尔兰语文学的开创者之一。他的作品颇丰，尤以民俗小说《希亚达纳》（Séadna）和历史小说《尼亚维》（Niamh）最为成功。帕德莱克·奥康耐尔（Pádraic Ó Conaire, 1883 – 1928）和帕特里克·皮尔斯（Patrick Pearse, 1879 – 1916）则引入了现代短篇小说，这种文体在现代爱尔兰语写作中很受欢迎。利亚姆·奥弗莱厄蒂（Liam O'Flaherty, 1897 – 1984）在 20 世纪 20 年代已崭露头角，第一部获得成功的小说是《邻居之妻》（The Neighbour's Wife），描写了教会的虚伪。除爱尔兰语外，奥弗莱厄蒂也用英语写作。肖马斯·奥格里阿那（Séamas Ó Grianna，1891－1969）是一位多产作家，以笔名"迈里"（Máire）发表作品。他除了著有两部短篇小说集和两部自传以外，还创作了许多反映爱尔兰社会贫困的小说。马汀·奥凯丹（Máirtín Ó Cadhain，1906－1970），是将现代主义文学引入爱尔兰语文学的主要作家之一，他最著名的作品《墓地的土壤》（Cré na Cille）通过葬在墓地的死者和刚刚死去的人之间的对话来反映社区的现实生活。爱尔兰现当代文坛用爱尔兰语写作的其他一些较有代表性的作家还有：西奥萨姆·麦克·格里阿那（Seosamh Mac Grianna，1901－1990）、帕德莱格·尤阿·毛瓦里奥因（Pádraig Ua Maoileoin，1913－2002）、多恩查·奥塞里柴尔（Donncha Ó Céileachair，1918－1960）、姚根·奥图艾里斯克（Eoghan Ó Tuairisc，1919－1982）、多纳尔·麦克·艾姆莱克（Dónall Mac Amhlaigh，1926－1989）、丹·奥艾思尔（Breandán Ó hEithir，1930－1990）、迪亚尔迈德·奥沙里范（Diarmaid Ó Súilleabháin，1932－1985）、肖恩·麦克·马修纳（Seán MacMathúna，1936－ ）、帕德莱克·布里思那赫（Pádraic Breathnach，1942－ ）、帕德莱格·斯丹敦（Pádraig Standún，1946－ ）、阿兰·蒂特里（Alan Titley，1947－ ）、帕德莱格·奥西欧海因（PádraigÓ Cíobháin，1951－ ）、夏兰·奥库阿格里（Ciarán ÓCoigligh，1952－ ）和肖马斯·麦克·安乃德（Séamus MacAnnaidh，1961－ ）等人。

这一时期，用爱尔兰语进行戏剧创作的主要代表作家有：道格拉斯·海德（Douglas Hyde，1860－1949）、米歇尔·麦克·利亚姆瓦尔（Micheál Mac Liammóir，1899－1978）、麦里德·尼格拉达（Máiréad Ni Ghráda，1899－1971）、肖马斯·奥尼尔（Séamas Ó Néill，1910－1981）、布林丹·贝汗（Brendan Behan，1923－1964）、肖恩·奥图马（Seán Ó Tuama，1926－2006）和克里奥斯图瓦·奥弗鲁阿恩（Críostóir Ó Floinn，1927－ ）等人。

而在诗歌领域，帕特里克·皮尔斯及其同时代的诗人为爱尔兰语开启了现代诗歌的时代，通过20世纪中期马汀·奥迪林（Máirtín Ó Direáin，

1910 – 1988）、肖恩·奥里阿丹（Seán Ó Ríordáin，1917 – 1977）和玛丽·马克·安·绍衣（Máire Mhac an tSaoi，1922 – ）等诗人的作品而臻于成熟。其他一些有代表性的当代爱尔兰语诗人还有：皮尔斯·赫钦逊（Pearse Hutchinson，1927 – 2012）、戴德尔·布林南（Deirdre Brennan，1934 – ）、托马斯·麦克·西门（Tomás Mac Síomóin，1938 – ）、迈克尔·哈特尼特（Michael Hartnett，1941 – 1999）、米歇尔·奥沙代尔（Mícheál Ó Siadhail，1947 – ）、比迪·詹金逊（Biddy Jenkinson，1949 – ）、盖布里尔·罗森斯托克（Gabriel Rosenstock，1949 – ）、戴茜·奥欧根（Dáithí Ó hÓgáin，1949 – 2011）、利亚姆·奥缪泰尔（Liam Ó Muirthile，1950 – ）、迈克尔·戴维特（Michael Davitt，1950 – 2005）、努阿拉·尼·道姆乃尔（Nuala Ní Dhomhnaill，1952 – ）、艾恩·尼格林（Áine Ní Ghlinn，1955 – ）、凯泰尔·奥塞凯（Cathal Ó Searcaigh，1956 – ）和科尔姆·布里思纳赫（Colm Breathnach，1961 – ）等人。

现代爱尔兰语写作面临着一个最大的困难，那就是，在当今社会，在日常生活中讲爱尔兰语的人越来越少，而且只限于少数地区，能够阅读和书写爱尔兰语的普通人数量更少，大多数人仅能阅读被翻译成英语的文本。这对于任何一种语言而言都无异于灾难性的状况，这无疑会影响到爱尔兰语文学作品的发展。尽管数量有限，爱尔兰语文学作品仍然是对爱尔兰跨越 14 个世纪的历史和现实生活的生动表达，是爱尔兰这个岛国语言和文化多样性得以延续的重要保证。

二 爱尔兰英语文学发展史

用英语写作的爱尔兰文学作品通常被称为"英爱文学"，一方面区别于古典英语文学，另一方面又有别于爱尔兰语文学。"英爱"（Anglo-Irish）一词在政治上是指居住在爱尔兰、信奉新教的新兴特权阶层或世袭的英国殖民者的后裔，他们从 17 世纪末到 19 世纪中叶一直统治着爱尔兰。在文学上，这一词汇则泛指所有用英语书写的爱尔兰文学作品，既包括英国殖民者后裔的作品，也包括既不信奉英国国教、又不是英国殖民者后裔的其他作家的作品。"英爱"这一词汇也反映了爱尔兰不断强化的民族认同问题。从威廉·莫利纽克斯（William Molyneux，1656－1698）的《英格兰议会法案宣布爱尔兰受其约束的理由》（The Case of Ireland's Being Bound by Acts of Parliament in England, Stated）到1983年的《新爱尔兰论坛报告》（The Report of the New Ireland Forum of 1983），从乔纳森·斯威夫特（Jonathan Swift，1667－1745）的《格列佛游记》到布赖恩·奥诺兰（Brian O'Nolan）的《双鸟戏水》（At Swim-Two-Birds），都体现了这一文学传统。

但是，由于政治原因，在很长一段时间内，尽管共同生活在同一个岛屿，但爱尔兰语作家和英语作家之间彼此隔绝，其写作主题也几乎没有交集。例如，著名英爱文学作家斯威夫特与当时最后一位盖尔语的宫廷诗人爱奥甘·奥拉泰尔是同代人，但宫廷诗的主题是旧的盖尔人天主教秩序的衰落，而斯威夫特的主题则是伦敦议会控制下的爱尔兰民族遭受的屈辱，两位作家彼此都没有听到对方的声音。但随着时代的不断发展，同时用爱尔兰和英语两种语言进行创作的作家越来越多，这也使得两种语言之间的相互发现与相互渗透日益密切，从而共同推动了爱尔兰文学的发展。

英爱文学的形成与发展，大致经历了以下几个阶段。

（一）殖民地文学阶段

从17世纪后期开始，在爱尔兰出生并用英语进行创作的作家不断出现。与信奉天主教的当地居民不同，这些作家大部分是信奉新教的英国殖民者的后裔。他们视伦敦为文化中心，关注的是英国尤其是伦敦的政治、经济和社会生活，其作品从语言到主题也都与英国作家有很多相似的地方。但由于这些作家兼具两种文化传统，因此他们与英国作家又有区别。他们的文学作品不仅对英爱文学的发展产生了很大影响，而且在英国文坛上也占有重要地位，有许多作品都成了英国文学中的经典之作。甚至可以毫不夸张地说，英国从王朝复辟到浪漫主义兴起的这段时间，其喜剧风格的文学作品大部分都是由杰出的爱尔兰文人创作的，其中包括乔治·法夸尔（George Farquhar，1678－1707）、威廉·康格里夫（William Congreve，1670－1729）、查尔斯·麦克林（Charles Macklin，1699－1797）、奥利弗·戈德史密斯（Oliver Goldsmith，1728－1774）和理查德·布林斯利·

谢里丹（Richard Brinsley Sheridan，1751－1816）等。

这些作家无一不是在新教语法学校和都柏林三一学院接受的教育，他们都对作为文学世界中心的伦敦充满了向往，而且，诸如斯威夫特、斯蒂尔（Sir Richard Steele，1662－1729）、伯克（Edmund Burke，1729－1797）和谢里丹等人都曾活跃于英国的政治舞台。但与此同时，由于他们的个人背景，这些作家又十分关注爱尔兰面临的社会和政治问题。例如，当伯克写到爱尔兰的苦难时，他是从"英国在法国革命和美国内战中肩负的责任"这一角度理解这种苦难的。"以宽广的眼光去审视从中国到秘鲁的芸芸众生"被认为是盛世文学的义务，而这种视角在斯蒂尔的散文和戈德史密斯的小说和诗歌中都有反映。斯威夫特是英爱文学史上最犀利的爱尔兰讽刺作家。他的《一个温和的建议》（A Modest Proposal）揭露了爱尔兰上层阶级对平民百姓无比残酷的统治，成为英爱文学的经典，至今仍为人们传颂。他还强烈抨击英国议会将其意志强加给都柏林议会："我在英国是一个自由人吗？我渡过海峡6个小时就变成一个奴隶了？"在爱尔兰议会1782年获得独立法律地位之前，爱尔兰人对英国的不满情绪充分体现在当时的英爱文学作品之中，而斯威夫特的《布商信函》（Drapier's Letters）则是对英爱认同问题最好的阐述。康格里夫是英王朝复辟时期最出色的讽刺喜剧作家之一，他突破了当时戏剧作品矫揉造作的文风，改以比较客观和幽默的手法，揭示了宫廷生活的腐败。散文家斯蒂尔以描写习俗的小品文著称，成为英国启蒙时期（从光荣革命到18世纪30年代）新的散文文学的代表人物。戏剧家谢里丹则以其现实主义戏剧，成为启蒙主义后期最主要的戏剧作家之一。

18世纪末期，英爱文学作家重新掀起了对古老的盖尔爱尔兰文学的学术兴趣。夏洛特·布鲁克（Charlotte Brooke，1740－1793）的《爱尔兰诗歌遗风》（Reliques of Irish Poetry）是真正莪相风格的诗歌集，而此前只有詹姆斯·麦克弗森曾经模仿这种风格出版过一些诗集。1796年，爱德华·邦廷（Edward Bunting，1773－1843）出版了《爱尔兰古乐》（Ancient Music of Ireland），收集了古爱尔兰的竖琴音乐。托马斯·穆尔（Thomas Moore，1779－1852）是著名诗人和歌唱家，他创作的《爱尔兰曲调》

(Irish Melodies) 由一系列抒情诗组成，可用竖琴进行演奏。但到 1800 年后，由于《合并法案》废除了爱尔兰议会，复兴爱尔兰民族文化的热情也受到了沉重打击。

（二）地方文学阶段

1800 ~ 1842 年间，在爱尔兰英语文学中占统治地位的形式是"地方小说"。这一时期的主要代表人物是玛利亚·埃奇沃思（Maria Edgeworth，1767 – 1849）。她的父亲是一位清教徒。她最著名的小说有《拉克伦特堡》（Castle Rackrent）和《外住地主》（The Absentee）。《拉克伦特堡》标志着爱尔兰地方小说的开端，她在这些小说中提出了英爱认同这一棘手问题所带来的烦恼。埃奇沃思之后的代表性作家有摩根夫人（Lady Morgan，1776 – 1859），代表作为《野性的爱尔兰女孩》（The Wild Irish Girl）；杰拉尔德·格里芬（Gerald Griffin，1803 – 1840），代表作为《大学生》（The Collegians）；班宁兄弟（Michael Banim，1796 – 1874；John Banim，1798 – 1842），其中，约翰·班宁被誉为"爱尔兰的斯科特"；以及多产作家威廉·卡尔顿（William Carleton，1794 – 1869），他的《爱尔兰农民的特征和故事》（Traits and Stories of the Irish Peasantry）生动、逼真地描写了在爱尔兰随处可见的农村穷苦人民的生活。这些地方文学作家的作品绝大多数来自民间传说，在英语文学中占有重要地位。他们笔下的那个边远、原始的凯尔特世界，对爱尔兰国内外的读者都有很大的吸引力。

（三）争取民族独立与爱尔兰文艺复兴运动

从 19 世纪 40 年代后期开始，爱尔兰发生了一系列重大事件，包括 1845 年以后的大饥荒、1848 年"青年爱尔兰运动"武装起义失败、1858 年"爱尔兰共和兄弟会"成立、19 世纪 60 年代的"芬尼运动"等，它们对爱尔兰的社会、政治和文化产生了重大影响，唤醒了爱尔兰人的民族意识，并最终促使信奉天主教和新教的民族领导人组成统一战线，共同开展反对英国统治的斗争。

这一时期的英爱文学也与民族独立运动相呼应，出现了以托马斯·戴维斯（Thomas Davis，1814 – 1845）为代表的民族主义作家。他是爱尔兰现代民族主义文学的创始人之一，也是"青年爱尔兰运动"的主要组织者之一，他还与其他人一起创办了《民族报》。他的作品包括《爱尔兰的精神》（民谣集）等，号召无论是信奉新教还是天主教的爱尔兰人都要致力于爱尔兰的统一运动。

此后，爱尔兰的一大批爱国作家为复兴爱尔兰的语言和民族文化大声疾呼，他们创作了许多反映爱尔兰人民的生活和民族精神、呼吁民族独立的优秀作品，同时也丰富了这一阶段爱尔兰文学的创作形式。19 世纪末至 20 世纪 20 年代这一时期，被称为爱尔兰文艺复兴运动时期，涌现了一大批优秀的文学家和文学作品。

爱尔兰文艺复兴运动最显著的成就体现在诗歌和戏剧领域。道格拉斯·海德是诗歌领域的代表人物之一，他主张通过复兴爱尔兰的民族传统来振兴文艺。他的诗歌集，如《在炉火旁》（Beside the Fire）和《康纳赫特情诗》（Love Songs of Connacht），语言简洁、具体、形象，为通俗诗歌的创作树立了榜样。乔治·拉塞尔（George Russell, 1867 – 1935）是文艺复兴运动初期另一位颇有影响的诗人。他的诗歌集《还乡随想曲》（Homeward Songs by the Way）与《大地的气息和其他诗歌》（The Earth Breath and Other Poems），奠定了其作为神秘主义诗人的地位。威廉·巴特勒·叶芝（W. B. Yeats, 1865 – 1939）则是爱尔兰文艺复兴运动的杰出领袖，也是著名诗人和剧作家。他的早期文学创作追随弗格森和奥格雷迪等人依据神话故事进行文学创作的传统道路，具有华丽的浪漫主义色彩，善于营造梦幻般的氛围，他的长诗《奥西恩漫游》（The Wanderings of Oisin）、诗集《神秘的玫瑰》（The Secret Rose）和散文《凯尔特的薄暮》（Celtic Twilight），都是以历史和民间传说为依据写成的。他以农村现实和民间的想象为基础创作了剧本《霍里汗之女凯瑟琳》（Cathleen Ni Houlihan），极大地鼓舞了进行抗英斗争的爱国者。1923 年，叶芝由于对爱尔兰文艺复兴运动的杰出贡献被授予诺贝尔文学奖。此后，叶芝的创作风格开始向现实主义发展，他的创作道路也成为英爱文学从传统向现代过渡的缩影。1928 年发表的诗集《塔楼》和剧本《炼狱》等都是其后期的优秀作品。

爱尔兰本土戏剧发展较晚，因为凯尔特文化中原本没有戏剧传统，中世纪时教会和行会演出的奇迹剧采用的都是英国的戏剧形式。到了 18 世纪，爱尔兰戏剧才有所发展，但这时大部分爱尔兰作家都在英国从事创作，其中包括康格里夫、法夸尔、戈德史密斯、谢里丹等人，他们在 17～18 世纪的英国戏剧史上留下了不可磨灭的印迹。19 世纪之后，在爱尔兰出生但主要在英国进行创作的代表剧作家有王尔德（Oscar Wilde，1854－1900）和萧伯纳（George Bernard Shaw，1856－1950）。王尔德是唯美主义的代表，也是 19 世纪 80 年代美学运动和 90 年代颓废派的代表人物。他的几乎每一部戏剧都受到极大的欢迎，特别是其讽刺喜剧《不可儿戏》（The Importance of Being Earnest），被认为是继康格里夫和法夸尔的戏剧之后最完美的一部剧作。王尔德的长篇小说《道林·格雷的画像》也堪称经典。萧伯纳是一位杰出的现实主义剧作家，一生创作了 52 部戏剧，其代表作品包括《圣女贞德》、《伤心之家》和《华伦夫人的职业》等，其讽刺剧《武器和人》（Arms and the Man）在英国引起轰动，影响极大。萧伯纳获得了 1925 年的诺贝尔文学奖。

　　在爱尔兰本土，1899 年叶芝的《凯瑟琳女伯爵》（Countess Cathleen）和爱德华·马丁（Edward Martyn，1859－1923）的《石南荒野》（The Heather Field）双双在都柏林上演，推动了爱尔兰的戏剧运动迅速发展。叶芝同他的朋友格里高利夫人（Lady Gregory，1832－1952）以及爱德华·马丁一道创建了爱尔兰国家剧院"阿比剧院"。在其支持下，一大批出类拔萃的剧作家脱颖而出，其中包括约翰·米林顿·辛格（John Millington Synge，1871－1909）、肖恩·奥凯西（Sean O'Casey，1880－1964）、格里高利夫人、帕德里克·科勒姆和叶芝本人。此外，还有一大批剧作家活跃在阿比剧院的舞台上，其中包括乔治·默尔（George Moore，1852－1933）、艾丽斯·米利根（Alice Milligan）、詹姆斯·卡曾斯（James Cousins）和谢默斯·麦克马纳斯（Seamus MacManus）等。该剧院早期演出的一些作品曾引起极大争议，但后来成为保留剧目，其中最突出的例子是辛格的作品。辛格曾是当时最具争论性的剧作家，1907 年他的《西方世界的花花公子》（The Playboy of the Western World）在公演时引起了骚乱，但后来却成为经典的保留剧目。

与戏剧和诗歌相比，除谢里丹·勒法纽（Sheridan Le Fanu）的哥特派小说和威廉·阿林厄姆（William Arlingham）的诗体小说等少数作品外，19 世纪的爱尔兰小说并不算出色，也没有多大程度的创新。直到 20 世纪初，散文和小说才重新发展起来，这要特别归功于乔治·默尔、詹姆斯·斯蒂芬斯（James Stephens，1880 – 1951）和詹姆斯·乔伊斯（James Joyce，1882 – 1941）。

乔治·默尔的《关于妇女的戏剧》（A Drama in Muslin），是一部反映妇女地位和多种形式的社会不公问题的优秀小说，而他在屠格涅夫小说的启迪下创作的《未开垦的土地》（Untilled Field）则被认为标志着爱尔兰现代短篇小说的诞生。默尔的其他优秀小说包括《湖》、《欢呼与告别》（Hail and Farewell）等。

詹姆斯·斯蒂芬斯是爱尔兰文艺复兴时期的一位重要诗人、散文家和小说家，他的小说创作受到幻想小说家邓萨尼爵士（Lord Dunsany）和王尔德的影响。他在 1912 年发表了三部小说，即《打杂女工的女儿》（The Charwoman's Daughter）、《视觉之山》（The Hill of Vision）和《金坛子》（The Crock of Gold），并一举成名。他的小说多以传说和神话故事为基础，但却反映了社会现实，并间以幽默和讽刺。

只有到了詹姆斯·乔伊斯时期，爱尔兰的小说艺术才真正达到了顶峰。乔伊斯是 20 世纪最伟大的作家之一，也是后现代文学的奠基者之一，其作品及"意识流"思想对世界文坛影响巨大。他的短篇小说集《都柏林人》描写下层市民的日常生活，反映社会环境对人的理想和希望的毁灭。他的第一部中篇小说（也是自传体小说）《一个青年艺术家的自画像》（A Portrait of the Artist as a Young Man），以大量内心独白描述人物心理及其周围环境，表现了一个正在成长的艺术家的内心世界，也是他对小说语言、体裁和象征技巧的进一步探索。其代表作长篇小说《尤利西斯》（Ulysses）借用古希腊史诗《奥德修纪》的框架，将小说主人公利奥波德·布鲁姆（Leopold Bloom）一天 18 个小时在都柏林的游荡比作希腊史诗英雄尤利西斯 10 年的海上漂泊，表现了现代社会中人的孤独与悲观，他在这部小说中成功地运用"意识流"技巧,为荒诞派学者的研究展示了更为广阔的前景。乔伊斯1939年出版的小说《芬尼根守灵夜》(Finnegans Wake)则借用梦境表达对人类的存在和命运的终极思考,语言极为晦涩难懂,也因此成为文学史上最有才气和深奥的文字叙述之一,对后世影响深远。

继上述代表作家之后,爱尔兰文坛后来又出现了丹尼尔·科克里(Daniel Corkery,1878–1964)和谢默斯·奥凯利(Seamus O'Kelly,1881–1918)等知名小说家。当时短篇小说仍然是最受欢迎的文学体裁。丹尼尔·科克里的第一部小说集《鬼怪的黎明》(A Munster Twilight)充满感情地探讨了故土的精神气质;《班巴的猎犬》(Hounds of Banba)则歌颂独立战争中的爱尔兰战士。奥凯利是一位多产作家,写过多部剧本和小说。他的《鹿苑贵妇》(The Lady of Deerpark)、短篇小说集《路边人》(Waysiders)和去世后才发表的中篇小说《织工的坟墓》(The Weaver's Grave)等,均运用普通平实的语言,深刻地刻画了无地农民的困境。

三 现代爱尔兰文学

爱尔兰经过长期争取民族独立的斗争,终于摆脱了英国的统治。1921年底自由邦的成立,标志着爱尔兰进入了新的历史时期。英爱文学也随之发展到一个新的阶段,即现代阶段,但其间曾经历了短暂的波折。特别是在1922~1929年的内战期间,社会动荡不定,由于对局势难以把握,爱尔兰作家的文学创作表现出保守倾向,又出于对社会的不满,他们的作品往往表现出一种冷嘲热讽的基调。与此同时,在爱尔兰自由邦建立初期,由于信奉天主教的资产阶级取代了信奉新教的英爱特权阶层成为统治阶级,他们对用英语写作的爱尔兰作家持有一种怀疑态度,因而采取了一定程度的压制政策,例如1929年通过的文学出版物审查法。随着政局渐趋稳定,爱尔兰政府对文学创作的态度也转为宽松,20世纪的爱尔兰文学重又焕发异彩。

(一) 诗歌

叶芝于1939年去世。这之后爱尔兰诗坛的主要代表人物有奥斯丁·

克拉克（Austin Clarke，1896－1974）和帕特里克·卡瓦纳（Patrick Kavanagh，1904－1967）。奥斯丁·克拉克的许多诗歌都以针砭时弊为主题，特别是针对当时的作品审查制度，他同时也描写了灵与肉、艺术解放和教会压迫之间的冲突。他 1938 年发表的抒情诗集《夜与晨》（Night and Morning）是其最重要的代表作之一，也标志着他的诗作从此摆脱了模仿叶芝的风格。帕特里克·卡瓦纳最著名的作品为长诗《大饥荒》（The Great Hunger），描写了莫纳亨郡一个小农场主在大饥荒中的遭遇。20 世纪 30 年代其他一些较有影响的诗人还有多纳·麦克多纳（Donagh MacDonagh）、帕特里克·麦克多纳（Patrick MacDonagh）、帕德里克·法伦（Padraic Fallon）、罗伯特·费伦（Robert Ferren）等，他们的诗歌创作仍然多以爱尔兰的社会生活为素材，并按照爱尔兰的传统模式进行写作。

20 世纪 50 年代的著名诗人包括托马斯·金塞拉（Thomas Kinsella，1928－）、理查德·墨菲（Richard Murphy，1927－）、约翰·蒙塔古（John Montague，1929－2016）、安东尼·克罗宁（Anthony Cronin，1928－2016）、尤金·沃特斯（Eugene Watters，1919－1982）、肖恩·露西（Seán Lucy，1931－）、巴兹尔·佩恩（Basil Payne，1928－2012）和布伦丹·肯内利（Brendan Kennelly，1936－）等。其中，金塞拉的《夜游者》和蒙塔古的《粗野之地》，均表达了对个人和民族认同的痛苦思索。

谢默斯·希尼（Seamus Heaney，1939－2013）无疑是爱尔兰最著名的当代诗人。希尼曾经在牛津大学和哈佛大学等著名高等学府任教，并在1976 年后定居都柏林，直到 2013 年去世。希尼一生共著有 20 多部诗集，他的诗歌将英国传统文学与爱尔兰的乡村生活结合起来，以一种带有现代文明的眼光，冷静地观察和再现了爱尔兰的民族精神。他于 1995 年荣获诺贝尔文学奖，在他去世后，《独立报》评价其为"或许是世界上最著名的诗人"。他的主要诗集有：《一个博物学者之死》（Death of a Naturalist）、《通过黑暗之门》（Door into the Dark）、《在外过冬》（Wintering Out）、《北方》（North）、《车站岛》（Station Island）、《看东西》（Seeing Thing）、《精神层面》（The Spirit Level）、《电灯》（Electric Light）、《故地轮回》

（District and Circle，获 2006 年艾略特奖）和《人类之链》（Human Chain）等。希尼于 2012 年获得格里芬基金终身成就奖。

除希尼以外，保罗·杜尔坎（Paul Durcan，1944 – ）也是当代爱尔兰诗歌的著名代表人物之一，他通过诗作对爱尔兰的现代生活提出了激烈批评，获得了大量追随者。迈克尔·哈特尼特（Michael Harnett，1941 – 1999）特立独行，既用英语写作，也用爱尔兰语写作，他还将大量中世纪时期的爱尔兰语诗歌翻译成英语，对爱尔兰民族文化的传承做出了重要贡献。伊万·博兰（Eavan Boland，1944 – ）从女性主义的视角，通过其诗作审视自己的生活，她的作品对新一代女诗人产生了强有力的影响。

（二）戏剧

20 世纪 20 年代，爱尔兰剧作家肖恩·奥凯西（Seán O'Casey，1880 – 1964）发表了 3 部戏剧杰作：《枪手的影子》（The Shadow of a Gunman）、《朱诺和孔雀》（Juno and the Paycock）和《犁与星》（The Plough and the Stars），从而开启了爱尔兰戏剧的第二个伟大时期。奥凯西也被认为是第一位专门为工人阶级写作的著名剧作家。在同一时期，丹尼斯·约翰斯顿（Denis Johnston，1901 – 1984）在《老妇人说不》（The Old Lady Says "No"!）一剧中成功地引入了表现主义手法。他的第二部剧作《黄河中的月亮》（The Moon in the Yellow River）曾在全球各地上演过无数场。当时的其他著名剧作家还有：保罗·文森特·卡罗尔（Paul Vincent Carrol，1900 – 1968）、伦诺克斯·鲁宾逊（Lennox Robinson，1886 – 1958）、默里（T. C. Murray，1873 – 1959）、迈克尔·约瑟夫·莫罗伊（Michael Joseph Molloy，1917 – 1994）和沃尔特·梅肯（Walter Macken，1915 – 1967）等人。

20 世纪 50 年代以后，爱尔兰戏剧创作迎来了更辉煌的时期，创作题材更加新颖，写作技巧有了很大突破，现代戏剧的特色也表现得更加明显。当时涌现了一大批优秀剧作家，其中以塞缪尔·贝克特（Samuel Beckett，1906 – 1989）、休·伦纳德（Hugh Leonard，1926 – 2009）、布赖恩·弗里尔（Brian Friel，1929 – 2015）、汤姆·墨菲（Tom Murphy，1935 – ）、弗兰克·麦克吉尼斯（Frank McGuinness，1953 – ）、汤姆·麦克林泰尔（Tom MacIntyre，1931 – ）等人最为知名。

塞缪尔·贝克特是爱尔兰现代荒诞派戏剧的代表。他生于都柏林，1938 年移居法国。他的大部分作品是用法语写成的，他后来又将其中多部戏剧和小说译成英语。贝克特扬弃了小说和剧作的传统格局，在作品的结构、语言、人物、情节等方面独出心裁地发挥其怪诞的想象力和表现力。在他的作品中，主人公常常处于无休止的身心冲突之中，在矛盾中绝望地寻找自我。他的经典剧作《等待戈多》（Waiting for Godot），并没有多少吸引人的情节，对话也很少，但充分表现了凄凉、荒诞的世界中人生的短暂和无意义。此剧在巴黎上演时引起轰动，连演 300 多场。但贝克特也是 20 世纪最有争议的作家之一，有的评论家认为他在戏剧和文学语言方面掀起了一场"革命"，有的则认为他把严肃文学变成了类语叠用的文字游戏。1969 年，贝克特由于"以一种新的小说与戏剧的形式，以崇高的艺术表现人类的苦恼"而获得诺贝尔文学奖。

休·伦纳德是爱尔兰著名戏剧家、电影电视剧本作者及小说家，原名约翰·基斯·伯恩（John Keyes Byrne），他的剧作在伦敦和纽约都很受欢迎。他的主要代表作包括姐妹剧《爸》（Da）和《一辈子》（A Life），前者获得托尼奖，后者获得托尼奖提名；其他著名剧作包括《黑暗中的一跃》（A Leap in the Dark）、《水上行走》（A Walk on the Water）、《爱尔兰人》（Irish Men）、《曾经》（Time Was）、《莫里亚提的面具》（The Mask of Moriarty）和《远大期待》（Great Expectations）等。

布赖恩·弗里尔是爱尔兰著名剧作家和小说家，有评论家将其比作"爱尔兰的契诃夫"，认为他足以与贝克特齐名。弗里尔 1964 年发表了《费城，我来了》（Philadelphia, Here I Come）一剧，为其赢得了国际声誉，后又创作了《翻译》（Translation）、《在卢克纳萨跳舞》（Dancing at Lughnasa）等剧作，其创作生涯达到了新的高度。他的其他剧本还包括：《内部敌人》（The Enemy Within）、《卡丝·麦圭尔之爱》（The Loves of Cass McGuire）、《恋人》（Lovers）、《水晶与狐狸》（Crystal and Fox）、《城市的自由》（The Freedom of the City）、《居住区》（Living Quarters）、《联系的绳索》（Communication Cord）、《创造历史》（Making History）、

《快回答我》（Give Me Your Answer, Do!）、《表演》（Performances）和《家乡》（Home Place）等。弗里尔一生共创作了 24 部剧作。

汤姆·墨菲 1961 年就以《黑暗中的口哨》（Whistle in the Dark）一剧取得成功，他后来的一些代表性作品包括《乐观主义之后的清晨》（The Morning after Optimism）、《吉里音乐会》（Gigli Concert）、《贝利赶盖里》（Bailegangaire，以爱尔兰西部的一所农舍为背景，叙述了一个没有欢笑的小镇的由来）、《爱国主义游戏》（The Patriot Game）、《清醒》（The Wake）、《宅院》（The House）、《爱丽丝三部曲》（Alice Trilogy）和《一个优柔寡断的暴君最后的日子》（The Last Days of a Reluctant Tyrant）等。

弗兰克·麦克吉尼斯著有《注视向索姆河挺进的厄尔斯特子弟兵》（Observe the Sons of Ulster Marching Towards the Somme）。该剧描述了第一次世界大战期间，一群厄尔斯特志愿战士准备参加索姆河战役时的内心活动，以及他们对友谊、感情和信仰的思考。他的其他主要剧作还有《工厂女工》（The Factory Girls）、《迦太基人》（Carthaginians）、《纯真》（Innocence）、《玛丽和莉芝》（Mary and Lizzie）、《养家糊口的人》（Someone Who'll Watch over Me）、《鸟的保护区》（The Bird Sanctuary）、《反复无常》（Mutability）、《多莉·韦斯特的厨房》（Dolly West's Kitchen）、《黄金之门》（Gates of Gold）、《来了一位骑马的吉普赛人》（There Came a Gypsy Riding）和《火柴盒》（The Match Box）等，他还翻译了大量欧洲经典剧作。

汤姆·麦克林泰尔被认为是当代爱尔兰最具创新性的实验戏剧家。他不仅将帕特里克·卡瓦纳的长诗《大饥荒》以戏剧形式搬上舞台，而且还大胆运用戏剧形式表现斯威夫特在《留胡须的女士》（The Bearded Lady）中创造性描述的内心精神活动，为此不惜动用阿比剧院的各种资源，如舞蹈、哑剧、音乐、特写、服装和舞台装饰。

除此之外，当代爱尔兰的优秀剧作家还包括：托马斯·基尔罗伊（Thomas Kilroy, 1934－），代表作《塔尔博特的匣子》（Talbot's Box）；约翰·B. 基恩（John B. Keane, 1928－2002），代表作《田野》（The Field）；贝纳德·法雷尔（Bernard Farrell, 1941－），代表作《我不喜欢医生倒下》

（I Do Not Like Thee, Doctor Fell）；塞巴斯蒂安·巴里（Sebastian Barry，1955 –），代表作《基督徒管家》（The Steward of Christendom）获得作家协会最佳新剧奖；马丁·麦克多纳（Martin MacDonagh，1970 –），代表作为三部曲《美女李南女王》（The Beauty Queen of Leenane）、《康纳马拉的一具骷髅》（A Skull in Connemara）和《孤独的西方》（The Lonesome West），其中，《美女李南女王》在美国百老汇演出，并获得了托尼戏剧奖提名。

（三）小说

相较于戏剧，小说在爱尔兰当代文学中的地位要逊色一些，但也出现了一批优秀小说家和小说作品，特别是写作形式和创作手法丰富多样。

20世纪30年代，爱尔兰的小说创作总体上偏向保守。这一时期具有代表性的小说家当属弗兰克·奥康纳（Frank O'Connor，1903 – 1966）和肖恩·奥费朗（Sean O'Faolain，1900 – 1991）。他们都参加过爱尔兰独立战争，分别在小说《民族的客人》（Guests of the Nation）和《仲夏夜的疯狂》（Midsummer Night's Madness）中，对武装斗争和新国家的生活进行了冷静的观察。此外，利亚姆·奥弗莱厄蒂（Liam O'Flaherty，1896 – 1984）以对阿伦岛底层民众生活的观察为基础，将一种新的抒情手法运用到了短篇小说的文体之中。他的主要著作有《黑色的灵魂》（The Black Soul）、《饥荒》（Famine）和《告密者》《The Informer》等。玛丽·拉文（Mary Lavin，1912 – 1996）的《来自贝克梯夫桥的故事》（Tales from Bective Bridge）对爱尔兰中部地区的生活进行了富有激情的思考。小说表面上是描写中产阶级舒适富裕的生活，但她真正关心的是中产阶级的价值观念，深刻揭示了其庸俗脆弱的本质。伊丽莎白·鲍恩（Elizabeth Bowen，1899 – 1973）的小说《爱的世界》（A World of Love）和《失落的九月》（The Last September），则探讨了在不断变化的社会和政治世界中科克上层社会生活方式的转变。

在乔伊斯去世后，爱尔兰最杰出的小说家当属塞缪尔·贝克特。尽管贝克特最重要的贡献在戏剧领域，但他的小说也有独到之处，他的小说大多采用一种环形封闭结构，情节不断繁衍而又不断消解。主要情节被不断打结和扯断，直至被叙事彻底解构。但是，由于对语言和结构的实验过于极端，他的作品成为很难解读的私人写作，也由此导致人们对他的小说作品评论不一。贝克特的第一部小说《墨菲》（Murphy）即开始探索人类的荒谬处境，被认为是 20 世纪最杰出的小说之一。在其后来的三部曲《莫罗伊》（Molloy）、《马罗恩之死》（Malone Dies）和《无可名状》（The Unnamable）之中，这种探讨达到了顶峰。与贝克特同时代的布莱恩·奥诺兰（Brian O'Nolan，笔名弗兰·奥布赖恩【Flann O'Brien】，1911 – 1966）是爱尔兰后现代文学的代表人物，他以荒诞的幽默笔法和"超小说"的形式进行写作，其代表作为《双鸟戏水》（At Swim-Two-Birds）和《第三个警察》（The Third Policeman）。本尼迪克特·基利（Benedict Kiely，1919 – 2007）和布赖恩·穆尔（Brian Moore，1921 – 1999）也是 20 世纪 50 年代以后爱尔兰小说的代表人物，特别是穆尔，他尽管在国外生活，但非常珍视自己作为爱尔兰人的身份，这种心理在这一时期的爱尔兰小说家当中非常典型。这个时期小说的另一个特点是强调个性和揭示人物的内心世界，如埃德娜·奥布赖恩（Edna O'Brien，1930 – ）的小说就着重描写人物（特别是女性）与传统的家庭观念和教育的决裂，以及在现实面前要做出抉择的心态。以探索自我为主题的典型小说还有约翰·麦克加恩（John McGahern，1934 – 2006）的《警察局生涯》（The Barracks）等。麦克加恩被认为是 20 世纪下半期爱尔兰最伟大的小说家之一，他的其他代表作还包括《黑暗》（The Dark）、《在女性之间》（Amongst the Women，获 1991 年《爱尔兰时报》文学奖）和《他们也许正面对着升起的太阳》（That They May Face the Rising Sun，获得 2003 年"爱尔兰年度最佳小说奖"）。

其他一些著名当代爱尔兰文学家及其代表作如下。弗朗西斯·斯图亚特（Francis Stuart，1902 – 2000）的《H 部门的黑名单》（Black List Section H）是一部自传体小说，也是作家本人极为强烈的心理自画像。约翰·班维尔（John Banville，1945 – ）被认为是"用英语写作的最具想象力的小说家"，他在三部曲《哥白尼博士》（Doctor Copernicus）、《克普勒》（Kepler）和《牛顿书》（The Newton Letter）中，戏剧性地表现了人类意识中现代主义的诞生。他的小说《证据》（The Book of Evidence）、《鬼魂》（Ghosts）、《雅典娜》（Athena）、《不可触摸》（The Untouchable）、《海洋》（The Sea）、《古典之光》（Ancient Light）和《蓝色吉他》（The Blue Guitar）等都很受欢迎。班维尔获奖无数，包括 2005 年的布克奖和 2011 年的卡夫卡奖，他被认为是诺贝尔文学奖的有力竞争者。迈芙·宾奇（Maeve Binchy，1939－2012）以其幽默、风趣的传奇故事吸引了大量读者，在爱尔兰语写作中开创了一股新的潮流。她的小说多为对爱尔兰小城镇生活的描写，被翻译成 37 种文字，总销量超过 4000 万册。玛莉安·凯伊斯（Marian Keyes，1965－）的作品在国际上也很受欢迎，曾被翻译成 32 种文字，总销量超过 2200 万册，其最著名的作品包括《西瓜》（Watermelon）、《露西·苏莉文结婚了》（Lucy Sullivan Is Getting Married）和《这个有魅力的男人》（This Charming Man）。

第四节　音乐、舞蹈与电影

一　音乐与舞蹈

（一）音乐发展史

与世界上大多数伟大的音乐艺术相同，中世纪的盖尔－爱尔兰音乐艺术是口口相传的。因此，年代久远的吟诵诗歌绝大部分都已失传。"吟诵"（Sean-Nós）这种古老的歌唱方式是一种独唱形式，音乐通常以花唱、节奏和音程的变化等来装饰。直到 17 世纪，才有少数几位音乐家的作品被保存下来，并留存至今。其中最著名的一位音乐家是诗人、竖琴演奏家和作曲家特尔罗克·奥卡洛兰（Turlough O'Carolan，1670－1738），在他去世后，共有 220 件作品被后人结集出版。

18 世纪时，都柏林已经发展成为一个重要的音乐中心，吸引了不少著名音乐家到爱尔兰从事创作活动，其中包括：意大利作曲家和小提琴演奏家弗朗西斯科·杰米年尼（Francesco Geminiani，1687－1762）在都柏林进行演奏并教授音乐课程；英国著名作曲家、英国国歌《天佑国王》和英国海军军歌《不列颠万岁》的作者托马斯·阿恩（Thomas Arne，

1710－1778）；德国作曲家乔治·弗里德里希·亨德尔（George Friedrich Handel, 1685－1759）于1742年在都柏林主持了其最著名的歌剧《弥赛亚》（The Messiah）的首次公演。1792年，在贝尔法斯特举办的竖琴节上，爱尔兰本土音乐家爱德华·邦廷（Edward Bunting, 1773－1843）受命改编爱尔兰传统的竖琴音乐，后来他分别于1796年、1809年和1840年出版了三卷本的《爱尔兰古典音乐集》，其中第一卷包含了在1792年贝尔法斯特竖琴节上演奏的66首乐曲。这个三卷本的作品集，以及乔治·皮特里（George Petrie, 1790－1866）、帕特里克·威斯顿·乔伊斯（Patrick Weston Joyce, 1827－1914）与其他一些人辑录的古典爱尔兰音乐作品，成为19世纪以后在欧洲各地广为传唱的音乐曲调的主要来源之一，对欧洲音乐产生了重要影响。

约翰·菲尔德（John Field, 1782－1837）是小夜曲的发明者，也是当时最杰出的钢琴家和作曲家之一，他的作品和演奏对肖邦、舒曼、李斯特和格林卡等浪漫主义作曲家产生了巨大影响。19世纪有影响的爱尔兰作曲家还包括：迈克尔·巴尔弗（Michael Balfe, 1808－1870），他的歌剧《波希米亚姑娘》（The Bohemian Girl）家喻户晓；文森特·华莱士（Vincent Wallace, 1812－1865）也是一位著名的歌剧作家，他最知名的歌剧为《梅里塔娜》（Maritana）和《鲁尔兰》（Lurline）；查尔斯·维里尔斯·斯坦福（Charles Villiers Stanford, 1852－1924）曾在剑桥大学和伦敦皇家音乐学院担任音乐教授，是一位多产的歌剧、交响曲和合唱音乐作曲家，他的许多作品如交响曲《爱尔兰人》（The Irish）和六部《爱尔兰狂想曲》（Irish Rhapsodies）等，都反映了其音乐创作的独创性；维克托·赫伯特（Victor Herbert, 1859－1924）主要以歌剧创作知名；汉密尔顿·哈提（Hamilton Harty, 1879－1941）最广为人知的作品是以民歌为素材的《爱尔兰交响曲》（An Irish Symphony，后又重新编曲）。但上述作曲家多在英国或欧洲大陆定居。

20世纪三四十年代，出现了在爱尔兰定居的第一代本土作曲家，如布里安·博伊德尔（Brian Boydell, 1917－2000）、弗里德里克·梅（Fredrick May, 1911－1985）和阿洛伊斯·福莱西曼（Aloys Fleishman,

1910 - 1992）等人，他们不仅将欧洲大陆的音乐风格融入爱尔兰的音乐艺术之中，而且对后来的爱尔兰音乐人产生了深远影响。

竖琴是爱尔兰早期历史上最主要也是最具特色的乐器。其流传地区很广，中古期以后传入爱尔兰。爱尔兰竖琴又称凯尔特竖琴，现存最古老的爱尔兰竖琴制造于 14 世纪，一般有 30 ~ 36 根弦，其最大的特色是使用指甲弹奏，这也是它与欧洲其他地区竖琴不同的地方，后者是使用指尖而非指甲弹奏，而且也不像爱尔兰的竖琴有一个大的共鸣箱。竖琴对于爱尔兰民族音乐的形成起到了关键作用，被誉为"天使之琴"，因此也被视为爱尔兰民族的重要象征，1922 年爱尔兰独立后，竖琴被用于国徽以及总统的徽章。国徽图案是天蓝色盾面上的一把金色竖琴，其原形如今保存在都柏林三一学院，爱尔兰也是世界上唯一将乐器用作国徽的国家。

除了竖琴，爱尔兰还有其他一些传统乐器，如爱尔兰风笛、锡口笛和爱尔兰手鼓等。

（二）当代音乐与舞蹈

20 世纪 50 年代以后爱尔兰音乐艺术的一个显著特征，是人们对传统音乐重新产生了兴趣。1951 年，爱尔兰音乐家协会创办了第一届音乐节（Fleadh Cheoil），给予古老的乡村音乐传统一个得以复兴的舞台。在音乐节上，除了各种形式的表演之外，重头戏是按年龄组划分的各种比赛项目，分为 12 岁以下年龄组、12 ~ 14 岁年龄组、15 ~ 17 岁年龄组和 18 岁以上年龄组。音乐节每年举办一次，是爱尔兰的音乐盛事。2013 年的音乐节规模最大，参加人数达到了 43 万人。

经济的发展和社会的繁荣增强了爱尔兰人对传统音乐和本土音乐的信心。20 世纪 60 年代，肖恩·奥里亚达（Seán Ó Riada，1931 - 1971）对复兴爱尔兰传统音乐做出了无与伦比的贡献。他不仅参与管弦乐创作，还组建了一支极高水准的传统音乐乐队（Ceoltóirí Chualan）。该乐队在 1961 ~ 1969 年间的演出在爱尔兰掀起了一场音乐革命，它还创造了一种"奥里亚达模式"（O'Riada model）。该乐队最后一次演出是在 1969 年。1962 年，该乐队的一些成员创建了"酋长乐队"（The Chieftains），他们坚持按照奥里亚达模式演奏爱尔兰传统音乐，对在全世界传播爱尔兰音乐起到了重要作用。酋长乐队后来几乎成了爱尔兰传统音乐的代名词，1998 年被爱尔兰政府命名为爱尔兰的"音乐大使"。该乐队共获得过 6 次格莱美奖，并于 2002 年获得英国广播公司广播二台颁发的民歌奖。2012 年，为庆祝乐队成立 50 周年，酋长乐队发行了唱片《时代之声》（Voice of Ages）。

20 世纪 70 年代，爱尔兰乐坛出现了电声流行音乐元素与传统音乐元素的融合，并由此产生了一种新的音乐形式。它既有爱尔兰的独有特点（以传统音乐家原汁原味地演奏传统乐器为代表），又有流行音乐的特点（以流行音乐家演奏拨弦类和刮擦类乐器伴奏为特点）。而在流行乐坛，乡村音乐和摇滚乐是两种主要形式。20 世纪 70 年代以来，摇滚乐在爱尔兰逐渐发展壮大。一些爱尔兰乐队和乐手，如 U2、卡百利乐队（The Cranberries，1990 年成立，2003 年解散，2009 年重组）、男孩地带（Boyzone，1993 年成立，2000 年解散，2007 年复出）、可儿家族合唱团（The Corrs，1990 年成立）和西城男孩（Westlife，1998 年成立，2011 年解散）等乐队，以及塞尼德·奥康纳（Sineád O'Connor）、恩雅（Enya，原名 Eithne Patricia Ní Bhraonáin）和丹尼尔·奥唐奈尔（Daniel O'Donnell）等艺术家，均在国际舞台上具有极高的知名度。我们需要特别介绍一下 U2 乐队和女歌手恩雅。U2 乐队成立于 1976 年，由 4 名成员组成，曾经是 20 世纪 80 年代最受世界瞩目的摇滚乐队，滚石杂志将其列入了全世界最伟大的 100 位艺人名单。截至 2015 年底，U2 乐队共获得过 22 项格莱美奖，与史提夫·汪达共同保持这项纪录；2015 年获得第 57 届格莱美奖最佳摇滚乐专辑奖提名。除此以外，U2 乐队还获得了其他无数的奖项，如全英音乐奖、爱尔兰流星音乐奖、全美音乐奖、金球奖等。2008 年 12 月 12 日，乐队主唱博诺·沃克斯（Bono Vox）由于其为改善非洲贫困及落后所做的努力获得了诺贝尔和平奖提名。恩雅出生于 1961 年，1980 年开始其音乐生涯，1988 年发行首张个人专辑。2001 年，代表作电影《指环王》插曲《但愿如此》（May It Be）获得奥斯卡"最佳原创歌曲"、学院奖、金球奖"最佳原创歌曲"提名和格莱美奖"最佳电影歌曲"提名等多项荣誉。2007 年，恩雅因为对音乐的贡献而获得北爱尔兰大学、爱尔兰国立大学授予的两个"荣誉博士学位"。2009年11月，恩雅的20年精选专辑《The Very Best of Enya》（恩雅世纪典藏）在全球发行。截至2015年底，恩雅的唱片在全世界累计发行超过7500万张。恩雅是世界上唱片销量最大的女歌手之一，也是爱尔兰唱片销量最多的歌手，共获得过4次格莱美最佳单曲奖。

爱尔兰当代著名作曲家包括：阿希鲍德·詹姆斯·波特（Archibald James Potter）、杰拉德·威克特里（Gerard Victory）、塞瓦思·波德里（Seóirse Bodley，都柏林大学荣誉退休音乐教授）、詹姆斯·威尔逊（James Wilson）、约翰·金塞拉（John Kinsella）、弗兰克·柯克伦（Frank Corcoran）、菲利浦·马丁（Philip Martin）、埃里克·斯威尼（Eric Sweeney）、爱勃里斯·法雷尔（Eibhlis Farrel）和费尔古斯·约翰斯顿（Fergus Johnston）。杰拉尔德·巴里（Gerald Barry）和出生于美国的简·奥拉里（Jane O'Leary）、电声音乐作曲家罗杰·多伊尔（Roger Doyle）、约翰·巴克莱（John Buckley）、雷蒙德·迪恩（Raymond Deane）等人一起，均为中生代作曲家中的领军人物。年轻一代的作曲家则以伊安·威尔逊（Ian Wilson）、马里奥恩·英戈尔斯比（Marion Ingoldsby）、格赖恩·缪尔维（Gráinne Mulvey）、戴尔德雷·格里秉（Deirdre Gribbin）、伊赖恩·阿格纽（Elaine Agnew）、本杰明·德怀伊尔（Benjamin Dwyer）和多纳卡·丹尼西（Donnacha Dennehy）等人为代表。比尔·维兰（Bill Whelan）由于其作品《大河之舞》（Riverdance）举世闻名。

爱尔兰有许多音乐节，主要包括：在爱尔兰大厦举行的AIB音乐节（AIB Festival of Music）、科克国际合唱节（Cork International Choral Festival）、沃特福德轻歌剧节（Waterford Festival of Light Opera）、戈尔韦艺术节（Galway Arts Festival）、科克爵士乐节（Cork Jazz Festival）和基尔肯尼艺术周（Kilkenny Arts Week）等。在传统音乐方面，除由爱尔兰音乐家协会组织的传统音乐演出活动以外，还有诸如维利·克兰塞夏季音乐学校（Willie Clancy Summer School）、乔·穆尼夏季音乐学校（Joe Mooney Summer School）和南斯莱戈夏季学校（South Sligo Summer School）等举办的其他传统音乐活动。另外，都柏林阿克萨国际钢琴比赛（The

Axa Dublin International Piano Competition）是世界四大顶级钢琴赛事之一。

都柏林音乐技术学院研究所（Dublin Institute of Technology College of Music）、皇家爱尔兰音乐学院（Royal Irish Academy of Music）和科克音乐学校（Cork School of Music）负责提供不同级别的考核课程。1994 年，麦克尔·奥沙里范（Mícháel Ó Súilleabháin）在利默里克大学成立了爱尔兰世界音乐中心（The Irish World Music Centre），其本意是研究爱尔兰音乐以及与爱尔兰有关的世界音乐，但它迅速壮大，研究对象逐渐涵盖从爱尔兰传统音乐演出到宗教赞美诗和宗教仪式上的歌曲等诸多内容，同时也开展音乐治疗的研究生项目。为支持爱尔兰音乐的发展，爱尔兰艺术协会还成立了两个全国性组织——音乐基地（Music Base）和音乐网络（Music Network）。音乐基地主要为发展流行音乐和摇滚乐提供服务，而音乐网络则侧重于支持全国的古典音乐、传统音乐和爵士乐。

爱尔兰乐队在国际上的成功演出带动了整个音乐产业的成长，2012 年，爱尔兰音乐产业共创造产值 4.7 亿欧元，与音乐相关的从业人员有 11510 人。

（三）音乐与舞蹈团体

爱尔兰有许多专业演出团体。歌剧团主要有三个：爱尔兰歌剧院（Opera Ireland），每年在都柏林有两个歌剧演出季，它也进行巡回演出；韦克斯福德节日歌剧院（Wexford Festival Opera）创建于 1951 年，每年 10 月末至 11 月初举行为期 15 天的演出活动，吸引了其他许多国家的歌剧团到这里演出，并因而获得了巨大的国际声誉；歌剧院剧团（Opera Theatre Company）成立于 1986 年，每年不仅在全国各地的艺术中心进行巡回演出，而且还到美国、澳大利亚，以及英国、法国、比利时等其他欧洲国家演出。

爱尔兰共有三个全职的专业管弦乐团：爱尔兰国家交响乐团（National Symphony Orchestra）、由国家广播电台支持的爱尔兰广播管弦乐团（RTÉ Concert Orchestra）和由北爱尔兰艺术协会资助的厄尔斯特管弦乐团（Ulster Orchestra）。国家广播电台也对"范·布露赫弦乐四重奏乐团"（Van Brugh String Quartet）、爱尔兰广播爱乐合唱团（RTÉ Philharmonic

Choir) 和青年合唱团 (Cór na nÓg) 等音乐团体提供支持。

爱尔兰"音乐网络"每年在全国组织多场音乐会。国家室内合唱团 (National Chamber Choir) 和爱尔兰室内管弦乐团 (Irish Chamber Orchestra) 是爱尔兰最著名的两支室内演唱团体,它们均在全国各地定期演出。由作曲家简·奥勒里 (Jane O'Leary) 创建的室内乐合奏乐团 (Concorde) 也在国内外积极演出,推介爱尔兰和世界其他国家的经典音乐作品。

爱尔兰没有国家级的芭蕾舞团或舞蹈团,但诸多小型舞蹈团体和舞蹈组织都很活跃,特别是在现代和当代舞领域,爱尔兰政府通过艺术协会对这些团体予以一定支持。利默里克大学有一个名为"大达" (Daghdha) 的专业舞蹈教育团体。

在爱尔兰传统舞蹈方面,特别值得一提的是踢踏舞。爱尔兰踢踏舞是世界踢踏舞的鼻祖之一,也是爱尔兰传统的艺术形式,经过数千年的发展演化而来,如今又融合了先进的现代踢踏舞理念,进一步实现了传统民族舞蹈的升华。1929 年,爱尔兰舞蹈委员会成立,制定了踢踏舞的教学、裁判和竞赛规则,爱尔兰踢踏舞从此走上了规范化和快速发展的道路。如今,世界踢踏舞大赛每年都在都柏林举行,由各国比赛中的优胜者代表本国参加比赛。1994 年,《大河之舞》诞生,但它当时仅是在爱尔兰举办的欧洲电视歌曲大赛上的一支短小组曲(仅有 7 分钟左右);1995 年,舞剧《大河之舞》在都柏林进行首场演出,立刻取得了极大的成功,并很快在世界各地巡演。截至 2015 年底,《大河之舞》在全世界 450 个地方进行过演出,观众人数达 2500 余万人。它以整齐划一并充满动感和节奏的爱尔兰踢踏舞为主流,融合了自由不羁的美式黑人踢踏舞、热情奔放的西班牙弗拉明戈舞等不同流派的踢踏舞元素,也有糅合了现代音乐元素的爱尔兰传统音乐。《大河之舞》获得 1997 年格莱美奖"年度最佳音乐剧"奖,由此风靡全球,它的第一任领舞者麦克尔·弗莱利 (Michagel Flatley) 被称为"踢踏舞王"。后来,弗莱利又创作了《王者之舞》 (Lord of the Dance) 和《火焰之舞》(Feet of Flames),这两部舞剧与融入了多种元素的《大河之舞》不同,它们完全是对爱尔兰传统舞蹈的传承。在弗莱利离开《大河之舞》之后，科林·杜恩（Colin Dunn）和布仁丹·多利斯（Brendan Dorris）等著名舞蹈家先后担任领舞。爱尔兰另一个杰出的民间舞蹈团"舞之魂"成立于1997年，团员近300人，以爱尔兰传统舞蹈为精髓，并巧妙地融合了弗拉明戈舞、古典芭蕾舞、爵士舞等多种舞蹈的风格。最辉煌的时候，该舞团曾每晚同时在全世界6~8个城市演出。另外，总部位于凯里郡特拉利（Tralee）、成立于1957年的"西阿马萨·泰尔"（Siamsa Tire）舞蹈团也是一家世界知名的民间舞蹈公司。

二　电影

20世纪90年代以后，影视产业在爱尔兰发展非常迅速，成为一个重要的创意产业部门。到2012年底，爱尔兰共有电影放映屏幕444个，平均每10万人拥有11个；当年共1635万人次观看电影，平均每人观看电影3.6次；票房总收入1.12亿欧元，其中国产电影票房总收入440万欧元。

（一）电影发展史

爱尔兰的电影事业经历了漫长的发展过程。1896年4月，都柏林第一次公开放映电影。1909年，小说家詹姆斯·乔伊斯经营的第一家电影院在都柏林玛丽大街正式开业。1910年，美国凯莱默电影公司在爱尔兰拍摄电影《来自古老爱尔兰的女士》（The Lad from Old Ireland），在凯里郡制作了几个短小的情节剧，这是美国电影公司在本土以外拍摄的第一部电影，也因而开创了国外电影制片商将爱尔兰作为作品背景或外景地的拍摄传统。此后一些以爱尔兰为背景或在爱尔兰拍摄的著名影片有：阿尔弗雷德·希区柯克（Alfred Hitchcock）执导的《朱诺与孔雀》（1930）；罗伯特·弗莱厄蒂（Robert Flaherty）执导的史诗式纪录片《阿兰人》（Man of Aran, 1934）；戴维·李安（David Lean）的《赖安的女儿》（Ryan's Daughter, 1970）；美籍爱尔兰人约翰·休斯顿（John Huston）的《默比·迪克》（Moby Dick, 1956）和《死者》（The Dead, 1987）；安东尼·哈维（Anthony Harvey）的《冬天的狮子》（The Lion in Winter, 1968）；迈克尔·克里奇顿（Michagle Crinchton）的《火车大劫案》（The Great Train

Robbery，1979）；约翰·褒曼（John Boorman）的《黑暗时代》（The Dark Ages，1981）；梅尔·吉布森（Mel Gibson）导演并主演的《勇敢的心》（Braveheart，1995）；罗伯·鲍曼（Rob Bawnman）导演的《火龙帝国》（Reign of Fire，2002）；安东尼·福奎阿（Antoine Fuqua）执导的《亚瑟王》（King Arthur，2004）；约翰·迈克尔·麦多纳克（John Michael McDonagh）执导的《保镖》（The Guard，2011）和艾布拉姆斯（J. J. Abrams）执导的《星球大战：原力觉醒》（Star Wars：The Force Awakens，2015）等。但最广为人知的"爱尔兰"电影也许是约翰·福特（John Ford）的影片。他拍摄了不少在爱尔兰制作或以爱尔兰为创作背景的故事片，如《告密者》（The Informer，1935）、《犁与星》（The Plough and the Stars，1936）和《沉默的人》（The Quiet Man，1952）等，都赢得了高度赞誉。

在爱尔兰本土的制片者中，爱尔兰电影公司从无声电影时代开始就是最重要的电影公司。该公司由詹姆斯·马克·沙利文（James Mark Sullivan）于1916年创立，最初主要制作以爱尔兰为主题的短片和故事片，如《诺克纳构》（Knocknagow，1917）和《维利·里莉与他的科林·鲍恩》（Willy Reilly and His Colleen Bawn，1920）。这些影片是无声电影时代爱尔兰电影的重要资料。爱尔兰的第一部本土有声影片是《黎明》（The Dawn，1936），是由汽车修理厂商汤姆·库珀（Tom Cooper）制作的一部有关独立战争的故事片。

20世纪40年代和50年代，国家电影研究所（爱尔兰电影研究所的前身）制作了多部由政府赞助的"信息"类影片，这些影片涉及健康、储蓄、农村现代化和农业等主题。1953年成立的"盖尔·林恩"（Gael Linn，意为"和我们在一起"），是一个致力于促进爱尔兰语和爱尔兰传统艺术的机构，它对20世纪50年代后期和60年代前期电影业的发展起到了重要的推动作用。由其制作并由科尔姆·奥莱里（Colm Ó Laoghaire）和吉姆·马尔科恩斯（Jim Mulkerns）执导的《爱尔兰印象》（Amharc Éireann，1956–1964）是一部爱尔兰语系列新闻短片，也是在爱尔兰制作的最为成功、历时最长的纪录片。在"盖尔·林恩"的赞助下，由乔治·莫里森（George Morrisson）执导的两部纪录片《我是爱尔兰》（Mise Éire，1959）和《西尔莎》（Saoirse，1960），则是最早达到正片长度的爱尔兰语影片。

1961年，爱尔兰国家电视台（Telefís Éireann）成立，为电影制作者提供了训练基地。在它的推动下，20世纪70年代出现了一批独立电影制片人，他们以更加敏锐的视角探讨爱尔兰的社会、经济和政治问题。也正是从那时起，爱尔兰本土电影才真正形成规模，质量也实现了飞跃。

（二）当代电影

20世纪80年代以前，爱尔兰本土制作的电影每年不足10部。1981年，爱尔兰电影局（Irish Film Board）成立（1987年解散，1993年又重新成立），极大促进了本土电影的制作和发行，同时还大力吸引外方投资在爱尔兰拍摄电影。

20世纪90年代以来，在爱尔兰拍摄的电影不仅在数量上增长很快，而且质量也得到了很大提升，出现了一大批享有国际声誉、获得广泛好评的影视作品，其中包括：《义务》（The Commitments，1991），获英国电影与电视艺术学院最佳影片、最佳导演、最佳剪辑、最佳电影剧本改编等奖项；《以上帝的名义》（In the Name of the Father，1993），获奥斯卡最佳男主角、最佳男配角、最佳女主角、最佳导演、最佳剪辑、最佳影片和最佳剧本改编7项提名；《迈克尔·科林斯》（Michael Collins，1996），获威尼斯电影节金狮奖；《我下去过》（I Went Down，1997），在圣塞巴斯提安电影节上获最佳导演和最佳电影剧本改编奖；《将军》（The General，1998），获戛纳电影节最佳导演奖（导演约翰·褒曼）；《血腥的星期日》（Bloody Sunday，2002），获柏林电影节金熊奖、多伦多"发现奖"，并在美国犹他州举行的圣丹斯国际电影节上获世界电影奖；《维洛尼卡·贵林》（Veronica Guerin，2003），其女主角的扮演者凯特·布兰奇特（Cate Blanchet）获金球奖最佳女演员提名，导演乔尔·舒马彻（Joel Schumacher）在圣塞巴斯提安电影节上获"团结奖"；《玛德琳姐妹》（Magdelene Sisters，2003），获威尼斯金狮奖；《奥马》（Omagh，2004），获英国电影与电视艺术学院奖和多伦多"发现奖"；《风吹稻浪》

（The Wind That Shakes the Barley，2006），赢得戛纳电影节金棕榈奖，也是 2011 年之前爱尔兰本土电影的票房纪录保持者；《六发子弹的手枪》（Six Shooter，2006），获 2006 年美国奥斯卡最佳短片奖；《曾经》（Once，2006），获得圣丹斯国际电影节为外国最佳影片颁发的"独立精神奖"，由汉撒德（Hansard）和艾尔格露瓦（Irglová）创作的歌曲《缓慢降落》（Falling Slowly），则作为该片插曲赢得了 2008 年奥斯卡最佳原创歌曲奖；《汽车修理厂》（Garage，2007），在 2007 年戛纳电影节上摘取了艺术电影奖桂冠，还获得多伦多电影节最佳影片奖；《饥饿》（Hunger，2008），被媒体誉为爱尔兰 2008 年最成功的电影之一，该片在 2008 年的戛纳电影节上赢得金相机奖，接着又在悉尼电影节获奖，并获得英国电影与电视艺术学院奖的 2 项提名，赢得了其中 1 项，该片还获得 2009 年爱尔兰电影与电视艺术奖 8 项提名，赢得了其中的 6 个奖项；《在布鲁日》（In Bruges，2008），获"英国独立电影奖"7 项提名，影片编剧马丁·麦克唐纳（Martin McDonagh）赢得了国际新闻学院颁发的最佳电影剧本奖和英国影视学院最佳原创剧本奖，男主角科林·法瑞尔（Colin Farrell）因在音乐和喜剧方面的杰出表现而获得金球奖；《艾登》（Eden，2008），在美国纽约举行的特里贝卡电影节上，出演该片女主角的艾琳·沃尔什（Eileen Walsh）获得 2008 年最佳女主角奖；《黯然失色》（The Eclipse，2009），在 2009 年特里贝卡电影节上，出演该片男主角的西雅兰·海恩斯（Ciarán Hinds）摘取了最佳男主角的桂冠，另外，该片还赢得 2010 年爱尔兰影视学院奖的最佳剧本奖，艾丹·魁宁（Aidan Quinn）获得最佳男配角奖；《坏守卫》（The Guard，2011）一经上映就获得一致好评，并且打破了由《风吹稻浪》保持的票房纪录，男主演布莱丹·格里森（Brendan Gleesen）获得 2012 年金球奖最佳男演员等多个奖项的提名；《理查所为》（What Richard Did，2012）获得 2013 年第 10 届爱尔兰电影与电视奖最佳故事片奖、2013 年伊斯坦布尔国际电影节金郁金香最佳影片奖。另外，《单身派对》（The Stag，2014）、《神父有难》（Calvay，2014）、《海洋之歌》（Song of the Sea，2014，获得 2015 年学院奖最佳动画片奖提名）、《布朗夫人的儿子们之电影版》（Mrs. Brown's Boys D'Movie，

2014，创下了爱尔兰有史以来电影放映第一天的票房纪录）、《龙虾》（The Lobster，2015，获得 2015 年戛纳电影节评审团特别奖）、《布鲁克林》（Brooklyn，2015）、《房间》（Room，2015，获得 2015 年多伦多国际电影节观众票选奖）等影片也获得了一定的国内和国际声誉。

与爱尔兰本土电影业的蓬勃发展相应的是，爱尔兰涌现出了一大批优秀电影人，如莱尼·亚伯拉罕森（Lenny Abrahamson）、康耐尔·麦克弗森（Conor McPherson）、约翰·克劳利（John Crowley）、马丁·麦克多纳（Martin McDonagh）、约翰·卡内伊（John Carney）、克里斯坦·谢尔丹（Kirsten Sheridan）、兰斯·达里（Lance Daly）、帕迪·布利斯那奇（Paddy Breathnach）和戴密恩·奥康耐尔（Damien O'Donnell）等著名导演，以及马克·奥洛伊（Mark O'Rowe）、恩达·沃尔斯（Enda Walsh）和马克·奥哈洛然（Mark O'Halloran）等著名编剧。而在 20 世纪 90 年代之前，爱尔兰仅有两位电影导演得到世界公认，即尼尔·乔丹（Neil Jordan）和吉姆·谢尔丹（Jim Sheridan）。

每年 3 月、7 月和 10 月分别在科克、都柏林和戈尔韦举办的电影节，为爱尔兰和来自世界各地的新影片提供了"亮相"的机会。此外，设在都柏林复建后的巴尔神殿"友人协会会见大厦"（Society of Friends Meeting House）内的爱尔兰电影中心（Irish Film Centre），还为电影制作者展示他们的作品提供永久性的场所。该中心是许多从事生产、发行和放映等事务的相关机构的"家园"，其中包括爱尔兰电影研究所、电影基地和爱尔兰电影协会同盟（Federation of Irish Film Societies）。爱尔兰电影档案馆（The Irish Film Archive）专门负责保存国家丰富的电影遗产。档案馆的一个重要工作是与在海外举办的爱尔兰电影节开展合作。档案馆和外交部将爱尔兰的电影输往海外，以便国外观众分享爱尔兰文化的这一珍贵成果。

爱尔兰政府认为，电影业是吸引国外投资的一个重要产业，因此对其予以高度重视，并采取各种措施尤其是税收优惠措施以鼓励国外公司在爱尔兰影视产业部门投资，由此不仅使电影的拍摄量大大增加，而且也极大提高了电影制作的质量。爱尔兰政府的税收优惠措施包括：对从事电影和电视制作的公司大幅度减税；不得对付给外国居民或外国居民支付给信贷公司的费用实行税赋预扣；实施 10% 的利润税率；对居住在爱尔兰的作家实施个人税收减免等。这一政策将持续到 2020 年。

这些措施起到了良好的效果。2012 年，爱尔兰电影局对总共 30 部电影投资 1050 万欧元，同时吸收了 1.18 亿欧元国外直接投资，其中 8000 万通过购买当地服务和创造就业等方式对爱尔兰的经济做出了直接贡献。正是由于这些优惠的税收措施，再加上爱尔兰许多地方景色秀丽，是拍摄电影的理想外景地，因此，国外电影制作企业除直接投资于爱尔兰国产电影之外，也在爱尔兰拍摄全部或部分影片的场景，如斯蒂芬·斯皮尔伯格（Stephen Spielberg）的《拯救大兵瑞恩》（Saving Private Ryan，1997）和阿兰·帕克（Alan Parker）的《安吉拉废墟》（Angela's Ashes，2000）等。另外还有一些电视剧也在爱尔兰拍摄，包括《都铎王朝》（The Tudors，2007 - 2010）、《开膛街》（Ripper Street，2012 - 2015）、《维京传奇》（Vikings，2013 - 2014）和《潘妮的恐惧》（Penny Dreadful，2014）等。

第五节　体育

一　概况

与爱尔兰的人口规模相比，爱尔兰在世界体育比赛中的成就很不一般。

爱尔兰运动员在奥运会和残疾人奥运会上均有出色表现。自 1922 年独立以来，截至 2016 年底，爱尔兰共参加过 28 次奥林匹克运动会（其中夏季奥运会 21 次，爱尔兰自 1992 年才开始参加冬奥会），共获得奖牌 30 枚（金牌 9 枚，银牌 10 枚，铜牌 11 枚），且所有奖牌都是在夏季奥运会上夺得的。在 2012 年的奥运会上，爱尔兰取得了自 1956 年以来的最好成绩，总共在拳击和马术表演两个项目中获得 5 枚奖牌（1 枚金牌、1 枚银牌和 3 枚铜牌），凯蒂·泰勒（Katie Taylor）在拳击比赛中获得的金牌也是 16 年来爱尔兰在夏季奥运会上获得的首枚金牌。此次奥运会还是爱尔兰自1980年以来首次在同一届奥运会上在一个以上的项目中获得奖牌。而爱尔兰在冬季奥运会上取得的最好成绩，是2002年冬奥会上克利夫顿·柔提斯利（Clifton Wrottesley）赢得的男子单人雪橇项目第4名。爱尔兰还积极参与残疾人奥运会。自1960年首届残疾人奥运会举办以来，爱尔兰参加了所有残疾人夏季奥运会，共赢得220枚奖牌（金牌60枚、银牌68枚、铜牌92枚），成绩不菲。在2012年的伦敦残奥会上，爱尔兰获得13枚金牌、11枚银牌和18枚铜牌，是1998年首尔残奥会以来的最好成绩。

爱尔兰成功地举办了一些重大体育赛事，得到广泛认可。例如，2003年，世界特殊奥林匹克运动会在爱尔兰举行，这是该项赛事首次在美国以外的地方举行；同年，爱尔兰主办了欧洲短道游泳锦标赛；2006年，世界上最著名的高尔夫球赛事之一、两年一度的莱德杯赛（Ryder Cup）在爱尔兰成功举办。近年来，每年3月举行的自由搏击比赛已经成为爱尔兰最大规模的年度国际赛事之一，爱尔兰国际自由搏击公开赛每年吸引超过4000名选手参赛，它也是欧洲规模最大的搏击类比赛项目。

爱尔兰拥有一些重要的体育运动设施，其中面积最大的运动场馆为都柏林的克洛克体育馆，这也是欧洲第四大体育馆。克洛克体育馆建于1884年，1913年正式启用，可容纳观众8.23万人，主要用于举办盖尔足球和爱尔兰曲棍球比赛，它也是2003年特殊奥运会的主赛场。

二 运动项目

（一）盖尔体育运动

在爱尔兰，最为普及的体育运动并不是国际上流行的一些运动项目，而是诸如盖尔式足球（Gaelic Football）和曲棍球等传统运动项目，且这些项目的比赛都是在整个爱尔兰岛范围内组织和举办的。

就观看体育赛事的观众人数而言，盖尔式足球是最受欢迎的运动项目，观众占观看所有体育比赛总人数的1/3。参加盖尔式足球比赛的队员均为业余球员，分属于不同的地区或教区俱乐部。每年的甲级联赛在各个郡俱乐部之间展开，其赛季从初夏延续到秋季，于9月的第三个星期日进

行决赛。从 1913 年开始，每年的决赛都在都柏林的克洛克体育馆举行
（1947 年除外，当年是在纽约举行的），参赛队伍还包括北爱尔兰的 6 个
郡以及纽约和伦敦的代表队，该比赛是爱尔兰规模最大的赛事。截至
2015 年底，凯里队共赢得 37 次冠军，是获得冠军次数最多的代表队。盖
尔式足球的规则与一般足球大体相似，主要不同在于盖尔足球体积更大，
而且可以用手触球。

爱尔兰式曲棍球的受欢迎程度仅次于盖尔式足球，观看这一比赛的观
众占所有比赛观众总人数的将近 1/4，其赛制和俱乐部组织形式与盖尔式
足球类似，比赛有 13 支球队参加，包括整个爱尔兰岛的各个队伍，决赛
也在都柏林的克洛克体育馆举行。决赛阶段的最高潮也是爱尔兰体育年最
精彩的部分。

"卡默奇"（Camogie）是一项女子体育运动，每队由 15 名队员组成，
其规则和赛制几乎与爱尔兰式曲棍球完全相同。在爱尔兰和其他国家的爱
尔兰社区共有 10 万人左右从事这项运动。每年的"卡默奇"决赛均进行
电视直播，有 30 多万人观看比赛。该项目由卡默奇运动协会主管，而盖
尔式足球和爱尔兰式曲棍球等其他业余运动项目则由盖尔运动协会
（Gaelic Athletic Association）管理。该协会成立于 1884 年，宗旨在于促进
和发展爱尔兰全国性的体育运动。

（二）英式足球

英式足球也是颇受爱尔兰人欢迎的一项运动，观众人数仅次于盖尔式
足球和爱尔兰式曲棍球。此项运动由爱尔兰足球协会（Football Association
of Ireland）负责管理和组织，爱尔兰足球联盟（League of Ireland）则负责
组织联盟杯赛，这也是主要的国内赛事，分两个级别进行，乙级赛共有
12 支球队参加，甲级赛有 8 支球队。爱尔兰足球联盟在欧洲足球协会联
盟中的最好排名是第 24 位（1985/86 赛季），但 2013/14 赛季下滑至第
43 位。

爱尔兰国家足球队曾三次打入世界杯决赛圈，最好成绩是 1990 年打
入 1/4 决赛，最近一次则是在 2002 年，它在同巴西和葡萄牙等强队对垒
时超常发挥，表现十分出色。爱尔兰国家足球队还曾于 1998 年和 2012 年

进入欧洲杯决赛圈。1998 年，爱尔兰青年足球队获得 16 岁以下组和 18 岁以下组欧洲冠军。

然而，由于许多优秀的球员都在其他欧洲国家的俱乐部踢球，所以国内比赛并不能反映爱尔兰足球的全部实力。爱尔兰的许多足球明星为欧洲的各个俱乐部做出了重要贡献，特别是罗伊·基恩（Roy Keane）、基文·多伊尔（Kevin Doyle）、杉恩·朗（Shane Long）和盖莱斯·麦克奥莱（Gareth McAuley）等球员。其中，最为人们熟知的是罗伊·基恩，他曾在英超著名足球队曼彻斯特联队效力长达 11 年，共为曼联出场 480 次，被誉为曼联历史上最伟大的队长之一。

（三）橄榄球

在爱尔兰，橄榄球也是一项很受欢迎的大众体育运动，不仅有地方、省级和国家俱乐部，而且很多学校也都有橄榄球队，其参加者有 6 万多人。爱尔兰橄榄球协会（IRFU）成立于 1879 年，是负责管理和组织此项运动的主要机构，也是仅次于英格兰和苏格兰橄榄球协会的第三个最古老的橄榄球协会。爱尔兰橄榄球协会由 5 个分支机构组成，其中 4 个机构分别代表爱尔兰的 4 个省——伦斯特（Leinster）、蒙斯特（Munster）、康纳赫特（Connacht）和厄尔斯特（Ulster），另外一个分支机构则被称为"流亡者分支"，负责招募居住在英格兰、苏格兰和威尔士等地，且具有爱尔兰血统、能够代表爱尔兰参加比赛的球员。其主要赛事有全爱尔兰联盟杯赛、省际杯赛和省内锦标赛。爱尔兰各省也参加欧洲橄榄球杯赛，其中，厄尔斯特获得了 1999 年欧洲橄榄球杯赛冠军，而蒙斯特则是 2000 年的亚军。

爱尔兰橄榄球国家队代表的是整个爱尔兰岛，即爱尔兰共和国和北爱尔兰，它定期参加每四年举行一次的橄榄球世界杯，仅在 1999 年和 2007 年两次没能进入 1/4 决赛。到 2015 年底，其世界排名为第 6 位。另外，爱尔兰橄榄球队每年还参加由爱尔兰、英格兰、威尔士、苏格兰、法国和意大利共同参加的橄榄球锦标赛。1999 年爱尔兰与英国共同举办了橄榄球世界杯赛。

爱尔兰许多著名的橄榄球运动员长年参加英国与爱尔兰的"狮子巡

回赛",或者从事教练或经纪人工作。许多爱尔兰球员还参加澳大利亚的巡回赛事。爱尔兰共有 8 位前橄榄球队员进入了橄榄球国际名人堂,其中 5 名还进入了橄榄球世界名人堂。其中,布莱恩·奥德里斯寇尔(Brian O'Driscoll)被公认为世界上最伟大的橄榄球运动员之一。

(四)田径运动

爱尔兰的田径运动具有悠久的传统,爱尔兰运动员在早些年举行的奥林匹克运动会和其他一些世界性比赛中赢得了许多奖牌,而且创造了一些世界纪录,如丹尼斯·豪根(Denis Horgan)曾经 13 次获得英格兰田径协会赛的铅球冠军,数次打破世界纪录,并曾于 1908 年获得奥运会铅球比赛银牌,帕特·奥卡拉汗博士(Dr. Pat O'Callaghan)曾获得 1928 年和 1932 年奥运会链球冠军,鲍勃·蒂斯代尔(Bob Tisdall)曾获得 1932 年奥运会 400 米栏冠军等。其他奥林匹克奖牌获得者还包括罗尼·戴兰尼(Ronnie Delany)、约翰·特里希(John Treacy)和索尼娅·奥沙利文(Sonia O'Sullivan)等人。

近年来,爱尔兰的马拉松运动发展很快,如都柏林城市马拉松赛有数千人参加,都柏林女子迷你马拉松赛的参加者平均有 3.6 万人,最多时达到过 4 万人。爱尔兰有一些运动员在马拉松比赛和其他一些径赛项目中取得了突出成绩:约翰·特里希两次获得世界跨国马拉松赛冠军,并且获得了 1984 年奥林匹克运动会马拉松赛的银牌;伊蒙恩·考兰(Eamonn Coughlan)是 1983 年世界田径锦标赛 5000 米冠军和 1981 年国际田径联合会杯 5000 米冠军,并且多年保持着该项目室内赛的世界纪录;马库斯·奥沙利文(Marcus O'Sullivan)曾先后 3 次获得 1500 米世界室内田径锦标赛冠军;弗兰克·奥米拉(Frank O'Meara)先后 2 次获得 3000 米世界室内田径锦标赛冠军;凯特里奥纳·麦吉尔南(Caitriona Mckiernan)在世界跨国马拉松锦标赛上赢得了 4 次银牌,并在 1994 年欧洲跨国马拉松赛中获得金牌;索尼娅·奥沙利文是 20 世纪 90 年代和 21 世纪初世界上最优秀的长跑运动员之一,她在 2000 年悉尼奥运会和 1993 年世界田径锦标赛上分别获得 5000 米和 1500 米的银牌,在 1995 年世界田径锦标赛上获得 5000 米冠军,此外她还赢得 3 枚欧洲锦标赛金牌和 2 个世界跨国锦标赛冠军。

（五）马术运动

各种形式的马术运动在爱尔兰都很受欢迎。马术运动由爱尔兰马术运动联合会负责管理，该联合会共有 15 个附属机构。其中，爱尔兰赛马局负责整个爱尔兰岛的赛马运动。爱尔兰共和国共有 24 个赛马场，北爱尔兰有 2 个赛马场。爱尔兰赛马大会在欧洲也属重大赛事之一，每场赛马比赛都吸引了众多观众。不在赛马场进行的赌马也是爱尔兰的一大产业。古典的无障碍赛马一般都在基尔代尔郡的科拉（Curragh）举行。

跳栏赛马和障碍赛马也是很受欢迎的两项马术运动。爱尔兰有许多出色的赛马运动员，多次赢得各种国际比赛的奖项，其中包括托尼·麦考伊（Tony McCoy）、吉兰·法隆（Kieran Fallon）、约翰尼·默尔塔（Johnny Murtagh）、伊斯塔布拉克（Istabraq）和辛恩达尔（Sinndar）等人。由特德·沃尔什和鲁比·沃尔什父子（Ted Walsh and Ruby Walsh）组成的父子队曾在 2000 年的英格兰和爱尔兰越野障碍赛马中获得冠军，特德·沃尔什是爱尔兰最出色的赛马运动员之一，截至 2015 年底，共赢得各项比赛的冠军 45 次。在 2012 年的伦敦奥运会上，希恩·奥康耐尔（Cian O'Connor）获得了赛马比赛铜牌，这也是爱尔兰获得的唯一一块奥运会赛马奖牌。

马术运动带动了爱尔兰的纯种马养殖业，其纯种马是世界上最优秀的种马之一，许多外国驯马师都热衷于购买爱尔兰纯种马。位于爱尔兰库尔马尔的养殖基地是世界上最大的养殖场，培育了无数赢得各种马术冠军的赛马。

骑马也是爱尔兰人喜爱的一种旅游休闲项目，爱尔兰开放的绿地为此提供了大量机会。每个郡都能找到专为骑马提供服务的场所，其中有的提供指导，有些则提供可供食宿的假日服务。近年来许多旅游点也开办了不少可供骑马的旅游中心。

（六）高尔夫

爱尔兰全岛共有 400 多个高尔夫球场，其中 300 多个在爱尔兰共和国。一些郡县或全国性的重要业余高尔夫球比赛由爱尔兰高尔夫球联合会和爱尔兰女子高尔夫球联合会负责组织。全爱尔兰岛的高尔夫球队都参与国际业余高尔夫球赛事。国际职业巡回赛在爱尔兰的主要赛事有墨菲爱尔兰公开赛（Murphy's Irish Open）和斯莫菲特欧洲公开赛（Smurfit European Open）。

爱尔兰拥有一些优秀的高尔夫球运动员，帕德莱格·哈灵顿（Pádraig Harrington）、保罗·麦克津利（Paul McGinley）、达林·克拉克（Darren Clarke）和保罗·麦克金利（Paul McGinley）等人都曾在世界巡回赛中取得优异成绩。哈灵顿曾赢得2007年英国公开赛冠军，并在2008年成功卫冕，另外他还摘取了2008年美国职业高尔夫协会锦标赛的桂冠；克拉克曾赢得2010年英国公开赛冠军；麦克金利曾经在欧洲职业高尔夫球巡回赛中获得4项冠军，他还在2014年的"雷德杯"作为欧洲队的队长出战（担任此职的首位爱尔兰球员），并率领球队赢得了本届比赛的冠军。爱尔兰新生代优秀高尔夫球选手包括格里米·麦克多威尔（Graeme McDowell）和罗利·麦克罗伊（Rory Mcllroy）等人，他们分别获得了2010年和2011年美国公开赛冠军，麦克多威尔是第一位赢得该项目冠军的爱尔兰人，而麦克罗伊则曾经在长达95周的时间内占据世界高尔夫球官方排行榜第一位。

（七）拳击

爱尔兰有悠久的拳击传统，在历史上曾产生过多位世界冠军，在爱尔兰运动员赢得的总共28枚奥运会奖牌中有16枚来自拳击项目。但爱尔兰大多数拳击手都是业余的，由爱尔兰业余拳击协会负责管理，该协会还负责组织和主办国际赛事，以及从青少年到成年各个级别的全国性和地区性比赛。

爱尔兰多位拳击手先后获得了奥林匹克运动会的拳击奖牌。他们是：约翰·麦克纳尔（John McNall），获1952年赫尔辛基奥运会银牌；弗雷德·泰蒂特（Fred Tiedt），获1956年墨尔本奥运会银牌；托尼·伯恩（Tony Byrne）、弗雷迪·基尔罗伊（Freddie Gilroy）和约翰·考德威尔（John Caldwell），获1956年墨尔本奥运会铜牌；吉姆·麦考特（Jim McCourt），获1964年东京奥运会铜牌；休·拉塞尔（Hugh Russell），获

1980 年莫斯科奥运会铜牌；迈克尔·卡鲁斯（Michael Carruth），获 1992 年巴塞罗那奥运会金牌；威恩·麦卡洛（Wayne McCullough），获 1992 年巴塞罗那奥运会银牌。在 2008 年北京夏季奥运会上，爱尔兰在拳击项目中夺得 3 枚奖牌：基尼·埃根（Kenny Egan）获男子轻量级银牌，达琳·苏则兰德（Darren Sutherland）获男子中量级铜牌，帕蒂·巴尼斯（Paddy Barnes）获男子 112 磅以下轻量级铜牌。在 2012 年伦敦奥运会上，爱尔兰运动员获得 4 项奖牌，分别为：凯蒂·泰勒（Katie Taylor）获女子轻量级金牌，约翰·乔·耐文（Jonh Joe Nevin）获男子最轻量级银牌，帕迪·巴恩斯（Paddy Barnes）获男子 48 公斤级铜牌，迈克尔·孔兰（Michael Conlan）获男子次最轻量级铜牌。在爱尔兰女子拳击运动员中，凯蒂·泰勒除曾获得 2012 年伦敦奥运会冠军以外，还曾在 2005 年、2006 年和 2007 年的欧洲业余拳击锦标赛上连续三年夺取金牌，在 2006 年、2008 年、2010 年、2012 年和 2014 年连续五次赢得世界女子业余拳击赛冠军，她也是 2008 年、2009 年和 2011 年欧洲联盟杯女子业余拳击赛冠军。爱尔兰女子拳击运动也由于她的成绩而备受重视。

爱尔兰还有其他一些拳击运动员曾获得过世界职业拳击比赛冠军，包括史蒂夫·科林斯（Steve Collins）、约翰·考德威尔（John Caldwell）、巴里·麦克盖伊根（Barry McGuigan）、戴弗·麦考里（Dave McCauley）和伊蒙·劳兰（Eamon Loughran）等人。

（八）其他运动项目

除上述运动项目外，爱尔兰还开展了其他多种多样的体育活动。

爱尔兰拥有 3000 多公里的海岸线和众多内陆水道，因此帆船运动和划船运动很早就得到了开展。在 1980 年的夏季奥运会上，戴维·威尔金斯（David Wilkins）和詹姆斯·威尔金森（James Wilkinson）赢得荷兰飞艇式划船比赛银牌；在 2016 年的里约奥运会上，盖里·奥多诺万（Gary O'Donovan）和保罗·奥多诺万（Paul O'Donovan）获得男子轻量级双人双桨赛艇项目银牌；安娜丽丝·墨菲（Annalise Murphy）获得女子激光雷迪尔级帆船项目银牌。爱尔兰运动员还在一系列世界划艇锦标赛中获得过奖牌，如奈尔·奥图尔（Niall O'Toole）曾获得 1991 年轻量级短桨划艇项目冠军和 1994 年亚军，以及 2004 年奥运会第 6 名，戴维·奥布赖恩（David O'Brien）和约翰·拉夫里（John Lavery）也曾经获得过世界帆船赛冠军。成立于 1720 年的科克水上运动俱乐部（Cork Water Club）是世界上最古老的帆船俱乐部之一。

　　游泳也是深受爱尔兰人喜爱的一项运动。在 1996 年亚特兰大奥运会上，米歇尔·史密斯·德布鲁因（Michelle Smith de Bruin）获得了 3 块金牌和 1 块铜牌。2003 年爱尔兰成立了国家水上运动中心，并在当年 12 月承办了欧洲短道游泳锦标赛。安德鲁·布里（Andrew Bree）在这次赛事中为爱尔兰赢得 1 枚蛙泳银牌。爱尔兰还开展一系列水上休闲运动，包括垂钓、帆船、滑水、冲浪、独木舟、风中冲浪和潜水等。

　　板球是爱尔兰的一项传统体育项目，但相较于英联邦国家，参加这项活动的爱尔兰运动员人数并不算多。爱尔兰是国际板球理事会的联系会员国，参加世界板球联盟联赛和国际板球理事会洲际杯比赛等重要赛事。爱尔兰国家队在 2007 年板球世界杯联赛和 2009 年"国际板球协会世界 20 - 20 板球大赛"（ICC World Twenty20）中进入前八强，进一步激发了爱尔兰人对板球运动的兴趣和民族自豪感。

　　爱尔兰运动员在其他项目中取得的较好成绩包括：在自行车赛中，斯蒂芬·罗谢（Stephen Roche）在 1987 年环法国和环意大利赛中夺得冠军；肖恩·凯利（Sean Kelly）是世界上最著名的公路自行车手之一，曾在 1984～1990 年长达 6 年的时间里在国际自行车联盟排行榜中名列世界第一位；马克·斯坎隆（Mark Scanlon）在 1998 年获得了世界公路自行车锦标赛初级组冠军；在斯诺克方面，肯·陶赫蒂（Ken Doherty）获得过 1989 年 21 岁以下年龄组冠军和 1997 年世界斯诺克职业台球赛冠军，以及 1998 年和 2003 年世界斯诺克职业台球赛亚军。

　　赛犬是爱尔兰一项很有意思也很受欢迎的运动，即由一群狗去追逐一只电子兔子。此项运动始于 1927 年，也是一项在整个爱尔兰岛范围内开展的运动，爱尔兰共和国有 17 家经许可的赛犬馆，北爱尔兰有 3 家。爱尔兰赛犬运动由成立于 1958 年的赛犬委员会负责管理和组织，这是一个半国家性质的机构。此项运动一度处于衰落状态，但 1995 年后重获新生，人们每年用于赛犬博彩的费用有数百万欧元，家人和朋友结伴去观看赛犬也成了一项重要的社交和娱乐活动。每年8月在都柏林舍尔博恩公园举行的年度赛犬大会是最受欢迎的运动和娱乐项目之一。爱尔兰饲养的狗在世界上相当抢手，也是其主要出口"商品"之一。

第六节　新闻出版

一　报刊

爱尔兰的报纸出版已经有300多年的历史。最早定期出版的一份报纸是《爱尔兰纪实》（An Account of the Chief Occurrences of Ireland），出版于1659年2月。后来，在17世纪末期和18世纪初期，出现了一大批出版时间更加固定的报纸：如乔治·福克纳（George Faulkner）创办的《都柏林日报》（Dublin Journal），创办于1725年并延续达一个世纪；桑德斯（Saunders）创办的《简讯》（News-Letter），在1746～1879年期间出版；创办于1737年的《贝尔法斯特简讯》（Belfast Newsletter），连续出版将近两个世纪，1925年停刊，是爱尔兰最古老的英语报纸之一。19世纪出现了数量更多的报纸，其中有《都柏林晚邮报》（Dublin Evening Mail）和《自由人日报》（Freeman's Journal），后者创办于1763年，1924年被并入《爱尔兰独立报》（Irish Independent）。同一时期，在一些主要城镇也出现了多种日报和周报。1851年，仅在科克出版的报纸就有《自由报》（The Free Press）、《先驱》（The Herald）和《宪政》（The Constitution）。同年，人口只有2.4万人的戈尔韦拥有6份报纸；凯里郡的特拉利总共只有1.5万多人，却拥有8份报纸（5份周报和3份晚报）；沃特福德的人口为1.1万多人，出版2份晚报。1859年，劳伦斯·诺克斯上校（Major Lawrence Knox）创办了爱尔兰第一份廉价报纸《爱尔兰时报》（The Irish Times）。1905年1月，《爱尔兰独立报》诞生。1931年，时任共和党领导人、先后担任过总理和总统的埃蒙·德·瓦勒拉创办了《爱尔兰报》（The Irish Press），它的成功带动了《周日报》（The Sunday Press）和《晚报》（The

Evening Press）的创办。但在 1995 年，这 3 份报纸均停刊。

相对于其他国家，爱尔兰人的报纸阅读率较高，有大约 90% 的成年人经常阅读报纸。截至 2015 年底，爱尔兰共出版 8 份晨报：《爱尔兰独立报》、《爱尔兰时报》、《爱尔兰太阳报》、《先驱报》、《爱尔兰每日星报》、《爱尔兰每日镜报》、《爱尔兰每日邮报》和《爱尔兰审查员》。其中，创办于 1905 年的《爱尔兰独立报》是发行量最大的日报，发行量将近 11 万份；《爱尔兰时报》创办于 1859 年，发行量在 7 万份左右。爱尔兰只有 1 份晚报，即《回声晚报》（Evening Echo），在科克出版，发行量只有 1 万多份。另外，爱尔兰还有 8 份周日报，分别为《周日独立报》、《周日世界报》、《周日时报》、《爱尔兰周日邮报》、《爱尔兰周日太阳报》、《爱尔兰周日镜报》、《周日商邮报》和《爱尔兰人》。《周日独立报》是《爱尔兰独立报》的周日版，也是销量最大的周日报，每周销量为 21 万份。

《爱尔兰独立报》由独立新闻与媒体集团所有。该集团成立于 1905 年，在爱尔兰拥有《先驱报》、《爱尔兰独立报》、《周日独立报》、《周日世界报》和《爱尔兰每日星报》50% 的股份，它不仅在爱尔兰的媒体市场拥有巨大影响，而且在英国、澳大利亚、新西兰、南非和印度的媒体市场也占有一定份额。截至 2015 年底，该集团总资产为 1.876 亿欧元，雇佣员工超过 1000 人。

此外，爱尔兰还有 100 多种地方性报纸，大多为周报。销量最大的地方性报纸是《康纳赫特先驱报》（The Connacht Tribune），发行量大约 3 万份。另外，英国的报纸和杂志在爱尔兰的发行量也很大，《太阳报》和《镜报》每天早晨出爱尔兰版。

二 广播电视

（一）公共广播电视服务

爱尔兰国家广播电视台（Radiò Teilifís Éireann，简称 RTÉ）是一家半国有性质的电视广播公司，负责提供全国性的公共广播电视服务。爱尔兰国家广播电视台于 1926 年 1 月 1 日开始播放广播节目，直到 1961 年 12 月 31 日才定期播放电视节目。它是世界上成立时间最长的公共广播电视公司之一。

爱尔兰国家广播电视台是一家法人公司，根据 2009 年生效的《电视广播法》，其董事会由原来的 9 名扩大到 12 名成员，其中 6 名成员由内阁根据通信、气候变化和环境部部长的提名任命，4 名由议会相关委员会提名并由通信、气候变化和环境部部长任命，1 名成员由公司员工选举产生，另外 1 名成员则是董事长，由董事会任命，他还兼任首席执行官和主编两个职务。董事会下辖执行委员会，由高级管理人员组成。爱尔兰国家广播电视台划分为 6 个部门，分别负责广播、电视、新闻与时事、网络、数字信息技术和乐团等不同事项。该公司有职员 2000 人左右，包括作家、记者、音乐家、演员、歌唱家、制片人、艺术家和设计师。它还是爱尔兰国内最大的音乐供应商，提供各种各样的音乐产品。它拥有 2 个专职乐队（一个管弦乐队和一个交响乐队）和 3 个合唱团（包括一个儿童合唱团），定期在爱尔兰国家音乐大厅等场所进行演出，平均每年演出 250 次左右，雇用了 134 名全职音乐家，而参与音乐生产和制作的自由音乐人则人数更多。

爱尔兰国家广播电视台有 4 套全国性的广播服务节目。广播一台（Radio1）每年用爱尔兰语和英语两种语言播放 9500 多个小时的节目，提供新闻、时事、音乐、戏剧、故事片，以及农业、教育、宗教和体育等方面的节目；调频二台（Radio 2FM）24 小时播放节目，主要是体育和娱乐节目；盖尔语台（Radió na Gaeltachta）专门用爱尔兰语广播；诗歌调频台（Lyric FM）播放古典音乐和古典艺术节目。爱尔兰广播一台的节目通过阿斯特拉卫星系统在整个欧洲都可以收听到，并且通过"银河 5 号卫星"在北美部分地区也可以收听到。该服务还可以通过其网站 http：//www.rte.ie 接收。广播一台听众最多，2014 年收听率为 21.5%。另外，爱尔兰国家广播电视台还拥有 5 个数字电台，分别为：RTÉ 2XM，主要播放摇滚音乐和流行音乐，听众主要是学生；RTÉ Radio 1 Extra，节目主要与广播一台对接；RTÉjr Radio，是爱尔兰唯一的儿童广播台，主要播放音乐和故事；RTÉ Gold，无间断地播放流行音乐；RTÉ Pulse，主要播放电子舞蹈音乐。

爱尔兰国家广播电视台有两个全国性的电视频道，即电视一台（RTÉ 1）和电视二台（RTÉ 2），这两个台互相补充，每年累计播出近 1 万个小时的节目，其中绝大多数是爱尔兰国内公司制作的，只有大约 20% 委托给独立制片商制作。电视一台是最受欢迎的电视频道，主要播放新闻和时事、纪录片、电视剧和一些娱乐节目及综合性节目；电视二台的受众更多是年轻人，主要播放体育节目和适合青少年及儿童观看的节目，包括纪录片、喜剧、娱乐节目等。2014 年，电视二台收购了 TV3，并且重新调整了节目安排，使其更适合 15～34 岁的年轻人。在收视率最高的前 20 个体育节目中，电视二台占了 19 个。除此之外，爱尔兰国家广播电视台还拥有 3 个在线电视频道，分别为：RTÉjr，专门播放针对 7 岁以下儿童的电视节目，从早晨 7 点到晚上 7 点，没有任何广告；RTÉ 1 + 1，主要是重播电视一台播放的节目；电视一台新闻在线，滚动播放即时新闻和时事节目。另外，爱尔兰国家广播电视台还提供网络和数字媒体服务：RTÉ. ie 是其最重要和最受欢迎的官方网站；RTÉ Player 提供节目点播服务；RTÉ News Now 主要提供在线新闻；而 RTÉ Aertel 则提供免费图文电视服务。大力发展在线服务和数字媒体是爱尔兰国家广播电视台近年来的主要方向。

爱尔兰国家广播电视台以前还有一个爱尔兰语电视频道 TG4。依据 2001 年颁布的广播条例，2007 年爱尔兰成立了第二家广播电视法人公司——国家盖尔语电视台（Telefís na Gaeilge），接管了 TG4 频道播出的爱尔兰语电视节目。另外，国家盖尔语电视台还负责 Cula 4 的运行，这是一个专门针对儿童的爱尔兰语电视频道。

爱尔兰国家广播电视台的资金来源包括国家资助、许可费、广告收入和辅助性商业收入等多种来源。2008 年金融危机爆发之后，爱尔兰政府为减少公共开支，也削减了给予该电视台的资助，例如，2014 年的资助比上一年减少了 500 万欧元。同时，2007 年以来，爱尔兰国家广播电视台的运营利润也呈不断下降趋势。2014 年，它的全部收入为 3.28 亿欧元，运营成本为 3.12 亿欧元，实现利润 1610 万欧元，比上一年减少 460 万欧元，但已实现了盈余。

爱尔兰国家广播电视台还拥有一些商业期刊，包括《公共广播导报》（RTÉ Guide），这是全国销量最大的周刊，发行量 16 万份。2013 年，《公共广播导报》创办了一份美食季刊《品味爱尔兰》。

2014 年，有 94% 的爱尔兰人每周会观看或收听至少一次爱尔兰国家广播电视台的节目，有 50% 的爱尔兰人通过固定或移动网络获得该电视台提供的相关信息。

（二）独立广播电视服务

根据 2009 年《电视广播法》成立的爱尔兰广播电视局（BAI），接替了原来爱尔兰广播电视委员会和广播电视投诉委员会的工作，负责爱尔兰广播电视事业的管理和评估，以及发放除爱尔兰国家广播电视台、TG4、爱尔兰参众两院电视频道和爱尔兰电影频道以外的其他所有广播电视的许可证。

截至 2015 年底，已经获得广播许可证的商业电台包括 2 家全国性电台（Today FM 和 Newstalk）、4 家地区性电台、1 家跨城市电台和 27 家地方电台，另外还有多家社区电台和特殊行业电台。

爱尔兰原本有一家全国性独立电视台 TV3，该电视台成立于 1998 年，2014 年被爱尔兰国家广播电视台电视二台收购。截至 2015 年底，爱尔兰共有 2 家商业电视台获得了许可，即 3E 和 Setanta Sports Ireland，另外还有 2 家在线电视台，即 Home Irish TV 和 UTV Ireland，此外还有 3 家社区服务电视台。

三　图书出版

爱尔兰图书出版行业规模不大，每年的产值约在 6000 万欧元，其中大部分是教学出版物，其他则是普通读物。

二战结束初期，百废待兴，图书出版行业也不例外，当时在爱尔兰很少有英语出版物。1951 年，里阿姆·米勒（Liam Miller）和约瑟夫·米勒（Joseph Miller）创办了道尔曼出版社（Dolmen Press），主要出版诗集，如托马斯·金塞拉、里查德·墨菲和约翰·蒙塔古等人的诗集。1987 年，里阿姆·米勒去世，该出版社也关闭了。爱尔兰大学出版社曾是一家规模很大的出版社，于 1984 年关闭，不过却造就了一大批新的出版社的诞生，其中包括普尔拜格（Poolbeg）、沃尔夫航德（Wolfhound）、奥柏林（O'Brien）、布莱克斯塔夫（Blackstaff）和利里普特（Lilliput）等。这些出版社尤其热衷于出版文学读物，对推动爱尔兰文学的发展起到了重要作用。

爱尔兰语言署下辖的爱尔兰语言局（An Foras Teanga）负责促进爱尔兰语的发展，为用爱尔兰语出版的书籍和专门从事爱尔兰语出版的出版商提供帮助，每年出版 100 多部用爱尔兰语撰写的图书，包括儿童读物。

20 世纪 90 年代，爱尔兰出版的图书大规模进入英国和欧洲市场，极大地促进了本国出版业的发展。

爱尔兰文学交流会（Idirmhalatán Litríocht Éireann，ILE）是一个非营利性组织，成立于 1994 年，其宗旨是通过文学翻译促进爱尔兰文学事业的发展。它向国内外翻译人士提供资助，既资助外国出版社翻译出版本国出版的爱尔兰语或英语著作，也资助本国翻译人士将外国文学作品翻译成英语和爱尔兰语。该机构每年向包括中国在内的其他国家从事爱尔兰文学翻译的工作者，提供若干赴爱尔兰访学的机会，为他们提供与爱尔兰作家进行交流、到爱尔兰图书馆从事研究工作，以及与爱尔兰的出版商、文学评论家等业内人士进行交流的机会。2005 年 9 月，该交流会代表团专程访问中国翻译协会，并委托中国译协向中国文学翻译界的译者发布相关信息。爱尔兰图书出版社协会（Publishing Ireland）是图书出版商的行业组织，在爱尔兰和北爱尔兰都有会员，主要从都柏林的艺术协会（An Chomhairle Ealaíon）和北爱尔兰艺术协会获得资助。

第八章

外 交

第一节 外交政策沿革

一 影响对外关系的几个因素

每个国家外交政策的制定和对外关系的形成均非"空穴来风",都是在一系列特定因素的基础上形成的,当然,国家也会随着国际国内形势的发展演变不断对外交政策进行调整。爱尔兰自然也不会例外。它的外交政策和对外关系主要受到以下一些因素的影响。

第一,地理因素,也就是地缘政治原因。爱尔兰位于欧洲边缘,与大陆相隔很远,被称为"岛屿背后的岛屿"。但它又与英国的地理位置十分接近:英国是其唯一的陆上邻国,两国之间也不存在天然的地理"屏障",而英国的实力又比它强大得多。

第二,历史原因。由于爱尔兰在历史上长期被英国统治,因此,其政治、经济、文化等各方面都深受英国影响,对外政治和经济关系也曾长期与英国"捆绑"在一起,两国之间的关系颇为错综复杂。也正是这一点导致民族主义成为爱尔兰独立后的政治文化中一个较为鲜明的特点。有鉴于此,爱尔兰支持其他国家的反殖民主义和民族解放运动,这一点在20世纪70年代以前表现得尤其突出。另外,在爱尔兰独立之后的相当长的一段时期内,爱尔兰的对外关系都无法摆脱英国的影响。直到爱尔兰加入欧共体之后,它的外交空间才得以扩大,外交能力也得到了很大程度的提升，但与英国的关系仍然是其最重要的外交关系之一。

第三，爱尔兰国土面积小，人口少，因而国内市场规模有限，再加上自然资源匮乏，导致其对外贸和国外投资的依赖程度十分严重，从而决定了它必须积极参与国际事务，积极与外部世界进行交往。爱尔兰历届政府都积极推行对外开放政策，使如今的爱尔兰成为世界上对外开放和全球化程度最高的经济体之一。正如爱尔兰政府 2015 年发表的外交政策评估报告中所说，其安全、繁荣及人民的福祉与外部世界的关系比以往任何时候都要更为密切，"没有任何事情仅与内政有关"，外交政策对爱尔兰的意义比历史上任何时候都更重大，这也是爱尔兰迫切希望保持和平、稳定的国际环境的原因所在。

第四，由于爱尔兰在战略地位、自然资源以及综合实力等方面可以利用的外交手段都比较有限，它对国际事务的影响力也局限在一定的范围之内，因此，爱尔兰希望积极参与诸如联合国、欧盟等多边国际组织，并借此发挥和扩大其外交影响。

第五，价值观。与其他西方发达国家一样，爱尔兰在外交政策的执行中坚持以某些价值观为基础，如人权、法治和发展等。爱尔兰宪法第 29 条规定了指导爱尔兰对外行动的原则："在国际正义与道德的基础上，构建和平及各国之间友好合作的理念，坚持通过国际仲裁或司法判决方式和平解决国际争端；国际法是爱尔兰处理与其他国家之间关系的行为准则。"

第六，中立政策。由于历史原因，爱尔兰确立了军事中立政策，这不仅是其防务政策的核心，也是其外交政策的核心。

第七，海外移民。全世界共有大约 7000 万爱尔兰移民，这是爱尔兰与外界保持密切联系的重要渠道，也是爱尔兰对外关系中独有的一个因素，有助于丰富和推动爱尔兰与其他国家的关系。为此，爱尔兰政府高度重视移民在其对外关系中的作用，于 2009 年设立了"全球爱尔兰人网络"，目的在于通过加深移民群体之间以及移民与爱尔兰的联系，增强爱尔兰在外部世界的影响力。同年，爱尔兰还设立了"总统奖金"，奖励为爱尔兰做出贡献的海外爱尔兰人。当年，爱尔兰召开了第一届全球爱尔兰人经济论坛（The Global Irish Economic Forum），此后每两年召开一次，目的在于促进爱尔兰的经济恢复。该论坛已经取得了一些实质性成果，如 2012 年 2 月在纽约召开的"投资爱尔兰"圆桌会议，与会者包括美国前总统克林顿。每年的圣帕特里克节，爱尔兰驻外使馆均组织各种活动，其目的也是为了维系和增强这一移民纽带。例如，2014 年爱尔兰各驻外使馆在总共 68 个国家的 133 个城市组织了各种各样的活动，平均每个使馆组织活动 17 场。

二 对外关系的发展阶段

爱尔兰独立以来的外交政策发展历程大致可以分为三个阶段。

（一）1922 年至 20 世纪 40 年代末

在这一阶段，争取完全的独立和统一是爱尔兰的首要任务，因此外交政策并不是政府的主要议程。原因在于，尽管经过长期的艰苦努力，爱尔兰终于在 1922 年获得独立，但是，在爱尔兰人看来，这种"独立"是不完全的。第一，北方 6 郡仍留在英国，爱尔兰岛分裂为南北两个部分；第二，它的独立地位并不稳固；第三，爱尔兰仍是英联邦的成员，有很多实质性权力依然掌握在英国手中。因此，在爱尔兰独立初期，它几乎完全致力于消除英国长期统治留下的影响，致力于巩固独立并最终实现完全的主权，其外交活动的核心也基本上以获得国际社会的承认为目标。总体来看，爱尔兰在这段时期基本上处于一种比较封闭的状态，尽管它于 1923 年加入了国际联盟，但首要目的仍在于通过这一国际组织巩固其独立地位。

第二次世界大战期间，尽管美国和英国极力游说，爱尔兰仍坚持中立地位。当然，它还是在很多方面对盟军提供了帮助，例如 1945 年设立雷达站，监视德国潜水艇的情况，扣押所有在爱尔兰登陆的德国飞行员，等等。但总体来看，爱尔兰在该阶段基本上持一种保守和孤立态势。在经济关系方面，它仍然严重依赖与英国的贸易关系，战后初期，爱尔兰与英国的贸易额超过其贸易总额的 2/3。

（二）20 世纪 40 年代末至 70 年代初

1948 年爱尔兰通过了《爱尔兰共和国法令》，宣布脱离英联邦成为完全独立自主的国家。与此同时，爱尔兰的外交政策逐渐发生变化。1959年出任爱尔兰总理的勒马斯（Seán Lemass）推崇自由贸易，致力于增强爱尔兰在世界上的经济竞争力。爱尔兰对外部世界的态度大为改观，开始重新塑造对外政策和对外关系。尽管在经济上对英国的依赖使其无法在英国不加入欧共体的情况下参与欧洲一体化进程，但它仍然积极参与欧洲事务：1948年成为欧洲经济合作组织（后来的 OECD）创始成员国；1949年成为欧洲委员会（The Council of Europe）创始成员国。1961年，爱尔兰与英国一道向欧共体提交了第一次入盟申请。但由于多种原因，例如爱尔兰对英国的经济依赖、爱尔兰实施的贸易保护主义、经济基础薄弱及中立政策等，其入盟申请几周后被拒绝。1967年，爱尔兰再次申请加入欧共体，但被法国否决。直到1969年，戴高乐的继任者蓬皮杜上台后，才承诺不会阻止英国和爱尔兰加入欧共体。1972年，经过重新谈判，英爱两国签署了加入欧共体条约。1972年5月，爱尔兰举行全民公投，以83%的赞成票通过了加入欧共体的决定。1973年1月1日，爱尔兰正式成为欧共体成员国。

与此同时，爱尔兰也在逐渐融入更广泛的国际社会。1946年爱尔兰申请加入联合国，但由于苏联的多次否决，直到1955年爱尔兰才最终成为联合国成员。这也成为其对外关系史中的一个重要转折点，对爱尔兰的外交政策产生了重大影响。联合国成员国身份很快成为爱尔兰在国际舞台上发挥影响的核心渠道。爱尔兰加入联合国后，在诸如恢复中华人民共和国在联合国的合法席位、非殖民化、在欧洲设立中立区，以及核不扩散等问题上都发挥了一定的作用。此外，参与联合国的国际维和行动也是爱尔兰这一时期的核心外交政策之一，在联合国1956～1970年开展的12项维和行动中，爱尔兰参与了其中的7项，仅次于丹麦和加拿大。这些行动扩大了爱尔兰在国际舞台上的影响力，爱尔兰也借此将其对外关系扩展到第三世界国家，而不再仅仅局限于西方世界。综上所述，这一阶段爱尔兰对外关系以"渐进开放和逐渐融入国际社会"为基本特点。

（三）加入欧共体以后

20世纪70年代初，即以爱尔兰加入欧洲共同体为起点，是爱尔兰外交关系史上的另一个重要转折点，被评价为"爱尔兰独立以来外交政策方面最重要和最深远的发展"。从那时起，爱尔兰的外交政策重心逐渐从联合国转向了欧洲共同体/欧洲联盟，因此这一阶段也被称为爱尔兰外交政策的"欧洲化"阶段，也就是说，自此之后，爱尔兰对国家利益的界定和追求很大程度上是在欧盟背景下得以实现的，这一背景对其外交政策的制定和实施均有重大影响。参与欧洲一体化进程成为爱尔兰对外关系中最重要的因素，它不仅极大地增强了爱尔兰的经济实力，扩展了爱尔兰的外交空间，完全改变了爱尔兰经济对英国的严重依赖状况，而且还增强了爱尔兰对外部世界施加影响的能力。此外，它还为爱尔兰提供了应对外部环境的安全保护伞。冷战结束后，爱尔兰的外交政策虽有所调整，但以欧盟为其对外关系基础和核心的总体战略保持未变。

三 冷战结束后对外交政策的调整及外交重点

冷战结束后，爱尔兰适时对外交政策进行了调整，以顺应欧洲乃至世界形势的发展变化。1996 年，爱尔兰政府发布了题为"海外挑战与机遇"的外交政策白皮书，这是它自 1922 年以来首次发布全面的外交政策白皮书。白皮书再次强调了爱尔兰一贯坚持的外交政策基础，即致力于在和平与国际公平和道德的基础上发展与其他国家的关系。白皮书指出，爱尔兰在今天的世界上没有天然的敌人，因此，它的外交政策不以军事防御为核心，而以发展国内经济为中心目标。此外，爱尔兰长期反抗殖民统治的历史，以及位于欧洲边缘的地缘政治因素也是决定其对外政策的重要原因。同情受压迫者、反对军国主义、致力于促进和平、对压迫和剥削极其敏感，以及致力于减少不平等等诸多因素，在塑造爱尔兰的对外关系中始终起着基础性作用。此外，它也清楚地认识到发展地区经济与政治联盟所带来的机遇。在这一背景下，爱尔兰积极推进"小国外交"，既力图有效维护自身利益，也竭力在国际事务中占据一席之地，以有所作为。但因为国土面积小，综合实力也有限，因此，通过积极参与联合国和欧洲联盟等国际组织的活动，以期发挥更大影响是爱尔兰实现这一目标的首要渠道。

直到 2015 年，爱尔兰才发表了第二份全面的外交政策文件，题为

"全球岛国——爱尔兰在变化世界中的外交政策",这一政策文件是在后金融危机这一特殊背景下出台的。爱尔兰政府认为,(距上一次发布外交政策白皮书的)20年间,国际形势发生了重大变化:权力的模式与影响,冲突、战争与恐怖主义,即时通信技术,以及经济、社会和人民之间不断增强的相互依赖关系等,都发生了重要变化。爱尔兰政府认为,2008年爆发的金融危机暴露了爱尔兰作为一个小型、开放的经济体所固有的一些弱点;但同时也更加突出地表明,与外部世界的关系对于爱尔兰的安全、繁荣和人民福祉比以往任何时候都更加重要,"没有任何事务仅与内政或外交有关"。对于爱尔兰而言,外交政策在国家利益中发挥的作用具有前所未有的重要意义。事实上该政府文件的题目就已经表明了爱尔兰外交政策的重点,即开放性和全球性。

毋庸置疑,2008年金融危机爆发后,稳定和恢复经济增长是爱尔兰政府政策的重中之重,外交政策也不例外。爱尔兰十分重视通过出口和吸引外资拉动经济恢复。为此,它不仅于2011年重组了外交部,将其更名为外交贸易部,而且成立了出口贸易委员会,以整合和协调政府各部门所有与贸易、旅游及投资有关的事务。贸易委员会由外交部长任主席,其成员包括就业、企业和创新部部长,农业、食品和海洋部部长,交通、旅游和体育部部长,教育和技能部部长,负责发展、贸易促进和南北合作的国务部长及一些相关国家机构的主要领导人,以及企业界的代表。此外,爱尔兰还在全球27个重点市场成立了"本地市场团队",由驻该国的大使领导,这也意味着其外交政策的重点转向了经济外交。爱尔兰支持通过WTO等多边贸易组织达成多边协议,但认为近年来这方面的进展有些缓慢。同时,爱尔兰也支持欧盟与其他地区组织和国家达成的贸易协定,特别是欧美跨大西洋贸易与投资伙伴关系协定。在双边关系方面,爱尔兰重视发展与亚洲、非洲和拉丁美洲等新兴经济体的关系,认为这些新兴力量和发展中国家发挥着比以往越来越重要的作用,世界经济权力重心及权力均衡正在发生变化。

在安全形势方面,爱尔兰认为,冷战结束后,世界形势的不确定性在增大。全球化既给世界带来了发展机遇,同时也带来了挑战,世界变得越来越脆弱，越来越具风险性。脆弱国家与国家内部的暴力冲突越来越成为不安全的来源。同时，尽管经济机遇不断增加，但世界上仍然存在着显著的不平等，一些地方仍然存在着令人无法接受的贫困状况。它认为，数十亿人在经济上被边缘化是导致恐怖主义、大规模杀伤性武器扩散和有组织犯罪的主要原因。由于全球挑战的范围更广，也更加复杂，因此需要有一个以法治为基础的有效的全球治理体系，体系应以联合国作为国际集体安全体系的核心，建立以联合国为中心的稳定、有效、以规则为基础的强有力的多边国际机制，并依据国际法以和平方式解决国际争端。但由于目前的全球治理体系面临着诸多挑战，而且有很多挑战是不可预计的，因此，爱尔兰主张在加强联合国在预防冲突和维护和平中的作用的同时，积极推动联合国改革，主张在地区均衡和平等的基础上扩大安理会常任和非常任理事国的规模，认为安理会的工作方式应更有效，更具代表性，更能反映地区之间的均衡以及各个地区的人口和经济规模，同时也要维护小国的权利。但同时爱尔兰还认为，安理会的改革不应影响联合国其他方面的改革。爱尔兰积极参与联合国维和行动，认为联合国是爱尔兰参与全球活动的基石，希望通过这一途径与发展援助等活动扩大自身影响。另外，爱尔兰还支持欧盟参与联合国的相关行动，认为这二者在危机管理领域的合作是有效加强多边主义的一条重要途径。

　　爱尔兰主张裁军，反对核扩散，呼吁销毁所有核武器并永远停止核试验，力争实现一个无核世界。为此，爱尔兰付出了许多努力。1998 年 6 月，时任外交部长的戴维·安德鲁斯（David Andrews）与新西兰、瑞典、南非、巴西、埃及、墨西哥和斯洛文尼亚 7 个国家一起提出了关于核不扩散的国际动议——《走向无核武器的自由世界：新议程的必要性》，呼吁 5 个核大国以及其他 3 个拥有核能力的国家承诺销毁核武器。1999 年 11 月，爱尔兰与另外 6 个国家在联大第一委员会共同提出彻底进行核裁军的决议案并获得通过。此外，爱尔兰还主张加强国际合作，阻止大规模杀伤性武器材料及技术的扩散；反对继续生产、转让、出口、销售及使用杀伤性地雷；敦促各国在常规武器的转让和贸易方面采取克制态度；主张启动"禁止生产核武器裂变材料条约"和外空非武器化方面的谈判。2000 年爱尔兰支持中国、俄罗斯和白俄罗斯共同在联大提出的维护和遵守《限制反弹道导弹系统条约》的决议，对美国退出该条约表示遗憾。爱尔兰也是最早签署和批准 2013 年武器贸易条约的国家之一。另外，爱尔兰还在联合国通过《禁止杀伤人员地雷公约》和《联合国轻小武器行动纲领》等方面发挥了重要贡献。爱尔兰认为，国际武器控制机制面临着严峻挑战，特别是叙利亚危机中使用了化学武器，凸显了非国家行为体掌握化学武器带来的危险。而且，诸如印度、巴基斯坦和以色列等拥有核能力的国家尚未签署《不扩散核武器条约》，爱尔兰认为这些都是对国际安全的重大威胁。同时，爱尔兰关注朝核问题，认为朝鲜退出《不扩散核武器条约》威胁到地区稳定，敦促朝鲜以明确、可核查的方式放弃核武计划，允许国际原子能机构派监督员返朝，并全面、无条件地遵守所有相关国际条约并履行义务。爱尔兰也支持国际社会在欧盟的领导下就伊朗核问题达成一致。

爱尔兰认为，中东问题是有可能导致全球不稳定的重要根源之一。爱尔兰支持巴勒斯坦的建国计划；呼吁停止一切暴力和恐怖行动；主张巴勒斯坦人民应享有充分自决权，反对以色列对东耶路撒冷的控制，反对以色列对加沙的封锁，呼吁向巴勒斯坦难民提供援助；坚持认为解决巴以问题的唯一公正和具有可持续性的途径是双方之间的和平谈判；认为任何解决方式都必须尊重所有相关各方的权利；认为欧盟可以在解决双方冲突的过程中发挥重要作用。2015 年，爱尔兰向巴勒斯坦提供紧急人道主义援助款 288 万欧元。爱尔兰支持联合国在阿富汗问题上发挥主导作用，并积极向阿富汗提供人道主义援助。2015 年爱尔兰向阿富汗提供人道主义援助76 万欧元。爱尔兰不赞成美英两国在未经联合国授权的情况下对伊拉克动武，呼吁国际社会关注伊拉克人道主义问题。2015 年爱尔兰向伊拉克提供人道主义援助款 158 万欧元。在叙利亚危机之后，爱尔兰向叙利亚提供了紧急人道主义援助。它认为，叙利亚危机导致了最近 10 年来最大规模的人道主义危机，并与伊拉克的不稳定局势一道助长了宗教激进势力的增强，加剧了来自恐怖主义的威胁。爱尔兰认为，总体上看爱尔兰发生恐怖主义袭击的可能性不太大，但也不能掉以轻心。2015 年，爱尔兰向叙利亚提供人道主义援助资金将近 900 万欧元，叙利亚是获得爱尔兰人道主义援助最多的国家。

爱尔兰认为，在新的时代，国际安全形势出现了一些新的特点，除恐怖主义和跨国有组织犯罪以外，网络安全和气候变化也是人类当前面临的最大安全威胁，同样需要全世界所有行为体的共同努力。网络安全对于国家、社会和个人都具有十分重要的意义，因为互联网应用的愈加频繁带来了网络攻击和网络犯罪的增多。爱尔兰作为全球数字经济中心之一的作用越来越重要，使得网络安全对于国家利益的意义也愈发重要。为此，爱尔兰积极参与和推动联合国及欧盟、欧洲安全合作组织等国际组织加强网络安全合作。2011 年，爱尔兰成为"自由在线联盟"（Freedom Online Coalition）的创始成员国；在爱尔兰的努力下，2013 年，欧洲安全合作组织首次通过了网络空间国际规范；在 2013 年担任欧盟轮值主席国期间，爱尔兰推动欧盟在网络安全、个人资料保护等方面取得了重要进展；2015 年 7 月，爱尔兰首次发表《国家网络安全战略》，维护网络安全被正式定为国家安全的首要任务之一。与此同时，气候变化也被认为是外交政策中的一个重要方面，受到了爱尔兰政府前所未有的关注。爱尔兰政府认为，气候变化对全球经济、发展和安全都构成了挑战，它有可能加剧对自然资源和能源的争夺导致的紧张形势，从而引发冲突和不安全，并且将成为直接影响欧洲的政策和利益，以及国际和平与安全的因素。爱尔兰是《联合国气候变化框架公约》和《京都议定书》的签署国，它积极支持联合国采取应对气候变化的行动。爱尔兰支持 2015 年巴黎气候变化大会达成协议，爱尔兰前总理玛丽·罗宾逊被任命为联合国秘书长气候变化特别代表，在此次大会中发挥了重要作用。爱尔兰认为，还有一个问题与气候变化相关，即对于很多国家来说，能源安全是一个巨大挑战，欧洲国家也不例外，这也有可能成为冲突来源或对国家进行攻击的目标。因此，保障能源供应安全也是爱尔兰未来外交政策的重点之一，爱尔兰坚定支持欧盟制定统一的对外能源政策，支持欧盟建立单一能源市场的计划，同时积极参与诸如国际能源机构等国际组织的活动。在对外援助项目中，爱尔兰也注重帮助发展中国家应对气候变化，认为气候变化对最贫困群体产生的影响最显著，因此，爱尔兰支持发展中国家和脆弱群体努力采取相关措施应对环境恶化，并努力保护自然资源和生物多样性。

爱尔兰重视与发展中国家的关系。它主张加强南北对话，解决南北矛盾，关注发展中国家特别是非洲国家面临的困境。爱尔兰认为发展中国家面临着在全球化过程中被边缘化的危险。因此，加大对发展中国家的援助、消除贫困，不仅对于根除恐怖主义至关重要，而且也是全面实现爱尔兰外交政策目标、实现国际和平与公正的重要渠道。爱尔兰对外援助的总体战略目标是持续减少发展中国家的贫困，并特别关注诸如民主、善治、人权、环境问题、防治艾滋病和性别平等等领域。2013 年，爱尔兰政府发表了国际发展援助政策文件《一个世界，一个未来》，明确指出，援助并不是解决问题的根本途径，最重要的还是要靠发展中国家自己的领导人、这些国家自身增加收入和吸引外资的能力，以及融入世界市场和解决贫困的能力。因此，爱尔兰在该政策文件中指出，其未来对外援助的三个重点目标是：减少饥饿，增强适应能力；具有包容性和可持续性的经济增长；善治、人权和问责制。为此，爱尔兰政府提出了 6 个重点援助领域：饥饿，脆弱国家，气候变化和发展，包括教育、医疗与社会保护等的基本服务，贸易与经济增长，人权与问责制。爱尔兰特别关注非洲国家的发展情况，截至 2015 年底，它已在撒哈拉以南非洲国家设立了 10 个大使馆，并且与撒哈拉沙漠以南的 8 个非洲国家建立了长期的战略关系，即塞拉利昂、莱索托、莫桑比克、马拉维、赞比亚、坦桑尼亚、乌干达和埃塞俄比亚。在应对 2014 年爆发的埃博拉病毒问题上，爱尔兰也做出了重要贡献。2015 年爱尔兰外交政策报告指出，随着经济逐渐恢复，爱尔兰将努力实现联合国规定的发展援助占国民生产总值 0.7% 的目标。

截至 2015 年底，爱尔兰已与 178 个国家建立了外交关系，在全世界设有 96 个使馆、领馆和驻外机构。除联合国和欧盟以外，爱尔兰还加入了其他多个多边组织，如国际货币基金组织（IMF）、国际复兴开发银行（IBRD）、国际开发协会（IDA）、世界贸易组织（WTO）、世界知识产权组织（WIPO）、欧洲自由贸易联盟（EFTA）、国际清算银行（BIS）、欧洲复兴开发银行（EBRD）、国际原子能机构（IAEA）、国际民用航空组织（ICAO）、国际开发协会（IDA）、国际金融合作组织（IFC）、国际电信联盟（ITU）、联合国教科文组织（UNESCO）、万国邮政联盟（UPU）和世界气象组织（WMO）等。

第二节　爱尔兰与欧洲一体化

一　欧洲一体化对爱尔兰的影响

20世纪40年代末，爱尔兰逐渐向欧洲靠拢，鉴于它与英国独特和紧密的经济关系，在英国不加入欧洲共同体的情况下，爱尔兰也不大可能单独提出入盟申请。直到1961年，在英国提出申请的情况下，爱尔兰才向欧共体递交了申请。然而，由于法国否决了英国的申请，爱尔兰也被挡在欧共体的大门之外。但爱尔兰并未放弃努力。整个20世纪60年代，爱尔兰历届政府均将加入欧共体作为外交政策的首要任务。1971年，爱尔兰再次与英国同时申请加入欧共体。经过将近两年的谈判，爱尔兰于1973年1月1日正式成为欧共体成员国。

爱尔兰申请加入欧共体主要出于两方面的考虑。第一，经济考虑。欧共体能够为爱尔兰提供更广阔的市场，从而带动爱尔兰的出口。此外，欧共体的各项财政支持，尤其是结构基金、聚合基金等，能够有效地帮助爱尔兰增强经济实力，缩短与西欧其他先进国家的差距。第二，借助欧共体这一平台扩大对外交往，摆脱严重依赖英国的状况，进一步增强独立性。

毫无疑问，经济利益是爱尔兰加入欧洲共同体的最重要的驱动力，爱尔兰从欧共体获益最多的也正是经济领域。1973年，爱尔兰人均国内生产总值仅是欧共体平均值的66%，2002年已达到后者的125%。它之所以能够在短时间内从一个相对封闭和落后的经济体迅速发展成为一个开放和先进的经济体，欧共体/欧盟的援助功不可没。1973～1999年，爱尔兰共获得欧共体/欧盟净援款约348亿欧元，2000～2006年获得的欧盟援款约 98 亿欧元。整个 20 世纪 90 年代，来自欧共体/欧盟的财政转移占爱尔兰国内生产总值的 0.5%～0.9% 左右，其中，1994～1999 年占到了 2% 左右；但 2000～2006 年仅为 0.5% 左右。欧盟援款对爱尔兰发展基础设施起到了重要作用，特别是在提高都柏林机场的吞吐能力、建造公路、处理污水以及保护海岸等方面。随着爱尔兰经济的不断增长，以及经济水平相对较低的中东欧国家加入欧盟，欧盟的援助基金更多地向后者倾斜，爱尔兰获得的欧盟援款则不断减少，2007～2013 年仅为 9.01 亿欧元，2014～2020 年略有增加，为 12 亿欧元。在所有经济部门中，爱尔兰农业部门受益良多，特别是受益于欧盟共同农业政策框架下的补贴和优惠政策。在爱尔兰刚刚加入欧共体时，其农业人口占就业人口总数的比重超过 20%，而且有许多农村地区经济条件十分落后。欧盟共同农业政策通过直接向农民提供补贴、保证农产品价格、对相关项目进行投资等方式，不仅对改善农民和农村的生活水平、增强农业经济的竞争力起到了无可替代的作用，而且改变了爱尔兰的整体经济结构。2007～2013 年，爱尔兰共获得来自欧盟共同农业政策的 117 亿欧元投资，2014～2020 年则为 110 亿欧元。

加入欧共体也对爱尔兰的对外经济关系产生了重要影响。爱尔兰经济对外依赖程度很高，且其对外贸易过去几乎完全依赖英国市场。1960 年，爱尔兰出口商品的 75% 销往英国，进口商品的 50% 来自英国。加入欧共体后，爱尔兰商品可以毫无障碍地进入欧洲市场，其对外经济关系更为平衡和多样化。目前，欧盟各国已经成为爱尔兰最主要的贸易伙伴，欧元的使用更加便利了产品的出口，使其不会受到汇率变动的影响。2016 年，爱尔兰与除英国之外的欧盟国家的进出口商品贸易额为 818.44 亿欧元，占其商品贸易总额的 43.9%。对于爱尔兰的农产品出口而言，欧盟的地位更加重要，这主要是因为爱尔兰是农产品的净出口国，而欧盟共同农业政策提供的价格保障和价格优惠政策使爱尔兰农产品可以以更高的价格出口到欧盟市场。另外，爱尔兰对外贸易也受益于欧盟作为一个整体与其他国家和地区签署的贸易协定。

总之，欧盟成员国身份促进了爱尔兰一系列领域的快速进步，包括农业、工业和服务业等各个行业。尤其是欧盟共同农业政策提高了爱尔兰的农业生产率，为其农产品提供了新的市场，来自共同农业政策的农业补贴和价格支持也使农民获益匪浅。当然，加入欧共体也对爱尔兰经济提出了挑战，要求其对本国经济进行调整，以适应国际竞争的需要。此外，由于失去了对某些经济政策的自主权，再加上直接面对来自其他欧洲国家的竞争，因此，在一些不具备竞争力的行业，国内生产者处于明显的劣势。尽管爱尔兰政府采取了各项措施提高国内企业的竞争力，但由于种种原因，在爱尔兰加入欧共体之后 10 年左右，大约有 90% 的玩具、家庭用品以及家具企业等不具竞争力的传统企业消失了。然而，在国外直接投资的帮助下，爱尔兰高新企业发展迅猛，成为其经济迅速增长的主要动力。爱尔兰能够吸引大量国外投资，也在很大程度上受益于其欧盟成员国地位。

除经济领域以外，欧洲一体化无疑也对爱尔兰的社会生活产生了重要影响。作为一个传统社会，爱尔兰女性在社会与政治权利以及从事商业等方面一直处于劣势。欧共体/欧盟自 20 世纪 70 年代以来颁布了一系列与平等薪酬、平等机会、社会福利、就业以及退休等事务有关的指令，迫使爱尔兰政府大幅修改立法，并创建了"就业平等局"负责监督和促进女性的机会平等，对改变爱尔兰女性的权利和社会政治地位产生了重大影响。1973 年，爱尔兰女性仅占全部就业人口的 1/4，到 2014 年这一占比已经达到 46%。在教育领域，欧盟的资助也促进了爱尔兰教育水平的提高，并增加了爱尔兰人到海外学习和进修的机会，例如，仅在 2012/13 学年，就有 2762 名爱尔兰学生通过伊拉斯谟交流项目的资助赴其他欧洲国家学习。欧盟的一系列就业和培训项目也为更多爱尔兰人特别是年轻人提供了机遇。

最后，欧盟成员国地位进一步拓展了爱尔兰的对外交往空间，增强了其通过欧盟影响世界的力量，尤其是担任欧盟轮值主席国更是爱尔兰这样的小国提升国际地位、积极参与国际事务的重要机遇。截至 2016 年底，爱尔兰已先后七次担任欧盟轮值主席国，分别是 1975 年、1979 年、1984 年、1990 年、1996 年、2004 年和 2013 年。爱尔兰 2004 年上半年担任轮值主席国期间，推动欧盟成员国成功通过了欧盟宪法草案，顺利接纳东欧10国入盟，成功主持欧盟－美国峰会，等等。在爱尔兰2013年第七次担任轮值主席国期间，欧盟就2014～2020年多年度财政框架达成了协议，并就改革共同农业政策达成初步协议，同时就欧洲银行业改革和监管问题达成了一些协议。

正如爱尔兰政府在2015年的外交政策白皮书中指出的，作为迄今为止一体化程度最高、最成功和最具影响力的一个地区性组织，欧洲联盟自成立之日起就改变了欧洲国家之间的关系，也是决定爱尔兰在世界上地位和作用的最重要因素之一，它不仅在很大程度上提升了爱尔兰在世界上的地位，同时也是爱尔兰长期保持经济增长、稳定和可持续性的核心因素。在爱尔兰加入欧共体/欧盟后的40多年间，欧盟帮助爱尔兰实现了经济与社会转型，实现了经济增长和繁荣。

二 对欧政策

如上所述，爱尔兰加入欧共体/欧盟不仅有力地促进了其经济社会转型，而且对于其总体安全和繁荣，以及人民的福祉都发挥了重要作用。因此，它总体上支持欧洲一体化进程，认为欧盟是欧洲保持政治与经济稳定的基石。爱尔兰将与欧盟的关系作为外交政策的重心，认为欧盟成员国身份是实现其外交政策目标的核心因素，同时也拓展了它的外交空间和外交能力。爱尔兰在重大国际问题上与欧盟基本保持一致，并重视借助与欧盟的关系加强自身在国际社会中的作用和影响。

作为一个以对外贸易为主的经济体，爱尔兰支持欧洲单一市场的建设，支持欧洲经济一体化进一步深化，支持欧盟的自由流动原则，特别是商品、服务与资金的自由流动，因为这有助于其商品和服务进入其他欧洲国家的市场，同时也有助于其吸引外来投资。金融危机爆发之后，爱尔兰更加认识到融入欧洲经济的重要性。爱尔兰也支持与欧洲经济一体化相关的社会政策，如工人的权利、性别平等和非歧视等原则，认为这些都反映了爱尔兰的固有价值观。同时，爱尔兰也积极参与欧盟的相关立法与规则制定程序，以期在单一市场的发展过程中发挥应有的影响。爱尔兰支持经济与货币联盟，认为它是爱尔兰金融稳定与货币稳定的根基，也是爱尔兰能够迅速摆脱金融危机的强大后盾。爱尔兰也支持欧盟加强经济治理和设立银行业联盟等银行监管措施。同时，爱尔兰也认为，在欧盟仍然面临着全面恢复经济增长这一严峻挑战的情况下，欧盟必须进一步加强协调成员国预算和宏观经济政策的能力以及保证恰当实施金融危机过程中通过的一些新规则。

爱尔兰支持欧盟扩大，认为扩大是使欧盟周边实现稳定和安全的最重要和最有力的途径之一，但也有一些担忧，认为欧盟东扩对爱尔兰既是机遇又有挑战。第一，鉴于欧盟严格的财政纪律，增加对新成员国的财政支持必然意味着对爱尔兰的财政支持减少。第二，一方面中东欧国家劳动成本较低有利于爱尔兰企业进入这一地区；另一方面，外国直接投资也有可能更多地转向中东欧国家。由于爱尔兰对外国直接投资的依赖性很强，因此在这方面不无担忧。第三，牛肉与奶制品是爱尔兰农业最重要的两个部门，由于中东欧国家相对而言生产率较低，而且收入水平在加入欧盟后不断提高，因此已逐渐成为奶制品和牛肉的净进口国，这在短期内对爱尔兰有利。但从长期来看，很多中东欧国家的农业部门规模都比较大，这将使爱尔兰的农产品和奶制品面临激烈竞争。有鉴于此，爱尔兰国内有相当一部分群体反对欧盟东扩，这也是当年民众抵制《尼斯条约》的原因之一。但爱尔兰总体上支持欧盟扩大，它支持土耳其加入欧盟，认为土耳其的政治和经济地位越来越重要，希望加深与它的关系。爱尔兰也支持西巴尔干国家加入欧盟。爱尔兰支持欧盟的睦邻政策，认为这项政策有助于欧盟东部和南部地区的稳定，但乌克兰危机和中东局势的不稳定等问题使这一政策面临严峻挑战。针对这种情况，爱尔兰认为，加强欧盟的东部伙伴计划具有重要意义。爱尔兰支持欧盟 2014 年与格鲁吉亚、摩尔多瓦及乌克兰签署的联系协议。

爱尔兰支持欧盟机构改革，支持加强欧洲议会的作用，也支持 2014 年改组后的欧盟委员会，认为这些措施有利于欧盟形成更一致和更有效的政策。但从维护小国利益出发，爱尔兰强调应保持现有机构之间的平衡以及大国与小国之间的平衡。它认为，尽管以欧盟为中心形成的欧洲秩序为小国创造了稳定的外部环境，但在欧盟的权力结构中，小国比大国的声音和影响要弱。因此，爱尔兰坚持应确保小国在欧盟治理结构中拥有适当的代表性。在关于《欧盟宪法条约》与《里斯本条约》的谈判中，爱尔兰的核心立场是，尽可能维护欧盟各机构内部的平衡与机构之间的平衡、大国与小国之间的平衡、个别成员国的利益与所有成员国共同利益之间的平衡。因此，为最大程度维护自己在欧盟的权益，爱尔兰最初反对设立欧洲理事会主席，坚持认为应保持轮值主席国制度，同时也反对修改理事会加权票数。尽管爱尔兰最终在这些问题上做出了一定的让步，但它明确提出，修改理事会加权票数必须与每个国家任命一名欧盟委员会委员的权利挂钩，也就是说必须保留成员国任命委员会委员的权利。因此，尽管经《里斯本条约》修订后的《欧洲联盟条约》第三编第 17 条第 5 款规定，从 2014 年 11 月 1 日起，欧盟委员会委员的数目减少为成员国数量的 2/3，但由于爱尔兰坚决反对，欧盟成员国在 2008 年 12 月的欧盟峰会上同意仍然保留一个国家任命 1 名委员的制度。此外，由于担心被排除在欧盟核心圈之外，爱尔兰对"多速欧洲"也持反对态度，反对相关条约中有关"更紧密合作"（即允许某些国家在欧盟机构和法律框架下采取更紧密的合作）的条款。爱尔兰对于将相对多数投票制扩大到某些敏感领域也持谨慎态度，认为尤其是在税收、司法、内部事务，以及外交政策等方面必须采用一致同意机制。它还坚持认为，民族国家是欧盟的基本组成部分，呼吁成员国议会在监督辅助性原则、解决"民主赤字"问题以及选举欧盟委员会主席等方面发挥更大的作用。同时，爱尔兰认为，在成员国议会与欧洲议会的职能之间应保持一定程度的平衡。

欧盟共同外交与安全政策是爱尔兰与欧盟关系中一个比较特殊的领域。爱尔兰总体上支持欧盟共同外交与安全政策，其目的在于通过参加制定和执行这项政策，提高爱尔兰在世界舞台上的声音，最大限度实现其利益诉求。爱尔兰认为，参与欧盟共同外交与安全政策与本国外交政策的核心原则——法治、民主、尊重人权和基本自由是一致的，有助于促进国际和平与安全，有利于与邻国和周边地区建立合作互利的关系。

爱尔兰认为，欧盟共同外交与安全政策以及根据《里斯本条约》设立的一些欧盟机构，如欧盟对外行动署等，有助于建构和加强欧洲的整体防御能力，有助于加强欧盟在冲突预防和危机管理方面的能力，认为欧盟总体对外关系正在向更一致、更聚焦和更加以结果为导向的方向发展。但爱尔兰认为，它参与欧盟共同外交与安全政策的重点领域应该是：最大程度发挥欧盟在人权问题上的影响力；努力就巴以冲突和中东及北非地区的其他问题达成一种均衡、平等的解决方式；促进非洲的发展与稳定；加强欧盟的危机预防和解决能力；加强欧盟与联合国的合作；推进欧盟睦邻政策。在具体参与情况方面，爱尔兰向欧盟快速反应部队派遣了850人，并向"快速反应警察部队"（Rapid Reaction Police Force）派遣了80人。此外，它还向欧盟临时军事委员会与欧洲理事会秘书处、欧洲对外行动署等机构派驻了官员，并且向临时政治与安全委员会派驻了代表。

爱尔兰支持欧盟在联合国维和行动与危机处理行动中发挥更大作用，认为欧盟共同安全与防务政策为欧盟在本地区以外根据联合国宪章执行相关行动提供了行动能力，特别是维持和平、制止冲突和加强国际安全等方面的能力，但认为这并不涉及领土防卫，同时强调军事中立政策是爱尔兰外交政策的核心，参与《里斯本条约》框架下的欧盟共同安全与防务政策不能影响其中立政策。这也就是为什么历届政府对于欧盟共同外交与安全政策，尤其是其中的"安全维度"都十分谨慎的原因，它们甚至小心翼翼地将"安全"与"防务"划清界限。尽管如此，爱尔兰政府还是遭到了国内的一些批评和质疑，有人甚至指责它正在背弃中立政策。爱尔兰的第一次全民公投之所以否决《尼斯条约》和《里斯本条约》，都与这一点是分不开的，反对派也正是以此作为宣传的重点。

为了平息爱尔兰国内的反对声音，欧盟在2002年塞维利亚峰会上通过了两项宣言。第一项宣言指出："《欧洲联盟条约》并没有施加任何具有约束性的共同防务义务，欧盟执行人道主义和危机管理任务也不涉及欧洲军队的建立。""与欧盟其他所有成员国一样，爱尔兰将保留根据本国宪法和法律决定是否派遣军事人员参与欧洲安全与防务政策框架下的行动的权利。"爱尔兰也在附件的声明中指出:"爱尔兰确认,参与欧洲联盟共同外交与安全政策不会损害其传统的军事中立政策。"它还指出,爱尔兰国防部队只有在同时满足下列三个条件的情况下,才能参与包括欧洲安全与防务政策在内的海外行动:由联合国安理会授权;经由爱尔兰政府同意;议会根据爱尔兰法律予以批准。在 2009 年 6 月的欧盟峰会上,欧盟成员国一致做出以下保证:"欧盟共同安全与防务政策不损害包括爱尔兰在内的每个成员国的安全与防务政策,也不损害任何成员国的义务。《里斯本条约》不对爱尔兰传统的中立军事政策造成影响或损害⋯⋯任何旨在向共同防务迈进的决定均将要求欧洲理事会经由一致同意做出决定。是否实施共同防务,应由包括爱尔兰在内的成员国,根据《里斯本条约》的条款及其各自的宪法要求做出决定。本节的任何条款均不得影响或损害任何成员国在安全与防务方面的立场或政策。"

也正是由于爱尔兰的中立政策,它不赞成欧盟与西欧联盟合并。但随着欧洲一体化的不断深入,欧洲共同防务与安全政策也必将向更深入的方向发展,尤其是欧盟的一些成员国已经明确表示要加强安全合作。如果成为现实,这就有可能造成与爱尔兰中立政策之间不可避免的矛盾,甚至有可能意味着爱尔兰必须在参与欧盟共同防务政策和退出欧盟之间做出选择,爱尔兰政府必须采取妥善措施未雨绸缪。

在某些经济领域,爱尔兰与欧盟也存在着一些摩擦。首先,在共同农业政策方面,爱尔兰与法国是共同农业政策的主要拥护者,它们坚决反对减少农业补贴。其次是在预算领域。例如,2001 年 2 月,欧盟委员会曾与爱尔兰就后者 2001 年的预算报告发生争执,反对爱尔兰继续扩大开支、降低税收。欧盟认为,这种财政政策势必使爱尔兰经济继续过热,通货膨胀偏高,与爱尔兰对经济稳定的承诺不符。这一争执导致爱尔兰与欧盟关系转冷,使得欧盟可以在多大程度上干预成员国国内经济政策和政治决策的问题变得更加突出。第三,在税收方面。爱尔兰政府一直反对欧盟采取税收趋同政策,并努力保持较低的税收水平,特别是在公司税方面,爱尔兰 12.5% 的税率是吸引国外投资的重要优势之一，爱尔兰认为税收是其欧盟政策方面的"红线"，但德国和法国等其他一些成员国却一直希望爱尔兰提高公司税率。最后，在申根体系与人员自由流动方面，由于与英国结成了共同旅行区（Common Travel Area），爱尔兰不得不选择不加入申根体系。

在双边关系方面，其他欧盟成员国是爱尔兰最重要的经济和政治伙伴，特别是在经济方面，在其前 10 位贸易伙伴中，欧盟成员国占了 7 位（英国、德国、比利时、法国、意大利、荷兰和西班牙），且其 25% 的对外直接投资来自欧洲国家。

三　公众对待欧洲一体化的态度及其发展演变

从总体上看，除工党、新芬党、工会和其他一些民族主义团体与工人团体之外，爱尔兰国内绝大多数政党、团体和民众都普遍支持欧洲一体化，但公众的态度也曾经发生过一定变化。这一点可以从历次关于欧洲问题的全民公投以及"欧洲晴雨表"①（Eurobarometer）的调查结果中得到证明。

自 1972 年爱尔兰就是否加入欧共体举行全民公投以来，截至 2016 年底，爱尔兰总共就欧盟问题举行过 8 次全民公投。在 1972 年的全民公投中，有 83% 的投票者赞成爱尔兰加入欧共体。不过在这之后针对欧盟条约（《单一欧洲法令》、《马斯特里赫特条约》和《阿姆斯特丹条约》）的 3 次全民公投中，公众对欧盟的支持率呈不断下降趋势，分别为 69.9%、69.1% 和 61.7%，且投票率均不算高。而《尼斯条约》和《里斯本条约》则均是在欧盟对爱尔兰做出让步之后，经过两次全民公投才得以通过的。这表明，随着国内外形势的发展变化，爱尔兰公众对欧洲一体化的态度和看法也在发生微妙变化。之所以会出现第一次全民公投否决这两项条约的结果，主要原因在于：第一，随着欧洲一体化的

---

① "欧洲晴雨表"是欧盟委员会自 1973 年以来定期开展的一系列民意调查，主要内容是民众对成员国及欧洲一体化和欧盟机构的看法。

不断扩大和深入，民众担心欧盟的超国家性增强，会使爱尔兰在欧盟的地位受到削弱，导致其主权受损，特别是担心诸如特定投票制应用范围扩大以及减少欧盟委员会人数等措施会使爱尔兰这样的小国在欧盟被进一步边缘化；第二，由于欧盟在共同外交与安全和防务政策等方面加深了合作，很多团体和公众担心爱尔兰的中立地位难以维系；第三，欧盟扩大让一部分人担心爱尔兰的经济利益受到损害，而且担心来自中东欧国家的移民会大量涌入爱尔兰；第四，自由经济派担心欧盟各国的税收政策趋同会使爱尔兰丧失在公司税方面的优势；第五，一部分人担心《里斯本条约》的通过将使各国法律进一步趋同，从而对爱尔兰的一些法律规定（如不允许堕胎）造成冲击。当然，不可否认，有相当一部分持否定态度的人并不是出于反对欧洲一体化本身，而是由于对政府和执政党的政策不满才投了反对票。

尽管如此，与其他国家相比，爱尔兰公众对欧洲一体化的支持率还是比较高的，这一点可以通过"欧洲晴雨表"的多次民意调查结果得到证实。数据表明，绝大多数爱尔兰民众都认为加入欧盟使爱尔兰受益良多，2008 年以前，这一比例一直保持在 80% 以上，个别年份甚至达到或接近 90%。而无论是认为欧盟是"好事"的比例，还是对欧盟持正面看法的比例，相较于欧盟其他国家，爱尔兰都高出许多。例如，多年以来，对欧盟持"非常热情"和"非常积极"看法的爱尔兰民众比例一直在 20% ~ 25%，几乎是欧盟平均比例的 2 倍。而在具体问题上，除了共同防务政策之外，对诸如单一货币、欧盟扩大、共同外交政策等问题，爱尔兰民众基本上均持肯定态度。

2008 年爆发的金融危机是个转折点。此后欧盟在爱尔兰公众心目中的形象大打折扣，2010 年，爱尔兰接受欧盟与国际货币基金组织的救助之后，认为欧盟是正面形象的爱尔兰公众仅占 41%（但仍高于欧盟 38% 的平均比例），此后情况有所好转，特别是随着爱尔兰经济恢复增长，民众对欧盟正面形象的认知也于 2014 年恢复到了 56%，但仍未恢复到金融危机之前的程度。不过，这已经是 2009 年以来的最高值。尽管如此，爱尔兰民众对欧洲一体化和欧盟的支持率仍然高于绝大多数欧盟成员国，也远远高于欧盟平均比例。特别是在经历过 2008 年国际金融危机的沉重打击之后，不少爱尔兰人深刻意识到了背靠欧盟这棵"大树"的重要性，毕竟爱尔兰 2/3 的就业依赖与欧盟各国之间的贸易。

但从另一个角度来看，爱尔兰人的主权意识和民族意识仍很强烈，这反映在对本国的认同方面。在"欧洲晴雨表"关于"国家认同和欧洲认同"的历年调查中，有超过 50% 的爱尔兰人认为自己"仅是爱尔兰人"，这一比例在欧盟成员国中仅低于英国，其原因也许在于其历史根源和远离欧洲大陆的地缘政治因素。

总体来看，与其他欧盟成员国相比，爱尔兰公众对欧洲一体化的态度相当积极。当然，无论是爱尔兰政治精英还是普通民众，对某些具体问题仍有担忧和质疑，特别是在经济形势不景气的情况下，这一点在 2010 年表现得尤其明显，在其他欧盟国家也存在着类似问题。表 7-1、表 7-2 表明了爱尔兰公众对欧洲一体化的态度。

表 7-1 关于欧洲问题的全民公投结果（1972～2009 年）

时间	内容	赞成比例（%）	赞成票数（张）	反对比例（%）	反对票数	投票率（%）
1972 年 5 月	加入欧共体	83.1	1041890	16.9	211891	70.9
1987 年 5 月	《单一欧洲法令》	69.9	755423	30.1	324977	44.1
1992 年 6 月	《马斯特里赫特条约》	69.1	1001076	30.9	448655	57.3
1998 年 5 月	《阿姆斯特丹条约》	61.7	932632	38.3	578070	56.2
2001 年 6 月	《尼斯条约》	46.1	453461	53.9	529478	34.8
2002 年 10 月	《尼斯条约》(第二次)	62.9	906202	37.1	534887	49.5
2008 年 6 月	《里斯本条约》	46.6	752451	53.4	862415	53.1
2009 年 10 月	《里斯本条约》(第二次)	67.1	1214268	32.9	594606	59

资料来源：1972～2002 年数据来源于 Michael Homels, " Irish Approaches to European Integration", in Michael Homels (ed.), *Ireland and the European Union*, New York: Manchester University Press, 2005, p. 8.；2008～2009 年数据来源于 http：//referendum. ie/archive. php。

表 7 - 2　爱尔兰公众对一体化的态度（2000 ~ 2015 年）

单位：%

年份	认为欧盟成员国身份是好事		认为本国受益于欧盟成员国身份		认为欧盟的形象是正面的	
	爱尔兰	欧盟平均值	爱尔兰	欧盟平均值	爱尔兰	欧盟平均值
2000	75	50	86	47	75	50
2001	81	54	90	52	63	53
2002	74	55	82	50	/	/
2003	73	48	82	46	/	/
2004	77	56	87	53	75	50
2005	73	50	86	52	69	44
2006	78	53	87	54	73	46
2007	74	58	87	58	69	49
2008	67	53	79	56	59	45
2009	69	53	79	56	57	45

年份	信任欧盟的比例		对欧洲一体化的未来持乐观态度		认为欧盟的形象是正面的	
	爱尔兰	欧盟平均值	爱尔兰	欧盟平均值	爱尔兰	欧盟平均值
2010	39	43	63	59	41	38
2011	44	41	/	/	54	40
2012	37	33	62	50	36	30
2013	29	31	67	51	37	31
2014	37	37	78	56	53	39
2015	44	40	77	58	57	41

　　资料来源：Standard Eurobarameter，第 53 ~ 83 期，http：//ec. europa. eu/ public_ opinion/ archives/eb_ arch_ en. htm。

　　注：2010 年后，"欧洲晴雨表"的调查内容有所变化，且每一年的内容都有所不同。

第三节　与英国的关系

一　概述

　　英国是爱尔兰唯一的陆上邻国，由于历史原因，两国之间的关系可谓

"剪不断，理还乱"。特别是20世纪60年代末以前，爱尔兰的对外经济和政治关系均严重依赖英国。爱尔兰加入欧共体后对英国的依赖性大大减弱，但它同英国的关系仍然在其外交政策中占有十分重要的地位。

（一）历史与政治关系

英国历史上对爱尔兰的长久统治给爱尔兰的方方面面都打上了不可磨灭的印记，对爱尔兰的法律和政治体系产生了许多核心性和基础性的影响，尤其是在宪法、法律体系、政治体制、政党体系和机构设置等诸多方面。例如，尽管爱尔兰没有沿用英国的不成文宪法形式，但接受了英国的许多宪法惯例；在司法方面，爱尔兰同样采用普通法体系；在政治体制方面，爱尔兰也实行责任内阁制、虚位国家元首制等。可以毫不夸张地说，英国的统治给爱尔兰留下了诸多至今仍在发挥重要作用的"遗产"。

但是，爱英两国关系中有很多不对称因素。英国面积比爱尔兰大得多，爱尔兰的综合实力更是无法与英国相比，更不用说二者在国际体系中的地位差异了。因此，在爱尔兰独立之后的相当长的一段时间内，其外交政策的核心都是如何巩固本国作为国际独立行为主体的地位，并彻底摆脱英国的影响。也正因如此，爱尔兰在很多国际问题上都力争采取中立立场。例如，在第二次世界大战中，尽管英美两国非常希望爱尔兰参战，当时的英国首相丘吉尔甚至向爱尔兰施加了极大的压力，但爱尔兰仍然没有改变中立政策；二战结束后，美国曾于1949年邀请爱尔兰加入北约，但遭到了爱尔兰的拒绝，其理由是，在国家分裂的情况下它不能与英国加入同一个联盟。

随着时间的推移，英爱两国之间的分歧也在逐渐弥合，尤其是在两国加入欧共体之后，两国政府的观点在很多方面都逐渐趋同，而且合作领域也越来越宽泛。原因在于，除地理位置相近之外，英爱两国之间还有其他一些共同点，如均为欧盟中的岛国，相同的语言和密切的文化及人员联系，英国是爱尔兰重要的贸易与投资伙伴等，这些因素是两国保持紧密关系的重要基础。此外，个人纽带和家庭纽带也是维系两国合作关系的重要因素。英国是爱尔兰移民的首选目的地国，截至2015年底，有大约60万在爱尔兰出生的爱尔兰移民在英国居住，此外还有200万～300万第二代或第三代爱尔兰移民在英国居住，而北爱尔兰居民甚至可以自由选择爱尔兰或英国国籍。此外，在针对第三国公民的移民政策和边境控制方面，爱英两国也有许多共同措施。它们都没有加入欧盟的申根协定，两国之间从1923 年便结成了"共同旅行区"，其含义是："已经合法进入英国或爱尔兰其中一个国家的外国人，除非其进入时以不进入另外一个国家为前提条件，否则就有权合法进入另外一个国家，而仅有极低程度的行政要求。"2011 年，爱尔兰引入了一项短期停留免签证政策，在其规定范围内的 18个国家的公民只要持有英国签证，即可免签从英国直接进入爱尔兰，并在爱尔兰短期停留。2011 年 12 月，爱尔兰和英国签署了互惠签证安排，双方允许拥有对方短期签证的旅客可免签入境。2014 年 10 月，两国签署了一项谅解备忘录，允许拥有其中一个国家签证的第三国国民合法进入两个国家，这一政策首先适用于中国和印度公民，2015 年底扩大到所有国家。

（二） 在北爱尔兰和平进程中的合作

北爱尔兰问题不仅在历史上，而且至今也仍然是爱英两国政治关系中最重要的问题之一。

爱尔兰 1922 年独立后，曾将谋求统一作为长期追求的目标。在 1999年修改宪法之前，爱尔兰宪法（第 2 条和第 3 条）一直明确声称其国土包括整个爱尔兰岛。这一领土诉求曾经是爱英两国关系中的严重障碍，在不同程度上影响了两国在各个领域的合作。从 20 世纪 60 年代末开始，由于北爱天主教徒与新教徒居民之间的矛盾不断激化，北爱尔兰形势日益动荡。爱英两国政府逐渐认识到和平解决北爱问题的必要性。双方开始密切合作，努力寻求达成可以被相关各方普遍接受的持久政治解决方案。

1981 年，爱英两国成立政府间委员会，为两国之间的联系和沟通建立了正式的机构框架。1985 年 11 月，爱英两国政府签署协议，爱尔兰政府正式参与北爱事务。自此之后，两国政府在解决北爱问题方面展开了诸多实质性合作。与此同时，双方的合作也扩展到了其他领域，从而开启了两国的全面合作时代。1993 年 12 月，两国政府发表联合宣言。宣言声明，凡恪守和平方式和民主原则的党派均可参与民主政治进程，也可参与爱英两国政府和各政党之间的对话。在两国政府的积极努力下，1994 年 8

月，爱尔兰共和军宣布彻底停止军事行动。1995 年 2 月，两国政府发表《新协议框架》，阐述了双方对全面谈判可能达成的结果的共同理解。此后，两国政府全力推动举行全方位的政治会谈。1996 年 6 月，包括爱尔兰和英国政府，以及在 1996 年 5 月北爱特别选举中获胜的 7 个政党在内的相关各方参加了多党会谈。1997 年 7 月，爱尔兰共和军再次宣布停火，新芬党随后加入会谈。1998 年 1 月，爱英两国政府发表了关于和平协议所应包含内容的建议，以此作为未来开展进一步讨论的基础。1998 年 4 月 10 日，历时近两年的和平谈判取得重大突破。在这一天举行的多党会谈全体会议上通过了一项全面的政治协议，史称"耶稣受难日协议"或"贝尔法斯特协议"，也即北爱和平协议。该协议的签署意味着北爱尔兰和平取得了实质性进展，是北爱尔兰和平进程中的一个里程碑。虽然在此后的实际落实过程中仍然有重重困难，甚至时有流血冲突发生，北爱尔兰自治政府的运作也多次被迫中断；但在爱尔兰和英国政府以及其他各派力量的共同努力下，北爱尔兰和平进程取得了重要进展，北爱自治政府也自 2007 年起恢复正常运作。

北爱尔兰的和平是以爱尔兰和英国两国政府的合作共识为基础得以实现的，而它反过来又成了两国在各个领域开展进一步合作的基础。2011 年，英国女王访问爱尔兰，这是 1911 年以来英国国王首次访问爱尔兰，被认为是一次历史性的突破，也被认为是爱尔兰和英国关系真正实现正常化的标志。2012 年，英国首相卡梅伦与爱尔兰总理肯尼发表联合声明，为两国的未来合作勾画出一幅蓝图。该声明特别指出，爱英两国具有"独一无二的紧密政治关系"，承诺致力于更深入的经济合作，特别是在能源、研发、农业、金融服务及其他创意产业部门。2014 年，爱尔兰总统希金斯访问英国，这被认为是两国关系中的又一标志性事件。其间，希金斯总统和英国首相卡梅伦都表示，爱英关系正处于"历史上的最好时期"。

在合作机制方面，根据 1985 年的英爱协议成立的英爱会议，之前主要商讨北爱尔兰事宜。1998 年，英爱会议被"英爱政府间会议"取代。该会议的宗旨是就两国政府感兴趣的所有事项展开讨论和合作。根据要求，可召开由爱尔兰总理和英国首相参加的峰会，但在一般情况下，政府间会议主要是由两国的相关部长或政府其他高级官员参加。由于爱尔兰十分关注北爱的治理及爱尔兰岛南北合作问题，因此，在该政府间会议框架下，两国定期召开由爱尔兰外交部长和英国负责北爱事项的国务大臣主持的相关会议，就没有下放给北爱的事务以及南北合作问题展开讨论。除此之外，英爱两国还于 1990 年成立了"英爱议会间会议"（The British-Irish Parliamentary Assembly），最初由英国议会和爱尔兰议会的各 25 名议员组成，1998 年《贝尔法斯特协议》达成之后，随着英国权力下放进程的加快，该机制的成员也扩大到包括苏格兰、威尔士和北爱尔兰的地方议员，以及曼恩岛、根西岛和泽西岛的代表。

（三）经济关系

爱英两国的经济关系比政治关系更为紧密。从 1801 年英爱合并法案生效开始，双方就结成了自由贸易区，到 1824 年，爱英两国之间的关税已全部取消。从那时候起一直到 20 世纪 70 年代，爱尔兰的经济严重依赖英国市场。例如，1924 年，爱尔兰对英国的出口占其出口总额的比例高达 98.6%；在进口方面，爱尔兰对英国的依赖程度也很高，1924 年有 80% 左右的进口商品来自英国。正是出于这个原因，爱尔兰独立后一方面希望在政治上完全摆脱英国，另一方面又不愿意过分疏远英国。20 世纪 30 年代，爱尔兰与英国之间爆发了一场贸易战，双方相互提高关税。直到 1938 年，这场经济冲突才宣告结束，爱英两国签署了一项新的协议，双方同意逐渐削减关税。但即使在冲突时期，爱尔兰出口商品对英国市场的依赖程度仍然很高——虽略有减少，但对英国出口占爱尔兰商品出口总额的比例仍在 95% 左右。直至 1950 年，这一比例仍高达 92.7%。

20 世纪 50 年代末，爱尔兰开始实行全面的经济对外开放政策，其核心是以出口为导向与大力吸引外资。自此，爱尔兰的对外经济关系开始向多样化发展，与此相应，爱尔兰对英国的依赖性开始下降。1964 年爱尔兰对英国的出口占其出口总额的 61% 左右。1965 年，爱英两国签署了自由贸易区协定，两国贸易额有所回升。但爱尔兰不久就加入了欧洲共同体。自此之后，爱英两国贸易一路下滑，到 1990 年，爱尔兰对英国的出口仅占其出口总额的 35% 左右。而爱尔兰从英国的进口一直比较稳定，从 20 世纪 50 年代到 80 年代基本上保持在其进口总额的 50%，到 90 年代下降到 40% 左右。尽管如此，英国目前仍然是爱尔兰最大的贸易伙伴。2016 年，爱尔兰有超过 11% 的商品出口目的地是英国；22% 以上的商品来自英国。爱尔兰与英国的商品进出口贸易额占本国商品贸易总额的 15% 以上。在服务贸易方面，英国也是爱尔兰最大的贸易伙伴，占爱尔兰服务贸易总额的 27%。与英国的贸易为爱尔兰创造的就业岗位占就业总数的 10% 左右。此外，英国也是爱尔兰的重要投资伙伴。在爱尔兰开业的英国公司占爱尔兰外国公司总数的 20% 左右，投资额占爱尔兰吸收的外国直接投资总额的 13% 左右。英国也是爱尔兰对外直接投资的首选目的地之一，截至 2015 年底，爱尔兰企业在英国的直接投资存量为 890 亿欧元，占爱尔兰对欧洲投资总额的 14%。最后，英国也是爱尔兰重要的旅游市场。

鉴于爱尔兰与英国的关系如此密切，再加上欧洲一体化在爱尔兰的经济发展和国际影响方面均发挥着重要作用，在英国公投退欧之后，爱尔兰非常担心这一结果很可能不利于未来爱尔兰与英国的贸易关系，特别是无法确定英国退出欧盟后是否会在英爱之间重新引入关税等贸易控制措施。爱尔兰经济与社会研究所的一份报告预测，英国退欧有可能导致英国和爱尔兰两国的贸易额减少 20% 以上，爱尔兰从英国进口商品的价格也可能会抬高。但大多数专家和政府官员并不认可该预测，认为这一结论过于悲观。

事实上，爱尔兰和英国都不愿意看到这样的结果。2017 年 1 月，英国首相特蕾莎·梅访问爱尔兰。为打消爱尔兰的顾虑，特蕾莎·梅在与爱尔兰总理恩达·肯尼会谈时强调，将找到解决这一问题的方案，确保两国之间的边界"畅通无阻、没有摩擦"。

二 爱尔兰岛南北合作问题

爱尔兰岛南北两部分（即爱尔兰共和国和北爱尔兰）之间的合作是爱英两国关系中最重要的领域之一。

从法律意义上说，爱尔兰岛的南北合作无疑属于两个主权国家之间的国际合作。但由于多种原因，这一问题又具有特殊性，具有其他国际合作所不具备的"亲缘性"。总体来看，在爱尔兰和英国加入欧共体之前，爱尔兰岛南北两部分无论是在政治还是经济关系方面都比较冷淡，双边合作程度较低，甚至时有冲突。双方自 1925 年召开双边会议之后，直到 1965 年的 41 年间再也没有召开过双边政治会议。当然，在这期间双方之间仍然有一定程度的合作，例如在社会保险、污水处理以及铁路等领域的合作等，但合作力度和范围均十分有限。

1965 年，爱尔兰总理历史性地访问北爱尔兰，与北爱首席部长会晤，会晤的主要内容是经济合作问题，从而打破了 41 年来南北关系的"坚冰"。尽管不久后北爱尔兰发生骚乱，导致双方的合作没有得到实质性的推进，但这毕竟是一个良好开端，为双方始于 20 世纪 70 年代的合作奠定了基础。

20 世纪 80 年代以后，南北合作进入了实质性阶段。1985 年签署的英爱协议与 1995 年签署的"联合框架文件"（Joint Framework Document）为南北合作确立了基本架构。这两份文件除规定爱英两国要在北爱问题上加强合作之外，还特别关注南北双方的经济合作。1998 年的《北爱和平协议》将南北合作推向了更高的阶段。根据该协议，双方成立了多个合作机构，其中最主要的机构是"南北部长理事会"，负责相关政策的协调与实施。一般情况下，出席该理事会会议的是爱尔兰共和国和北爱尔兰的相关部长，但在召开全体会议（每年召开 2 次）的情况下，则由爱尔兰共和国总理和副总理，以及北爱尔兰首席部长和副部长出席。南北部长理事会负责的事项包括 12 个领域，其中，农业、教育、环境、医疗、旅游和交通 6 个领域的政策由爱尔兰共和国和北爱尔兰的相关机构分别执行，而在其余 6 个领域，则设立单一机构负责整个爱尔兰岛的政策实施。这 6 个机构是：爱尔兰内陆水域机构、食品安全促进机构、欧洲联盟项目特别机构、北南语言机构、爱尔兰岛内部贸易机构及海岸灯塔委员会。南北部长理事会下设常务秘书处，办公地点在英国的爱丁堡，人员包括南北双方的公务员。1999 年 12 月，南北部长理事会举行首次会议，标志着爱尔兰岛南北双方的政治合作从此进入了一个新时期。

　　与此同时，爱尔兰政府也加强了与英国其他地方政府的合作。1999年5月，爱尔兰在威尔士和苏格兰设立总领事馆，目的在于通过这些合作，确保爱尔兰与英国之间的和谐互利关系得到完全实现。

　　2006年10月，爱尔兰外交部发表了题为"爱尔兰岛屿经济综合研究"的报告，指出南北合作的目的是使整个爱尔兰岛达到世界一流的经济水平，尤其要在基础设施、研发、技术创新等方面加强合作。南北双方的主要合作领域包括：支持研发与知识经济的发展；教育与培训系统的合作；卫生与教育服务领域的合作；主要基础设施的合作，包括能源、交通与电信，例如从都柏林到贝尔法斯特的公路，以及贯通整个爱尔兰岛的铁路网与机场建设；贸易与促进相互投资；支持企业的发展；改善管理环境，其中包括金融方面。但在不同领域，南北双方合作的进展程度很不平衡，其中，旅游和贸易是发展最快的两个领域。在旅游合作方面，2000年成立了一个名为"爱尔兰旅游"（Tourism Ireland）的机构，旨在促进整个爱尔兰岛的旅游。2014年，希恩·夏洛克（Seán Sherlock）被任命为负责南北合作事务的国务部长，他也是第一位负责旅游事务的国务部长。在贸易方面，重点之一在于通过爱尔兰全岛范围内的合作，促进与新兴国家的经济贸易关系。2014年2月，来自爱尔兰、北爱尔兰和英国其他地区的企业组成第一个联合贸易代表团访问了新加坡，签署了一系列合作协议。但交通等领域的合作则进展相对缓慢。

　　2014年12月23日，爱尔兰政府与英国中央政府和北爱尔兰自治政府签署了《斯托蒙特厅协议》（Stormont House Agreement），该协议涵盖一系列政治、经济与社会问题，其焦点是北爱社会的真正和解与经济复苏。根据该协议，爱尔兰与北爱尔兰之间的合作重点在于：提升服务业；促进出口增长和吸引更多投资；创造就业岗位，提升青年人的技能；增强企业竞争力。爱尔兰政府还设有"和解基金"（Reconciliation Fund），专门致力于爱尔兰南北双方的和平进程。2014年，爱尔兰政府向该基金拨款270万欧元，用于支持和资助150个社区、志愿组织及公民社会组织。2015~2016年，爱尔兰政府向该基金的拨款数额与2014年相同。

除了政府间合作，2012年还成立了"南北议会间联合会"（North South Inter-parliamentary Association），旨在通过加强爱尔兰议会与北爱尔兰议会之间的联系，促进南北和平。

除双边层面以外，爱尔兰与北爱尔兰在欧盟层面也开展了广泛合作，爱尔兰驻欧盟的常驻代表团成员中就包括北爱尔兰的一名官员。

第四节　与美国的关系

爱尔兰十分重视与美国的关系。两国之间有深厚的历史渊源和种族、语言、文化等方面的天然联系，并由此发展出密切的经济和政治关系。

一　移民纽带

在美国生活着大量的爱尔兰移民及其后裔，这是爱尔兰与美国形成密切关系的重要原因和天然基础。

爱尔兰人进入北美大陆的时间最早可追溯到欧洲移民拓殖时期，他们于1621年在今天美国的弗吉尼亚州建立了第一个定居点。根据1790年的人口普查，当时有37180名爱尔兰人在美国定居，另外还有大约15万美国人拥有爱尔兰血统。爱尔兰1821~1822年发生马铃薯枯萎病，大批爱尔兰人移民国外。1845~1847年，爱尔兰发生史无前例的"大饥荒"，更多爱尔兰人移居美国。19世纪50年代，移居美国的爱尔兰人达到了91.4万人，占同期进入美国的移民总数的一半左右。尽管在最初相当长一段时间内，爱尔兰移民在美国普遍受到歧视和排斥，但他们通过艰苦奋斗，最终成功融入美国社会，不仅为美国的经济发展做出了重要贡献，也为美国的政治和文化打上了深深的烙印。

今天，在全世界的爱尔兰移民中，美国占了将近一半，2012年，有大约3600万美国人拥有某种程度的爱尔兰血统，其数量是本土爱尔兰人口总数的将近8倍。大约每6个美国人中就有一个具有爱尔兰血统，其中25%具有纯正的爱尔兰血统。爱尔兰裔美国人数量较多的州是加利福尼亚州、纽约州、马萨诸塞州和宾夕法尼亚州。在波士顿、纽约、费城、芝加哥和旧金山等许多大城市，爱尔兰裔美国人均为最大的族群。由于爱尔兰移民数量众多，对选举结果能够发挥重要影响，因此，他们成为美国各大政党竞相争取的对象。此外，很多爱尔兰移民也逐渐跻身美国的高层政治领域，许多著名美国政治家均具有爱尔兰血统，其中担任过美国总统的有约翰·肯尼迪、里查德·尼克松、罗纳德·里根以及比尔·克林顿等。在每年的爱尔兰国庆日（圣帕特里克日），美国总统都会邀请爱尔兰政界要人和名流出席在白宫举行的盛大庆祝晚会。尽管现在的很多爱尔兰裔美国人已经是第二代或第三代爱尔兰移民的后裔，已经完全融入了美国社会，但他们的爱尔兰民族意识仍然比较强烈。个人之间和家庭之间的纽带仍是维系爱尔兰与爱尔兰裔美国人之间关系的一个重要因素，也对爱尔兰与美国两国的关系产生着持续影响。2009 年，爱尔兰政府发表题为"爱尔兰与美国：新形势下的机遇与挑战"的政策文件，指出，爱尔兰裔美国人是"能够带来无可比拟益处的资源"。但是，正如爱尔兰政府 2014 年在对该政策文件的评估报告中所指出的，随着美国人口构成的变化，特别是其他族群的人口数量不断增加，爱尔兰裔移民所占比例不断下降，使得爱尔兰在影响美国政策方面的优势逐渐减弱。例如，2000 年，美国还有3900 万人具有爱尔兰血统，而到 2012 年这一数字就下降到了 3600 万人。另外，随着时间的推移，第二代、第三代，甚至第四代移民对爱尔兰的认同度势必会越来越弱，这就需要爱尔兰政府采取一些更有效和更灵活的措施来维系这一纽带，使其在爱美关系中能够继续发挥作用。为此，在爱尔兰政府的推动下，在美国 18 个城市成立了"爱尔兰人网络"，并于 2013年在华盛顿召开了首届年会。另外，还在美国成立了诸如"爱尔兰人国际商业网络"、"波士顿爱尔兰商会"和"美国爱尔兰基金会青年领袖"等组织。

二 政治关系

尽管如上所述，爱尔兰裔美国人是美国一支不可忽视的政治力量，但在爱尔兰与美国的双边关系中，两国始终处于一种不对等的状态。换言之，美国对于爱尔兰的重要性远远高于爱尔兰对于美国的重要性，这是两国实力对比悬殊所导致的不可避免的结果。与此同时，在很多时候，爱尔兰与美国的外交关系还往往受英国的影响，尤其是受英美两国"特殊关系"的影响，因此爱尔兰影响美国外交的余地不是很大。

爱尔兰独立后，美国并没有立即承认爱尔兰的主权国家地位，第二年两国才建立了外交关系。1924 年爱尔兰向华盛顿派驻全权公使，是第一个自主向美国派驻外交使节的英国自治领。此后，爱尔兰政府希望借助美国的力量统一南北方，结束分裂状况。与此同时，以"爱尔兰自由之友"（Friends of Irish Freedom）为首的一些爱尔兰裔美国移民组织，也积极利用各种渠道试图说服美国政界支持爱尔兰统一。这些组织在美国参众两院均获得了一定的同情和支持，但由于第二次世界大战很快爆发，爱尔兰统一问题在美国外交政策中退居其次。为了让爱尔兰在二战中放弃中立地位，当时的美国驻爱尔兰公使极力游说罗斯福总统劝说英国同意爱尔兰南北统一，但被罗斯福拒绝。第二次世界大战期间，尤其是在美国参战之后，爱尔兰的中立政策影响了美国和英国在大西洋战场的战略部署，因此，爱尔兰的中立政策在美国很不受欢迎。此外，在二战初期，爱尔兰人还曾抗议美国海军使用本国的港口，并拒绝驱逐轴心国的外交官，这些行为在很大程度上激怒了美国，使两国关系一度陷入冷淡（爱尔兰最终还是做出让步，允许美国军队使用本国的港口）。二战中的中立立场使爱尔兰在战后尝到了"苦头"：爱尔兰仅得到了马歇尔计划 3600 万美元的资助，远低于其他欧洲国家。爱尔兰加入联合国后，在很多问题上并没有完全追随美国，尤其是它支持恢复中华人民共和国在联合国席位的立场甚至一度激怒了美国。直到 1960 年，具有爱尔兰血统的肯尼迪当选为美国总统，其后访问了爱尔兰，两国关系才逐步恢复正常。与此同时，爱尔兰开始实行经济开放政策，为吸引美国投资，爱尔兰政府开始致力于修复与美国的关系。

从 20 世纪 70 年代开始，北爱问题成了爱美双边政治关系中的首要问题。卡特总统是第一位为北爱尔兰的和平进程做出实质性贡献的美国总统。他在 1977 年发表的声明中承诺，只要相关各方能够达成一项全面的和平协议，美国就将为该协议的实施提供财政支持。里根总统在推动爱尔兰和英国达成 1985 年协议的过程中发挥了重要作用，并且对英爱两国政府 1986 年设立的"爱尔兰国际基金"（其宗旨是促进整个爱尔兰岛天主教徒与新教徒之间的交往、对话与和解）提供了重要支持（截至 2015 年，美国向"爱尔兰国际基金"的捐款超过 5 亿美元，占该基金所获捐款总数的一半左右）。同期，由 4 名美国国会议员组成的"四骑士"积极宣传和推动北爱尔兰的和平与政治稳定。美国国会议员还成立了名为"爱尔兰之友"（Friends of Ireland）的国会小组以及爱尔兰特别委员会，积极推动北爱尔兰和平进程。该小组至今仍在美国众议院发挥着积极作用。

　　1993 年克林顿当选为美国总统后，对北爱问题表现出了更为强烈的关注。尽管遭到国内部分群体和英国的强烈反对，在克林顿总统的授权下，美国政府仍然于 1994 年以参加会议为名向爱尔兰共和军领袖亚当斯发放了签证。亚当斯访问美国期间，在白宫会晤了美国国家安全顾问安东尼·雷克（Anthony Lake）。同年 8 月，克林顿任命前参议员乔治·米切尔（George Mitchell）为美国总统派驻爱尔兰的"经济特使"。米切尔后来在谈判达成 1998 年《北爱和平协议》的过程中发挥了积极作用。1995 年 3 月，亚当斯再次访问美国。在此期间，美国向北爱尔兰以及与北爱接壤的爱尔兰各郡派驻了大量贸易与投资代表团，寻求推动北爱及爱尔兰边境地区的经济发展。1995 年 11 月，克林顿总统正式访问北爱和爱尔兰，他也是有史以来第一位访问北爱的美国总统。克林顿总统的参与对《北爱和平协议》的最终签署起到了积极作用。布什总统上台后，在 2003 年 4 月参加与英国首相布莱尔的会晤时访问了北爱。2004 年 6 月，在参加欧盟－美国峰会期间，布什总统与时任爱尔兰总理埃亨就北爱问题举行会谈。2011 年 4 月，美国总统奥巴马访问爱尔兰。爱尔兰总理每年都会按照惯例访问美国，他们希望美国继续在保持北爱尔兰的和平与稳定过程中发挥重要作用。

　　2009 年，爱尔兰政府发表了题为"爱尔兰与美国：新形势下的机遇与挑战"的政策文件，指出："我们与美国的关系必须具有清楚无误的优先性，并且需要予以特别关注。这种关系具有无与伦比的深度与活力。"

爱尔兰政府在 2014 年对该政策文件的评估中再次强调,爱尔兰与美国的关系具有核心意义,"事实上,这也是本次评估要强调的最重要的一点"。这充分表明,爱尔兰始终将与美国的关系作为外交政策的重点。为此,在特朗普当选为美国总统后,尽管爱尔兰国内有很多人反对肯尼总理访美,但他仍于 2017 年 3 月参加了在美国举行的圣帕特里克节庆典。

三 文化与经济关系

除了双边政治关系之外,爱尔兰在情感上、文化上以及经济上同样与美国密不可分。

首先,两国的历史渊源造就了深厚的文化联系,并在教育交流与合作方面结出了硕果。爱尔兰的所有大学均与美国大学建立了固定联系及合作伙伴关系,科研合作与各种人员交流活动十分频繁,而且很多交流活动都与实践紧密结合。例如,其中有一项交流项目选派爱尔兰大学生暑假到美国从事一些力所能及的工作,让他们亲身体验美国的生活和文化。诸如此类的活动为两国在商业方面的良好沟通和合作奠定了坚实基础。在爱尔兰,来自美国的留学生约占全部留学生的 10%,位列各国留学生之首。此外,有将近 10 万美国人在爱尔兰工作和生活。2008 年,爱尔兰与美国达成了为期 5 年的工作与旅行协议,允许双方高校学生和新近毕业的学生去对方国家自由旅行或工作和实习,最长时间为 12 个月。这一协议于 2013 年到期后延长至 2016 年。

其次,美国对爱尔兰的经济发展有着不可替代的作用。美国是爱尔兰最大的外国直接投资来源国、第二大贸易伙伴国,也是爱尔兰商品出口的最大市场和服务业的最大贸易伙伴。2016 年,爱尔兰对美国的商品出口额为 21 亿美元,占其出口总额的 24% 左右。特别是在农产品贸易方面,2009~2014 年间,爱尔兰向美国出口的农产品增加了 50%。2016 年,爱尔兰从美国进口的商品为 5.9 亿美元,占其进口总额的 11%。在投资方面,截至 2015 年底,美国公司在爱尔兰的外国直接投资存量超过 1000 亿美元,占美国对欧盟总投资的 1/4、爱尔兰获得的全部外国直接投资的 59% 左右,超过爱尔兰获得的来自欧洲其他国家的直接投资总额。美国在爱尔兰大约有 700 家企业，占在爱尔兰跨国公司总数的 40%。这些公司大多从事高新技术产业，它们创造了大约 17 万个就业岗位，超过爱尔兰全国就业岗位总数的 8%。尤其是美国大部分世界级的软件公司，如 IBM、微软等的欧洲总部都设在爱尔兰。爱尔兰之所以成为美国企业投资的首选目的地国之一，其原因有二：一是两国之间不存在语言和文化差异；二是爱尔兰的欧盟成员国身份可以使美国公司的产品方便地进入欧洲市场。同样，爱尔兰公司也在美国从事大量商业活动。截至 2015 年底，爱尔兰公司在美国的投资超过 620 亿美元，占其对外投资总额的 42%，略低于其在欧洲国家的投资总额（将近 710 亿美元）。另外，美国还是爱尔兰第二大海外游客来源地。

综上所述，爱尔兰与美国的关系总体上说比较稳定，双边关系也历来受到两国政府的重视。例如，爱尔兰是世界上唯一与美国总统每年定期召开常务会议的国家。但是，自从爱尔兰加入欧共体之后，它与美国的双边活动更多的时候是在欧盟的外交框架下展开的。爱尔兰力求在欧美之间发挥桥梁作用，致力于推动欧盟与美国之间的合作。它认为，欧美关系对于维护双方的安全和繁荣至关重要。同时，爱尔兰也需要借助欧盟的力量来提升本国在爱美双边关系中的分量，例如，2004 年上半年爱尔兰在担任欧盟轮值主席国期间成功主持了欧美峰会。欧盟也认识到了爱尔兰与美国的联系能够给欧美关系带来的利益，2004 年，欧盟任命爱尔兰前总理约翰·布鲁顿（John Bruton）出任驻美国大使。爱尔兰支持达成跨大西洋自由贸易协议，认为它将对欧美关系的转型产生关键性作用，爱尔兰希望能够最大程度利用这一协议所带来的机遇。但在特朗普当选为美国总统后，跨大西洋自由贸易协议谈判陷入僵局，这是爱尔兰不愿意看到的。

当然，爱尔兰与美国的关系中也存在不和谐的声音。尤其是在 2003 年的伊拉克战争中，爱尔兰一再强调联合国应发挥核心作用，坚决反对美国在未经联合国授权的情况下对伊拉克动武。尽管爱尔兰政府最终允许飞往海湾地区的美国飞机在香农机场中途加油，但是，作为一个中立国，这在爱尔兰议会引起了激烈辩论，有一大批反对人士认为政府不应该允许美国利用香农机场。大批爱尔兰民众在香农机场游行示威，抗议政府允许美军使用该机场。调查显示，73%的爱尔兰民众不支持对伊拉克动武，54%的民众认为允许美国使用香农机场违反了爱尔兰的中立政策。2004年美国总统布什访问爱尔兰时，爱尔兰人对他的到来表现得很冷漠，甚至充满敌意，这与美国前任总统肯尼迪、里根、克林顿等在爱尔兰受到的热情欢迎形成了鲜明对比。其主要原因就在于爱尔兰民众普遍反对伊拉克战争，以及对美国在阿布格莱布监狱虐囚丑闻的反感。

特朗普当选美国总统后，尽管从总体上看爱尔兰与美国的关系不会发生实质性变化，但特朗普的移民政策招致了部分爱尔兰政党和民众的反感，他们甚至以此为由要求肯尼总理取消2017年3月的赴美访问计划。

第五节　与其他国家和地区的关系

除了继续发展与欧盟伙伴国的合作关系，继续发展和巩固与美国的关系之外，爱尔兰还在不断扩展对外交往范围，与越来越多的国家和地区建立了广泛的双边和多边关系。

一　与俄罗斯和中东欧国家的关系

在乌克兰危机发生之前，爱尔兰与俄罗斯以及中东欧国家的关系发展较快。爱尔兰积极支持俄罗斯和东欧国家进行经济和政治改革，认为此种改革是发展与这些国家关系的前提条件。爱尔兰支持欧盟与这些国家谈判并签署"伙伴与合作协议"，支持与这些国家进行贸易与经济合作，展开政治对话，发展文化关系，认为欧盟与这些国家和地区的合作是确保欧洲和世界实现和平与稳定的基本要素。

爱尔兰认为，西方国家与俄罗斯的关系应该建立在合作而不是对抗的基础上，不应让俄罗斯感到被西方边缘化，认为欧洲不应再出现新的分裂。它认为俄罗斯加入欧洲委员会能够促进其改革进程，有助于欧洲大陆的稳定。2013年是爱尔兰与俄罗斯建立外交关系40周年，为双方关系的继续深化提供了良好契机。

但在乌克兰危机发生之后，特别是随着欧盟与其他西方国家对俄罗斯采取制裁措施，爱尔兰与俄罗斯的关系也不复从前。爱尔兰认为俄罗斯的行动导致了乌克兰形势的不稳定，同时，它对其他东部邻国施加的经济压力也加剧了地区紧张局势，使得西欧与俄罗斯的政治和经济关系变得紧张。爱尔兰还认为，俄罗斯的行为无视国际法的根本原则和义务，不尊重乌克兰的主权与领土完整。爱尔兰主张通过和平谈判方式解决这一争端，并主张尊重乌克兰的自决权。但爱尔兰和俄罗斯的双边贸易并未受到实质性影响，2016 年，俄罗斯与爱尔兰的双边贸易额为 5.54 亿欧元。

进入 21 世纪以后，爱尔兰与东欧国家的相互需求逐渐增多。爱尔兰需要东欧市场，东欧国家也需要爱尔兰支持其加入欧盟。爱尔兰总体上支持中东欧国家加入欧盟，认为这不仅能够促进整个欧洲地区的安全与稳定，而且也能为爱尔兰扩大市场创造机会。但中东欧国家加入欧盟也使爱尔兰面临着重大挑战：第一，欧盟进一步减少对爱尔兰的援助；第二，由于东欧国家的劳动成本相对较低，有可能使国外直接投资向东欧国家转移；第三，来自东欧国家的移民会给爱尔兰的社会福利带来一定负担。在中东欧国家加入欧盟后，欧盟的确削减了部分对爱尔兰的资助，但也促进了爱尔兰与中东欧国家之间的相互贸易。对爱尔兰而言，无论是在贸易还是在投资领域，中东欧国家市场仍有很大的潜力有待发掘。

爱尔兰支持欧盟与地中海国家发展合作伙伴关系，希望与该地区的国家发展贸易和对话，以保证地区和平、稳定和繁荣。爱尔兰支持欧盟在《巴塞罗那宣言》中提出的新的地中海动议，认为这两个地区之间具有很高程度的相互依赖关系，尤其是在环境、能源和移民等方面。

除了已经加入欧盟的中东欧国家之外，爱尔兰也注重与其他东欧国家以及西巴尔干地区、南高加索地区和中亚地区的国家发展外交关系，但它主要是在欧盟以及欧洲安全与合作组织这两个多边组织框架下开展与这些国家的合作。在爱尔兰于 2012 年担任欧安组织轮值主席国期间，在它的推动下，启动了关于该组织未来发展的路线图。爱尔兰支持通过欧盟与欧安组织之间的更紧密合作，实现整个欧洲范围内的安全与稳定。

爱尔兰支持通过欧盟的东部伙伴计划加强与中东欧国家的联系，支持欧盟 2014 年与格鲁吉亚、摩尔多瓦和乌克兰签署的联系协议。

二　与亚洲国家①的关系

尽管爱尔兰与亚洲国家建立固定交往的时间比较晚，但双方关系的发展相当迅速，因为爱尔兰充分认识到，拥有巨大潜力的亚洲市场对它这样一个很大程度上依赖出口的经济体具有十分重要的作用。目前，爱尔兰已在政治、商业、教育、文化、媒体和社会等领域与亚洲国家建立了全方位的联系，包括学生、工人以及游客等在内的人员交流也与日俱增。此外，爱尔兰还大力推进与亚洲地区的各种多边联系，其中包括通过欧盟层面的活动加强与亚洲的交往，以及通过亚欧会议（ASEM）、东盟（ASEAN）和南亚区域合作联盟（SAARC）等地区间组织促进欧亚两大洲之间的地区合作。在2008年金融危机爆发之后，爱尔兰更加重视亚洲新兴市场国家，认为亚洲的崛起正在改变世界秩序。

截至2016年底，爱尔兰先后颁布过两项"亚洲战略"，执行期分别为1999～2004年和2005～2009年，其宗旨在于全面提升爱尔兰与亚洲国家之间的政治、贸易和投资关系。这两个阶段的战略均已取得显著效果。第一阶段的主要进展有：包括总统、总理等在内的爱尔兰高层领导人频繁访问亚洲国家，双方的政治互信得到了加强；为了增进亚洲人民对爱尔兰的认识和了解，爱尔兰投入200多万欧元，用于印制和发放宣传材料，资助新闻界人士以及其他能够影响舆论和信息传播的人士到爱尔兰参观访问，以及资助有代表性的爱尔兰企业与其亚洲伙伴建立长期机构联系；在贸易方面，爱尔兰对亚洲的货物出口从每年36亿欧元增加到了60亿欧元，仅2003年一年，爱尔兰本土公司向亚洲的出口就达到了3.21亿欧元，比1997年增加了15%；到2003年，共有97家爱尔兰公司在亚洲开业，是1999年的2倍。但在该阶段，爱尔兰与亚洲地区和国家的关系中仍存在一些不足，如爱尔兰向亚洲的出口仅占亚洲国家全部进口额的4%，爱尔兰与亚洲国家之间仍然存在着较大数额的贸易逆差。这些也是第二个阶段要重点解决的问题。

---

① 因第六节专门讨论爱尔兰与中国的关系，所以这里的"亚洲"不包括中国。

在 2005～2009 年"亚洲战略"的第二阶段,爱尔兰的目标是:与重要的亚洲国家加强政治、商业以及其他各种形式的交往,使爱尔兰能够获得更大利益。其重点是保证爱尔兰本土公司获得在这些重要国家的商业机遇,并为此提供必要的国家支持。在该阶段,爱尔兰确定的重点国家有中国、日本、韩国、新加坡、印度、马来西亚、印度尼西亚和越南。另外,爱尔兰政府还高度关注泰国与菲律宾等具有发展潜能的国家。2005 年下半年,爱尔兰向越南派驻了外交使团,除了其他任务之外,该使团最重要的任务就是促进爱尔兰在该地区的贸易与投资利益。该使团也负责爱尔兰在柬埔寨与老挝的事务。

在"亚洲战略"的第二阶段,爱尔兰除继续加大与亚洲国家的高层互访之外,还致力于其他领域的人员交流,例如继续资助新闻媒体界的人员往来,资助亚洲国家的官员和商人到爱尔兰参观访问,建立友好城市,等等。推动爱尔兰教育服务国际化,进一步吸引亚洲国家的学生到爱尔兰留学,也是加深人员交流和相互了解的重要举措。另外,爱尔兰还在该阶段大力推动本国的旅游项目,同时也在研发、农业和文化艺术等多个领域投入了大量资金,以进一步加深与亚洲国家的交流。

与此同时,爱尔兰还致力于吸引亚洲国家的投资,以便为本国产品和服务找到新的出路,获得新的销售渠道与网络。爱尔兰对亚洲地区的服务出口主要集中在下列领域:信息技术、电讯服务、金融软件、电子学习、教育服务、建筑服务、咨询服务、航空与航天服务等。货物出口主要有:医疗卫生设备与药品、生物技术产品、农业机械、电子与工业产品、消费产品、食品饮料等。

爱尔兰于 2006 年 7 月正式成为亚洲开发银行(Asian Development Bank)成员,其主要目的在于利用这一平台在地区发展合作方面拥有的优势,加强爱尔兰对亚洲地区事务的参与以及与亚洲国家的合作。

日本是爱尔兰在亚洲的最重要的伙伴之一。2013 年,爱尔兰总理访问日本,双方同意建立"繁荣与增长合作伙伴关系"。日本是爱尔兰在亚洲最重要的贸易伙伴之一,也是对爱尔兰投资最多的亚洲国家。2014 年,日本和爱尔兰的贸易总额为 70 亿欧元。另外,韩国、印度和东盟国家等也是爱尔兰在亚洲发展关系的重点国家。尤其是韩国,其作为第一个与欧盟签署自由贸易协定的亚洲国家,未来与包括爱尔兰在内的欧盟国家进一步发展贸易关系的潜力很大。另外,爱尔兰也注重发展与东南亚国家的关系。2014年,爱尔兰在曼谷和雅加达设立了大使馆,至此,它已经在印度尼西亚、马来西亚、新加坡、泰国和越南5个东南亚国家设立了大使馆。2014年,爱尔兰与东盟国家的贸易总额为46亿欧元。爱尔兰认为,2015年底成立的东盟经济共同体将为二者进一步发展相互合作带来重大机遇。2016年11月,在爱尔兰与越南建交20周年之际,爱尔兰总统访问越南,这是有史以来爱尔兰总统对越南的首次国事访问。

2014年,爱尔兰对整个亚太地区的商品与服务出口总额为200亿欧元。2016年10月,爱尔兰政府批准了外交部长查理·弗兰纳根(Charlie Flanagan)提出的一项亚太地区新战略动议。其动因之一在于,由于担心英国退出欧盟有可能对爱尔兰的对外经济关系造成不利影响,因而需要巩固与其他贸易伙伴的关系,同时寻找新的贸易机遇。该动议指出,全世界10个增长最快的超大城市(人口超过1000万)有9个在亚洲,亚太地区也是世界上经济发展最快、潜力最大的地区。爱尔兰未来将寻求进一步拓展与亚太地区国家合作的机会。

三 与美洲国家的关系

除了大力发展和巩固与美国的传统关系之外,爱尔兰也致力于发展与美洲其他国家和地区组织的关系。美洲地区对于爱尔兰的对外贸易、投资以及旅游业发展都具有重要作用。

爱尔兰大批移民于18世纪和19世纪初到达加拿大。1867年,爱尔兰裔加拿大人占加拿大总人口的20%以上,仅次于英国裔和美国裔加拿大人的数量。19世纪很多著名的加拿大政治家都是爱尔兰移民或具有爱尔兰血统,例如被称为加拿大"联邦之父"的著名政治家托马斯·麦吉(Thomas D'Arcy McGee),再如1984年出任加拿大总理的布赖恩·马尔罗尼(Brian Mulroney)等人。爱尔兰十分注重利用这一不可替代的天然联系发展与加拿大的关系。2008年经济危机爆发后,有很多爱尔兰年轻人前往加拿大工作或定居，为爱尔兰和加拿大之间的联系增添了"新鲜血液"。此外，爱尔兰还致力于通过欧盟发展与加拿大的关系，例如爱尔兰在 2004 年担任欧盟轮值主席国期间成功主持了欧盟－加拿大峰会。

爱尔兰注意到拉美地区近年来的迅速发展，认识到该地区在世界经济中的作用越来越重要。在发展与拉美和加勒比海国家的双边关系时，爱尔兰也支持欧盟与拉美建立和加强地区间联系，以及与南锥共同体（Mercosur）建立联系。在担任欧盟轮值主席国期间，爱尔兰曾成功主持了欧盟－拉丁美洲与加勒比海峰会，为一系列广泛的双边关系奠定了良好的基础。2015 年，爱尔兰与拉丁美洲和加勒比海地区国家的商品贸易总额为 35.9 亿欧元，比上一年增加了 11%，其中，爱尔兰向该地区的出口为 27 亿欧元左右。爱尔兰在拉美地区的重点交往国家是巴西、墨西哥和阿根廷。爱尔兰投资发展局和企业局均在巴西设有办事处。2015 年，爱尔兰在巴西圣保罗设立了总领馆。

除经济贸易关系以外，爱尔兰还致力于与美洲国家发展和深化政治关系与人文交流，例如，爱尔兰运用在北爱尔兰和平进程中获得的经验，积极参与哥伦比亚的和平进程，并在联合国框架下参与一些国家的军控进程。

四 与非洲国家的关系

爱尔兰认为，世界上的所有地区和国家均具有相互依赖关系，本国有义务为发展中国家的经济与社会进步做出贡献。

爱尔兰主要通过参加联合国的维和行动以及对外援助和发展合作项目来支持发展中国家的发展和建设。爱尔兰加入联合国以来，参加的联合国维和行动遍及黎巴嫩、塞浦路斯、伊拉克、科威特、西撒哈拉、利比里亚、马其顿、克罗地亚、叙利亚、以色列以及阿富汗等国家和地区。爱尔兰的对外援助项目于 1974 年才开始，但它的对外援助增长速度很快。从 1982 年到 20 世纪末，爱尔兰政府官方发展援助（ODA）支出总计超过 6 亿欧元。从 20 世纪末开始，其对外援助额迅速增加，1999 年对外援助总支出为 2.26 亿欧元，占 GNP 的 0.34%，2008 年达到 9.21 亿欧元，占

GNP 的比例为 0.59%；但之后逐年减少，2015 年为 6.475 亿欧元，占 GNP 的 0.36%。共有超过 80 个国家受益。

爱尔兰对外援助的核心是受援国的长期发展问题。鉴于近年来各种危机的出现越来越频繁，爱尔兰政府将下列问题作为其对外援助的核心：制止暴力冲突，促进人权与法治；提高援助的效力，特别是针对人道主义危机与自然灾害的援助；帮助遭受战争破坏的国家从战争中得到恢复；对日益增多的难民和流离失所的人们予以帮助。非洲国家，特别是撒哈拉以南的非洲国家是爱尔兰对外援助的重点对象（对其援助额占 2014 年官方对外援助总额的 42%）。爱尔兰向非洲提供援助的重点领域包括：减少饥饿、应对气候变化、促进性别平等、抗击诸如艾滋病等全球性传染病，以及促进良治。

爱尔兰在非洲的主要援助对象国有莫桑比克、坦桑尼亚、莱索托、赞比亚、苏丹、乌干达、埃塞俄比亚、马拉维和塞拉利昂（即所谓的"关键合作伙伴"，塞拉利昂于 2014 年成为第九个"关键合作伙伴"）。主要援助领域是医疗、教育培训、清洁用水与公共卫生等。除这些国家之外，北非五国——摩洛哥、阿尔及利亚、突尼斯、利比亚和埃及由于与欧洲地理位置相近，也是爱尔兰非洲政策的重点国家。在撒哈拉以南非洲国家中，爱尔兰政府认为，南非和尼日利亚是最重要的两个地区力量，且近年来发展很快，但它们仍面临着诸多挑战。除与上述非洲国家发展双边关系之外，爱尔兰还认为，加深与作为一个整体的非洲联盟的关系也具有重要意义。

除了官方援助项目，爱尔兰还致力于发展合作项目。其发展合作政策以联合国的"千年发展目标"为基础，主要目标包括：消除极端贫困和饥饿；普及初等教育；促进性别平等，使妇女获得平等权利；降低儿童死亡率；改善母亲的健康；抗击艾滋病、疟疾和其他疾病；保证环境的可持续性；开展全球发展合作等。2013 年，爱尔兰政府发表了题为"一个世界、一个未来"的国际发展政策文件，指出其国际发展政策的三个目标是：减少饥饿；可持续发展与更具包容性的经济增长；善治、人权与问责制。六个重点领域是：饥饿、脆弱国家、气候变化与发展、贸易与经济增长、基础服务、人权与问责制。

爱尔兰提供对外援助的渠道既包括双边交往，也包括参与联合国和欧盟等国际组织的行动。在 2015 年的官方发展援助中，有 36% 经由联合国、欧盟和经合组织等多边组织提供给受援国，64% 经由双边渠道捐赠。此外，通过欧洲发展基金，爱尔兰还参与了非洲、加勒比海地区以及太平洋地区 70 多个国家的发展援助工作。另外，爱尔兰还与第三方国家，特别是美国开展了多种合作，例如，为缓解非洲国家的饥饿问题，爱尔兰外交部、美国政府和坦桑尼亚政府于 2011 年共同召开会议，讨论如何采取有效的应对措施。

此外，爱尔兰认为，除了官方发展援助之外，还应该加强与非政府组织以及民间力量的合作。近年来，爱尔兰民间机构在向发展中国家提供人道主义援助方面发挥了重要作用，尤其是基督教援助组织（Christian Aid）与爱尔兰红十字会等非政府组织。爱尔兰援助顾问委员会每年都定期组织非政府组织论坛，就发展问题向政府提供建议。此外，爱尔兰的普通公众也非常支持政府的官方发展项目以及非政府组织的发展与救援项目。

除了向非洲国家提供发展援助之外，爱尔兰还重视与非洲国家开展全方位的交往。2011 年，爱尔兰外交部发表了题为"爱尔兰与非洲：我们与一个变化中的大陆的伙伴关系"的政策文件，指出爱尔兰希望在非洲发挥更重要的作用，并且将更多通过联合国和欧盟等多边组织积极参与非洲事务。爱尔兰认为，尽管非洲国家近年来在经济、政治和社会等各个领域都取得了很大进步，但仍面临着诸多挑战。爱尔兰除了通过发展援助帮助非洲国家应对贫困等问题以外，还积极发展与非洲国家的贸易和投资关系。爱尔兰认为，非洲经济近年来取得了快速增长，特别是撒哈拉以南的非洲国家，其增长速度仅次于中国和印度。因此，参与这些国家的经济活动对爱尔兰的未来发展具有重要意义。

爱尔兰与非洲国家之间的贸易发展很快，尤其是在信息技术、金融服务和通信以及基础设施等领域。在贸易方面，爱尔兰向非洲国家出口的食品和饮料增长很快，其中奶制品出口表现最为突出。2010 ~ 2015 年，爱尔兰与非洲国家之间的商品贸易总额从 17 亿欧元增加到了 23 亿欧元，增长幅度达 35%。但总体上看，爱尔兰与非洲国家的贸易水平仍很低，仅占其贸易总额的 1% 左右（不包括南非和北非国家）。为促进双方在贸易与其他领域的合作，2011 年成立了"非洲－爱尔兰经济论坛"（Africa Ireland Economic Forum），由爱尔兰外交和贸易部、都柏林大学迈克尔·斯默菲特商学院（UCD Michael Smurfit Graduate Business School）及非洲国家驻爱尔兰大使馆共同主办，每年召开一次会议，旨在为爱尔兰和非洲的企业提供一个进行交流与合作的平台。2016 年在都柏林召开的该论坛第六次会议吸引了 300 多名代表参加。2012 年，爱尔兰农业、食品和海洋部设立了非洲农业食品发展基金（Africa Agri-food Development fund），目的在于促进爱尔兰与非洲国家农业食品部门的合作，开拓非洲国家的市场，并促进双边贸易。2016 年 8 月底至 9 月初，爱尔兰代表团首次参加了在莫桑比克举行的国际贸易展览会，爱尔兰企业局南非分部在莫桑比克设立了办事处。

爱尔兰与非洲国家的政治关系总体上发展良好。2014 年 11 月，爱尔兰总统希金斯访问了埃塞俄比亚、马拉维和南非。2015 年，爱尔兰在肯尼亚设立了大使馆，至此，爱尔兰在撒哈拉以南国家已开设了 10 个大使馆。

2015 年，爱尔兰共提供官方发展援助 6.475 亿欧元，占国民生产总值的比例为 0.36%，比上一年（0.39%）有所减少，离联合国规定的 0.7% 的目标更是相距甚远。但这一比例仍然超过了经合组织发展援助委员会的很多成员国，也超过了其平均比例（0.3%），在所有成员国中排名第 12 位。爱尔兰政府在多个政策文件中均做出了力争实现联合国规定目标的承诺。

第六节　与中国的关系

中国与爱尔兰两国之间不存在历史矛盾和历史问题，在重大的现实问题上也不存在根本性的冲突，因此两国的交往基本不存在障碍。只是"冷战"初期囿于东西方处于对立的大局势，爱尔兰才无法与中国深入发展外交关系。但在某些事项上，例如恢复中华人民共和国在联合国的合法席位问题上，爱尔兰还是发挥了一定的积极作用。直到 1979 年 6 月 22 日，中国和爱尔兰才签署了建交公报，1980 年两国互派大使。建交后的一段时期，中爱双边关系发展平稳，但各领域的实质交往并不多。20 世纪 90 年代以后，中爱关系发展十分迅速，政治、经贸、教育、科技、文化等领域的交流与合作不断扩大，并取得了实质性的成果。

一 政治关系

20 世纪 90 年代以来，在中爱双方的共同努力下，两国政治关系发展迅猛，高层互访频仍，政治互信加深，为中爱关系的长期稳定发展提供了强大的动力。1998 年 9 月，爱尔兰总理埃亨访华。埃亨总理回国后，爱尔兰政府制定了第一个"亚洲战略"，将中国确定为其在亚洲的重点合作伙伴之一，此后两国关系发展突飞猛进。

2000 年 1 月，爱尔兰在上海开设了总领馆，并在香港设立名誉领事馆。2001 年 9 月，中国总理朱镕基访问爱尔兰，双方就两国关系和共同关心的国际和地区问题坦诚交换了意见。2002 年 1 月，爱尔兰外长科恩访问中国。同年 10 月，中国政协副主席叶选平访问爱尔兰。2003 年 10 月，爱尔兰总统麦卡利斯访华，她是中爱建交以来首位访华的爱尔兰总统。2004 年 5 月，爱尔兰担任欧盟轮值主席国期间，温家宝总理对爱尔兰进行正式访问，两国签署了旅游目的地国协议等多项协议。同年 10 月，中爱两国总理在河内出席亚欧首脑会议期间再次会晤。2005 年 1 月，爱尔兰总理埃亨率爱尔兰历史上规模最大的经贸代表团第二次访华，与中方领导人就全面发展政治、经贸等各领域的合作深入交换意见并达成广泛共识。会谈期间双方签署了多项协议。埃亨总理回国后，爱尔兰政府发表了新的"亚洲战略"，再次将中国作为其在亚洲的重点合作伙伴，为中爱关系的进一步发展奠定了稳固的政策基础。2008 年 10 月，温家宝总理在北京会见前来出席第七届亚欧首脑会议的爱尔兰总理科恩，双方表示以中爱建交 30 周年为契机，挖掘合作潜力，推动中爱和中欧关系不断向前发展。2010 年 6 月，爱尔兰总统麦卡利斯访问北京和上海，还参加并主持了上海世博会的爱尔兰国家馆日活动。当年 9 月，中共中央政治局常委李长春访问爱尔兰，会见了麦卡利斯总统和科恩总理，并就全面提升两国关系和深入发展各领域的合作交换了意见。科恩总理表示，在爱尔兰新推出的贸易、投资和旅游战略中，中国仍处于重要地位。爱尔兰希望成为中国的重要投资对象国，成为中欧合作的重要基地。2012 年 2 月，中国国家副主席习近平访爱，与总理肯尼举行会谈，分别会见爱总统希金斯、众议长巴雷特和参议长伯克，并出席了中爱经贸投资论坛。3 月，爱尔兰总理肯尼访华，温家宝总理与其举行会谈，吴邦国委员长、习近平副主席分别予以会见，双方发表了《中华人民共和国和爱尔兰关于建立互惠战略伙伴关系的联合声明》，将中爱关系提升为"互惠战略伙伴关系"。2013 年 5 月，爱尔兰众议长巴雷特和参议长伯克访华。7 月，爱副总理兼外交贸易部长吉尔摩访华。10 月，马凯副总理访爱。2014 年 12 月，爱尔兰总统希金斯对华进行国事访问。2015 年 5 月，李克强总理对爱尔兰进行过境访问。2016 年 11 月，全国人大常委会副委员长吉炳轩访问爱尔兰。中爱两国的高层互访为进一步加深双方的相互交往提供了坚实的框架。

爱尔兰长期坚定支持一个中国政策，支持中国的统一。中爱两国在世界和平与发展的很多重要问题上享有共同的利益和立场，爱尔兰不仅希望与中国发展双边关系，还希望在欧盟等多边组织框架下进一步发展与中国在各方面的交往。但双方在人权等问题上仍有一定分歧。

二　经贸关系

中国与爱尔兰的贸易往来始于 20 世纪 50 年代。但由于当时爱尔兰经济以农牧业为主，中爱两国经济互补性不够强，双方人员往来程度也不高，因此，1979 年两国建交时，双边贸易额仅为 515 万美元。在建交之后的十余年，双边贸易增长速度也非常缓慢。20 世纪 90 年代以后，爱中两国经济均实现了快速发展，从而为两国的经贸往来提供了广阔的空间。一方面，爱尔兰认识到亚洲国家，尤其是中国在世界经济中愈益重要的地位，开始大力发展对华贸易。另一方面，随着中国改革开放政策的进一步深入，中国也在不断采取措施积极推动发展对爱贸易。此后，两国贸易开始以较快的速度增长。1999 年，双边贸易额达到 4.19 亿美元，较上年度增长 38.8%。在这之后的几年中，中爱贸易以年均 30% 以上的速度增长。至 2005 年，爱尔兰与中国的双边贸易总额达到 46.07 亿美元，超过它与日本的贸易额，中国成为爱尔兰在亚洲的第一大贸易伙伴。在爱尔兰"亚洲战略"的推动下，1999～2009 年，中爱双边贸易额增长了 60 倍。但在国际金融危机发生后，中爱两国贸易往来受到冲击，出现下滑。2009 年和 2010 年双边贸易额分别下降到 52 亿美元和 54 亿美元（2008 年为 70.7 亿美元），此后开始恢复。2016 年，中爱双边贸易额达 80.7 亿美元，已经超过金融危机之前的水平，同比增长 13.5%。其中，中方出口 27.8 亿美元，同比下降 1.6%，进口 52.9 亿美元，同比增长 23.5%。

尽管金融危机对中爱贸易关系有所影响，但到 2016 年，中国已连续 12 年成为爱尔兰在亚洲的最大贸易伙伴，并成为爱尔兰在全球范围内的第八大贸易伙伴。中国是爱尔兰重要的农产品出口市场，2012～2014 年，爱尔兰向中国出口的食品和饮料增加了 3 倍，中国成为爱尔兰在该领域的第二大出口市场。中国主要向爱尔兰出口高技术成套或整机产品、变流器、家电及无线电通信设备零附件、服装、医药品等，从爱尔兰进口的商品主要有制冷设备、医药品、羊毛、内燃机零件、自动数据处理设备、通信设备零附件等。

爱尔兰在华投资始于 1989 年。以 2005 年埃亨总理访华为契机，爱尔兰企业加大了对中国的投资力度。截至 2016 年 12 月底，爱尔兰在华投资项目累计已达 350 个，实际投入累计 16.8 亿美元，有 110 多家爱尔兰公司在中国开展业务。中国也有一些公司在爱尔兰开展业务，特别是 2000 年以来，中国公司在爱尔兰的投资增长十分迅猛。2000～2015 年，中国在爱尔兰的直接投资累计达到 1.42 亿美元，其中 2015 年为 1000 万美元。2016 年，中国对爱尔兰的直接投资猛增到 29 亿美元，使爱尔兰成为中国在欧洲的第五大投资目的地国、全球第六大投资目的地国。其中最主要的一项投资是，2016 年初，海航集团旗下的"渤海租赁"斥资 25 亿美元并购了爱尔兰飞机租赁公司"Avolon" 100% 的股权。中国在爱尔兰的其他投资领域包括：能源、电子信息技术、金融与商业服务、电子设备、娱乐业，以及工业机械与设备等。

经过多年的发展，中爱双方的经贸合作已经具备了机制化和长期性等特征。1998 年初，爱尔兰企业局在上海设立办事处，后又在北京、广州和香港设立了办事处，负责促进爱尔兰企业对华出口与投资。爱尔兰工业发展局也在上海设立了办事处，负责吸引中国企业对爱投资。另外，根据1986 年两国签订的《经济、工业、科学和技术合作协定》，双方多次召开经贸和科技混委会会议，就中爱经贸关系、双边贸易与投资以及其他领域的合作问题进行深入磋商与交流。中爱两国还签署了多项经贸及科技合作协议。2000 年 9 月，双方在北京签署《中爱科技合作协定》。2002 年 12月，两国签订《科技合作研究基金协议》。2004 年，双方签署《避免双重征税协定》。2005 年 1 月，埃亨总理访华期间，双方签署了《中国从爱尔兰输入猪肉的检疫和兽医卫生条件议定书》、《关于软件领域合作的谅解备忘录》和《中国国际贸易促进会、中国国际商会与爱尔兰商会合作协议》等近 40 项经贸协议。2008 年 10 月，科恩总理访华期间，两国签署了《中国银监会与爱尔兰金融服务管理监管局谅解备忘录》、《中国证监会与爱尔兰金融服务管理监管局谅解备忘录》、《中国国家开发银行与爱尔兰投资发展局合作谅解备忘录》、《中国国家质量监督检验检疫总局与爱尔兰农林食品部关于中国从爱尔兰输入牛精液的检疫和卫生条件议定书》等。2010 年 9 月，中共中央政治局常委李长春访问爱尔兰期间，两国签署了《经济合作谅解备忘录》。2012 年 3 月，双方签署《中国国际贸易促进委员会与爱尔兰贸易与科技局合作协议》与《中国投资有限责任公司与爱尔兰国库机构关于投资合作的谅解备忘录》。2015 年 5 月，两国农业部签署《关于深化农业领域合作的联合声明》。

除了政府间合作之外，中爱两国企业与地方政府之间的合作也在日益加强。1999 年，在中国驻爱尔兰大使馆的大力倡导和积极推动下，与中国有长期经贸往来的爱尔兰企业在都柏林成立了旨在促进中爱贸易关系的专门机构——爱尔兰－中国协会（ICA），它也是唯一一家以促进中爱企业间交流合作为宗旨的协会组织。2013 年，该协会更名为"爱尔兰－中国商业协会"（ICBA），以便更好地为中国和爱尔兰两国的企业合作提供服务。

除与中国开展双边经贸关系以外，爱尔兰也支持通过欧盟与中国开展各领域合作，它支持欧盟与中国始于 2013 年的双边投资协议谈判，也支持中欧开展自由贸易协定谈判。

三 其他领域的交流与合作

除了政治领域的交往与经贸领域的合作之外，中爱双方还在文化、教育和旅游等各个领域开展了全方位的深入合作。

在文化领域，爱尔兰与中国的关系比以往任何时候都更加密切。继 1985 年中爱签署《文化交流协定》之后，2001 年 9 月两国签署《文化合作谅解备忘录》。2004 年，爱尔兰与中国相互成功地举办了文化交流节。在 2004 年 5 月在中国举办的爱尔兰文化节上，来自爱尔兰的顶级艺术家和表演者为中国观众献上了精彩纷呈的演出，其中有著名的踢踏舞《大河之舞》、爱尔兰传统民谣乐队埃尔顿（ALTAN）以及玛丽·布莱克（Mary Black）、约翰·奥康纳（John O'Conor）等一批著名音乐家的精彩表演。爱尔兰的著名话剧，如萨缪尔·贝克特的经典话剧《等待戈多》也同时在中国演出。此外，在中国还举办了爱尔兰电影展及由爱尔兰现代艺术博物馆举办的展览。2004 年 10 月在爱尔兰举办的中国文化节上，爱尔兰观众同样欣赏到了中国一些著名艺术家的表演，包括京剧演出。2005 年，爱尔兰传统音乐团体戴尔维什乐队（Dervish）陪同埃亨总理访华，并在北京和上海举行了公开演出。2008 年 3 月，爱尔兰文化周在北京举办；10 月，两国签署《爱尔兰出席 2010 年世博会谅解备忘录》。2009 年 12 月，《大河之舞》在中国十几个城市举行大规模巡演。2010 年 2 月，在都柏林举办了"图说中国——15 世纪至 20 世纪的故事和人物画"展览。2010 年 4 月 26 日，爱尔兰国家馆在世博会开馆，主题为"城市空间及人民都市生活的演变"。2010 年 9 月，中爱两国再次签署《文化交流与合作谅解备忘录》。2011 年，在爱尔兰花博会上推出的中国传统苏州园林——"爱苏园"吸引了 9 万多名观众参观。2016 年，中爱两国续签《文化交流与合作谅解备忘录》。

在教育领域，2001 年 2 月，中爱双方签署了《教育合作协定》。近年来，由于爱尔兰日益重视开拓中国的教育市场，加上爱尔兰在语言方面的优势，中国赴爱尔兰自费留学的人数逐年增加。但爱尔兰在中国的留学生数量并不多，只有 300 名左右。2005 年 1 月，中爱双方签署《关于互认高等教育学历学位证书的联合声明》。在此基础上，双方于 2006 年 2 月签署《中爱高等教育学位学历互认协议》，该协议对于推进两国教育合作具有重要意义。协议的签订使中国本科毕业生申请去爱尔兰攻读硕士和博士学位的程序更加简便，在爱尔兰所获学位也能够很快得到中国相关部门的认证，从而促进了中爱两国教育合作向更深层次发展。2008 年 10 月，双方签署《中国国家留学基金管理委员会与爱尔兰大学联合会谅解备忘录》。2010 年 3 月，两国教育主管部门举行首次磋商。截至 2015 年底，爱尔兰和中国的高等院校之间签署的合作项目超过了 35 个，中国在爱尔兰的留学生已经超过 1 万人，此外，中国还在爱尔兰开办了 2 家孔子学院。2014 年 6 月，由中爱两国政府共同出资建设的都柏林大学孔子学院大楼顺利奠基。同年，两国文化部签署《关于在爱尔兰设立中国文化中心的谅解备忘录》。到 2014 年底，爱尔兰有 20 多所中学开办了中国语言文化课程。不仅在教育界，爱尔兰商务、贸易等行业的相关人士也都非常重视中文的学习。

中爱两国旅游合作日益加强。2004 年 5 月，中爱两国签署了旅游目的地协议。爱尔兰旅游局在上海和北京设立了办事机构，主要处理中国游客到爱尔兰旅游的相关事务。与此同时，近年来到中国经商和旅游的爱尔兰人也在迅速增加。每年到爱尔兰旅游的中国游客在 5000 名左右。

中爱两国还在其他多个领域签署了一系列合作协定，主要有：《民用航空运输协定》（1998 年 9 月）、《科技合作协定》（2000 年 9 月）、《科技合作研究基金协议》（2002 年 12 月）、《卫生合作谅解备忘录》（2004 年 11 月）和《中国国家自然科学基金委员会与爱尔兰科学基金会合作协议》（2005 年 1 月）、《科研创新合作谅解备忘录》（2012 年 3 月）、《关于互免持外交和公务（官员）护照人员签证的协定》（2015 年 5 月）等。

两国地方交流活跃。2004 年 8 月，上海市与爱尔兰科克市结为友好城市。2006 年 4 月，中国甘肃省与爱尔兰斯莱戈郡签署了建立友好关系的协议。此外，北京市和都柏林市、苏州市和基尔肯尼郡、成都市和芬戈尔郡、云南省和克莱尔郡，以及贵阳市和米斯郡等都先后结为了友好城市关系。2014 年 12 月，双方签署《中国人民对外友好协会与爱尔兰外交贸易部合作谅解备忘录》。

综上所述，中爱互惠战略伙伴关系近年来保持了良好的发展势头，双方在各领域的交流和合作进展顺利。展望未来，中爱双方关系潜力巨大，前景广阔。中国提出的"一带一路"倡议为两国互惠战略伙伴关系的深入发展提供了重要机遇。2016 年 7 月，爱尔兰总统希金斯在接受中国驻爱大使岳晓勇递交国书时表示，爱尔兰愿以实际行动，积极参与中国提出的"一带一路"倡议。2016 年 9 月和 2017 年 2 月，爱尔兰财政部国务部长墨菲两次访问中国，与中国的相关政府部门和企业探讨如何在"一带一路"框架下加强双方在金融服务等领域的务实合作。2017 年 3 月，爱尔兰正式加入亚洲基础设施投资银行。在中爱双方的共同努力下，中爱两国关系必将取得更大的进展。

大事纪年

约前 7000 年	最早的居民来到爱尔兰定居。
约前 3000 年	新石器时代的殖民者进入爱尔兰，纽格兰奇墓穴群是当时的遗迹之一。
约前 800 年	进入青铜器时代。
约前 600 年	最早一批凯尔特人从中欧渡海侵入爱尔兰。
约前 300 年	凯尔特人将铁器带入爱尔兰，爱尔兰进入铁器时代。
约前 200 年	拉特内文明中的凯尔特文化传入爱尔兰，并逐渐进入"五王统治"时期。由于基本没有受到外来影响，凯尔特人的生活方式逐渐盛行起来，这也是爱尔兰文明的初步形成时期，直到基督教传入爱尔兰。
5 世纪	基督教传入爱尔兰。
432～500 年	圣帕特里克在爱尔兰传教，爱尔兰逐渐基督化，凯尔特文明时期结束。
6～7 世纪	以寺院为中心的爱尔兰艺术、文学和文化空前繁荣。
6～9 世纪	爱尔兰进入"黄金时代"。
约 800 年	维京人入侵爱尔兰。
999 年	以布赖恩·博鲁为首的蒙斯特王朝打败入侵的维京人。
1002 年	布赖恩·博鲁被拥戴为爱尔兰最高国王。
1014 年	布赖恩·博鲁在与维京人的克隆塔尔弗战役中身亡，此后维京人对爱尔兰的统治宣告结束。

1169 年	诺曼人入侵爱尔兰。
1171 年	英格兰国王亨利二世在沃特福德登陆，后被封为爱尔兰大领主。
1177 年	亨利二世封其子约翰为"爱尔兰的主人"，直到1540 年，英国国王一直兼任爱尔兰大领主。
1228 年	爱尔兰必须实施英国法律和惯例的约翰敕书宣布。
1316 年	英王正式任命派驻爱尔兰的总督，全权代行英王在爱尔兰的统治，该职位一直沿用到1922 年。
1495 年	英王亨利七世统治下的波伊宁兹议会重申英王对爱尔兰的绝对统治，规定凡适用于英格兰的立法全部自动适用于爱尔兰。
1541 年	英王亨利八世宣布自己成为爱尔兰国王，爱尔兰的归属问题更加复杂化。
1560 年	爱尔兰议会通过《王权至高法案》和《信仰划一法》，新教成为爱尔兰的国教，对天主教徒的排斥和迫害由此开始变本加厉。
1568 年	爱尔兰爆发起义，1573 年被镇压。
1603 年	奥尼尔与英国统治者签署停火协议，标志着一种新的政治秩序的开端，本土爱尔兰人的政治制度被推翻，整个爱尔兰改由强大的英国中央政府进行统一管理。
1607 年	以蒂龙伯爵奥尼尔为首的北方厄尔斯特省近百名贵族离开爱尔兰，流亡罗马，这意味着长期统治爱尔兰的古老爱尔兰世族已经消亡，盖尔制度衰亡。
1609 年	英王发布"殖民地条例"，将爱尔兰总共50 万英亩良田全部向殖民者开放，爱尔兰逐渐"英国化"。
1641 年	爱尔兰天主教徒起义，次年被镇压。
1649 年	爱尔兰奉查理二世为新国王，与英格兰公开对立，被克伦威尔领导的英国军队镇压。

1703～1727 年	英国通过一系列针对爱尔兰的"惩治法典",对爱尔兰人的信仰、经济、政治和社会生活施以严格限制和惩罚,直到 1829 年才被废除。
1782 年	爱尔兰议会被授予独立地位,爱尔兰可自行召开议会并立法。
1798 年	"爱尔兰人联合会"组织起义反抗英国统治,几周后被镇压。
1800 年	英爱《合并法案》通过,次年 1 月生效。
1846～1849 年	马铃薯疫病引发严重的"大饥荒"。
1858 年	"爱尔兰共和兄弟会"(即后来的"芬尼社")成立,主张用暴力推翻英国统治,实现国家独立。
1870 年	艾萨克·巴特发起争取自治的宪政运动,并逐渐发展成为"自治党"。
1879 年	"全国土地联盟"建立,掀起全国性土地改革运动,并与自治运动相结合,迫使英国统治者废除原有土地制度,爱尔兰人获得土地所有权。
1912 年	爱尔兰《自治法》获得英国议会通过,1914 年生效。
1916 年	"爱尔兰共和兄弟会"在都柏林发动"复活节起义",很快被英军镇压。
1918 年	新芬党在大选中获胜,并于次年 1 月组织召开议会第一次议会,拒绝参加英国议会。
1919～1921 年	爱尔兰独立战争(又称英爱战争)。
1919 年	"爱尔兰共和兄弟会"改称"爱尔兰共和军"。
1921 年	爱尔兰与英国达成停战协议,签署《英爱条约》,条约于 1922 年生效,南方 26 个郡从英国独立出来,成立"爱尔兰自由邦"。
1922～1923 年	爱尔兰内战。
1926 年	埃蒙·德·瓦勒拉退出新芬党,成立爱尔兰共和党。

1932 年	共和党在大选中获胜，并成为爱尔兰第一大党。
1933 年	爱尔兰统一党成立。
1937 年	全民公投通过新宪法，爱尔兰自由邦更名为"爱尔兰"。
1948 年	《爱尔兰共和国法》生效，爱尔兰宣布成为共和国，成为一个完全独立的国家。
1955 年	爱尔兰加入联合国。
1958 年	发布经济扩张纲要，爱尔兰开始向对外开放政策转型。
1965 年	爱尔兰与英国签署贸易协议。
1968 年	北爱尔兰冲突升级。
1973 年	爱尔兰正式成为欧共体成员国。
1979 年	爱尔兰与中国建交。
1985 年	英国与爱尔兰签署关于北爱尔兰和平问题的协议。
1993 年	爱尔兰与英国联合发表《唐宁街宣言》，为和平解决北爱冲突确定指导方针。
1998 年	爱尔兰、英国政府及北爱各党派签署《贝尔法斯特协议》，为北爱尔兰的和平迈出了重要一步，爱尔兰在宪法中删除对北爱的主权要求。
2002 年	欧元在爱尔兰流通。
2008 年	金融危机爆发，爱尔兰经济陷入衰退。
2011 年	爱尔兰举行第 31 次众议院选举，统一党与工党组成第 29 届政府。
2012 年	爱尔兰与中国建立"互惠战略伙伴关系"。
2013 年	爱尔兰宣布退出欧盟和国际货币基金组织救助机制，成功摆脱经济危机。
2016 年	爱尔兰举行第 32 次众议院选举，统一党与独立派人士组成第 30 届政府。
2017 年 5 月	新总理瓦拉德卡当选为总理。

参考文献

一　中文文献

〔爱尔兰〕艾德蒙·柯蒂斯：《爱尔兰史》（上、下册），江苏师范学院翻译组译，江苏人民出版社，1974。

〔英〕彼得·格雷：《爱尔兰大饥荒》，邵明、刘宇宁译，上海人民出版社，2003。

陈恕：《爱尔兰文学》，外语教学与研究出版社，2000。

陈恕主编《爱尔兰文学名篇选注》，外语教学与研究出版社，2004。

冯季庆选编《英国·爱尔兰经典中篇小说》，文化艺术出版社，2001。

冯建明主编《爱尔兰作家和爱尔兰研究》，上海三联书店，2011。

〔德〕弗祖克·祖巴赫：《爱尔兰的体验》，崔恒、李吟吟译，江苏人民出版社，2012。

杰鲁莎·麦科马克主编《爱尔兰人与中国》，王展鹏、吴文安等译，人民出版社，2010。

柯春桥：《炸弹杀手：爱尔兰共和军》，当代世界出版社，2000。

〔美〕理查德·B.谢尔：《苏格兰作家和18世纪英国、爱尔兰、美国的出版商》，启蒙编译所译，复旦大学出版社，2012。

刘克华选译《1870～1914年的英国》，商务印书馆，1987。

罗伯特·基：《爱尔兰史》，潘兴明译，东方出版中心，2010。

钱乘旦、许洁明：《英国通史》，上海社会科学院出版社，2002。

〔美〕时代－生活图书公司编著《祭司与王制·凯尔特人的爱尔兰》，李绍明译，山东画报出版社，2001。

施正锋、谢若兰主编《当代爱尔兰民主政治》，台湾国际研究学会，2009。

〔英〕T. W. 弗里曼：《爱尔兰地理》，上海师范大学《爱尔兰地理》翻译组译，上海人民出版社，1977。

汪连兴等编《西欧各国》，北京语言文化大学出版社，1998。

〔英〕威廉·配第：《爱尔兰的政治解剖》，周锦如译，商务印书馆，1964。

〔苏〕伊·叶·拉比诺维奇：《大不列颠和爱尔兰》，天津大学外语教研室译，天津人民出版社，1977。

张梦白、缪华伦译《爱尔兰共和国·北爱尔兰》，江苏人民出版社，1976。

二 英文文献

Alexander J. Humphreys, *New Dubliner: Urbanization and the Irish Family*, Routledge, 1998.

Anne O'Brien, *The Politics of Tourism Development: Booms and Busts in Ireland*, Palgrave Macmillan, 2011.

Basil Chubb, *The Government and Politics of Ireland*, Longman, 1992.

Ben Tonra, *The Europeanisation of National Foreign Policy – Dutch, Danish and Irish Foreign Policy in the European Union*, Ashgate Publishing Limited, 2002.

Bernice Schrank and William Demastes, *Irish Playwrights 1880 – 1995: A Research and Production Sourcebook*, Greenwood Press, 1997.

Brian Graham (ed.), *In Search of Ireland*, Routledge, 1997.

Brian Walker, *A Political History of the Two Irelands: from Partition to Peace*, Palgrave Macmillan, 2012.

Brigid Laffan and Jane O'Mahony, *Ireland and the European Union*, Palgrave Macmillan, 2008.

Bryan Fanning, *Immigration and Social Cohesion in the Republic of Ireland*, Manchester University Press, 2011.

Bryan Fanning (ed.), *Immigration and Social Change in the Republic of Ireland*, Manchester University Press, 2007.

Bryan Fanning and Ronaldo Munck (eds.), *Globalization, Migration and Social Transformation: Ireland in Europe and the World*, Ashgate, 2011.

Christina Hunt Mahony, *Contemporary Irish Literature: Transforming Tradition*, Macmillan, 1998.

Christopher Murray, *Twentieth-Century Irish Drama*, Manchester University Press, 1997.

Chubb Basil, *The Government and Politics of Ireland*, Longman, 1992.

Colin Coulter and Angela Nagle (eds.), *Ireland under Austerity: Neoliberal Crisis, Neoliberal Solutions*, Manchester University Press, 2015.

Daniel Webster Hollis, *The History of Ireland*, Greenwood Press, 2002.

David Brownstone, *The Irish-American Heritage*, Facts on File, 1989.

David Hempton, *Regional and Political Culture in Britain and Ireland: from the Glorious Revolution to the Decline of Empire*, Cambridge University Press, 1996.

Donal Palcic and Eoin Reeves, *Privitisation in Ireland: Lessons from a European Economy*, Palgrave Macmillan, 2011.

Elaine Bryne, *Political Corruption in Ireland 1922 – 2010: A Crooked Harp?*, Manchester University Press, 2012

Etain Tannam, *Cross-border Cooperation in the Republic of Ireland and Northern Ireland*, Macmillan Press, 1999.

George Boyce, *The Irish Question and British Politics*, Macmillan Press, 1996.

George Brandon Saul, *Traditional Irish Literature and Its Background: A Brief Introduction*, Bucknell University Press, 1970.

George Taylor, *Negotiated Governance and Public Policy in Ireland*, Palgrave, 2005.

Gerard Hoganand and Anthony Whelan, *Ireland and the European Union: Constitutional and Statutory Texts and Commentary*, Sweet & Maxwell, 1995.

G. R. Sloan, *The Geopolitics of Anglo-Irish Relations in the 20th Century*, Leicester University Press, 1997.

James Goodman, *Single Europe, Single Ireland? Uneven Development in Process*, Irish Academic Press, 1999.

John Coakley and Michael Gallagher (eds.), *Politics in the Republic of Ireland*, Routledge, 2005.

John William O'Hagan, *The Economy of Ireland: Policy and Performance of a Small European Country*, St. Martin's Press, 1995.

Katy Hayward and Mary Murphy, *Europeanization of Party Politics in Ireland: North and South*, Routledge, 2014.

Kenneth Campbell, *Ireland's History: Prehistory to the Present*, Bloomsbury Academic, 2013.

Kevin Kenny, *Ireland and the British Empire*, Oxford University Press, 2004.

Kieran Allan and Brian O'Boyle, *Austerity Ireland: the Failure of Irish Capitalism*, Pluto Press, 2013.

Kieran Keohane and Carmen Kuhling, *The Domestic, Moral and Political Economies of Post-Celtic Tiger Ireland*, Manchester University Press, 2014.

Liam Leonard and Iosif Botetzagias, *Sustainable Politics and the Crisis of the Peripheries: Ireland and Greece*, Emerald Group Publishing Limited, 2011.

Marguerite Corporaal and Jason King (eds.), *Irish Global Migration and Memory: Transatlantic Perspective of Ireland's Famine Exodus*, Routledge, 2016.

Mario Thomas Vassallo, *The Europeanization of Interest Groups in Malta and Ireland: A Small State Perspective*, Palgrave Macmillan, 2015.

Marjorie Howes, *Yeats's Nations: Gender, Class and Irishness*, Cambridge University Press, 1998.

Mary Gilmartin and Allen White, *Migrations: Ireland in a Global World*,

Manchester University Press, 2013.

Maura Adshead and Jonathan Tonge, *Politics in Ireland: Convergence and Divergence on a Two-polity Island*, Palgrave Macmillan, 2009.

Maura Adshead and Michelle Millar (eds.), *Pubic Administration and Public Policy in Ireland: Theory and Methods*, Routledge, 2003.

Michael Gallagher, *Political Parties in the Republic of Ireland*, Manchester University Press, 1985.

Michael Gallagher and Michael Marsh, *How Ireland Voted 2016: The Election That Nobody Won*, Palgrave Macmillan, 2016.

Michael Homels (ed.), *Ireland and the European Union*, Manchester University Press, 2005.

Michael Kennedy and Joseph Morrison Skelly (eds.), *Irish Foreign Policy 1919 - 1966*, Four Courts Press, 2000.

Mike Cronin and John Regan (eds.), *Ireland: the Politics of Independence*, St. Martin's Press, 1999.

Neil Collins and Terry Cradden, *Irish Politics Today*, Manchester University Press, 1997.

Nicholas Grene, *The Politics of Irish Drama: Plays in Context from Boucicault to Friel*, Cambridge University Press, 1999.

Oliver Rafferty, *Violence, Politics and Catholicism in Ireland*, Four Courts Press, 2016.

Patrick J. Roche and Brian Barton (eds.), *The Northern Ireland Question: Nationalism, Unionism and Partition*, Ashgate, 1999.

Patrick O'Mahony and Gerard Delanty, *Rethinking Irish History: Nationalism, Identity and Ideology*, Macmillan, 1998.

Paul Mitchell and Rick Wilford (eds.), *Politics in Northern Ireland*, Westview Press, 1999.

Paul Townend, *Road to Home Rule: Anti-imperialism and the Irish National Movement*, University of Wisconsin Press, 2016.

Peter and Fiona Somerset Fry, *A History of Ireland*, Routledge, 1991.

Reginald Byron, *Irish America*, Oxford University Press, 1999.

Robin Flower, *The Irish Tradition*, The Lilliput Press, 1998.

Sarah Roddy, *Population, Providence and Empire: the Churches and Emigration from Nineteenth-Century Ireland*, Manchester University Press, 2014.

Sean O'Riain, *The Rise and Fall of Ireland's Celtic Tiger*, Cambridge University Press, 2014.

Terence Brown, *Ireland: A Social and Cultural History 1922 to the Present*, Cornell University Press, 1985.

Teresa Curristine, *Ireland: Towards an Integrated Public Service*, OECD, 2008.

Thomas Hennessey, *Dividing Ireland: World War I and Partition*, Routledge, 1998.

Tony Claydon and Ian McBride, *Protestanism and National Identity: Britain and Ireland*, Cambridge University Press, 1998.

Vera Kreilkamp, *The Anglo-English Novel and the Big House*, Syracuse University Press, 1998.

William Crotty and David E. Schmitt (eds.), *Ireland on the World Stage*, Pearson Education Limited, 2002.

William Crotty and David Schmitt (eds.), *Ireland and the Politics of Change*, Longman, 1998.

三 主要网站

爱尔兰财政部：http://www.finance.gov.ie

爱尔兰儿童和青年事务部：https://www.dcya.gov.ie

爱尔兰公共支出和改革部：http://www.per.gov.ie

爱尔兰国防部：http://www.defence.ie

爱尔兰交通、旅游和体育部：http://www.dttas.ie

爱尔兰教育和技能部：http://www.education.ie

爱尔兰就业、企业和创新部：https：//www. djei. ie

爱尔兰农业、食品和海洋部：http：//www. agriculture. gov. ie

爱尔兰社会保护部：http：//www. welfare. ie

爱尔兰司法和平等部：http：//www. justice. ie

爱尔兰通信、气候变化和环境部：http：//www. dccae. gov. ie

爱尔兰统计局：http：//www. cso. ie

爱尔兰外交贸易部：https：//www. dfa. ie

爱尔兰卫生部：http：//www. health. gov. ie

爱尔兰艺术、遗产、地区、乡村和爱尔兰语事务部：http：//www. ahrrga. gov. ie

爱尔兰议会：http：//www. oireachtas. ie

爱尔兰银行：https：//www. bankofireland. com

爱尔兰住房、规划、社区和地方政府部：http：//www. housing. gov. ie

经济合作与发展组织：http：//www. oecd. org

欧盟统计局：http：//ec. europa. eu. eurostat

世界银行：http：//www. worldbank. org

索　引

新版《列国志》总书目

... 爱尔兰

非洲

阿尔及利亚

埃及

埃塞俄比亚

安哥拉

贝宁

博茨瓦纳

布基纳法索

布隆迪

赤道几内亚

多哥

厄立特里亚

佛得角

冈比亚

刚果

刚果民主共和国

吉布提

几内亚

几内亚比绍

加纳

加蓬

津巴布韦

喀麦隆

科摩罗

科特迪瓦

肯尼亚

莱索托

利比里亚

利比亚

卢旺达

马达加斯加

马拉维

马里

毛里求斯

毛里塔尼亚

摩洛哥

莫桑比克

纳米比亚

南非

南苏丹

尼日尔

尼日利亚

塞拉利昂

塞内加尔

塞舌尔

圣多美和普林西比

斯威士兰

苏丹

索马里

坦桑尼亚

突尼斯

乌干达

赞比亚

乍得

中非

欧洲

阿尔巴尼亚

爱尔兰

爱沙尼亚

安道尔

...378

奥地利

白俄罗斯

保加利亚

北马其顿

比利时

冰岛

波兰

波斯尼亚和黑塞哥维那

丹麦

德国

俄罗斯

法国

梵蒂冈

芬兰

荷兰

黑山

捷克

克罗地亚

拉脱维亚

立陶宛

列支敦士登

卢森堡

罗马尼亚

马耳他

摩尔多瓦

摩纳哥

挪威

葡萄牙

瑞典

瑞士

塞尔维亚

塞浦路斯

圣马力诺

斯洛伐克

斯洛文尼亚

乌克兰

西班牙

希腊

匈牙利

意大利

英国

美洲

阿根廷

安提瓜和巴布达

巴巴多斯

巴哈马

巴拉圭

巴拿马

巴西

秘鲁

玻利维亚

伯利兹

多米尼加

多米尼克

厄瓜多尔

哥伦比亚

哥斯达黎加

格林纳达

古巴

圭亚那

海地

洪都拉斯

加拿大

美国

墨西哥

尼加拉瓜

萨尔瓦多

圣基茨和尼维斯

圣卢西亚

圣文森特和格林纳丁斯

苏里南

特立尼达和多巴哥

危地马拉

委内瑞拉

乌拉圭

牙买加

智利

大洋洲

澳大利亚

巴布亚新几内亚

斐济

基里巴斯

库克群岛

马绍尔群岛

密克罗尼西亚

瑙鲁

纽埃

帕劳

萨摩亚

所罗门群岛

汤加

图瓦卢

瓦努阿图

新西兰

国别区域与全球治理数据平台

www.crggcn.com

"国别区域与全球治理数据平台"（Countries，Regions and Global Governance，CRGG）是社会科学文献出版社重点打造的学术型数字产品，对接国别区域这一重点新兴学科，围绕国别研究、区域研究、国际组织、全球智库等领域，全方位整合基础信息、一手资料、科研成果，文献量达30余万篇。该产品已建设成为国别区域与全球治理数据资源与研究成果整合发布平台，可提供包括资源获取、科研技术服务、成果发布与传播等在内的多层次、全方位的学术服务。

从国别区域和全球治理研究角度出发，"国别区域与全球治理数据平台"下设国别研究数据库、区域研究数据库、国际组织数据库、全球智库数据库、学术专题数据库和学术资讯数据库6大数据库。在资源类型方面，除专题图书、智库报告和学术论文外，平台还包括数据图表、档案文件和学术资讯。在文献检索方面，平台支持全文检索、高级检索，并可按照相关度和出版时间进行排序。

"国别区域与全球治理数据平台"应用广泛。针对高校及国别区域科研机构，平台可提供专业的知识服务，通过丰富的研究参考资料和学术服务推动国别区域研究的学科建设与发展，提升智库学术科研及政策建言能力；针对政府及外事机构，平台可提供资政参考，为相关国际事务决策提供理论依据与资讯支持，切实服务国家对外战略。

数据库体验卡服务指南

※100元数据库体验卡，可在"国别区域与全球治理数据平台"充值和使用

充值卡使用说明：
第1步 刮开附赠充值卡的涂层；
第2步 登录国别区域与全球治理数据平台（www.crggcn.com），注册账号；
第3步 登录并进入"会员中心"→"在线充值"→"充值卡充值"，充值成功后即可使用。

声明

客服QQ：671079496
客服邮箱：crgg@ssap.cn

欢迎登录社会科学文献出版社官网（www.ssap.com.cn）和国别区域与全球治理数据平台（www.crggcn.com）了解更多信息

图书在版编目（CIP）数据

爱尔兰／李靖堃，王振华编著. －－3 版. －－北京：
社会科学文献出版社，2017.11（2022.3 重印）
（列国志：新版）
ISBN 978 － 7 － 5201 － 1192 － 8

Ⅰ. ①爱… Ⅱ. ①李… ②王… Ⅲ. ①爱尔兰 – 概况
Ⅳ. ①K956.2

中国版本图书馆 CIP 数据核字（2017）第 190925 号

· 列国志（新版）·

爱尔兰（Ireland）

编　　著／李靖堃　王振华

出　版　人／王利民
项目统筹／张晓莉
责任编辑／王浩娉　叶　娟
责任印制／王京美

出　　　版／社会科学文献出版社·国别区域分社（010）59367078
　　　　　　地址：北京市北三环中路甲 29 号院华龙大厦　邮编：100029
　　　　　　网址：www. ssap. com. cn
发　　　行／社会科学文献出版社（010）59367028
印　　　装／唐山玺诚印务有限公司

规　　　格／开　本：787mm × 1092mm　1/16
　　　　　　印　张：26.25　插　页：1　字　数：384 千字
版　　　次／2017 年 11 月第 3 版　2022 年 3 月第 2 次印刷
书　　　号／ISBN 978 － 7 － 5201 － 1192 － 8
定　　　价／89.00 元

读者服务电话：4008918866